Introducción a la praxis teatral
Creatividad y psicoanálisis

Gustavo Geirola

Introducción a la praxis teatral
Creatividad y psicoanálisis

Argus-*a*
Artes & Humanidades
Arts & Humanities

Buenos Aires, Argentina - Los Ángeles, USA
2022

Introducción a la praxis teatral. Creatividad y psicoanálisis

ISBN 978-1-944508-46-3

Ilustración de tapa: fotografía gentileza de Dan Gold, en unsplash.com
Diseño de tapa: Argus-*a*.

© 2022

All rights reserved. This book or any portion thereof may not be reproduced or used in any manner whatsoever without the express written permission of the publisher except for the use of brief quotations in a book review or scholarly journal.

Editorial Argus-*a*
1414 Countrywood Ave. # 90
Hacienda Heights, California 91745
U.S.A.
argus.a.org@gmail.com

INDICE

Prólogo ... i

Antecedentes psicoanalíticos de la nueva
dramaturgia argentina:
Los textos clínicos de Eduardo Pavlovsky ... 1

Actuación y psicoanálisis: introducción a la praxis teatral ... 29

Aproximación lacaniana a la dramaturgia de actor:
de la creación colectiva al teatro de la intensidad ... 49

Ensayando la lógica o la lógica del ensayo:
Construcción de personaje y temporalidad
de la certeza subjetiva ... 67

Aproximación psicoanalítica al ensayo teatral:
El concepto de transferencia y el deseo del director ... 91

El director y su público:
la puesta en escena y las estructuras espectatoriales ... 117

Praxis teatral y puesta en escena:
la psicosis como máscara espectatorial
(Primera parte) ... 141

Praxis teatral y puesta en escena:
La psicosis como máscara espectatorial
(Segunda parte) ... 167

La praxis teatral y lo público:
una reflexión sobre lo político en el teatro actual ... 199

La praxis teatral y lo político:
La demanda, el teatrista, el público ... 209

Bibliografía ... 239

Prólogo

Reúno en este libro ensayos publicados con anterioridad, los cuales han sido retocados, revisados y, en algunos casos, actualizados para integrar un volumen cuyo objetivo es, tal como lo indica su título, conformar una introducción a la praxis teatral. Dicha praxis teatral, diferenciada del oficio o rutina del teatrista y diferenciada también de los estudios teatrales académicos, no se presenta bajo la ya conocida relación de teoría/práctica, sino que apunta, como lo establece el subtítulo del libro, a establecer una disciplina cuyo espacio de intervención es el ensayo teatral, donde se ponen en juego múltiples cuestiones ligadas a la creatividad y el inconsciente, de ahí que se apele al psicoanálisis.

Praxis teatral y psicoanálisis comparten precisamente el presentarse ambos como una praxis –lo cual los diferencia de la ciencia y la religión, y los acerca al arte y a la política. El aspecto crucial en ambos es operar en el caso por caso, en el montaje de espectáculo por espectáculo; las problemáticas que abordan y comparten ambas disciplinas se orientan hacia una confrontación del sujeto con su modo de goce, con la dimensión de un Real que va más allá de lo que habitualmente se designa como realidad, siendo ésta una construcción fantasmática que hay que atravesar para emancipar al sujeto de su alienación al Otro, esto es, al modo de goce impuesto por el discurso hegemónico, tarea más que urgente en esta fase neoliberal del capitalismo, empecinada en avasallar al sujeto del deseo, a la vida misma. La relación entre praxis teatral y psicoanálisis tiene sus antecedentes loables en algunos maestros (J. Grotowski, E. Buenaventura, A. Boal) que, de modo diverso, se acercaron a los textos de Sigmund Freud, aunque no tanto a los de Jacques Lacan. Entre estos maestros, como se verá en los capítulos que integran este libro, enfatizo la figura de Eduardo Pavlovsky porque su concepción de la creatividad, su perspectiva de la escritura escénica, le permitió diseñar una serie de tópicos en el marco de aquello que él designó como 'teatro de la intensidad o de la multiplicación', el cual, como se verá en este libro, constituye el antecedente más remarcable de la praxis teatral, tal como yo la concibo. En consecuencia, la praxis teatral se preocupa por elaborar aquello que, siendo parte del oficio y la rutina de grandes maestros de la escena, no ha sido sin embargo conceptualizado, permaneciendo en un nivel nocional; por ende, como puede verse, la tarea de la praxis teatral, al preocuparse por la creatividad y los riesgos éticos y políticos del teatrista, ya no está concernida en el análisis o interpretación del texto dramático o del texto espectacular, dimensiones muy desarrolladas en la academia. La praxis teatral se enfoca, pues, en el saber-hacer del teatrista con su modo de goce y con su posición ético-política en el marco de la subjetividad de la época en la que le toca ejercer su arte.

Gustavo Geirola

  Mi intención al reunir estos ensayos, puestos en un orden que no fue el de su producción y previa publicación, fue rescatarlos por cuanto en la mayoría de los casos aparecieron en revistas digitales, algunas de las cuales ya han desaparecido, sin dejar huella de sus publicaciones. Me pareció que todos estos ensayos, puestos ahora en un orden de progresiva complejidad, no merecían perderse por cuanto, sin quererlo, testimonian de cierta orientación orgánica de mis puestas en escena y de mis investigaciones en los últimos veinte años. He añadido, durante el proceso de revisión, referencias a publicaciones mías más recientes, las cuales han aparecido en libros, míos o de otros colegas. Estas referencias le permitirán al lector curioso ampliar, suplementar mucho de lo dicho en estos capítulos; no se debe olvidar que todos los capítulos de este libro, al ser publicaciones realizadas en revistas académicas, se atienen a ciertos protocolos y, sobre todo, a cierta limitación en la extensión, por lo cual dejan a veces cabos sueltos que, como he mencionado, he trabajado *in extenso* en otras publicaciones.

  Es importante que el lector esté advertido de que, siendo una introducción a la praxis teatral, tal como la he concebido y la he ido conceptualizado durante tantos años, hay muchos temas que todavía están requiriendo la atención de aquellos teatristas interesados en pensar a fondo y radicalmente su trabajo, su relación con la creatividad y el inconsciente, porque es allí donde, a mi entender y en el de otros que me precedieron, ancla la relación más radical entre arte, ética y política. Por lo tanto, sugiero no tomar dogmáticamente ninguna de las afirmaciones desarrolladas en este libro y estar siempre dispuesto —como lo hicieron en su momento Freud y Lacan— a transformar completamente los contenidos de su doctrina, cuando lo vieron necesario, incluso a costa de modificarla radicalmente. La idea que me ha guiado en la reunión de estos ensayos es la de abrir al debate, a la polémica, porque constituyen la dimensión agónica sin la cual toda democracia se vería invalidada.

Gustavo Geirola
Los Ángeles, 5 de septiembre de 2022

Antecedentes psicoanalíticos de la dramaturgia argentina: Los textos clínicos de Eduardo Pavlovsky

A Mabel Cepeda

> Es imposible aceptar que los sistemas filosóficos o las cosmovisiones que se construyen en la filosofía actual no incluyan en su estudio la dimensión del inconsciente.
> Enrique Pichon-Rivière, *Teoría del vínculo* 97.

> Ese es el teatro que quiero hacer: un texto pluridimensional, los actores atravesados por el social-histórico, la improvisación, la presencia de algunas ideas fundamentales como la de la resistencia, una puesta que refleje y desarrolle ciertos núcleos o coágulos que estaban desde el comienzo en la obra pero ahora se manifiestan en su despliegue...Todo esto hace que uno todavía quiera seguir haciendo teatro.
> Eduardo Pavlovsky, *La ética del cuerpo* 208.

> ... algo del otro se desea y se teme...
> Ricardo Bartís, *Cancha con niebla* 71.

Introducción

La trayectoria de Eduardo Pavlovsky no sólo debe apreciarse desde la cantidad y calidad de su obra dramática, sino por la convergencia de discursos teóricos que fundan su dramaturgia. Su teatro ha estado siempre un poco a contrapelo de lo que conocemos como la neovanguardia de los años 60 y la influencia de su dramaturgia en el teatro latinoamericano se ha dado en forma más lenta y subterránea, comparada, por ejemplo, con el temprano impacto de Osvaldo Dragún, Roberto Cossa o Griselda Gambaro. Es más, casi diría que Pavlovsky, si nos acercamos cuidadosamente a su poética, incluso en sus textos aparentemente más *absurdistas*, casi aisladamente disiente con los postulados de ese grupo de dramaturgos. Especialmente en su concepción de la escritura, de la teatralidad y, fundamentalmente, de la actuación y la relación semiótica con el espectador.

Su teatro de la multiplicidad o multiplicación, de estados o de intensidades, que de alguna manera es la base de lo que hoy conocemos como *poéticas actorales* o *dramaturgia de actor*, se viene desarrollando desde muy temprano en su obra, aunque comienza a tomar cuerpo teórico a partir de su regreso del exilio. Hoy estamos en condiciones de medir el impacto de la propuesta pavlovskiana en los trabajos de Ricardo Bartís, muy particularmente, y, en general, en una serie de teatristas, inclusive en la definición misma de teatrista que formula Jorge Dubatti, es decir, "un artista vinculado a diferentes roles de la actividad escénica, a la par dramaturgo y director" (180) que están marcando el rumbo del teatro argentino actual y –con o sin relación directa con los trabajos de Pavlovsky– de algunos otros teatristas extranjeros; me refiero a Daniel Veronese, Rafael Spregelburgh, Mariana Percovich, Victoria Valencia, etc.

Si nos interrogamos sobre aquello que promueve el cambio de perspectiva de Pavlovsky respecto a las prácticas teatrales de los 70 en adelante, sin duda es, en primer lugar, su relación –problemática y cuestionadora– con el psicoanálisis y, en segundo lugar, su relación con la actuación. Por una parte, por su práctica profesional de muchos años con la terapia grupal –de la que dan cuenta sendas publicaciones– y su relación con el psicodrama. Por otra parte, el hecho de que, a diferencia de Gambaro, Cossa y muchos otros del grupo setentista, Pavlovsky no logre deslindar la actuación de su práctica escrituraria, lo coloca en un enclave diferente que, lentamente, va produciendo una concepción también distinta del teatro, de la escritura teatral, de la dramaturgia y, sobre todo, de la concepción del actor, centro neurálgico de su poética.

Un cambio importante en la visión psicoanalítica y teatral de Eduardo Pavlovsky se produce a partir de su relación con ciertos psicoanalistas disidentes, no ortodoxos, tanto de Argentina como del exterior, y su contacto con J. L. Moreno, fundador del psicodrama. El propósito de este ensayo es, justamente, recorrer algunas de estas cuestiones, no tanto a la luz de los textos dramáticos de Pavlovsky, sino de su práctica terapéutica con grupos y sus publicaciones *clínicas*. Intentamos demostrar que muchos de los desarrollos actuales de las denominadas *poéticas actorales*, que involucran la práctica del teatrista como actor, dramaturgo y director, que redefinen la dinámica del ensayo teatral y lo ligan a la escritura, tienen como marco de referencia la trayectoria *clínico-psicoteatral* de Tato Pavlovsky. No me refiero tanto a la discusión ya iniciada por Dubatti sobre el proto-texto o postexto, con la mediación del trabajo grupal, sino a cómo la propuesta pavlovskiana va a plantear un cambio radical del paradigma de trabajo teatral a partir de conceptos psicoanalíticos muy puntuales: fantasía, transferencia, tiempo lógico, entre otros.

Psicoanálisis y teatro argentino: la impronta de Pichon-Rivière

El psicoanálisis, en todas sus versiones (freudiana, junguiana, lacaniana, kleiniana, etc.) puede ser considerado una pasión argentina (Plotkin 45). Desde principios del siglo XX, el psicoanálisis tuvo que sortear diversas controversias con el campo médico, especialmente psiquiátrico y, luego en 1969, controversias

Introducción a la praxis teatral

ideológicas y políticas muy precisas, especialmente con las asociaciones psicoanalíticas locales –la crisis de la Asociación Psicoanalítica Argentina (APA) después del Cordobazo– e internacionales –la reacción del grupo Plataforma Internacional en el Congreso de Roma– que remataron en debates posteriores muy radicales: por un lado, las múltiples relaciones del psicoanálisis con el marxismo, la izquierda política y los debates con la comunidad judía y, por otro lado, más tarde, después de cierta fascinación de Victoria Ocampo con los textos de Jung y Lacan en los años 30, la relación del psicoanálisis con las vanguardias artísticas, especialmente el surrealismo. Ambas tendencias (política y artística) desarrollarán, sobre todo con la figura de Enrique Pichon-Rivière a partir de los años 50 y 60, extensiones de largo alcance con el campo cultural argentino.

La misión que Pichon-Rivière se autoasigna es, justamente, la de diseminar el psicoanálisis hacia múltiples disciplinas y ámbitos artísticos y culturales, como lo demostrará más tarde en su intensa actividad en el Instituto Di Tella, sus experimentos en Rosario, su relación con los happenings y sus escritos en *Primera Plana*. Se inicia así un período de producción crítica y cultural en el cual se observa el modo en que los intelectuales argentinos adhirieron al psicoanálisis –como también lo harán al marxismo y más tarde a la semiótica– como forma de conquistar bastiones de poder institucional, en muchos casos organizándose como iglesias, con estrictos protocolos de aceptación y contralor, con específicos niveles de jerarquía y aparatos de discriminación. El psicoanálisis, con su descubrimiento del inconsciente, al impactar las ciencias sociales, abre un espacio de controversias que permite situar ideológicamente a sus protagonistas y profundizar la crítica a discursos hegemónicos, a la vez que abre la dimensión de la transgresión y la disidencia.

Será también Enrique Pichon-Rivière quien, desde los años 40, comienza a trabajar, a nivel hospitalario, con las terapias grupales. Después de la interrupción de esta práctica durante el peronismo, la terapia grupal comenzará a recibir nuevos estímulos a partir del regreso al país de Emilio Rodrigué, quien traerá de Inglaterra las teorías de análisis grupal desarrolladas por Wilfred Bion en la Clínica Tavistock (Plotkin 85). En 1954, Rodrigué, entre otros, funda la Asociación Argentina de Psicología y Psicoterapia de Grupo.

Pavlovsky comienza a tomar protagonismo a partir de los debates abiertos por el grupo Plataforma, que en 1971 empieza a cuestionar a la Asociación Psicoanalítica Argentina, hasta producir allí un cisma por razones políticas. Inmediatamente se va a sentir interesado por una perspectiva más social del psicoanálisis y, en consecuencia, comenzará a trabajar con grupos, primero con niños y luego con adultos. Esta experiencia con grupos va a decantar en varios libros, muchos de ellos escritos en colaboración con Hernán Kesselman, Carlos Martínez y Fidel Moccio, entre otros.

En la bibliografía teatral, se discute ampliamente los textos dramáticos de Eduardo Pavlovsky, pero sus textos *clínicos* no han sido leídos desde una perspectiva teatral. Muchos de los temas convocados en estos textos clínicos permiten entender la dramaturgia pavlovskiana y su influencia en las poéticas actorales recientes. A la vez, convocan un debate indirecto sobre el hacer del teatrista en comparación con la concepción de la creación colectiva, mucho más practicada durante los años 70 que, como se verá, queda todavía pendiente de revisión a la luz de los desarrollos psicoanalíticos en la praxis teatral.

Pichon-Rivière: un antecedente ineludible

No creo exagerar si afirmo que, al menos para el caso argentino o, más específicamente rioplatense, la base conceptual de trabajo grupal a nivel psicoterapéutico e, incluso, como indicamos antes, también sus proyecciones culturales, particularmente artísticas, pueden encontrarse en la enseñanza de Enrique Pichon-Rivière. Muchos lo han comparado con Lacan. Si la comparación puede ser exagerada, lo cierto es que algunos temas pueden contrapuntearse en ambos. En primer lugar, tanto Pichon como Lacan parten del estudio de la psicosis (a diferencia de Freud y muchos otros, que se focalizan en la neurosis). Esto es importante porque, más tarde, va a conectarse, al menos en Pavlovsky, con los postulados de la antipsiquiatría, con Deleuze y Guattari, con Foucault y, por esa vía, se abre a una relectura de las relaciones entre la locura y la poesía. El trabajo con ciertos núcleos profundos y secretos de la personalidad, el atravesamiento del fantasma, el despliegue de esa imagen sorpresiva de la que Pavlovsky dice partir para la escritura de sus obras y que él llama –tomándolo de Julio Cortázar– "el coágulo" (Pavlovsky 103), el riesgo de ofrecerse grupalmente a compartir sus propios miedos y represiones, tienen, sin duda, un antecedente en la forma en que Pichon-Rivière medita sobre el análisis de psicóticos. En su *Teoría del vínculo*, Pichon-Rivière nos dice:

> Si el paciente es un psicótico, es la ansiedad básica ante el aprendizaje que experimenta el psiquiatra, quien teme quedar encerrado dentro de la locura de su paciente, contaminarse con ella, hacer una locura de a dos, dado que en la medida en que más entiende a un psicótico se ha acercado más a su propia ansiedad psicótica, siendo su miedo fundamental el de quedarse mezclado o confundido con el otro. (123)

No es casual que Pavlovsky vaya luego a plantearse los miedos del coordinador de grupos. Pichon, como Lacan, va a enfatizar la cuestión del deseo del analista, más que la del analizante, en relación a la transferencia. Aunque Lacan no favorece la idea de la contratransferencia, ambos insisten en la necesidad de tener en cuenta las fantasías del analista. Aunque Pichon admita, casi pensando en el director a la manera stanislavskiana, que el analista debe ayudar a su paciente a superar la dificultad para abandonarse, hacer una regresión y repetir en la transferencia una pauta de conducta anterior, revivir una situación histórica determinada, rectificarla en el contexto de la situación psicoanalítica actual y aprender de nuevo como si hiciera un reaprendizaje de lo que vive (59), inmediatamente, se apresura a recordarnos los riesgos de este "campo de interacción" (61) que funciona tanto para el paciente como para el analista.

Sin duda, en Pavlovsky, estas cuestiones aparecerán transpuestas al campo teatral, a la relación entre autor y grupo de actores, actor y director, actor y personaje. Basta hacer un puente analógico para que estos conceptos psicoanalíticos muestren toda su productividad en el campo teatral, especialmente en relación a la escritura dramática y sobre todo a vislumbrar una formación actoral y un trabajo del actor ya no adherido al psicologismo stanislavskiano-strasbergiano, sino a una metodología de producción artística que reconoce, como quiere Pichon "la dimensión del inconsciente".[1]

No hay que olvidar tampoco que Pichon leyó a Lacan y, aunque no discute los textos del francés, incita a Masotta a ocuparse de ellos. En su *Teoría del vínculo*, Pichon ya nos advierte de la necesidad de trabajar en referencia al registro simbólico (como praxis, cercano a lo que Lacan plantea en el *Seminario 11*), incluso cuando habla de la necesidad de que el analista no descuide *su esquema referencial*, entre las que se encuentran sus propias fantasías como analista y en su insistencia de que todo vínculo individual es el emergente de una historia grupal, consciente o no. Pichon, como Lacan, subraya que la situación analítica es una dramatización en la que se juegan vínculos y roles, en la que se descubre, bajo la conducta y el hablar del analizante, las múltiples voces de otros personajes.

> El paciente trae su contorno al análisis dentro de él; en la habitación del analista se introducen una serie de personajes que deben ser estudiados. Mirar es escuchar, considerar al individuo y su medio en permanente interacción (63).

Como el temprano Lacan, Pichón-Riviere enseña que:

> Uno de los vectores de interpretación es el análisis de la situación triangular. Es un *escenario* que está adentro y que luego empieza a poner afuera, en el cual existen tres *personajes* principales. La situación analítica es una situación de dos pero el objetivo básico es descubrir el tercero. Ver dónde está situado y qué funciones tiene. Cada cosa que un paciente hace conmigo debemos tratar de entenderla para descubrir en qué sentido está tratando conmigo de defenderse del otro, de escaparse del otro, o bien de seducirme para estar en contra del otro. El análisis empieza

---

[1] Ver el epígrafe.

de esta manera a *dramatizarse* centrándose en la situación triangular, es decir, en el complejo de Edipo. (97, el subrayado es mío)

Para Pichon-Rivière la investigación psicoanalítica –concebida, por una parte, como un proceso continuo, una espiral dialéctica (84) entre teoría y práctica y, por otra, como una acción entre analista y analizante (81, 89) – puede estancarse y por eso se hace necesario trabajar tanto las fantasías del paciente como las del analista. Éste último puede, en algunos casos, obturar el proceso al imponer su propia situación (73), su propia "fantasía del acto de analizar" (83). Es que el analista, como cualquier otro investigador/observador, "es siempre y a la vez actuante y operante" (82), aún cuando no hable (90). En cuanto al paciente, después del "dejarse ir de la fantasía" (93) e, inclusive, al salir de la sesión, cuando "inicia un movimiento introspectivo, en el sentido de que internaliza al analista y comienza un diálogo interno con él" (94), sigue realizando su trabajo. No olvidemos, agrega Pichon –casi en los mismos términos que Lacan usa para abordar la escena del fantasma– que "[e]l paciente está dividido, asiste como espectador y al mismo tiempo como actor" (116).

Desde esta perspectiva, se hacen evidentes dos modos de dirigir teatro: el director que concibe la puesta en escena como una interacción entre él y el autor, cuando lo que verdaderamente ocurre es que asume las fantasías del autor o impone sus propias fantasías al texto o al actor, donde esas fantasías no están cuestionadas, donde pasan sin analizar. Y el otro director, el que interactúa con sus actores y con el texto (ahora siempre como proto-texto) en un trabajo dialéctico continuo, desgarrado, en el que se comparten los riesgos del atravesamiento de las fantasías involucradas como emergentes del contexto social, tal como ha sido captado y representado por cada integrante (57).

Resulta interesante ver cómo Pavlovsky asume ese tiempo posterior al ensayo para re-escribir el texto y volverlo a ofrecer en el próximo encuentro.

Una vez más, como un trabajo que afecta a ambas partes, analista y analizante, la situación analítica no puede estar escindida de la investigación social. De ahí la importancia que tomará lo institucional a nivel psicoterapéutico:

> Existen tres dimensiones de investigación: la investigación del individuo, la del grupo y la de la institución o sociedad, lo que da lugar a tres tipos de análisis: el psicosocial, que parte del individuo hacia afuera; el sociodinámico, que analiza el grupo como estructura; y el institucional, que toma todo un grupo, toda una institución o todo un país como objeto de investigación. No existe una separación neta entre los campos de investigación psicosocial, sociodinámica e institucional: son campos que se van integrando sucesivamente (Pichon-Rivière 22).

El vínculo, plantea Pichon-Rivière, que es siempre social (47), es justamente el que conecta estos campos, en la medida en que es el que permite observar "la manera particular en que un sujeto se conecta o relaciona con el otro o los otros, creando una estructura que es particular para cada caso y para cada momento" (22). Pichon discierne varios vínculos (paranoico, depresivo, obsesivo, hipocondríaco), aunque el histérico tiene, para nuestra investigación teatral, mayor peso, no sólo porque "el lenguaje histérico es el lenguaje del cuerpo" (30), sino porque "es el de la representación, siendo su característica principal la plasticidad y la dramaticidad" (23), en la medida en que "[d]etrás de la representación se expresa una fantasía que está actuando por debajo".

En el clima cultural e ideológico de la época, la discusión se instala a nivel de una crítica a los componentes burgueses, de clase media, que supone la terapia individual analítica; se busca alcanzar a la clase obrera y, para ello, es imprescindible el trabajo institucional, grupal, que baja los costos y genera nuevos desafíos a la teoría y a la práctica psicoanalíticas. Su "teoría del vínculo" trata, justamente, de realizar este salto teórico-práctico, de brindar los instrumentos adecuados para una práctica institucional que tenga en cuenta la problemática social de la que emergen los trastornos mentales: para Pichon, el enfermo es siempre el chivo expiatorio que encarna la disfuncionalidad familiar.

Mediante el estudio psicosocial, sociodinámico e institucional de la familia de un determinado paciente podemos tener un cuadro completo de estructura mental y de los motivos o causas, en términos generales, que presionaron sobre él y provocaron la ruptura de un equilibrio que hasta ese momento se mantenía más o menos estable (25).

Si a la cuestión de la fantasía, de los contenidos inconscientes, agregamos ahora la dimensión de los roles (voces, máscaras o posiciones) que, según Pichon-Rivière, consciente o inconscientemente, asumimos o nos atribuyen, nos vemos situados inmediatamente frente a *Telarañas* (1977) de Pavlovsky. Si pensamos en que el análisis institucional trabaja también con grandes grupos, como la nación, es evidente la forma en que estas elaboraciones de Pichon llegan hasta Pavlovsky y cómo su obra posterior se enfocará en estas "fantasías civiles" de la nación, tales como la complicidad civil con los dictadores y la exploración de la psicología del torturador.

Como en *Telarañas*, pero también en *El señor Galíndez* (1973), en *Potestad* (1985) o *Pablo* (1987), por ejemplo, el protagonista pavlovskiano parece responder a la idea de Pichon de que el enfermo "[a]sume funciones de liderazgo por el hecho de ser el miembro más enfermo" de la familia (26). Esta especie de exploración de las fantasías del "héroe negativo" como fantasía civil de la nación es un aspecto relevante en la dramaturgia de Pavlovsky.

Como dice Fernando Taragano en su "Introducción" a *Teoría del vínculo*, Pichon "[a]proxima la investigación psicoanalítica a la investigación experimental, tanto para el paciente como para el terapeuta" (11). Este componente "experimental" es, sin duda, con todos los riesgos que conlleva, lo que caracterizará la práctica actoral y escrituraria de Pavlovsky, completamente diferente a la tradicional figura de autor dramático que pueden representar, por ejemplo, muchos de sus contemporáneos. Y esto supone, obviamente, una concepción política de la *autoridad* del autor completamente distinta de la que podríamos encontrar en Roberto Cossa o en Griselda Gambaro. Y aún más: la diferencia de la dramaturgia de Pavlovsky puede llevarse incluso al campo de la recepción. La concepción que Pavlovsky tiene del espectador y el rol que le asigna no es la misma que, por ejemplo, tiene en espectáculos de otros dramaturgos. Sin remontarnos aquí a una elaboración lacaniana de esta cuestión y ateniéndonos a *Teoría del vínculo* de Pichon-Rivière, podemos referirnos, brevemente, al capítulo 6, "Vínculo e identificación introyectiva y proyectiva", como un antecedente teórico en el cambio de paradigma de recepción que se opera en Pavlovsky y, a través de él, en la nueva dramaturgia argentina. Es justamente en este capítulo que Pichon-Rivière parte de un espectáculo cinematográfico y las dos posibles formas en que un espectador puede relacionarse con él. Escribe Pichon:

> Todos sabemos que el cine es una representación en la que los actores están desempeñando un rol, es decir, todos somos concientes de que hay una distancia entre la máscara que allí aparece y la persona real. (74)

Pichon subraya lo que denomina "el engaño clásico", es decir "la confusión entre la persona real y el rol que ésta desempeña" (74), que es lo que funda el interés mismo del espectáculo e, indirectamente, nos da elementos para repensar la propuesta brechtiana, que no consistiría, obviamente, en la resolución de dicha confusión. Por el contrario, Pichon-Rivière nos advierte que "si se estableciera una situación de discriminación entre rol y persona se enfriaría el estado emocional y se dificultaría un determinado tipo de identificación, sea con el bueno, sea con el malo" (74).

Para provocar la emoción, es necesaria una identificación con la situación expuesta en la pantalla o en el escenario; el espectador puede estar fuera o dentro de la situación, pero siempre "la emoción se produce dentro de uno" (74). Esto significa que se ha trasladado dicha situación dentro de uno, se "ha internalizado cierto tipo de vínculo estableciendo un determinado tipo de relación" (74). Existen, por lo tanto, dos tipos de identificación:

a) La introyectiva, en la que el espectador actúa como el que está en la pantalla, repite y hasta se anticipa incluso en su conducta, advirtiéndole ciertos peligros. "El movimiento –dice Pichon– se da desde la pantalla hacia adentro y después él entra en actuación como si fuera un psicópata" (75). Si ahora sustraemos la película y vemos sólo al espectador, podríamos pensar que se trata de un loco y –agrega Pichon– a veces esto se puede observar en fenómenos colectivos de tipo religioso. Al salir del cine, el público se ha dividido, formando grupos diferentes, sea que se hayan identificado –que lo asuman voluntariamente– o que se les haya adjudicado, consciente o inconscientemente con el rol del héroe o con el del villano. También puede ocurrir el caso de identificarse con un rol débil, que está en peligro, lo cual paraliza al espectador completamente. Las emociones, en este tipo de identificación, son fuertes, exageradas, y la experiencia e historia personal del espectador refuerza la situación emocional de la pantalla. No hace falta ir muy lejos para reconocer en el actor stanislavskiano el mismo tipo de relación imaginaria con el personaje.

b) La proyectiva, en la que "el espectador no tiene al personaje adentro, sino que él se coloca en la escena" (76). Es el espectador dividido, esquizoide. Este tipo de identificación, dice Pichon, "es la que a uno le permite seguir el espectáculo permaneciendo como espectador" (76). Aquí, personaje y espectador no se confunden, por el contrario, "la *distancia* entre el personaje y uno mismo es grande" (76, el subrayado es mío). En esta identificación el procedimiento es un poco más complejo: aquí, "una parte de uno se mantiene como espectador de la otra parte de uno mismo que se atreve a meterse en el escenario entre los personajes y la acción", de modo que "me emociono frente al espectáculo mío que está allá" (76). Si esta proyección fracasa, se produce la indiferencia y no, digamos, el distanciamiento crítico. Como en Brecht, la emoción efectivamente se produce por medio de una identificación proyectiva y no como imposibilidad emocional del espectador para colocarse en el escenario. De alguna manera, podemos reconocer aquí un procedimiento del llamado *realismo crítico*.

Sin embargo, la pregunta que corresponde hacerse es si Pavlovsky adhiere a uno u otro tipo de identificación. La respuesta no es fácil ni tampoco se la puede responder desde Pichon-Rivière. Sin embargo, aunque habría que incorporar aquí la batería conceptual lacaniana para dar mayor precisión, baste decir que Pavlovsky apela a ambas de una manera original. Por una parte, nos da siempre los elementos necesarios para una identificación introyectiva (el padre de *Potestad*, la Sra. Sara y los muchachos de *El señor Galíndez*, para mencionar sus clásicos), pero luego nos sorprende en medio de dicha identificación con el horror del otro, que resulta ser el nuestro. No se trata de que, desde el escenario, autor-actor-director nos cuenten una historia de malos y buenos, y hasta nos aconsejen cómo proceder políticamente, tomando partido por tal o cual, a veces, inclusive, como si el espectador no supiera de qué se trata. Pavlovsky, por su parte, pone como un espejo y lo va haciendo girar –como Lacan planteaba para el ramillete invertido– en el que el espectador comienza a desestabilizar su propia identificación proyectiva, promoviendo una identificación de su propio núcleo de horror, comienza a reconocer que un torturador puede ser muy parecido a él, y no un personaje naturalmente diabólico; un torturador puede ser un padre con sentimientos; una señora de la limpieza puede ser cómplice de lo peor. Con esa lógica, la persona sentada a mi lado puede ser un torturador o un cómplice, y por esa misma vía hasta yo mismo puedo serlo también. En todo caso, como público, tengo trabajo para después del espectáculo, a la manera del paciente de Pichon-Rivière al dejar la sesión. Nada está acomodado ni resuelto, como ocurre con el realismo crítico, donde identifico el objeto malo y puedo entonces quedarme seguro de que yo no soy así, que puedo poner distancia crítica o ideológica que me repara de la complicidad. Pavlovsky, por el contrario, aborda esa complicidad y obliga al espectador a trabajar su propia fantasía y sus propios horrores, nada es radical o polarizadamente malo o bueno; hay una dialéctica más perversa con los objetos, con los otros.

Las bases psicoanalíticas de la concepción actoral de Pavlovsky: sus textos clínicos

Es conocida hoy la posición de Eduardo Pavlovsky respecto a su concepción del actor y de los avatares de la factura de sus textos dramáticos, los cuales, particularmente en su última producción post-exilio, surgen de una matriz o "coágulo" (Frydlewsky et al. 55) inicial, pasan a ser un texto disparador trabajado grupalmente y, después de ensayos y hasta de puesta en escena, son publicados.El actor y la figura del director jugarán un papel muy importante en la exploración de las fantasías iniciales contenidas en el texto, no necesariamente dramático, sometido a improvisación. Dice Pavlovsky:

> Soy un autor que está muy ligado al actor en el escenario. Por lo tanto, todo mi trabajo arriba de un escenario, o la discusión, y las conversaciones con el director de la obra, me son muy provechosas. Ahí defino lo que podemos hacer y lo que no podemos hacer. Después de la discusión con el director vuelvo a escribir. El que escribe siempre soy yo, el texto nunca lo escribimos entre todos. El grupo funciona como una máquina lúcida, de cooperación mutua... (54-55)

Y agrega:

> El psicodrama trabaja con la dramatización, y es evidente que también utilizo la dramatización en los ensayos y para la escritura de mis obras. (215)

Si la escritura teatral es algo propio e intransferible –no importa hasta qué punto sea el producto de un trabajo grupal– los *textos clínicos*, en cambio, responden en muchos casos a una experiencia de co-autoría. A los efectos de este ensayo, podemos basarnos –entre muchos otros publicados–[2] en dos libros donde Pavlovsky comparte autoría con otros colegas muy cercanos a su profesión psicoterapéutica. El primero, de 1970, *Psicodrama psicoanalítico en grupos* (con Carlos Martínez Bouquet y Fidel Moccio y prólogo de Emilio Rodrigué); el segundo, *Las escenas temidas del coordinador de grupos*, originalmente escrito en 1975 y publicado en 1984, co-autoría con Hernán Kesselman y Luis Frydlewsky.

Concebidos ambos libros como *work in progress*, tanto a nivel teórico como práctico, escritos bajo la fascinación del descubrimiento, podremos ver cómo en el primero hay un énfasis en el trabajo terapéutico con la fantasía del paciente (individual o grupal) y, en el segundo, como ya se deja leer en su título, hay una acentuación en lo didáctico, en la figura y las fantasías del terapeuta o coordinador y, sobre todo, en la transferencia.

Ambos comparten el trabajo sobre la fantasía, sea individual o grupal, y en cierto modo resulta de aquí –más allá de los réditos terapéuticos o didácticos– una dramaturgia como la de Eduardo Pavlovsky que también explora la fantasía, como la denomina Freud, o el fantasma en terminología lacaniana (aunque no sean equivalentes) y, en términos nacionales, lo que hemos denominado, siguiendo la sugerencia de Glass, la fantasía civil de la nación.

Bajo la influencia marcada de Enrique Pichon-Rivière y de Emilio Rodrigué, con su necesidad de llevar el psicoanálisis a instancias más sociales –institucionales o no– fuera del marco más tradicional de la terapia bipersonal, pero, a su vez, motivados por intereses artísticos diversos en el surrealismo y la experimentación, los *trabajos clínicos* de Pavlovsky –como el psicoanalista más cercano, en ese grupo, al trabajo teatral profesional– desarrollan cuestiones que impactarán luego su producción dramática.

Al partir del trabajo con la fantasía –en terapia grupal, en *role-playing* o cualquier otra estrategia psicodramática– la dramaturgia resultante, aunque involucra el trabajo grupal, se diferencia completamente de lo que conocemos como *creación colectiva*. En términos generales, podemos decir que en esta última se parte de una investigación interdisciplinaria para promover un saber sobre un objeto generalmente ubicado en lo social (un acontecimiento o personaje histórico, del pasado o del presente). Se acopia información y se trabaja con ella en las improvisaciones. No importa aquí si el resultado es un texto más o menos lineal o

---

[2] Baste mencionar aquí *Psicoterapia de grupo de niños y adolescentes*, Buenos Aires, Centro Editor de América Latina, 1968; *Psicodrama psicoanalítico en grupos* (con Carlos Martínez y Fidel Moccio), Buenos Aires, Editorial Kargieman, 1970; *Psicodrama. Cuándo y por qué dramatizar* (con Carlos Martínez Bouquet y Fidel Moccio), Buenos Aires, Editorial Proteo, 1971; *Las escenas temidas del coordinador de grupo* (con Luis Frydlewsky y Hernán Kesselman), Madrid, Editorial Fundamentos, 1979; *Espacios y creatividad* (con Hernán Kesselman), Buenos Aires: Editorial Búsqueda, 1980; *Proceso creador. Terapia y existencia*, Buenos Aires, Editorial Búsqueda, 1984; *Multiplicación dramática* (con Hernán Kesselman), Buenos Aires, Editorial Búsqueda, 1989 y *Escenas multiplicidad (Estética y micropolítica)* (con Hernán Kesselman y Juan Carlos De Brasi), Entre Ríos, Ediciones Búsqueda de Ayllú, 1996.

fragmentario o si la puesta en escena resulta de cierto trabajo con las experiencias personales de los integrantes del grupo. En cambio, lo que fundamentará el teatro de la multiplicidad e intensidades –inclusive lo que se ha dado en llamar *dramaturgia de actor*– parte de la *fantasía* de un integrante del grupo (el famoso "coágulo" cortazariano [Pavlovsky 103]) o la fantasía grupal, cuyo estatus teórico no es fácil de situar.[3] Obviamente, esta fantasía, como veremos, tiene también su dimensión histórica y coyuntural, pero es, para usar términos terapéuticos, intrapsíquica.

A partir de los trabajos de Wilfred Bion, introducidos en Argentina por Rodrigué, en los que el grupo es considerado como una totalidad, como una unidad –de allí lo de "fantasía grupal" y "transferencia grupal" (Frydlewsky et al. 10)– la teoría del vínculo de Pichon-Rivière, cierto trasfondo sartreano de la época y el impacto del Mayo del 68, que traerá como consecuencia el cuestionamiento al psicoanálisis ortodoxo –especialmente a partir del Grupo Plataforma y la separación de muchos psicoanalistas argentinos de la Asociación Psicoanalítica Argentina– más los primeros impactos de la lingüística y la antropología estructural, sumado todo esto al éxito de las teorías comunicacionales que, a partir de Paul Watzlawick y sus colegas de Palo Alto, introducen la idea de la terapia breve, no es casual que la práctica terapéutica y, por ende, la teatral comenzaran a sentir los efectos de todo este debate epistemológico. Sin duda, en Argentina será el Instituto Di Tella el lugar de convergencia de estas disciplinas y de la experimentación artística resultante de las mismas. Un poco más tarde, se sumará, también incentivado por Pichon-Rivière, el lacanismo y la semiótica, fundamentalmente a través de la figura de Oscar Masotta.

El concepto de la totalidad del grupo –escribe Rodrigué en el "Prólogo" a *Psicodrama psicoanalítico en grupos*– "nos dio un instrumento de acción social", permitió darle "un mayor sentido social al psicoanálisis", "sirvió para socializar al psicoanálisis" (Martínez Bouquet 11). El gran error de esa etapa, tal como señala Rodrigué, fue no haberse dado cuenta de que el terapeuta estaba involucrado en ese mundo grupal, en ese grupo concebido como "microsociología y sociedad"; lo sepa o no, agrega Rodrigué en términos sartreanos y hasta fanonianos, "[t]odo terapeuta está comprometido" (Martínez Bouquet 11), todo trabajo terapéutico no se realiza dentro de ese "purismo kleiniano donde, exagerando, imperaba un macartismo del encuadre aséptico" (Martínez Bouquet 12).[4]

---

[3] Ver mi trabajo "Argentina en Cádiz: El psicoanálisis, la nueva dramaturgia y las poéticas actorales".

[4] Resulta interesante correlacionar lo de 'totalidad del grupo" y la idea de la fantasía con el inconsciente transindividual del Lacan. No siendo colectivo ni ahistórico ni profundo ni universal, el inconsciente está determinado histórica y localmente, es parroquial; de modo que esa totalidad del grupo es tal porque comparten el mismo inconsciente. El giro hacia la figura del terapeuta también se puede correlacionar con el énfasis de Lacan en la figura del analista como quien resiste en la transferencia.

Este contexto cultural es propicio para el florecimiento del psicodrama. Algunos psicoanalistas, Pavlovsky entre ellos, viajan en 1963 a Nueva York a entrenarse dramáticamente con J. L. Moreno en su clínica de Beacon y, al regresar a Buenos Aires, junto a Rojas Bermúdez y Martínez Bouquet organizan psicodrama público. Según Palvosky, esta experiencia con casi trescientas personas le dio, de alguna manera, el sentido de la intensidad, así como antes el juego en terapia con niños lo había llevado al psicodrama (Pavlovsky, *Ética* 34, 35). Tanto desde el psicodrama como desde las terapias grupales comienza a cuestionarse la idea del analista, inclusive más allá de la contratransferencia, y a apreciarse hasta qué punto éste está involucrado en el encuadre terapéutico con sus propias fantasías y, sobre todo, con la fantasía de su rol como terapeuta. Todavía no estamos en la etapa del impacto de los trabajos de Lacan sobre el deseo del analista, pero sin duda hay ya una conciencia –como lo demuestra el título del segundo libro del que trataremos aquí– de los peligros, miedos, dudas que el terapeuta o coordinador de grupos puede tener frente al grupo y hasta frente a sí mismo, lo cual es una manera de rechazar cierto lugar de omnipotencia frente al colectivo y frente al inconsciente. Como dice Ricardo Bartís, en nuestra cultura actual, tan teatralizada, donde el teatro tiene que definir nuevamente su especificidad, se ha producido algo siniestro, "un miedo a tomar contacto con lo que somos" (Bartís 150).

Del teatro con grupos al cuestionamiento del teatro representativo

En esos años de los 60 y 70, se trata de profesionales para quienes el psicoanálisis es "el esquema teórico necesario desde donde encaramos el desarrollo de estas nuevas técnicas" (Martínez Bouquet et al. 15) y, como enfatiza Rodrigué en el "Prólogo" a *Psicodrama psicoanalítico en grupos*, se trata de terapeutas que también creen firmemente en que "la dramatización permite pensar mejor en grupos y es, desde la dramatización, donde el coordinador puede aplicar su conocimiento sobre psicoanálisis y sobre grupos en general" (Martínez Bouquet et al. 15). Y agrega que "toda terapia grupal tiene que ser concebida como una dramática" ya que "SE TIENE EN CUENTA [...] LA ESCENA, QUE NO ES EL INDIVIDUO Y NO ES EL GRUPO, PERO QUE ABARCA A TODOS: TERAPEUTA INCLUIDO" (Martínez Bouquet et al. 15, mayúsculas del autor) En una de sus contribuciones a *Psicodrama psicoanalítico...*, Pavlovsky ya comienza a diseñar una aproximación menos ortodoxa, menos aséptica, al trabajo del terapeuta en relación al grupo. Al trabajar con niños y adolescentes, se da cuenta de que es necesario no sólo interpretar -tarea psicoanalítica por excelencia (Martínez Bouquet et al. 195)- sino plantearse una "actitud más simétrica (y menos omnipotente)" (Martínez Bouquet et al. 23) respecto del adolescente, que permita comprender lo que está diciendo, "lo que el adolescente tantea para poder comunicar su problemática" (Martínez Bouquet et al. 22). Siguiendo a Roland Fairbairn y, sin duda, a Pichon-Rivière, Pavlovsky está intentando establecer un vínculo diferente con el grupo y a la vez ponerse como un objeto bueno "anterior a la interpretación de las ansiedades persecutorias" (Martínez Bouquet et al. 22), que permita la proyección del adolescente con un objeto más "estable, seguro y sólido capaz de convertirse en un continente de un mundo interno tan persecutorio" (Martínez Bouquet et al. 22). La idea pavlovskiana en este momento es "intervenir terapéuticamente aun sin estar interpretando" (Martínez Bouquet et al. 23), de una manera que el terapeuta no aparezca como despersonalizado, sino con "un modo personal de participar, de sentir, de convivir, de aceptar, de rechazar, de reír o de angustiarse, etc., en la sesión" (Martínez Bouquet et al. 23), es decir, más espontáneamente abierto a la escucha, sin esconderse detrás del rol, inclusive, en cierto modo, más vulnerable –pero, dice,"mostrándome más directamente (siendo más yo) (Martínez Bouquet et al. 23) – frente al otro.

Esto, obviamente, repercutirá en la idea que Pavlovsky se hace del actor y del trabajo actoral; su idea de la desnudez tendrá posteriormente un desarrollo mayor en la poética actoral de Ricardo Bartís. "Asumir un personaje –dice Pavlovsky a contrapelo del teatro representativo y quizá en parte recuperando la enseñanza de Grotowski– no es enmascararse, sino desenmascararse, exponerse, quedar desprovisto" (73). Y en *La ética del cuerpo* se extiende un poco más sobre esto:

> Creo que hay un teatro "representativo" en el que el actor está muy influido por la estética o el método de Stanislavsky o de Strasberg, teatro de introspección, psicología, identidad, relación con el criterio de realidad y de verdad. Un teatro de métodos que te enseñan a no romper la silueta realista del personaje. Mi teatro es todo lo contrario, y aquí la escritura se mezcla estrechamente con más características como actor, porque escribo y actúo en mis obras. En mi teatro la identidad del personaje se va alterando en diferentes estados, al punto que llega un momento en que el discurso que dice el personaje no corresponde a su identidad inicial (213).

No se trata de enmascarar al actor con el personaje sino, por el contrario, de desvestirlo progresivamente de las máscaras que el proceso social ha *depositado* –para usar el término de Pichon-Rivière–[5] sobre el sujeto como roles y conductas simbólicas. Así, progresivamente, se va realizando un pasaje desde esta idea del

---

[5] Ver el capítulo 11 "Vínculo y teoría de las tres D (Depositante, Depositario y Depositado), Rol y Status" en *Teoría del vínculo*.

yo, incluso de roles, tan familiar en las terapias psicogrupales, a una idea de lugares en lo simbólico desde los que somos hablados; se trata de un movimiento antipsicologista en el que el actor debe trabajar con su deseo, intentando en todo momento lo que Bartís denomina "la disolución de lo yoico" (119). Pavlovsky ha intentado siempre introducir nuevos conceptos que aportaran al campo de la estética y la micropolítica dentro de lo grupal. Se preocupó mucho sobre el campo de la formación de subjetividad. La investigación de lo grupal aparece así concebida dentro de un dispositivo donde no solamente estuvieran las lecturas psicoanalíticas, sino también la creación de espacios para poder desarrollar territorios de experimentación y de nuevas formas de subjetivación (Pavlovsky 95).

Así, Pavlovsky leerá a Barthes, Lacan, Eco, Foucault y, sobre todo, a Deleuze y Guattari. Al incorporarse la estética a lo grupal (Beckett, Joyce, Glass, Steve Reich, Tadeusz Kantor, Bob Wilson), se busca ir más allá de lo patológico; sin embargo, la ética inspirada en la multiplicación dramática permanece, es decir, esa necesidad de "producir la apertura de [la] historia hacia nuevas historias posibles, por y a través del grupo" (98).

Al deslizarse al campo teatral, esta aproximación marca su diferencia con el trabajo tradicional del actor. Pavlovsky relata en *La ética del cuerpo* la forma en que sus obras han sido ensayadas, sea, por ejemplo, con Laura Yusem, con Norman Brisky o con Daniel Veronese. El director puede, durante el ensayo, funcionar como terapeuta involucrado y Pavlovsky, al ponerse como actor de su propio texto –sea como integrante del grupo o bien como yo/auxiliar– puede comenzar a explorar sus propias fantasías y las voces involucradas al momento del actuar *sin interpretar*. Lo interesante para nosotros aquí es que Pavlovsky, que siempre actúa en sus obras, diseña un dispositivo de trabajo actoral en el que él, como autor, relativiza su rol de dueño de la verdad del texto y acepta explorar su propia fantasía bajo la escucha de otro/s. Nos dice:

> Siempre tiendo en cualquier obra mía, a darme cuenta de que hay un ordenamiento que no obedece a mí. Que tiene que ver con el trabajo actoral posterior, como si un sueño se fuera 'develando" durante los ensayos (127)

Esto, en cierto modo, lo diferencia y separa de otros dramaturgos argentinos de su generación, más atenidos al encuadre tradicional de autor del texto dramático, el que pasa al director de la puesta y más tarde al actor, todos ellos concebidos como instancias separadas y, en cierto modo, no totalmente interconectadas (aunque el autor participe de los ensayos), porque este autor más *tradicional* no se pone como actor de su propia fantasía textual y, probablemente, tampoco quiera arriesgarse a las consecuencias de esa experiencia. Si vemos aquí conformarse un nuevo perfil de director, también vemos transformarse la figura del autor y del actor. Como actor, ya no se trata de poner en escena el textofantasía de otro, sino –ensayo de por medio– el propio, que dará lugar a un trabajo psicodramático de multiplicación de voces y sentidos.

El role-playing *didáctico y cambio de rol del director*

El pasaje de autor a actor es equivalente a lo que ocurre en el *role-playing* didáctico. Una cosa es lo que un terapeuta verbaliza de lo que le ocurre con un paciente o con un grupo y otra cosa es lo que él hace al asumir un rol de terapeuta de un grupo formado por pares que asumen el rol de integrantes de dicho grupo. Es muy probable que al verbalizar pueda ser muy expresivo en el retrato que da de sus pacientes (o sus personajes); pero en el momento de asumir el rol del personaje-terapeuta deja de lado la vitalidad de lo relatado y su cuerpo se rigidiza en la medida en que el "segundo personaje corresponde a la identificación con un supuesto terapeuta impersonal" (Martínez Bouquet et al. 26). Todo terapeuta tiene, además de una idea incorporada de lo que un terapeuta debe ser, una fantasía como terapeuta, que Lacan más tarde explorará en detalle. En el campo teatral podemos observar algo parecido: todo actor tiene siempre una idea de actor o un ideal de actuación el cual, la más de las veces, obstruye el trabajo del director en vez de facilitarlo.

La relación de lo representado en el *role-playing*, de alguna manera como un performance artificial de una serie de conflictos inconscientes que se debaten en la "escena real", en la realidad, llevaría a la pregunta de hasta qué punto el *role-playing* o alguna técnica psicodramática podría haber dado otra escena diferente y entonces eso, supuestamente, cuestionaría la relación entre lo producido y la realidad. "En general –se nos dice– [eso] no es cierto [ya que] la dramatización está fundamentalmente determinada por el grupo en cuyo seno se ha generado" (Martínez Bouquet et al. 198). Pavlovsky señala que "eso que se dramatiza, de alguna manera se repite en la sesión real casi siempre" (Martínez Bouquet et al. 26). Lo importante es "detectar qué puede estar representando inconscientemente uno u otro en determinados momentos de la sesión" (Martínez Bouquet et al. 26).

La escena de *role-playing* culmina con la discusión grupal donde todos aportan el relato de su experiencia en el rol. Así se tiene un panorama interesante de motivaciones que ciertos terapeutas/pacientes podrían tener en la realidad y que no se visualizan durante la sesión. Pero como el *role-playing* es didáctico, se puede contar con perspectivas novedosas, no imaginadas por el terapeuta, de parte de quienes asumieron un rol determinado en un ambiente de experimentación que disminuye los riesgos de una interpretación apresurada o inadecuada, como sería el caso durante una sesión real. Es, pues, un *ensayo* –en sentido teatral– *de sesión*, donde se barajan posibles alternativas interpretativas o efectos de conductas diversas que el terapeuta tendrá en su haber para futuras situaciones en que le sean necesarias (Frydlewsky et al. 52). En cierto modo, el entramiento del 'comodín' en el Teatro del Oprimido de Augusto Boal sigue estos mismos protocolos. Además, en el período post-dramático, las interpretaciones producto del *role-playing* son construidas grupalmente "a partir de la participación activa de los integrantes" (Martínez Bouquet et al. 28), de la misma forma en que el texto final de una obra de Pavlovsky tiene las resonancias de todas las voces y todo el trabajo del grupo teatral. Las opiniones, por una parte, enriquecen la perspectiva interpretativa y, en cierto modo, también la ajustan; por la otra, la discusión va motivando a aquellos que suelen no participar, promoviendo así que los integrantes aprendan a pensar grupalmente. Lo interesante es que al trabajar de esta manera – como trabajan muchos grupos actualmente en lo que se conoce como dramaturgia de actor– el resultado final es en cierto modo *final*, pero también no definitivo, ya que quedan potencialmente abiertas muchas otras posibilidades. Bastaría remitirse a cualquier texto de Rafael Spregelburd, Daniel Veronese o Alejandro Tantanian, para medir las potencialidades todavía no exploradas, inclusive en las puestas en escena de sus propios textos. De alguna manera, lentamente se va produciendo un pasaje de la inicial idea del grupo como totalidad a una idea de apertura, de falta. La idea de totalidad, dice Bartís, es una "aspiración burguesa" (115).

Tanto la interpretación como las intervenciones –de los actores o del director– van perdiendo su carácter oracular o de omnipotencia. Dice Pavlovsky en su afán de desmitificar el rol terapéutico, y esto puede leerse en relación al rol del director, inclusive del actor, de una puesta en escena:

> Si el terapeuta no está seguro (nunca lo está) y duda de lo que está diciendo, es mucho más útil que en su intervención explicite esta duda interna (que corresponde a nuestro auténtico interrogante sobre la interpretación) (Martínez Bouquet et al. 29).

Un aspecto importante es que en el *role-playing*, al interpretar, muchas veces no se hacen "comentarios histórico-personales de los miembros del grupo en relación a la dramatización" (Martínez Bouquet et al. 51); de ese modo, la escena es trabajada con cierta autonomía de lo personal y, por eso, cuando esto ocurre a nivel del ensayo teatral, es posible explorarla en toda su potencialidad conflictiva hasta sus propios límites fantasmáticos. De ahí las relaciones entre dicha escena y la realidad histórico-social que le sirve de contexto, las cuales pueden ser de alegorización, metaforización, metonimización, etc.,[6] en su captación de la otra escena de lo social en términos de fantasía civil. Pavlovsky lo plantea en estos términos:

> Cuando ensayo descubro que estoy tocando distintas facetas de mi vida, pero cuando lo más personal llega a un nivel estético,

---

[6] En su trabajo sobre la creación colectiva y la interpretación de los sueños en Freud, Enrique Buenaventura justamente plantea la puesta en escena como metáfora.

lo mío ya no es mío. Ya no es sólo personal sino también propio de un social-histórico determinado. (*Ética* 23)

Justamente es Bartís quien desarrolla esta tendencia a nivel actoral, cuando plantea una separación entre lo biográfico y lo psicológico o personal. "Lo psicológico es –dice Bartís– antiartístico" (176). Lo biográfico es el punto de convergencia, si se quiere pensarlo de este modo, de los 'inconscientes' personales en un inconsciente transindividual y no colectivo, porque eso sería extender el concepto de inconsciente más allá de la dimensión parroquial en la que el grupo trabaja. Sin duda, el producto biográfico teatral de un grupo tiene resonancias directas con el inconsciente transindividual del público para el que trabaja y desde el que trabaja. Ya no se trata de situar la formación actoral a nivel de las identificaciones imaginarias, y menos aún en relación a una cierta identidad, sino de abordar el deseo, la pulsión, la dimensión no psicológica sino corporal, atravesada por energías y flujos. "Las técnicas dominantes –planea Bartís– confundieron no ingenuamente lo personal con lo biográfico" (182), centrándose en lo psico-sociológico y dejando de lado lo artístico, "la pulsión poética" (176), cuya sede es el inconsciente, porque es precisamente allí donde ancla la creatividad artística siempre en relación a lo Real y no a la realidad. El fantasma civil trabajado por los actores en este tipo de dramaturgia es biográfico, histórico, pero no es personal.[7]

Sutilmente, la propuesta de Pavlovsky, tal como aparece en sus últimas producciones –*La muerte de Marguerite Duras* (2000), *Variaciones Meyerhold* (2004) o *Solo brumas* (2008)- y en otros teatristas argentinos más jóvenes, va ir deslizándose –como en Lacan– desde una idea inicial basada en la cura, en lo terapéutico, hacia una idea aparentemente más paradojal, la de contagio (Bartís 148, 179).

El psicodrama y la multiplicación dramática

Pasemos ahora del *role-playing* al psicodrama. También aquí se pasará de lo inicialmente terapéutico al uso de técnicas psicodramáticas "como recurso de investigación en el campo social y comunitario, como instrumento de creación de nuevos espacios de producción de subjetividad" (Pavlvosky 138).

¿Qué son las técnicas dramáticas en psicología?, se preguntan Barrera, Martínez Bouquet, Moccio y Pavlovsky al final de *Psicodrama psicoanalítico en grupos*. Y se contestan: se trata de "la utilización del mismo medio de comunicación que emplea el teatro, pero con la diferencia de que aquí no tienen las dramatizaciones

---

[7] A partir de la década de los 80s, muchos dramaturgos latinoamericanos trabajaron en función de un público alejado de sus parroquias locales, regionales o nacionales; lo hicieron a partir de becas ofrecidas por instituciones extranjeras; estrenaron sus espectáculos en esos países que los alojaban y, más tarde, usualmente consagrados por la crítica y por premios, los ofrecían a los públicos locales. Esta es una cuestión que todavía no ha sido elaborada teóricamente en la praxis teatral.

finalidad artística y son improvisadas (no preestablecidas, al menos en sus detalles)" (Martínez Bouquet et al. 178). Y agregan:

> en un psicodrama o en un sociodrama la dramatización significa en determinado momento la expresión del grupo o del individuo, es decir, es una representación espacial de la *fantasía básica* que ese grupo está viviendo o que ese individuo tiene en ese momento. (180, el subrayado es mío)

A esto hay que sumar, como hemos visto, la fantasía de rol que tiene el terapeuta, entre otras fantasías con las que llega al encuadre (Martínez Bouquet et al. 195).

Resulta importante señalar la importancia del yo-auxiliar en el psicodrama. Se trata del viejo rol de co-terapeuta que ahora va a tener una participación activa en la escena dramatizada y ya no el mero tomar notas. En el psicodrama —se nos dice— ocurre que el yo-auxiliar juega en el escenario los roles que en el caso del psicoanálisis son fantaseados por uno y otros componentes de la relación analítica; de manera que la primera parte del trabajo que se realiza en psicoanálisis, es efectuada en el psicodrama por el yo-auxiliar; la segunda parte, la interpretación, es generalmente efectuada en el psicodrama por el director. (Martínez Bouquet et al. 196)

Las dos tareas, que usualmente se confunden en el analista, se separan en el psicodrama, de modo que el yo-auxiliar puede sumergirse de pleno en la dramatización y el director puede observarla desde afuera, cosa imposible para el analista tradicional. Así, se recuperan perspectivas tanto desde lo vivencial del yo-auxiliar como desde fuera y se puede manejar mejor la transferencia y la contratransferencia. Esta concepción bipolar entre lo vivencial y lo pensante es completamente cuestionable, pero es lo que, de alguna manera, hace operacional al psicodrama.

Pavlovsky desiste tempranamente de trabajar con observadores no participantes, especialmente en los grupos de adolescentes (Martínez Bouquet et al. 27). Esto podría hoy discutirse nuevamente a la luz de la Escuela de Espectadores que, en Buenos Aires, promueve la asistencia de espectadores a los ensayos de algunas obras teatrales. Además, no hace falta decirlo, esto también replantea el rol del asistente de dirección.[8]

---

[8] Por conversaciones privadas con algunos directores argentinos sé de primera mano que casi nunca el ensayo que se ofrece en la Escuela de Espectadores es un ensayo auténtico; en realidad, se trata de una ficción de ensayo atenida al supuesto ideal de ensayo teatral que el público trae. Los afanes pedagógicos de las escuelas de espectadores corresponden a los protocolos del discurso de la Universidad en Lacan y, por ende, son cómplices del discurso hegemónico de los sectores dominantes y definidores de cultura. Ver mi libro *Los discursos lacanianos y las dramaturgias*.

La aproximación psicodramática a los conflictos no es didáctica; dispone de técnicas teatrales, tales como juego de espejos, inversión de roles, desdoblamientos de la personalidad, soliloquio, etc. La escena dramatizada se realiza *como si* fuese real y, a pesar del pacto de ficción, la experiencia vivida igualmente se registra. La idea que subyace a la aproximación psicodramática es explorar los roles que un paciente tiene a lo largo de un tratamiento; en realidad se trata de "un repertorio de roles fijos o defensivos" (Martínez Bouquet et al. 191) que llevan a dramatizaciones caracterizadas "por su pobreza expresiva y por su estereotipia" (Martínez Bouquet et al. 191). De modo que se procede a dramatizar con la intención de permitir la emergencia de roles más variados, de alternativas más diversas. En especial a nivel de la terapia grupal, ya que "el grupo *multiplica* las posibilidades de pensar, particularmente [creemos] que es capaz de abarcar lo que rebasa el individuo" (Martínez Bouquet et al. 203, el subrayado es mío). Se va desde los roles fijos defensivos a los roles expresivos, más creativos y de mayor flexibilidad o plasticidad, en las que el paciente aprende, multiplica sus voces al descubrir en sí mismo o en el yo-auxiliar nuevas voces o roles que operan en él.

En las "Reflexiones finales" de *Las escenas temidas del coordinador de grupo* se nos dice que "quizá cada uno de nosotros somos varios personajes de una estructura o novela" (97). Habría, pues, dos tipos de dramatizaciones y esto es crucial entenderlo desde el punto de vista de la formación actoral y del proceso del ensayo teatral:

> Son dramatizaciones defensivas aquellas que enmascaran en mayor o menor medida la fantasía grupal inconsciente. Son dramatizaciones expresivas, aquellas que ponen en juego o explicitan esta misma fantasía grupal. (Frydlewsky et al. 192)

De alguna manera, tenemos aquí ya diseñado el embrión de lo que más tarde Pavlovsky planteara como diferencia entre teatro de representación y teatro de estados (Pavlovsky 123). En el teatro de representación se presta atención al texto, a la narración y a la construcción del personaje como máscara; en el teatro de estados, lo que importa es la resonancia corporal de la fantasía grupal, contemporánea del grupo, la forma en que el actor deja pasar por su cuerpo todo lo intenso que lo recorre, la forma en que el actor asume lo imprevisto (*tyche*) que surge en una improvisación, en una dramatización y lo persigue, abriendo nuevas posibilidades de exploración de la fantasía. Como dirá Bartís, lo que importa es el relato de la actuación como autónomo respecto al relato de la obra.[9]

Como ya dijimos, uno de los roles es adjudicado a un yo-auxiliar, que está encargado de explicitar los sentimientos latentes del protagonista y que oficia

---

[9] "Entrevista a Ricardo Bartís", en Gustavo Geirola, *Arte y oficio del director teatral en América Latina: Argentina, Chile, Paraguay y Uruguay.* 125-145.

como un desdoblamiento del terapeuta individual, que Pavlovsky, siguiendo la tradición psicodramática, denomina "director" (Martínez Bouquet et al. 55). Esta interpretación que hace el yo-auxiliar se denomina *desde el rol*, porque "se formula en pleno proceso dramático, cuando el paciente se halla envuelto en su rol, 'es decir, una vez alcanzado el nivel adecuado de atemperación (*"warming-up"*), y que compromete a todo su yo" (Martínez Bouquet et al. 48). La posibilidad de Pavlovsky de pasar de autor del boceto dramático al de actor, como yo-auxiliar o integrante del grupo, es lo que le permite descubrir, por ejemplo, los múltiples matices del lado oscuro del torturador, tal como aparece en *Potestad*.

Al dramatizar, cuando un integrante de la pareja o del grupo

> saca a relucir acontecimientos de una fase vivida en común, no le resulta difícil al otro continuar y elaborar el tema como si fueran una sola persona y tuviesen una vida inconsciente común. (Martínez Bouquet et al. 54)

El psicodrama de Moreno define a estos momentos de interasociación comunes entre dos o más individuos como *inconsciente común*, que evoca

> en el escenario psicodramático –nos dice Pavlovsky– aquella parte de la relación de ambos protagonistas que quedó olvidado o reprimido, algo así como la reconstrucción de la historia de la relación emocional de la pareja, la historia psicodramática del vínculo. (Martínez Bouquet et al. 54-55)

Los ejemplos que Pavlovsky incorpora a sus ensayos clínicos son instructivos para alguien que quiera tener una formación actoral o, inclusive, podrían constituir la base para una formación a nivel directorial. Todo el Capítulo IV de *Psicodrama psicoanalítico en grupos* desarrolla un interesante ejemplo que podría contrapuntearse con provecho con algún otro de Stanislavski. Pero en la dramaturgia de actor resulta instructivo la forma en que un grupo se reúne en función de padecimientos o conflictos socio-históricos comunes que van a explorar a nivel de sus propias fantasías y culminar en un texto que, de algún modo es una fantasía común, tan común que puede asumirse, en tanto espectáculo, como fantasía civil de la nación que ese grupo posee. Sin duda, el trabajo psicodramático abre más posibilidades interpretativas que van develando una serie de deseos y conflictos inconscientes, a veces incluso en escenas aparentemente alejadas de la verbalización inicial, manifiesta, del conflicto. El cambio de roles, por ejemplo, puede develar conductas en/del compañero de escena no comprendidas por el protagonista mismo. Lo verbal y lo corporal dejan visualizar aspectos insospechados de la relación de los participantes. Incluso el tiempo de la escena responde a un escandido particular: "[l]a interrupción de las reglas de juego –se nos dice– lo tomamos como un momento importante dentro del conflicto" (Martínez Bouquet et al. 59).

La escena pavlovskiana: autoría, actor y multipicación de voces, de lugares y roles

La escena dramatizada no es otra cosa que el conflicto espacializado (ya no meramente verbalizado): "lo intrapsíquico de la relación objetal interna, se convierte en extrapsíquico" (Martínez Bouquet et al. 60) por medio de la identificación proyectiva; se trata de la fantasía dramatizada a partir de la cual es posible comenzar a interrogarse" "¿'donde' está quien está en un papel determinado en una escena dramatizada?" (Martínez Bouquet et al. 204).

En otros términos, "¿[q]ué son los sitios de una situación o de una escena? ¿Cuál es su determinismo? ¿Dónde —en qué espacio— se origina su estructura? y ¿cuál es la matemática y la "física" de este espacio?" (Martínez Bouquet et al. 205).[10]

Como vemos, estamos aquí ya en un planteo del espacio escénico como espacio de la fantasía que tendrá consecuencias impresionantes a nivel de la dramaturgia argentina contemporánea. Por una parte, se trata de las exploraciones no de lo que uno dice, sino desde los lugares en que uno es hablado, por otros o por el Otro. En segundo lugar, el trabajo con la selva de fantasmas de la que habla Lacan y el trabajo con el fantasma fundamental (que en estos textos clínicos los autores llaman "la estructura"). Y finalmente, la aproximación a la actuación, al cuerpo, al espacio escénico desde lo *científico*, concebido como matemática o como física (sea topología, teoría de nudos, teoría del caos, fractales). Se trabaja sobre la idea de que ese espacio donde se dramatiza constituye, en tanto ficción, una dimensión de mayor libertad, menos determinada por las causas o consecuencias que impone la realidad. "En la ficción —se nos dice— [el actor] podrá hacer más de lo que en la realidad podría" (Martínez Bouquet et al. 205).

Pero no sólo se conceptualiza a nivel de lo espacial. La escena en psicodrama comienza asimismo a plantear sus límites temporales, en una lógica propia de avances, retrocesos y detenciones, que se retoman directamente al plano interpretativo. Más tarde, esta problemática temporal va a converger con lo corporal, en la medida en que "la materia estrictamente escénica —dice Bartís— [es] el tiempo y el espacio narrado en el cuerpo de los actores" (177), esto es,

---

[10] Indudablemente, se puede leer aquí la cuestión del 'espacio' como relativo a un espacio *discursivo*; en las fórmulas de los discursos lacanianos se disponen formalmente (casi matemáticamente) las cuatro posiciones y los cuatro elementos que van a ir girando de uno a otro discurso determinando, en tanto son discursos, diversos tipos de lazo social marcados por estrategias de poder diferenciadas. Ver mi libro *Los discursos lacanianos y las dramaturgias*.

corresponde a una espacio-temporalidad no psicológica, sino más ligada al inconsciente como ha sido planteado por Lacan.[11]

Entramos aquí en otro punto crucial a las metodologías de formación actoral: el estatus de la memoria. Pavlovsky plantea, al trabajar un caso detallado en *Psicodrama psicoanalítico en grupos*, que se le sugirió al paciente "dramatizar la escena [con su padre] tomando ambos roles, e intentando presentarnos la escena espontáneamente (sin intentar memorizar demasiado)" (Martínez Bouquet et al. 56). Se inaugura aquí una tendencia que, es notorio, va a ir a contrapelo de la formación stanislavskiana-strasbergiana. Aunque en este caso detallado por Pavlovsky se siente el peso de lo que en aquel momento (1970) podía ser discutido en términos de "explorar el juego de identificaciones proyectivas en el vínculo" (Martínez Bouquet et al. 56), lentamente, debido al impacto del lacanismo, vamos a ir notando una mayor confianza en el inconsciente como sorpresa, como lo imprevisto, y no como lo arqueológico. Nuevamente es Bartís quien acusa recibo de esta transformación del paradigma actoral: "Hay actores —nos dice— que narran la posibilidad de que algo extraordinario suceda, algo imprevisto, algo que no puede suceder y está en ellos que pueda ocurrir" (181). No es ilustrar la historia nacional con un relato alegórico basado en un supuesto saber del autor dramático dirigiéndose a un público al que intenta iluminar sobre las causas de un acontecimiento. Al ofrecerse a lo imprevisto, al dejarse llevar al principio por el *automaton* lacaniano, se procura la posibilidad de un encuentro con lo Real que Lacan denomina la *tyche*, y que permite explorar nuevas posibilidades de lo histórico, no necesariamente *sabidas*. Es la *tyche* la que, para Lacan, deja emerger la verdadera *repetición* en sentido psicoanalítico. Esto no significa, no obstante, que se desconozca hasta qué punto una escena dramatizada remite, en primer lugar, a una escena vivida en lo real, pero, en segundo lugar, puede remitir también a una escena primaria inconsciente al que el paciente está sujeto, sin saberlo. Tenemos así la dimensión de la memoria y la dimensión, más interesante, de explorar el olvido. En vez de trabajar extractiva o arquelógicamente la memoria, la escena dramatizada y la figura del yo-auxiliar pueden —además de ser "un medio 'catártico', donde el sujeto encuentra oportunidad de canalizar ansiedades" (Martínez Bouquet et al. 129)— despejar el sentido de una escena primaria olvidada que se recaptura en la dramatización simbólica con "un menor grado de intensidad emocional" (Martínez Bouquet et al. 86). Sin embargo, "[n]o se induce a la regresión [y] se evita en general la interpretación transferencial" (Martínez Bouquet et al. 86), que puede generar resistencia a la dramatización y que sólo conviene usarla, por el grado que alcanzan "las transferencias de todos los integrantes del grupo" (Martínez Bouquet et al. 85) en un tratamiento de larga duración.

Se le pide al paciente "que 'represente' las fantasías, sueños o aspectos de su vida cotidiana" (Martínez Bouquet et al. 162). Sólo cuando se trata de una

---

[11] Ver el capítulo "Ensayando la lógica o la lógica del ensayo: Construcción de personaje y temporalidad de la certeza subjetiva".

escena simbólica se habla de dramatización; si el paciente se confunde en la dramatización y reacciona como lo haría frente al objeto *real* (es decir, confunde al yo-auxiliar con alguien de su vida real) entonces hablamos de actuación. Sin duda, es detrás del objeto 'real' que se esconde "otro objeto primario" (Martínez Bouquet et al. 162). El capítulo XII, titulado "Dramatización y actuación: dos términos de opuesto significado", que ya había sido publicado en 1969, va a ofrecernos algunas pautas que vale la pena explorar en su progresiva transformación dentro de la poética actoral de Pavlovsky. Como puede observarse, no hay mayor interés de captar o recuperar *lo vivido* como tal; se observa, sin embargo, cómo "este rol simbólico [de la escena dramatizada] estaba investido con toda una carga primitiva de afecto del objeto primario" (Martínez Bouquet et al. 162-163) que impide desplegar posibilidades de nuevas conductas o alternativas a rol simbólico. Hay así una ecuación simbólica entre el objeto primario y el objeto simbólico (yo-auxiliar). El paciente los confunde y actúa sin notar la diferencia. No hay, pues, dramatización y, por ende, no hay forma de jugar con alternativas que podrían generar un cambio en la relación simbólica. Se trataría, entonces, de actuación de roles –lo que Moreno denominaba *"irrational acting-out"* (Martínez Bouquet et al. 164)– y no de dramatización, es decir, *therapeutic acting-out*, en términos de Moreno (Martínez Bouquet et al. 167) que capacitaría al paciente –al no estar dominado por una carga motriz inmediata– de objetivar sus objetos internos peligrosos y persecutorios.[12]

En cierto modo, la propuesta se aleja de Stanislavski que, por otras vías –acción física, autosugestión o memoria emotiva– intenta justamente hacer lo contrario, es decir, ir más allá de la dramatización abandonando el proceso secundario, para alcanzar, incluso por las vías del *como si*, el proceso primario, la ecuación simbólica entre objeto primario y objeto simbólico.

En el "Prólogo" a *Las escenas temidas del coordinador de grupos*, escrito por Kesselman y Pavlovsky, que es de 1984, se plantean cuestiones que muestran una profundización en la relación entre psicoanálisis y teatro. Como ya dijimos, el acento ahora está puesto más en la figura del coordinador de grupos (ya no tanto concebido como terapeuta) que en la del paciente. Desde el comienzo los autores aclaran que "[l]os caminos de investigación del dramaturgo, del actor y del psicodramatista con formación psicoanalítica muestran una interesante convergencia" (Frydlewsky et al. 7). La experiencia de Kesselman y Pavlovsky se ha realizado no sólo en Argentina, sino en el exilio, mediante la realización de talleres en varios países. Aparecen algunos ajustes o deslindamientos conceptuales importantes, que afectarán tanto al teatro como a la práctica analítica: ya no se

---

[12] Para una discusión más detallada sobre *acting out*, pasaje al acto, etc., ver el capítulo "Aproximación psicoanalítica al ensayo teatral: notas preliminares al concepto de transferencia y el deseo del director".

habla de la dramatización como una "escena simbólica", sino que, más ajustadamente, Lacan de por medio,[13] se conceptualiza como experiencia imaginaria: "se aborda el espacio dramático o imaginario desde dos ópticas diferentes: el teatro y el psicodrama, pero incluidas en un mismo escenario imaginario y comprendidas desde una misma teoría: el Psicoanálisis" (Frydlewsky et al. 8). El mismo Pavlovsky va a reconocer que es justamente por esta época, en 1984, cuando se hace un gran cuestionamiento personal y consecuentemente cuando su teatro toma un giro diferente que llega hasta el presente (113 y 115).

Los autores enfatizarán la necesidad del entrenamiento de coordinadores de grupo en la "multiplicación dramática", consistente en tomar una escena temida –que tendría casi el estatus del sueño o de la fantasía inconsciente para Freud (Frydlewsky et al. 17)– por un integrante del grupo de terapeutas y someterla a la dramatización, lo que los autores designan como "máxima significación o totalización a través de las múltiples subjetividades con que consuena y resuena en cada uno de los integrantes del grupo" (Frydlewsky et al. 8-9). Propuesto un temor, algunos integrantes dramatizan y los otros observan. Diferentes aspectos (personajes, gestos, palabras) en la dramatización de ese temor "tocan" a cada integrante del grupo en forma diferente. Se dice entonces que la escena establece ciertas *consonancias* –nuevos gestos, nuevas palabras, nuevos personajes– que son exploradas a través de nuevas dramatizaciones con diferentes integrantes del grupo, y de ese modo *multiplican* la escena inicial, la deforman progresivamente. "Y esto –dicen los autores– lo llamamos resonancia" (Frydlewsky et al. 9).

Si en 1970 se hablaba de "la dificultad que representa reconocer la paternidad individual de las ideas de un grupo" (Martínez Bouquet et al. 177), ahora, en 1984, se habla de préstamo: "un autor 'ha prestado' su escena a los demás para que los mediadores inventen desde su propia óptica subjetiva otras 'escenas', otras intenciones y hasta otras particularidades y sentidos a los personajes de la escena original" (Martínez Bouquet et al. 9).

Pavlovsky insiste en *La ética del cuerpo* que, en su nueva etapa, sus obras parten de un 'coágulo'; esto motiva un texto inicial, no necesariamente dramático, que se ofrece al grupo de actores y al director para que lo multipliquen. Pavlovsky mismo se coloca fuera de la autoría para explorar otras posibilidades, para multiplicar su propio texto y su propia experiencia. La escena se va reescribiendo muchas veces durante este proceso. Y la puesta resultante le corresponde a ese grupo, corresponde a la fantasía civil de ese grupo en ese momento determinado, y el texto queda como disparador de nuevas multiplicaciones para otros grupos en otro lugar y en otra circunstancia histórica.

Sin duda, "el autor de la escena inicial 'se siente robado' o desquiciado" –como muchos dramaturgos que asisten a los ensayos de su obra y ven cómo un

---

[13] En este mismo "Prólogo" que estamos comentando, justamente se menciona que se ha "ensayado la lectura de la escena dramática desde la visión freudiana, iniciada por Lacan", en Frydlewsky et. al. 12).

director la pone en escena– pero, si tiene amplitud mental para enfrentar su narcisismo, lentamente va reconociendo que las resonancias "redescubren una pluridimensionalidad que se reúne –como las piezas de un rompecabezas– para enriquecer, en el mapa general del grupo, la visión monocular de la escena inicial" (Frydlewsky et al. 9). Lo importante de este proceso es ver el propio miedo en el espejo deformante –"[e]l espejo cóncavo de las mediaciones subjetivas" (Frydlewsky et al. 44) –, como en Valle Inclán, aunque ya no el del Callejón del Gato, sino el de todos los integrantes del grupo (Frydlewsky et al. 37). El impacto del *estadio del espejo* y el dispositivo del ramillete invertido lacaniano –aunque muy diferente del de Valle Inclán– es aquí patente y, sin duda, nos invita a repensar muchas de las cuestiones aquí involucradas.[14]

En todo caso, a partir de la multiplicación dramática, se quiere descubrir, por medio de la síntesis dramática, "una nueva estructura hecha entre varios para permitir el nacimiento de todas las formas potenciales de la escena inicial" (Frydlewsky et al. 9). En el teatro, inclusive en la aproximación tradicional al montaje, esto es ineludible: el autor parte de un coágulo que le procura las primeras imágenes, se deja adueñar por otras voces de sus personajes; el director luego descubre otras particularidades en los personajes y las acciones y finalmente el actor "inunda con sus propias vivencias personales, de múltiples y desconocidas facetas, a los personajes del texto" (Frydlewsky et al. 43).

La escena inicial, encubridora de un aspecto profundo del coordinador, paralizada por el temor que se expone –que es histórico (Frydlewsky et al. 32)–[15] puede progresar, se inmoviliza, adquiriendo un carácter siniestro. Freud teorizó lo siniestro como aquello que, invisibilizado en la vida cotidiana, se nos ha hecho familiar y nos posee; la multiplicación dramática de ese componente siniestro permite justamente develar los grados de tolerancia y complicidad que se ha tenido con lo siniestro como tal. Pavlovsky se refiere justamente a la construcción de subjetividades, a la emergencia de voces, es decir, a nivel micropolítico, a "[l]a presencia del microfascismo en la cabeza de la gente" (40). Es más, la posibilidad de actuar el rol del monstruo, "de encontrar alguna empatía de resonancia entre este monstruo y yo –como ocurre en *Potestad*– [le permite] [c]omprender su lógica de afecciones" (66).

No hace falta dar ejemplos de cómo opera lo siniestro en la dramaturgia de Pavlovsky, desde *La espera trágica* (1964) y *El Señor Galíndez* (1973), pasando por *Telarañas* (1977) y *Potestad* (1985), hasta *Variaciones Meyerhold* (2004) y *Solo brumas* (2008). Es justamente por medio de técnicas lúdicas, que lo siniestro –idea tomada de Pichon-Rivière– transforma "en vivencia estética" (Frydlewsky et al.

---

[14] Ver mi ensayo "Aproximación lacaniana a la teatralidad del teatro: desde la fase del espejo al modelo óptico. Notas para interrogar nuestras ideas cotidianas sobre el teatro y el realismo".

[15] Tenemos en esta afirmación una referencia indirecta a aquello que en este libro hemos trabajado desde el malestar en la cultura, de raíz freudiana, o bien desde el modo de goce o goce del Otro en la perspectiva lacaniana.

10). Por eso, los autores proponen "[l]a escena temida como vía regia para explorar escenas familiares" (Frydlewsky et al. 30). Y por medio del trabajo de consonancia/resonancia transformar lo encubierto en descubierto, lo cual reingresa al proceso de sucesivas consonancias/resonancias hasta llegar a una escena resultante final, pero no cerrada. De ese modo, aunque el miedo inicial no desaparezca, el hecho de compartirlo, lo objetiva "como *situación imaginaria*" (Frydlewsky et al. 54, el subrayado es mío).

No se trata, pues, de plantear un juego para *aclarar* una situación que no se comprende (como en la improvisación teatral tradicional); no se trata tampoco de abrir un dossier de investigaciones histórico-sociales y culturales para *racionalizar* las causas de una circunstancia contradictoria, como en la creación colectiva. Por el contrario, se trata de alentar la confusión hasta el extremo; los autores sugieren que hay que entrenar a los coordinadores de grupo para que aprendan a "jugar con la confusión" (Frydlewsky et al. 11). Nuevamente, esta nueva perspectiva de trabajo se centra sobre el fantasma: "La escena temida –nos dicen los autores– es una estructura con todos los fantasmas, donde se proyecta la temática de la novela familiar. El psicodrama grupal –agregan– es el exorcismo liberador del mundo fantasmagórico familiar" (Pavlovsky 82). De ahí que Pavlovsky afirme que su teatro va a ser "el documento de un inconsciente social-histórico" (52). Obsérvese que no se refiere a un inconsciente *colectivo*.

De esta manera vemos que cada participante de la experiencia psicodramática, así concebida, puede ser protagonista y dramaturgo de la escena inicial, pero también compartirá con los demás su autoría de la escena final resultante por medio de la consonancia y la resonancia. Alguien firmará esa experiencia con su nombre, porque la escritura es un trabajo personal, pero la experiencia ya no es la de la dramaturgia clásica. Es un resultado dialéctico de un proceso de negaciones y superaciones, un trabajo en el que asoma a cada momento la señal de la angustia o la angustia como señal, doloroso, desenmascarante, en lo que el actor enfrenta lo olvidado, lo reprimido, lo familiarizado en lo cotidiano, los roles y lugares que lo hablan. El atravesamiento de los fantasmas del grupo es histórico, pero también es histórico el atravesamiento del fantasma de la historia que el grupo tiene.

Caminos a recorrer

En este trabajo hemos intentado realizar un puente entre la dramaturgia de Pavlovsky y sus *textos clínicos*, pero queda todavía mucho por decir. Hemos intentado algunas extensiones a la dramaturgia de actor y sobre todo hemos apuntado algunas referencias a la concepción actoral de Ricardo Bartís. En todo momento durante la escritura de este ensayo he evitado deliberadamente el contrapunto con ciertas nociones del psicoanálisis que Lacan elaboró en sus *Seminarios* de una manera diferente a como funcionaban en el campo freudiano del Buenos Aires de los años sesenta, setenta y hasta en los ochenta y, obviamente, como parecen todavía circular en los textos que hemos comentado en este trabajo. Quedará para el futuro cotejar la experiencia del psicodrama argentino con los textos de Moreno, preguntarse sobre el estatus teórico del fantasma o de la fantasía grupal, sobre la pertinencia de los conceptos de transferencia y contratransferencia, el de resistencia y deseo del terapeuta o coordinador. Y, sobre todo, explorar la dramaturgia argentina actual no sólo en sus textos, no sólo en sus puestas, sino en su sistema de producción fantasmático-escrituraria. Tengo la sospecha de que esta nueva dramaturgia tiene una deuda muy grande con Tato Pavlovsky, más que con cualquier otro dramaturgo argentino o latinoamericano.

Actuación y psicoanálisis: introducción a la praxis teatral[16]

> You critics, or whatever else you may call yourselves, are ashamed or frightened of the momentary and transient extravagances which are to be found in all truly creative minds and whose longer or shorter duration distinguishes the thinking artists from the dreamer. You complain of your unfruitfulness because you reject too soon and discriminate too severely".
>
> Sigmund Freud, *Standard Edition* IV, 103

> There are two worlds, with one dangerous boundary in the middle.
>
> Donald Freed, *Freud and Stanislavski*, 89

En este ensayo intento aproximarme a Stanislavski (y a sus descendientes) desde Freud y Lacan. Intento hacer este acercamiento desde la perspectiva de la praxis teatral y fundamentalmente me dirijo a los teatristas. Parto de la definición lacaniana de praxis, tal como la plantea en el *Seminario 11*:

> ¿Qué es una praxis? Me parece dudoso que este término pueda ser considerado impropio en lo que al psicoanálisis respecta. Es el término más amplio para designar una acción concertada por el hombre, sea cual fuere, que le da la posibilidad de tratar lo real mediante lo simbólico. Que se tope con algo más o menos de imaginario no tiene aquí más que un valor secundario". (14)

Por "praxis teatral" entiendo un nuevo campo disciplinario, que comprende el ensayo teatral y engloba el trabajo del teatrista, desde la pre- hasta la postproducción. No se trata, pues, de una aproximación enfocada en el análisis e interpretación del texto dramático o del texto espectacular.

La relación entre el maestro ruso y el maestro vienés no es nueva en el campo teatral; como veremos, ya hubo algunos intentos con relativo éxito. En cambio, la lectura de Stanislavski desde Lacan es novedosa, y no he encontrado bibliografía específica sobre ello. En las lecturas que he realizado de muchos libros y documentos no he logrado constatar si Stanislavski efectivamente conoció la obra de Freud, y si al menos pudo leer *La interpretación de los sueños* (1900),

---

[16] Este ensayo fue una aproximación preliminar a la escritura de mi libro *Ensayo teatral, actuación y puesta en escena. Notas introductorias sobre psicoanálisis y praxis teatral en Stanislavski*.

cuya traducción al ruso circuló desde 1904. Parece improbable que Stanislavski haya leído textos de Freud o que haya estado en contacto con el psicoanálisis, a pesar del entusiasmo que éste provocó en Moscú. Ernest Jones nos cuenta en *The Life and Work of Sigmund Freud* que ya para 1910 "[s]igns of interest were appearing in Russia" (270) y que M.E. Ossipow y su grupo ya estaban traduciendo ensayos de Freud a esa lengua e incluso escribiendo sus propios trabajos psicoanalíticos —muchos de los cuales se publicaron en *Psychotherapia*, una revista rusa publicada en Moscú en 1909— al punto que "the Moscow Academy had offered a prize for the best essay on psychoanalysis" (Jones 270). Incluso después de la Revolucion de Octubre, para 1923, "Two thousand copies of the Russian translation of the *Introductory Lectures* were sold in Moscow in a single month" (Jones 434). Es después de la Revolución de 1917 que el psicoanálisis, obviamente, comenzará a tener mala prensa en los círculos soviéticos; se lo consideró siempre una ciencia burguesa para burgueses ("a bourgeois deviation", la denomina Jones [379]), opuesta al marxismo, y de nada valieron más tarde los esfuerzos de Wilhelm Reich para convencer a la *intelligentzia* soviética sobre los beneficios de acercar el marxismo al psicoanálisis. Como sabemos, tampoco le fue bien a Reich con los círculos psicoanalíticos.

Sin embargo, algunos ensayos sobre actuación reconocen en Reich un antecedente insoslayable al momento de reflexionar sobre la importancia de la oposición entre mente y cuerpo. En *The Player's Passion*, Joseph R. Roach señala la importancia de la sexualidad en las teorías modernas de actuación y, sobre todo, de la considerable "influence on international theatrical theory through such works as *The Function of Orgasm* (1942)" (219). Partiendo del monismo mente-cuerpo tal como lo planteó La Mettrie, Reich llegó a la conclusión de que la mecanización o rigidez del cuerpo era el síntoma esencial de la neurosis. Dicha rigidez del cuerpo se correspondía con una parálisis de las funciones mentales. Para Reich, el carácter funciona como una armadura con la que el individuo se protege del daño psicológico, sin advertir hasta qué punto esa armadura deviene una cicatriz. Por lo tanto, la cura estaba para Reich enfocada en cambiar los hábitos musculares, en romper la armadura para dejar emerger la suavidad interior, por medio de un entrenamiento que, trabajando el cuerpo y la energía sexual, le otorgara mayor flexibilidad, plasticidad y sensitividad. Como subraya Roach, los éxitos terapéuticos los buscaba Reich a través del trabajo corporal, rechazando la asociación libre freudiana a nivel de la técnica (219). Stanislavski tendrá que vérselas con la inhibición y las tensiones corporales que enfrenta el actor al momento de enfrentar el agujero negro más allá del proscenio, donde, además del público, está la mirada de Otro como tal.

Admitiendo o no las excentricidades de Reich, "authors of systems of psychophysical improvement —escribe Roach— share the Reichian premise that the body has to be therapeutically liberated from the tensions and distortions that bind it, that it has to be exercised and manipulated in order to be whole again and restored to its natural plasticity" (219). Roah explora minuciosamente

Introducción a la praxis teatral

las relaciones del Sistema de Stanislavski con el campo epistemológico de su época y además nos brinda un exhaustivo panorama histórico —desde la retórica antigua hasta Grotowski, pasando por ese eje crucial que es *La paradoja del comediante* de Diderot— de las aspiraciones científicas de los actores en la constitución de su campo de trabajo artístico. Sin embargo, lo que nos interesa en este ensayo no es tanto detallar esas conexiones de Stanislavski con Ribot, con Pavlov y algunos investigadores pre- y postfreudianos, sino justamente enfocarnos en aquellas referencias más puntuales a las relaciones del Sistema con la obra de Freud.

En su *Freud and Stanislavski. New Directions in the Performing Arts*, publicado en 1964, Donald Freed ha intentado conectar la producción de ambos autores. El libro, aún en su irregularidad y dispersión, en su estilo retorcido y muchas veces impreciso y ambiguo, no deja de tener interesantes señalamientos que, para 1964, son verdaderamente sorprendentes, habida cuenta del retraso con que Lacan es conocido en los Estados Unidos. Freed ha trabajado con actores y además tiene una posición bastante crítica no sólo con la situación teatral de ese momento en su país, sino también con respecto a la enseñanza del Sistema —o la más popularizada como Método, en Strasberg— en la formación actoral que se da en Estados Unidos. Freed ha leído los textos fundamentales de Freud, ha tomado algunos conceptos y nociones básicas, como el de inconsciente o el de inhibición, y los ha llevado al campo de la actuación; sin embargo, no hace referencias puntuales a ninguna de las obras de Freud ni discute o transcribe en detalle la relación de esos conceptos con la arquitectura teórica del psicoanálisis. El libro, que incorpora varias conferencias dadas por el autor a actores y otros artistas de la escena, introduce algunos términos claves del psicoanálisis tal como aparecen en Freud (inconsciente, sublimación, superyó, libido, ambivalencia, proyección, represión, supresión, etc.) y lo hace de una manera muy particular, aludiendo a textos teatrales, saltando de la tragedia griega a la tragedia isabelina, de Sófocles a Shakespeare, de Edipo y Electra a Hamlet, a Otelo, a Próspero y al Rey Lear. Sin embargo, el trabajo con los actores, tal como aparece relatado en otras de sus charlas, no demuestra un aprovechamiento minucioso de este marco teórico. A los fines de nuestra aproximación, nos interesa sin embargo subrayar un comentario que nos llevará más tarde a un desarrollo más acotado: cuando Freed introduce el término "inconsciente", señala que éste se opone a lo consciente y no puede admitirse equipararlo a lo *sub*consciente en general y menos aún al uso de ese término en los textos stanislavskianos en particular. Nos dice:

> The Latin prefix "un" means not, and is therefore a legitimate extensional, non-Aristotelian, scientific term, in that it makes no inference or judgment and is multiordinal: simply not conscious. The prefix "sub", of course, infers an inferior order of

being; and as we shall see, this is not true of the unconscious. (Freed 47)

Como en otros casos que detallaremos más adelante, Freed no explora las consecuencias teóricas de sus afirmaciones; en este contexto hubiera correspondido cotejar los dos "sistemas" en cuestión y ver la incompatibilidad entre el inconsciente freudiano y el subconsciente stanislavskiano, pero eso no ocurre en su libro. No obstante, Freed comienza preguntándose si él está forzando una conexión entre ambos maestros, Stanislavski y Freud, que no existió históricamente, salvo el hecho de ser contemporáneos. Freed no tiene a su disposición el concepto foucaultiano de "episteme". Cree que, así como Stanislavski fue criticado por acercar la filosofía al teatro, es posible que esta extensión hacia el psicoanálisis, que él intenta, cauce igualmente muchos debates. El hecho de que el psicoanálisis sea una técnica de descubrimiento (Freed juega con la diferencia en inglés entre *uncovering/ discovery technic*) y un nuevo entendimiento de los motivos, recursos y conflictos más internos y escondidos del ser humano, valida de plano el intento de aproximarlo al arte en general y al teatro en particular. Así, por ejemplo, Freed nos invitará a repensar el tema de la voz en el teatro:[17] ya no se trata solamente de un entrenamiento basado en el análisis del ritmo, del tiempo, del acento; Freed rechaza la conocida proposición que menta que las vicisitudes de la voz (reminiscente sin duda de las 'vicisitudes' de la pulsión) son una expresión audible de los sentimientos internos del personaje. Sostiene, en cambio, que los sonidos emitidos por el personaje, especialmente en el encuadre de eventos y emociones profundas, son de naturaleza sobredeterminada: en esos momentos el actor no expresa el caos de sus sentimientos, sino su intento fallido de controlarlos, y esto, sin duda, marca un giro decidido en el entrenamiento actoral (Freed 57).

En todo caso, Freed nos muestra que hay convergencias de intereses en ambos maestros: por un lado, el "si mágico" de Stanislavski tiene ciertos correlatos en el psicoanálisis[18] y ambos maestros están asimismo preocupados por el tema de la verdad, especialmente en la forma en que ésta yace detrás de la máscara, detrás de los clisés. Pero lo que más le atrae al autor es el hecho de que

---

[17] Helen Spackman, en su ensayo "Minding the Matter of Representation: Staging the Body (Politic)", ha subrayado la ironía resultante de la comparación entre la etimología de la palabra teatro, que privilegia lo visual y lo corporal, y la dirección de los estudios teatrales, al menos en Gran Bretaña, que justamente privilegian lo literario y, por ende, ponen el acento en el texto y la voz, en lo auditivo (6). Esta situación, que comienza a problematizarse en los estudios más recientes sobre el performance, va a complicarse todavía más si pensamos en la pulsión invocante, que Lacan va a conceptualizar, más allá de la oral, la anal y la escópica. Ver mi ensayo "Interpretando el adjetivo 'áfona' en relación a la voz como objeto *a* en Lacan".

[18] Freed hace a veces referencias a la psicología profunda (*depth psychology*), pero luego solamente se refiere al psicoanálisis.

tanto los términos analíticos en Freud como los del Sistema alcanzan altos niveles de abstracción (Freed 45).

Freed menciona la famosa frase freudiana *Wo es war, soll Ich werden*, que él traduce como "Where id was there shall ego be!" (Freed 21). La convicción de la que Freed parte es justamente que el psicoanálisis o la psicología profunda es una extensión lógica de un entendimiento del Sistema de Stanislavski para el artista moderno (Freed 22). Para el autor, tanto Freud como Stanislavski están preocupados por una aproximación científica a la realidad: el psicoanálisis, nos dice, "es a la vez una terapia y una interpretación dinámica de la realidad —la misma realidad que el sistema de Stanislavski pone en el centro de toda verdadera creación humana" (Freed 22).[19] La frase común que une a un analista (o psicoterapeuta, como lo llama Freed) con un artista es la misma: "What's going on here?" (Freed 22), ya que ella requiere una respuesta a nivel de lo profundo. Lo interesante aquí es que Freed, siguiendo a Freud, critica a aquellos que piensan que la psicología profunda es una explicación mágica y misteriosa de la vida cotidiana y no se dan cuenta de que "la psicología profunda es la vida cotidiana misma con sus conceptos reducidos a sus contenidos ideacionales, como en todas las ramas de la ciencia" (Freed 23). Freed no acusa recibo del psicoanálisis francés, de modo que no hay ninguna referencia a Lacan, para quien, como sabemos, el inconsciente, en tanto discurso del Otro, está afuera (*Seminario 11* 137), no supone ninguna interioridad ni profundidad. Sin embargo, se puede ver aquí —aunque no siempre Freed lo mantiene— un acercamiento a la dimensión del inconsciente ya no como profundo, sino como conceptualmente expuesto y formalizable.

El autor se propone realizar una síntesis entre psicoanálisis y el Sistema de Stanislavski (y esto, a pesar de la ya larga relación entre el psicoanálisis y la formación actoral en Estados Unidos, pero en la versión más popularizada de la *Ego Psychology*, la cual parece sin embargo haber causado cierto estupor en su época): nos invita a pensar el 'afuera' o el 'exterior' y el 'adentro' o 'interior' como el 'consciente' y el 'inconsciente' freudianos: así, el 'afuera o exterior' de Stanislavski puede incluir, según él, al yo y al superyó freudianos, y el 'adentro o interior' puede combinarse con el ello y la libido (Freed 26). Desafortunadamente, este proyecto no se continúa, ya que el autor se dispersa en múltiples cuestiones, y nunca emprende un trabajo teórico preciso a partir de los textos de Stanislavski y de Freud.

A los efectos de acercar la actuación al psicoanálisis, Freed va a partir del deseo y va a invitar a los actores —de sus talleres y a los artistas que asistieron a las conferencias que forman gran parte de su libro— a trabajar con el deseo del personaje y el propio deseo de actor. También en algunos momentos nos hace algunos guiños sobre el deseo del público. Freed no teoriza sobre el deseo, pero

---

[19] Para facilitar la lectura, procedo algunas veces a traducir el texto de Freed.

en su terminología para actores, va a plantear la necesidad de que éstos constituyan el motor y foco del trabajo actoral.

A nivel técnico, la cuestión de la verdad, "the sense of thruth" stanislavskiano, no está dada por un golpe de inspiración, no importa el grado de creatividad que lo apoye. Por el contrario, después de haber absorbido con pasividad la obra, el actor no debe —nos dice Freed— tratar de reconciliar elementos dispersos del personaje, sino dejarlos coexistir hasta los últimos tramos del ensayo. Lo que debe demandarse al actor es mantener una "atención flotante" o bien "asociación libre" ("free-floating attentiveness" dice Freed [33]). De este modo, cualquier elemento, incluso a primera vista trivial, puede generar un *flash* (es palabra del autor) en la imaginación del actor, tornando claros muchos aspectos y hasta abriendo puertas desconocidas o bien no observables a primera vista sobre el total de la narración de la obra. Es justamente este libre asociar, en esta atención flotante, que algo del deseo puede emerger, sea del actor, sea del personaje.

Freed nos recuerda que Stanislavski fue el gran maestro de la improvisación, y que ésta no era ejercida sobre el material concreto de la obra, sino sobre construcciones sacadas por inferencia y referencia, pero contenidas en las escenas de la obra. Freed plantea que "este 'vivir a través' de acontecimientos y relaciones —que *probablemente* sucedieron al personaje, con las mayores consecuencias para su destino— son similares a la actividad conocida como "reconstrucción" en psicoanálisis" (Freed 33, el subrayado es del autor). El punto crítico y hasta problemático que toda teoría de la actuación tiene que enfrentar y al que tiene que responder está justamente referido a la relación entre el actor y el personaje. No es que la relación entre actor y autor o entre autor y personaje deje de plantear sus propias cuestiones; es interesante señalar aquí, aunque sea de paso, cómo Stanislavski configura un triángulo —como el triángulo edípico—cuya productividad resulta sorpresiva cuando se lo aborda desde el psicoanálisis.[20] Freed, sin especificar su relación con el psicoanálisis ni realizar elaboración teórica alguna, parte de algunas ideas de Freud (y sin mencionar, algunas de Stanislavski) para articular esa relación actor/personaje. Quedan excluidas dos otras dimensiones que hoy, a partir de la enseñanza de Lacan, se nos hacen más abordables: en primer lugar, la relación del personaje y lo real; en segundo lugar, la relación del actor y lo real. Lo real lacaniano, como se sabe, no es la realidad, sino aquello que, imposible de ser simbolizado, queda éxtimo respecto de lo simbólico.

Ya nos ha hablado Freed de "reconstrucción" y esto nos da la clave de la forma en que él posiciona su lectura del psicoanálisis, a saber, en términos arqueológicos, a pesar del hecho de haber negado la conceptualización del inconsciente como "profundidad". La idea consiste obviamente en escarbar en la me-

---

[20] Ver en mi libro *Ensayo teatral, actuación y puesta en escena* el capítulo "La novela familiar del Sistema".

moria, atravesar la pesada amnesia que impide que los tempranos y cruciales recuerdos del pasado y la calidad del día a día de la existencia pasada lleguen a la conciencia. Así, nos dice, ciertos derivativos patológicos pueden ser rastreados hacia el pasado olvidado pero cuyos comienzos son —sin duda Freed piensa en el complejo de Edipo— demasiado familiares. Y concluye: "El paciente —traduzco— como el actor en el sistema de Stanislavski, puede entonces decir, *'Esta es la forma en que eso debe haber sido'*." (Freed 34), ya muy cercano al uso verbal del "ya habrá sido" de Lacan. Aunque esto haya sido trabajado en la misma dirección por Strasberg, es evidente que se refiere a la memoria emotiva; sin embargo, Freed dice que su sistema es diferente al usual en la cultura estadounidense, marcada por la parcialidad de la lectura que Strasberg hizo de Stanislavski, puesto que él toma todo el Sistema de Stanislavski en su conjunto. Ya en 1964 existía esta polémica, surgida principalmente de los avatares que rodearon las publicaciones de los libros de Stanislavski en inglés. Como se sabe, Stanislavski publicó inicialmente sus libros en inglés, pero luego éstos fueron revisados y publicados en ruso; ediciones más recientes han incorporado muchos materiales. La polémica, que no vamos a detallar aquí, se basa fundamentalmente en que las versiones en inglés realizadas por Elizabeth Reynolds Hapgood corresponden a lo que se conoce como la primera etapa de Stanislavski, basada en la memoria emotiva, que impactó y sigue impactando gran parte de la enseñanza de su psicotécnica en Estados Unidos. Freed plantea, obviamente, considerar también la etapa siguiente, aunque no final, conocida como la de las acciones físicas.[21] En efecto, la reciente aparición del documentado libro de Sharon Marie Carnicke, *Stanislavski in Focus*, nos deja vislumbrar una última etapa del maestro ruso en la que, sin eliminar las anteriores, se orienta hacia lo que, sorprendentemente, denomina "*análisis* activo".

Según Freed, Stanislavski, que gustaba disponer de largos períodos para ensayar, seguía el siguiente itinerario de trabajo. Una vez que el actor ha "absorbido pasivamente" la obra (y esto es debatible, tanto desde la perspectiva de Stanislavski como desde la duración de los tratamientos en Freud), el actor debía trabajar sobre los elementos seleccionados de la pieza que se referían a su personaje y que constituirían los puntos fuertes de la *necesidad* de dicho personaje (Freed no distingue todavía los conceptos de 'necesidad, demanda, deseo'; usa nocionalmente términos como 'need' y 'will'). Seguidamente, una vez preparado su personaje debía dejarse guiar por el súper-objetivo, adquirir luego el conocimiento histórico del contexto de la obra y, una vez hecho esto, ya estaba preparado para comenzar a ensayar con sus compañeros de trabajo.[22] Nos recuerda Freed que Stanislavski consideraba este proceso como un niño prematuro que

---

[21] Téngase en cuenta que la versión más completa de los textos de Stanislavski en inglés es la realizada muy recientemente (2008) por Jean Benedetti, *An Actor's Work*.

[22] En este sentido, conviene también tener presente el libro de O. V. Toporkov, en el que relata la forma de trabajo de Stanislavski en los últimos años de su vida.

requiere mucha atención y el tiempo adecuado, ya que se trata de un proceso creativo. Frente a la costumbre de entonces y todavía vigente en el actual teatro comercial, donde se congela la acción, se la fija y luego se la pule, Stanislavski planteaba por el contrario una aproximación por medio de la improvisación, de la experimentación, de la investigación, en la que el actor se confrontaba con su personaje, pero también con los otros actores y los otros personajes.

Freed como director y formador de actores dice partir del "si mágico" para la preparación del personaje. Muy pronto aparece una cuestión que está siempre presente en las teorías de actuación, tal como lo ha señalado Joseph R. Roach y como yo mismo lo desarrollé, aunque desde una perspectiva marxista, en mi libro *Teatralidad y experiencia política en América Latina*: se trata de la cuestión de la máquina. No sin cierta ingenuidad, Freed nos dice:

> A rough analogy likens the imagination to an I.B.M. machine, which, if "fed" complete data, will produce, when the correct button is pressed, a working definition of the inner problem of the character. (35)

Si por una parte no sabemos cómo actuará la máquina de la imaginación una vez alimentada con los datos completos del personaje, seguimos sin saber cuál sería el botón correcto que deberíamos apretar. ¿Por cuáles procesos la máquina será capaz de darnos cuenta del problema interior del personaje? Freed nos dice que la máquina se alimenta por medio de la reducción de todo el saber que el artista tiene de su personaje a frases declaratorias, precedidas del famoso "si". Todos estos "hechos" que definen al personaje configuran una lista, tienen la misma importancia y deben ser tratados como tales hasta que uno de esos hechos en particular encaja dentro de los límites que el artista se ha fijado para sí mismo o dentro de lo que él considera su personalidad. En la soledad de su casa, el actor debe empezar por el primer "hecho" de la lista, agotar todas sus posibilidades hasta experimentar algún tipo de imágenes o sensación motora; sólo entonces estará en condiciones de pasar al segundo, y así sucesivamente hasta lograr una integración. Al alcanzar este punto, el actor puede determinar lo que Freed denomina su objeto o propósito ("intent").

De alguna manera, esta metodología, que Freed denomina "neuro-semantics", intenta reproducir la forma en que Freud propone en *La interpretación de los sueños* para el análisis del material onírico. Freud escribe el relato del sueño (*S.E.* IV 103) y luego va trabajando por asociación de ideas con cada una de las frases de dicho relato hasta alcanzar al final, integrando los fragmentos analizados, el sentido "reprimido" en dicho sueño (*S.E.* IV 102). Dejando de lado la interpretación *simbólica* que opera por analogía tomando el sueño como un todo (y sustituyéndolo por otro mensaje completo: el famoso sueño de las siete vacas en la Biblia), Freud se inclina por la interpretación que *decodifica* el sueño divi-

Introducción a la praxis teatral

diéndolo, esto es, *analizándolo* en partes y trabajando cada parte, como si se tratara de un criptograma, independientemente de las otras, como si el sueño, nos dice, fuera "a geological conglomerate" (*S.E.* IV 99). Si se trata de abordar el sueño en su totalidad, como un solo bloque, se produce en el soñador o analizante un blanco que lo incapacita para hablar y asociar. Lo mismo dice Freed respecto al actor que se pregunta equivocadamente: ¿cómo voy a actuar esta obra o esta escena? (Freed 107). Por eso Freud prefiere partir de la segunda forma de interpretar porque no sólo facilita la asociación al hacerla parte por parte, sino que también incorpora el carácter y las circunstancias del soñador, aunque —a diferencia de la práctica tradicional— Freud no se atiene a dicha decodificación a partir de una clave ya prefijada. Freud no analiza imágenes, sino que se apoya en el relato del sueño, escrito u oral, pero en todo caso siempre verbalizado ("linguistic usage" [*S.E.* IV 133). Freud va trabajando frase por frase, reemplazando "each separate element by a syllable or word that can be represented by that element in some way or another" (*S.E.* IV 278). Y Freud agrega, para no dejar dudas de su perspectiva lingüística sobre el sueño, promovido ahora a la dimensión de texto poético: "The words which are put together in this way are no longer nonsensical but may form a poetical phrase of the greatest beauty and significance" (*S.E.* IV 278). No nos debe sorprender, pues, que luego nos hable de desplazamiento y condensación y que Lacan, a partir de Roman Jakobson, nos invite a trabajar la metáfora y la metonimia desde una teoría del significante, es decir, desde una perspectiva psicoanalítica de base lingüística ("La instancia de la letra"). El sueño, además, puede ser tratado como un síntoma (*S.E.* IV 101). El soñador debe suspender sus facultades críticas y seguir con atención los pensamientos involuntarios que vayan emergiendo.

Freud va a plantear algo que, si no es enfatizado por los psicoanalistas, nos resulta sin embargo muy interesante a los teatristas (y eso sin duda no escapó al maestro Enrique Buenaventura, quien también abordó la relación entre la interpretación del sueño en Freud y la improvisación); escribe Freud: "Dreaming has taken the place of action, as it often does elsewhere in life" (*S.E.* IV 124). La idea de Buenaventura de abordar la improvisación teatral como un sueño proviene de esta idea freudiana de explorar el sueño como un sustituto de la acción [dramática]; así la improvisación aparece como un campo de riqueza asociativa que va a ir dilucidando el sentido de la pieza (el sub-texto, para usar términos de Stanislavski), o provocar textos dramáticos, como es el caso de la creación colectiva o de la dramaturgia de actor. Cuando se completa la interpretación, se llega a la conclusión de que el sueño es la realización de un deseo ("the fulfilment of a wish" [*S.E.* IV 121]). Sin embargo, como el mismo Freud lo reconoce, no se alcanza nunca la interpretación total de un sueño; siempre queda un núcleo, un ombligo de sentido inalcanzable (*S.E.* IV 111, 279).[23] La pregunta que nos propone Freud a los teatristas es cómo abordar la cuestión del deseo en el trabajo teatral (actoral, directorial, etc.), sea por la interpretación o cualquier otra aproximación metodológica. Freud nos dice que "a dream is a (disguised) fulfiment of a (suppressed or repressed) wish" (S.E. IV 160), es decir, el sueño es una realización *enmascarada* de un deseo suprimido o reprimido, o sea de un deseo inconsciente; si sumamos a esto la definición lacaniana del inconsciente como transindividual y el hecho de que en todo sueño es posible encontrar un punto de contacto no sólo con las experiencias del día previo o el pasado reciente (S.E. IV 165, 166), sino también con las impresiones de la temprana infancia, casi inaccesibles para la memoria (*S.E.* IV 189), se nos abre un panorama de investigación muy amplio que este ensayo no pretende más que introducir. Incluso podríamos ir más lejos si, como lo dice Freud al pasar, no deja de haber una "complete analogy in political life" (S.E. IV 144) entre ese sistema que construye el deseo y ese otro que opera la censura, produciendo la distorsión onírica. Los sueños que emergen del primer sistema son, para Freud, los sueños *creativos*, a diferencia de los sueños defensivos, que registran un mayor peso de la censura (*S.E.* IV 146).

No importa cuán incoherente sea el sueño (o lo que se improvisa en el ensayo), la investigación de Freud nos es sumamente iluminadora en tanto se interroga por el origen de la distorsión onírica (S.E. IV 136) y eso va a llevarnos —en trabajos futuros—a la necesidad de seguir al maestro vienés en su discusión sobre la defensa, la censura, la resistencia, la identificación [histérica] y otros conceptos claves para insertar en nuestra praxis teatral— entre los cuales memoria

---

[23] Lo Real en Lacan hace referencia a ese núcleo imposible de apalabrar completamente. Nunca se confunde con la realidad, que es siempre una construcción fantasmática subjetiva. Al revisar este capítulo para la inclusión en este libro leí una excelente nota de Nora Merlin en el periódico Página 12 (3 de septiembre 2022), titulada "La salud mental y los medios de comunicación", donde la autora advierte del carácter nefasto que han desarrollado y siguen desarrollando cada vez más los medios de comunicación de masas, produciendo, precisamente, una construcción fantasmática nefasta capaz de alterar la dinámica cultural y política. A propósito, selecciono este párrafo porque deja claro cómo entender la 'realidad' –diferenciada de lo real— después del modo en que Freud estableciera su concepto de 'realidad psíquica'. Lo apuntado por la autora es perfectamente analogable a la concepción de la realidad que usualmente circula entre los teatristas, los estudios teatrales y la institución-teatro, sobre todo en relación al realismo y la ilusión de representación teatral. Dice Merlin: "La creencia en una supuesta realidad objetiva y exterior que un sujeto puede representar es una concepción moderna que coincide con el surgimiento de la ciencia. En la posmodernidad sabemos que la realidad es una producción subjetiva, que no exterior, objetiva y ajena al agente que la produce. El concepto de realidad psíquica inventado por Freud, fantasmática, ficcional y subjetiva, fue crucial para dar ese salto epistemológico. Sin embargo y en cotra de ello, en la actualidad se mantiene el prejuicio y creencia de que los medios registran de manera objetiva una supuesta realidad exterior, que se representa en forma transparente y puede ser fielmente registrada, filmada".

y olvido no son los menos importantes. El hecho de que las impresiones olvidadas del pasado remoto, de la infancia, puedan reforzar, y hasta cierto modo articularse con las impresiones del pasado reciente en el sueño (*S.E.* IV 191) y, por ende, en la improvisación, nos invita a considerar el tema del tiempo en la elaboración onírica y, por esa vía, llevar agua a nuestro molino teatral respecto de la relación entre la elaboración del espectáculo y el contexto histórico.

Volvamos a la propuesta de Donand Freed. Su neuro-semántica, concebida como máquina de procesar estímulos y producir efectos, aunque no nos dice en qué instancia está ubicada, consiste en:

> Words (high-order abstractions) give way to imagery and vasomotor low order abstractions, resulting in psycho-motor "behavior" (lowest=order abstractions) on stage, which, in turn, will begin this "feed back" process over and over again, thus forging an inward creative axis. (35).

Podemos inferir que dicha máquina se ubica en el inconsciente o bien que es intermediaria entre el consciente y el inconsciente. El hecho de que en su libro no defina ni localice teóricamente ninguno de estos niveles (high-order/lowest-order) hace incomprensible su propuesta; sólo se refiere a la preparación del personaje como una entrada de datos en el "electronic brain" del actor. Según Freed, el actor aprieta el botón correcto y el cerebro electrónico responde. El botón correcto es la pregunta que el actor se hace a sí mismo a partir del "si mágico": "Si todo esto fuera verdad, ¿qué querría hacer?" (Freed 36). La respuesta a esta pregunta —nos dice— una vez que ha completado su proceso, es el objetivo o propósito del actor. Como vemos, hasta aquí la propuesta está circunscripta al actor, pero inmediatamente surge la cuestión del personaje. Freed apunta al pasar un aspecto que debemos retener para trabajar en el futuro: es de primordial importancia *lo que el actor sabe en oposición a lo que el personaje sabe*. No se especifica aquí por qué esos saberes deberían estar "en oposición", pero de todos modos la cuestión se duplica en cuanto al deseo: hay un deseo del actor y hay otro deseo del personaje. Tenemos así esbozado —no sin ambigüedad— un "propósito escondido o secreto" y un "propósito abierto". Ahora tendríamos que saber cómo operan y si estos propósitos se instalan en el actor, en el personaje o en ambos. ¿Y qué pasará con el propósito del espectador?

Según Freed, una vez que el actor ha incorporado los datos a su imaginación gracias al "si mágico", surge en su conciencia un deseo espontáneo —o mejor, según corrige después, la imagen de un deseo— tal vez no muy claro, seguramente borroso. Yace aquí el punto basal de toda ciencia de la actuación: tal como lo formula Freed, la pregunta fundante es: estas imágenes del orden más bajo que el actor permite que crucen su mente durante la improvisación con cada elemento de la escena, ¿pertenecen al actor o pertenecen al personaje? (Freed 61).

Cualquiera sea la respuesta, Freed nos advierte que, aunque resulte difícil aceptarlo —traduzco al autor— la posesión de este deseo, "la posesión de esta pieza de información significa que el balance del trabajo creativo del actor sobre el rol ¡está *completo*!" (Freed 36). En los ensayos que siguen, el actor ajustará este propósito a la obra; si sabe confiar y usar esta dinámica con perspicacia, escena tras escena, no importa cuán impenetrables sean, este propósito, que constituye la más grande necesidad del personaje, lo guiará. Un actor entrenado, nos dice Freed, descubrirá en unos pocos dolorosos y creativos segundos el secreto de su personaje. "Everything now depends —sigue el autor en su retorcido estilo— on his awareness that this secret is *not suitable* in its crude form to liberate him" (36), y allí nos deja completamente en ascuas respecto al *his/him*, porque no nos dice si se refiere al actor o al personaje, a uno primero y al otro después, o a ambos. Invita al actor a traducir ese propósito en palabras capaces de mantener el recuerdo de "su" más profunda lucha interior (nuevamente, ¿del actor o del personaje?) y dedicar desde ahora su energía al constante escrutinio del propósito modificado para que no asuma su forma original, arcaica y devastadora, y aplaste la integridad del personaje.

Sólo un poco más avanzado su libro, Freed arriesga algunas respuestas a la pregunta sobre el estatus o pertenencia de la imagen producida en la mente del actor cuando está preparando su personaje: el actor está preparando un personaje, por ejemplo, salido de la pluma de Shakespeare, que vivió cuatrocientos años antes que el actor y que vivió en un mundo diferente. Cuando el actor aporta de sí mismo algunos hechos sobre Hamlet, él está provocando —nos dice Freed— respuestas desde su propia memoria que lo aproximan al personaje de Hamlet. Se liberan así apropiados materiales "inapropiados" a los que hay que prestar atención, como el analista prestaría especial atención a un lapsus lingüístico o un acto fallido. Freed nos da un ejemplo interesante de lo que podría ser un material apropiado inapropiado: un actor que prepara Hamlet y que, frente a la aparición del fantasma de su padre, explota de la risa.[24] Esta reacción, totalmente posible en un actor contemporáneo, es un desafío a la tradición; parece "inapropiada" y sin embargo, si el actor —con o sin ayuda del director— sabe sacar partido de esa reacción y ser capaz de proceder a trabajar otras secuencias de su personaje a partir de lo supuestamente inapropiado, es seguro que podrá descubrir aspectos insospechados del personaje y de la obra (Freed 108-9). El actor no debe poner a un lado estas situaciones que surgen en la improvisación, por más insensatas que puedan parecer. El director debe estar alerta a este tipo

---

[24] He trabajado este ejemplo con más detalle en otras publicaciones. Lo importante es que esa risa corresponde a la *tyché* lacaniana, a la sorpresa, a la apertura-cierre del inconsciente, a patir de lo cual hay que hacerse cargo de la sorpresa porque es la puerta al inconsciente y a lo Real. Indudablemente, esa risa, aunque resultado de la historia personal de un actor, resulta biográfica, en el sentido de Ricardo Bartís, esto es, resulta un puente ineludible al inconsciente transindividual del público, de la comunidad en la que ese espectáculo se está ensayando para el montaje.

de irrupciones sorpresivas y no dejarlas pasar, a costa incluso de tener que revisar por completo su proyecto de puesta en escena.

Como vemos, la aproximación de Freed no está interesada en rescatar dudosas emociones archivadas en el actor para transponerlas sin más al personaje, como ocurre en Strasberg. Aunque luego deban ser descartadas, el actor debe enfrentar sus inhibiciones, sus miedos, y explorar, asumiendo los riesgos, todas las consecuencias posibles de su reacción. Como bien lo dice Freed: el actor tiene que "trust it, to push it to its final conclusion, then let it alone and see what would happen in the succeeding scenes" (109). Si la reacción no es adecuada, como ocurre con la interpretación (o, mejor, con la construcción) en psicoanálisis, el proceso posterior, esto es, las otras escenas, la irán haciendo insostenible e inadecuada. Esto no significa que el actor tenga demasiadas opciones; en realidad, aceptar eso sería afirmar que en cada momento el actor dispondría de una imaginación ilimitada, no sobredeterminada cultural e históricamente, que le proveería de múltiples y variadas posibilidades de elección para preparar su personaje. Sin decirlo, porque no ha leído a Lacan, Freed introduce como puede la cuestión del Otro: entre el actor y el personaje, como será central en nuestra praxis teatral, siempre hay al menos un tercero y, a veces, hasta un cuarto.

Según Freed, mientras la preparación del personaje se va desarrollando, el actor no es ni él mismo ni todavía es el personaje. Su vida interna representa un compromiso entre el deseo del actor y el deseo del personaje, entre el propósito secreto y el propósito abierto de cada uno —hiancia en la que se instala, según Freed (y no nos dice por qué), la más fácil posibilidad de identificación entre una persona y otra (Freed 81). Según Freed, lo que el actor necesita o desea es lealtad al deseo más profundo del personaje (Freed 89). Lo importante aquí es —y esto cambia la perspectiva de trabajo en el ensayo teatral— aceptar que el personaje no es la meta, no hay que buscarlo, no es una afirmación, sino una pregunta. El actor —como el sujeto del sistema actancial greimasiano y en parte como en el *análisis activo* del último Stanislavski (posterior a las acciones físicas), que Freed desconoce— trata de satisfacer su deseo, y se topa con el deseo del personaje y de los otros personajes (incluso el deseo del autor); en escena, se enfrenta a otros que obstaculizan la satisfacción de su deseo y, para manipularlos a su favor, debe saber trabajar convenientemente su propósito abierto —que de alguna manera también involucra a las voces del superyó— encubriendo su propósito secreto. En efecto, Freed nos dice que el propósito abierto "is really only the *official* acknowledgment to what it is one *should* be doing" (Freed 83).

En lo más profundo del personaje se halla una "imagen maestra" (*the master image*), que lo perturba, y esta imagen es provechosa para el actor. Stanislavski, siguiendo a Diderot, nos va a detallar las conveniencias e inconveniencias de esta imagen maestra o modelo ideal. En los ensayos hay que trabajar lo que el actor siente cuando por primera vez vislumbra esa imagen antes que la entienda y sea capaz de traducirla como propósito secreto y como propósito abierto. Y aquí es donde Freed hace entrar al psicoanálisis: ese sentimiento acerca de la imagen debe ser excavado —siempre está presente la metáfora arqueológica— en el actor tal como ocurre en el proceso de elaboración onírica y antes que desaparezca bajo los efectos de la represión. Se trata, pues, de trabajar teatralmente no tanto cuando se acierta sino más *cuando se tropieza*, cuando algo surge en la interpretación que no hace sentido y que no se puede explicar. Como le dice Freed a uno de sus actores: "Usted no puede entenderlo; está bien, correcto, quédese allí" (Freed 86). Esto nos remite a la dimensión del tropiezo en Lacan y, sobre todo, las recomendaciones que da a los analistas de tratar siempre de 'no comprender'.

Escribe Freed:

> In summary there is the surface verbiage —the open intent— the master image which gave birth to the secret intent and then to the acceptable versions of the secret intent known as the open intent, and, finally, the deep resonances, the echo, the elegant effluvium of all his work —that difficult-to-recapture feeling about his mater image. (62).

Esta propuesta, como vemos, se aleja de cierta práctica "psicológica" en el trabajo teatral, que consiste en invitar a un psicólogo o psicoanalista a los ensayos para que haga un informe sobre cierta patología o cuadro clínico de los que supuestamente el personaje padecería y que el actor debería saber representar en escena como disfunción del otro, del personaje, con quien él no se confunde. No se trata tampoco de una lectura psicoanalítica, de tipo literario, del texto dramático. Como bien lo plantea Freed, en la mayoría de esos casos, la psicología puede ser usada justamente para inhibir al actor y bloquearlo en su trabajo creativo, ya que lo obliga a sustituir su trabajo con el deseo (el suyo y el del personaje) por un saber técnico que, en el fondo, no puede o no sabe o se resiste a usar (Freed 83). Y la inhibición es la gran enemiga del actor y de su trabajo creativo porque es la que lo aleja de la verdad y lo atrapa en una actuación falsa, fría y hasta a veces carente de sentido. Stanislavski enfatizó la cuestión de la relajación pero, nos dice Freed, no se refería meramente a la relajación física; el maestro ruso atacaba las inhibiciones a fin de advenir a la "soledad pública", pero sabía que las inhibiciones no se removían sólo con la relajación (Freed 95); además, no se puede estar relajado si se está inhibido, por eso Freed aconseja trabajar primero las inhibiciones antes de proceder a enfocarse en la relajación (Freed 88-89). Me permito traducir:

> "No es suficiente hablar acerca de estar relajado. No es suficiente decir que se está inhibido. Esto no produce nada. La persona ya sabe esto, ya sufre de eso. "¡Diablos! ¡Yo quería hacer eso! ¡Yo ya lo sabía!", le dicen al director—y es verdad, ellos sabían". (Freed 89).

Introducción a la praxis teatral

La inhibición, al igual que la creatividad, es un proceso. Una forma de manifestarse la inhibición es, según Freed, juzgar al personaje, y sobre todo juzgarlo desde la perspectiva de la moral, porque esto separa al actor del personaje al impedirle asociarse a él; es una forma de darle la espalda al personaje, de sentir que uno no admitiría a nadie así en su familia ni casaría a su hermana o hija con él (Freed 96). No obstante, no es la furia hacia la persona que nos disgusta lo que nos inhibe, sino exactamente lo contrario: es nuestro intento de vencer nuestra tonta furia y nuestro enojo hacia figuras que en el pasado nos han hecho daño. Por eso hay que trabajar las inhibiciones en el cruce de deseos del actor y del personaje, para poder abordar a los personajes con madurez; vivir y dejarlos vivir, sin juzgarlos (Freed 97). Demás está decir que, por esta vía, aunque Freed no lo plantee, hay que recurrir al concepto de transferencia, tal como Lacan supo trabajarlo.[25]

No es sorprendente que una dramaturgia como la de Eduardo Pavlovsky, él mismo psicoanalista, haya podido enfrentar, por ejemplo, la figura del torturador sin caer en la escenificación maniquea del malo y el bueno, del victimario y su víctima, como hicieron otros dramaturgos de su generación. No es tarea fácil afrontar el deseo del torturador, como Pavlovsky lo hace en *Potestad*. Si procedemos, dice Freed, odiando al torturador, caemos inmediatamente en el hecho de juzgarlo y entonces eso no permite comprender la trama más íntima del personaje. El mismo resultado ocurre si, procediendo con buena intención, no trabajamos nuestras propias inhibiciones. Por eso, lo opuesto a juzgar es identificarse (Freed 99). Además, como veremos, eso implica también para el actor atravesar sus propios fantasmas de autoritarismo y dominación.

Y no se trata, nos advierte Freed, de decir como usualmente se hace de que "el actor debe sentir, de que todo viene de adentro", porque eso no significa nada. "Deje que eso venga de adentro", se le dice al actor (Freed 90). Tal como Lacan nos advierte sobre el peligro de comprender muy rápidamente, Freed aquí también, en un gesto muy psicoanalítico, va a detenerse en esas palabras o frases que parecen decirnos algo pero que, bien miradas, no tienen sentido. Dejarlo venir desde adentro, se pregunta Freed, ¿como opuesto a qué? Todo viene de adentro, nos dice, incluso las mentiras. Y yo agregaría incluso nuestra versión de la realidad porque se trata de una construcción fantasmática del sujeto. Tanto el actuar bien como el actuar mal vienen de adentro. Este mito de la interioridad es realmente un obstáculo epistemológico devastador —como lo ha llamado Gastón Bachelard— en las teorías de actuación.

Y Freed desliza a continuación algo que merece ser pensando con cuidado. Se sabe cuánto Stanislavski despreciaba la actuación estereotipada; sin embargo, Freed nos recuerda que hay más en común entre el cliché y la verdad de lo que uno piensa. La preocupación del actor debe ser el trabajo con su deseo, con el conocerse a sí mismo y su meta, en cambio, es saber cómo afectar y entusiasmar

---

[25] Ver en este libro el capítulo sobre la transferencia.

a quienes lo observan (Freed 104). Al hacerlo, al conocer también los propósitos secretos y abiertos en el personaje, el actor estará en control. De lo que se trata es, indudablemente, del narcisismo: hay que retener su energía, dice Freed, para que el personaje no nos controle y podamos, en cambio, controlarlo (93).

El actor también está afectado por las inhibiciones en relación a su meta de alcanzar al público. "Sin un deseo fuerte de agradar —nos dice Freed— el actor carece de toda motivación" (111), puesto que "el deseo de atrapar la atención es lo básico" para él (111). Aquí no parece seguir a Stanislavski, que siempre favorece más, no tanto el olvido del público por parte del actor, sino el hecho de no trabajar para satisfacer las demandas del espectador y así recibir halagos innecesarios. Por eso, ciertos estereotipos o parámetros sociales de belleza, por ejemplo, pueden afectar la relación del actor con su cuerpo, con su necesidad de ser verdadero o verosímil sobre el escenario, y sobre todo en su relación con el personaje y el público. Freed va a trabajar estos aspectos en su última charla, y va nuevamente a darnos una pauta interesante para discernir luego teóricamente: si voy a hacer una cosa creíble, verdadera —se plantea el actor— ¿cómo voy a estar seguro de que será vista? Él piensa que si el actor ha hecho bien su trabajo, si sabe quién es el personaje, cuáles son sus propósitos, si ha trabajado su deseo y el del personaje, si sabe bien lo que él haría si estuviera en la situación del personaje, etc., entonces no debería preocuparse por si su actuación será vista o no. Las preguntas que podríamos hacernos aquí son: ¿vista por quién? ¿Vista desde dónde? Es probable que el actor, como dice Freed, *demande* reconocimiento (Freed 111), pero también hay que interrogarse sobre el deseo del público. En cuanto a ese deseo, el actor no escapa a la pregunta fundamental: ¿Qué me quiere el Otro? La inhibición o el exceso amenazan al actor; por eso es necesario trabajar la cuestión del deseo y de la demanda. Es conocida la forma en que los divos carecen de límites en su demanda de atención y, como veremos, de amor. Es conocida la forma en que el actor descontrolado en estos niveles afecta la relación con el director, el resto del elenco y la producción en general. Freed cree que, si el actor hace bien su trabajo, captará la atención del público hasta lograr cierta clase de amor (111). Esto, sin embargo, no será tan simple y no siempre dependerá del actor. Al momento de conceptualizar la praxis teatral, habrá pues que abordar tanto la cuestión de la mirada como la diferencia entre necesidad, demanda, deseo y goce, tal como la plantea Lacan, y a la que Freed no tenía acceso en 1964.[26]

El autor dramático ha dado al actor suficientes materiales para que éste haga su experiencia desde un ángulo o perspectiva particular y el psicoanálisis acude aquí a trabajar lo que surge en los ensayos, no para instrumentar al actor con una

---

[26] Para una elaboración sobre la mirada en sentido lacaniano, diferenciada de la visión, ver mi ensayo "Aproximación lacaniana a la teatralidad del teatro: desde la fase del espejo al modelo óptico. Notas para interrogar nuestras ideas cotidianas sobre el teatro y el realismo". Para la cuestión de la demanda y el deseo, ver en este libro "La praxis teatral y lo político: la demanda, el teatrista, el público".

jerga técnica, sino simplemente para acompañarlo en su búsqueda, a veces silenciosa e irreversible, que en el fondo no es más que su respuesta a la pregunta "¿qué está pasando aquí?"

Una vez verbalizado el propósito secreto —y asumiendo sus elementos destructivos (Freed 88)— debe ahora confrontarse con otros datos del personaje. Así, si el actor descubre que la necesidad o deseo de poder es "su" nexo con el personaje, tendrá que reconciliar esto con otros datos, por ejemplo, si el personaje es un ser tradicional, religioso, moralista. En este caso, la frase "si yo quiero *poder*..." debería traducirse, por ejemplo, en "si yo quiero ser un *patriota*...". (Freed 37). Según el autor, el actor *sabrá* sobre la primera frase (el propósito secreto) y el personaje sobre la segunda (el propósito abierto), y aún cuando una señal sobre su deseo de poder incite al actor con una mayor denegación e insistencia en que el patriotismo se mantenga todavía en el centro de su existencia, igualmente debería actuar esta denegación, actuar lo denegado. Se nos abre a la necesidad de profundizar en el futuro la cuestión de la negación en Freud o, como traducirá Jean Hyppolite en su intervención en el Seminario de Lacan, la denegación, en el campo de la praxis teatral ("Comentario").

Más adelante, Freed nos dice que "[t]he carácter rides his open intent; he is ridden by his secret intent" (Freed 37), con lo cual nos deja entrever que la cuestión de los dos propósitos (secreto y abierto), pueden hallarse en el personaje, y no uno en el actor y otro en el personaje. Podemos suponer, entonces, que ambos propósitos operan en el actor y en el personaje, los que establecen una tensión productiva. En un ejemplo que nos da posteriormente, sin embargo, la cuestión se complica. Nos cuenta una improvisación en la que los actores desconocen una cajita azul que yace sobre el suelo y que nadie ve, salvo la señora de la limpieza que la encuentra y le pregunta a una de las muchachas involucradas en la escena si dicha caja le pertenece a una de ellas. Dejando de lado los detalles de la escena, baste decir que la caja esconde un diafragma, en el que convergen la higiene (protegerse de enfermedades venéreas) y la sexualidad (evitar el embarazo). Es curioso que Freed no plantee la cuestión de los dos propósitos en relación a la relación personaje/actor, como sería de esperar por lo que nos ha venido diciendo, sino que ahora desplace la cuestión de dichos propósitos sobre la cajita. Como es habitual en su libro, a pesar de las ambigüedades discursivas con las que el lector tropieza a cada momento, aparece un guiño que abre a cuestiones más interesantes de las que el propio Freed puede tener en mente en 1964. En efecto, la cajita azul tiene su propósito abierto (es azul, es cajita) y su propósito escondido (el diafragma, la sexualidad). En esto, obviamente, se instala la cuestión psicoanalítica, con un doble plano y con ese deseo escondido haciendo referencias directas a la sexualidad. Por un lado, tenemos el propósito secreto, formado por las fuerzas arcaicas, primitivas, infantiles que dan forma al deseo, y, por otro lado, el propósito abierto, que es el deseo domesticado por las fuerzas de la civilización y de la sociedad, siempre vigilado por la represión y siempre pronto a quebrarse. Ambos propósitos, que forman parte de la misma economía, se debaten, pugnan entre lo subversivo o transgresivo y lo permitido o socialmente aceptado tanto en el personaje como en el actor (Freed 43). Es de esta costosa tensión que surge el poder del estado creativo.

Escribe Freed:

> The small blue case, like the intent, was omnipresent. Like the intent, the attractive blue case contained, hidden within it, a specific and more important object. Like the intent, it was always in view but could not be referred to. (41)

Se anticipa de este modo la cuestión del ágalma y la de la mirada y la mancha, tal como Lacan la desarrollará en su *Seminario 11* y que Stanislavski, también, puntuará en relación a su presencia en el cuadro de la escena. Seguidamente Freed, después de decirnos que la acción de la obra puede ir hacia un lado o hacia otro, lo cierto es que la caja azul, que representa la rígida "gestalt" del propósito, está siempre presente (sin duda, en el escenario; asumimos que para los personajes y para los actores, y obviamente también para el espectador). Agrega ahora lo más interesante para nosotros: "Thus, the intent exists —it is as real as the container— and it occupies a position of constant peripheral attention" (Freed 41).

Como ya hemos dicho, no se halla en todo el libro de Freed ninguna referencia a los seminarios de Lacan, lo cual es admisible, ya que el conocimiento de Lacan en Estados Unidos es muy tardío.[27] Sin embargo, más allá del sentido evidente de su afirmación, hoy podemos plantearnos hasta qué punto toda escena tiene una cajita azul (visible o invisible) que existe, o *ex-siste* para usar la terminología lacaniana; el inconsciente *ex-siste* porque está en discordancia respecto del yo; el deseo no puede nunca ponerse completamente en palabras (porque es inconsciente) y además porque, tal como ocurre con esa cajita azul caída sobre el piso, el deseo está causado por un objeto *a*, un *real* que cae, que siempre ocupa una posición periférica o una posición de constante atención periférica, para usar los términos de Freed. El objeto *a* —esa invención lacaniana— en la escena no podrá eludirse al momento de conceptualizar la praxis teatral.

Freed nos dice que por más honorables y halagadoras que sean las motivaciones del actor, éstas siempre se hallan amenazadas por el peligro continuo que yace en la persona del dramaturgo, que lo confunde en todo momento con situaciones humanas, demasiado humanas, de su propia factura. Y, además, amenazadas también por la existencia misma de un escenario plagado de otros personajes y eventos que le darán la consistencia de la mentira. Lo fundamental es que el propósito secreto, revelado a través del cuerpo y su acción, y el abierto,

---

[27] La traducción completa de sus *Escritos*, realizada por Bruce Fink, aparece recién en 2006, y la traducción de los seminarios es todavía muy acotada, solo algunos de ellos circulan en inglés.

Introducción a la praxis teatral

representado en palabras, se desarrollan conjuntamente, pero por separado, en diferentes órdenes de abstracción. Para Freed lo fundamental del trabajo del actor con el sistema de Stanislavski no consiste en "ser" alguien más, ni tampoco en 'ser el otro', ser el personaje, sino "ser *como si* fuera alguien más". Y esto abre la posibilidad del trabajo con el deseo, tanto el del actor, como el del personaje. Será también necesario incluir en la praxis teatral no sólo el tema del deseo del autor, del director y del público, sino trabajar más detenidamente —como ya lo hemos planteado antes— la diferencia entre necesidad, demanda, deseo y goce.

Freud and Stanislavski nos ha sido, pues, de suma utilidad para introducir las cuestiones más fascinantes de la praxis teatral, cuando se confronta el Sistema de Stanislavski con el psicoanálisis. De alguna manera, aún en su dispersión, el libro de Freed es iluminante en muchas cuestiones que indudablemente nos siguen requiriendo un abordaje más puntual y teórico. No caben dudas, sin embargo, sobre la productividad que emerge de este cotejo entre dos áreas de trabajo ligadas al sujeto y al inconsciente.

Aproximación lacaniana a la dramaturgia de actor: de la creación colectiva al teatro de la intensidad

> Lo otro de la escena es el no relato de la escena lo que no puede ser apresado; no puede ser pensado y ésa es una ética, además. Creo que cuando actúo estoy experimentando, estoy escribiendo con mi cuerpo un texto de goce.
> Eduardo Pavlovsky, "Su máxima rostridad"[28]

> Debemos actuar de modo que el fantasma no establezca la soledad del sujeto sino, si me permiten, una nueva intersubjetividad.
> Jacques–Alain Miller, *Extimidad*, 130.

> No cambiemos a los hombres. Cambiemos su lenguaje.
> Eduardo Pavlovsky, *Sólo brumas*.

Introducción

En este trabajo me propongo abordar la dramaturgia de actor. Sin embargo, no quisiera detenerme en un planteo de tipo histórico y remontarme a la Edad Media. Tampoco quisiera detenerme en la modernidad occidental, desde los resabios de la *Commedia dell'Arte* hasta hoy, pasando por otras modalidades como la dramaturgia del divo (en cierta forma una desviación excesiva de la dramaturgia de actor), ni ver los procesos que llevaron a limitar la dramaturgia de actor, tal como la dramaturgia de autor, que siempre estuvo vigente, aunque en el pasado fuera practicada por autores que eran también actores y directores y no exclusivamente literatos, como ocurrirá después. Fue, sin embargo, la dominancia de la dramaturgia de director la que más afectó la dramaturgia de actor, aunque eso no impidió el desarrollo de la creación colectiva que, retomando la práctica teatral de la *Commedia dell'Arte*, va a resurgir con ímpetus notables a partir de la Revolución Rusa,[29] casi simultáneamente a los desarrollos del Teatro de Arte de Moscú, paladín de la Revolución, como dramaturgia de director. Más tarde la creación colectiva soviética florecerá en América Latina y

---

[28] Ensayo publicado por *Página 12*, Buenos Aires, el 8 de febrero de 2007.
[29] Ver mi ensayo "La creación colectiva y el teatro creativo en la perspectiva de Platon Michailovic Keržencev y la Revolución Rusa" en mi libro *Los discursos lacanianos y las dramaturgias*.

otras partes del mundo, durante las décadas del sesenta y setenta del siglo XX y se prolongará con algunas modificaciones protocolarias –pero no a nivel estructural— hasta el presente, pasando por el Teatro del Oprimido de Boal y llegando hasta el teatro comunitario. Es de la experiencia latinoamericana de la que partiré para alcanzar *otra* forma de la dramaturgia de actor que tiene ya desarrollos importantes también en América Latina; se trata de lo que ha comenzado a denominarse –más allá de los planteos sobre lo dramático y lo post-dramático– *teatro de la intensidad, teatro de estados o de la multiplicidad o de la multiplicación.*

Para mantenernos concisos, vamos a plantear aquí únicamente estas dos formas de la dramaturgia de actor: por un lado, la creación colectiva, que aunque ha tenido y todavía tiene diversas modalidades, podemos imaginar en su formulación *clásica*, para referirnos a la experiencia de algunos grupos líderes en América Latina, como el Teatro de la Candelaria y el Teatro Experimental de Cali; y por el otro, la propuesta del teatro de la intensidad tal como emerge en la práctica de Eduardo Pavlovsky, hasta cierto punto paralela a la creación colectiva clásica y a cierta dramaturgia de autor en las décadas del sesenta y setenta en nuestra región, y con grandes diferencias con ellas. La praxis teatral de Pavlosvky, él mismo un psicoanalista, aunque disidente respecto de ciertas corrientes institucionalizadas del psicoanálisis, ha comenzado a tener ecos –no digo influencias– en el trabajo de teatristas jóvenes latinoamericanos (Victoria Valencia en Colombia; Mariana Percovich en Uruguay; Ana Harcha en Chile; Paco Giménez, Rafael Spregelburd y Ricardo Bartís en Argentina), independientemente de que todos ellos se reconozcan o no deudores del trabajo de Pavlovsky o del psicoanálisis. También es posible que el teatro de la intensidad resulte ser el efecto de la intervención cultural progresiva[30] del psicoanálisis, especialmente lacaniano, en diversos países de lo que llamamos América Latina, particularmente en Argentina.

Praxis teatral, teatralidad y los tres registros lacanianos

Es mucho lo que puede decirse respecto a las diferencias entre la creación colectiva y el teatro de la intensidad.[31] Sin embargo, en vez de detenerme en cuestiones descriptivas, quiero situar mi contribución en un punto que me parece fundamental para entender cómo cada una de esas propuestas, ambas dentro de la dramaturgia de actor, se sitúan respecto al trabajo con lo real, desde lo imaginario, pero, sobre todo, en relación a lo simbólico, para mencionar aquí, de entrada, los famosos tres registros de Lacan. En cierto modo, puedo anticipar parte de la conclusión de este trabajo al decir que ni la creación colectiva ni el

---

[30] Para un estudio del desarrollo del psicoanálisis en Argentina, ver Mariano Ben Plotkin, *Freud in the Pampas. The Emergence and Development of a Psychoanalytic Culture in Argentina*.

[31] Las hemos explorado en el capítulo sobre los textos 'clínicos' de Eduardo Pavlovsky.

teatro de la intensidad han logrado todavía subvertir o transgredir la estructura de la teatralidad del teatro como tal,[32] es decir, su intervención política no ha ido más allá del trabajo a nivel del registro imaginario en relación a lo real, que en Lacan no tiene nada que ver –digámoslo desde ya– con la realidad, la cual, además, no se da en bruto: "No hay una realidad prediscursiva" (Lacan, *Seminario 20* 43). Afectar el registro simbólico de la teatralidad del teatro, esa teatralidad consolidada a partir del Renacimiento europeo, esto es, desde los inicios del capitalismo, constituiría la dimensión más radical de un teatro que se quisiera verdaderamente revolucionario. Si se quiere, es éste el nivel más político a partir del cual puede evaluarse una praxis teatral, en el sentido estricto que Lacan dio al término *praxis* al comienzo de su *Seminario 11*, que marca un momento crucial en su enseñanza. Praxis, nos dice Lacan,

> es el término más amplio para designar una acción concertada por el hombre, sea cual fuere, que le da la posibilidad de tratar lo real mediante lo simbólico. Que se tope con algo más o algo menos de imaginario no tiene aquí más que un valor secundario. (Lacan, *Seminario* 11 14)

Hay que subrayar aquí dos aspectos de esta definición:

   a) En primer lugar, 'acción concertada', es decir, pactada, lo cual involucra al sujeto y al otro, por ejemplo, la relación entre autor y director, entre director y actor; entre actor y personaje o bien la de la escena con el público. Se la puede pensar en términos de la primera enseñanza de Lacan, como la relación imaginaria dual entre *a* [*autre*] y *a'*, es decir, una relación especular a nivel imaginario en la que precipita el yo [*moi*] y cuya identidad es justamente la imagen del Otro/otro, tal como surge del famoso estadio del espejo. Esta identidad del yo, desprendida de su ser, que cae como objeto perdido para siempre –que no es el otro sino la falta, es lo que de ahora en adelante falta– será la promotora de las identificaciones que buscan –a lo largo de una cadena metonímica– llenar esa falta y también responsable de la agresividad con el otro en tanto doble de ese yo. En este marco, la única satisfacción posible se realiza por medio del reconocimiento del Otro. Ser reconocido es lo que se espera del otro y del Otro. El autor, el director y los actores esperan ser reconocidos y también lo espera el público, por eso la cuestión de la

---

[32] Para un desarrollo más minucioso de la teatralidad y las estructuras teatrales, ver mi *Teatralidad y experiencia política en América Latina* y también "Aproximación lacaniana a la teatralidad del teatro: desde la fase del espejo al modelo óptico. Notas para interrogar nuestras ideas cotidianas sobre el teatro y el realismo".

demanda y del deseo, desde la escena como desde el espectador, se torna imprescindible al momento de formular una teoría de la praxis teatral. También se puede pensar lo de "acción concertada" como una relación diferente, mediada ahora por el fantasma $\$\Diamond a$; aquí ya interviene el sujeto dividido, como un significante que implica lo simbólico, y el objeto *a* como causa del deseo y plus-de-gozar, que remite al registro de lo real. La satisfacción que se busca en esta segunda posibilidad está en otra dimensión, ya no es el reconocimiento, sino en relación al síntoma y su modo de goce. Conviene aquí enfatizar el hecho de que "[e]l objeto que nos interesa en el psicoanálisis no es un objeto constituido en la objetividad, no es en absoluto el objeto del discurso científico" (Miller, *Extimidad* 192), no es un objeto fenoménico, sino un objeto perdido, una falta. Será necesario *ensayar* en el futuro en otros trabajos estas fórmulas, al menos en algunas de las cuatro posibilidades que mencionamos antes: autor/director, director/actor; actor/personaje o escena/público, a fin de despejar espacios de creatividad concernientes a la praxis teatral.

b) El otro aspecto de la definición de praxis que hay que enfatizar es el tratamiento de lo real mediante lo simbólico, es decir, el tratamiento de lo que no se puede decir por medio del lenguaje y que sólo puede hacerse, no obstante, por medio del significante: el mediodecir de la verdad al que Lacan se refiere muchas veces en su enseñanza. Lo imaginario, aquellas ficciones que el Otro nos invita a sostener, constituyen el nivel del relato escénico, que puede hacerse a partir de una linealidad aristoté-lica o admitir una ruptura de diversos grados a nivel de la sintaxis narrativa, pero que, a pesar de su radicalidad, dejan intacta la consistencia simbólica, convencional, del Otro, es decir, de la teatralidad del teatro tal como se fragua en el modelo de la sala a la italiana. Para decirlo rápido, lo imaginario es ese registro en que creemos hablar por nuestra propia cuenta, imaginamos ser los agentes de lo que decimos y entonces nos engolosinamos frente a ciertos recursos o materiales —estéticos— que usamos para expresar aquello que, como idea o tema, es fundante, pero a la vez exterior a la escena. Decir lo que creemos o lo que queremos decir; aún más: intentar decirlo todo es siempre un espejismo del yo. Inclusive el imperativo analítico que invita al analizante a decirlo todo yace en esta dimensión imaginaria. Esto no implica, obviamente, que esos espejismos, esas imágenes, esas ficciones que montamos sobre el escenario, no den cuenta de la realidad, pero no es tan seguro que estén dando cuenta de lo real, en el sentido lacaniano. Esas imágenes son modos de vestir el vacío que implica el objeto *a* como causa del deseo, incluso de vestir, enmascarar el vacío de la angustia y la presencia de *Das Ding*, la Cosa. Lo real lacaniano, ese objeto *a* como resto, como producto, como plus-de-gozar, que siempre está implicado con lo pulsional y lo corporal, no puede ser más que entredicho; su posibilidad de ser simbolizado está siempre en la dimensión del mediodecir.

Construcción de escena: el fantasma y las estructuras freudianas

Un director diseña o construye una escena; un actor improvisa una situación: ¿para quién? ¿A quién se dirigen? No hago la pregunta acerca de la consistencia social del público. Dejo esa respuesta a los sociólogos. A nivel de la praxis teatral sólo se trata de un sujeto que apunta no al otro en tanto sujeto, como si se tratara de intersubjetividad,[33] sino al otro como *a*, es decir, como objeto, tal como de alguna manera lo plantea Miller en el epígrafe de este trabajo, al insinuar que el fantasma es lo que permite reconocer a los otros no tanto como seres razonables, sino como seres que fantasean (Miller 130). En la praxis teatral como en el psicoanálisis, a diferencia de la institución-teatro, no se trata solamente de comunicar algo, con los grados de radicalidad o crítica social o política que se quiera, con las identificaciones o distanciamientos que resulten necesarios, tal como ocurre en la creación colectiva, sino de atravesar el fantasma, tarea que los integrantes del teatro de la intensidad hacen en los ensayos y, a su vez, proponen con sus espectáculos al público y que, por tal motivo, podría denominarse, para cada experiencia particular, el fantasma civil de la nación.

Esta relación de sujeto y objeto –en particular el objeto *a* lacaniano como meta y causa del deseo– ha tomado diversas modalidades en psicoanálisis. En este sentido, no importa cuántas personas puedan ocupar la posición de objeto o de sujeto; no hay que confundir sujeto y objeto con individuo o persona. En psicoanálisis, el sujeto no es ni individual ni colectivo, es un vacío entre dos significantes: es lo que surge, por ejemplo, de un lapsus, en el que el yo quiso decir A pero dijo B: ese vacío entre A y B, que demuestra cómo el yo es hablado por el Otro, cómo la conciencia es desbordada por algo que sorprende en tanto está fuera de la intención del yo [*moi*, siempre objeto en Lacan, nunca sujeto]. Un grupo de teatro está formado por varios integrantes, varios individuos o personas, cada una con su propia historia, pero para el psicoanálisis y la praxis teatral no puede allí haber más que un sujeto, ese que tiene una misma biografía, un mismo inconsciente transindividual y parroquial. Lo mismo podría decirse para el público: para los teatristas involucrados en una producción, el público es siempre un otro, un objeto desde su perspectiva; desde la perspectiva del público, no

---

[33] Lacan va a desprenderse rápido de la idea de 'intersubjetividad' de su primera enseñanza basada en la dialéctica hegeliana del Amo y del Esclavo en la versión de A. Kojève, para instalar una relación de sujeto-objeto: el famoso petit *a* (otro, objeto de deseo y finalmente causa de deseo) es siempre otro.

importa el número, se trata de un sujeto, siempre $, siempre dividido con el caso del teatrista, para el cual la escena y todo en ella es un objeto, en el sentido del *a*.

Existe, pues, la posibilidad de plantear la relación escena/público a partir de un juego doble con la fórmula del fantasma, $◊a. Convengamos en llamar *espectador* no al individuo que viene a ver nuestros espectáculos (a ese individuo conviene designarlo como *ciudadano*, con todas las implicaciones políticas que eso conlleva), sino al sujeto que tomamos como objeto y para quien nosotros también constituimos su objeto.[34] Ahora bien, si pensamos que el Otro simbólico es el que establece lugares, posiciones, y, si nos atenemos a la relación del sujeto con el objeto, no hay muchas posibilidades para los teatristas de *construir* al espectador y de dejarse ver por éste, tal como lo demuestra el álgebra lacaniana, especialmente a partir de las estructuras freudianas que Lacan nos enseñó: neurosis, perversión y psicosis.

¿En qué posición se ponen director y actor respecto del otro/Otro? La escena, ¿sería la misma si fuera dirigida o actuada para un espectador —construido por el teatrista— en posición neurótica, perversa o psicótica? ¿En qué posición se ponen director y actores respecto del espectador? ¿Qué diferencia e impacto cultural y político tendría una obra, más allá de su temática, de su dimensión imaginaria, si se la dirigiese a un público desde una máscara espectatorial en alguna de esas posiciones en vez de otra y desde una escena elaborada según alguna de esas posiciones? ¿Hay consistencia —o debería haberla— entre el tema de la obra y la estructura en que es montada a partir de estas estructuras freudianas?

¿Han pensado alguna vez los teatristas en estas preguntas? Me temo que no. Se me podría contestar, como se hace siempre que no se sabe de lo que se habla, que aunque no se han hecho las preguntas, de algún modo las han formulado y hasta contestado *intuitivamente*. Hay un enorme saber empírico sobre la praxis teatral, tal como se deja ver en las entrevistas compiladas en *Arte y oficio del director teatral en América Latina*, pero no hay una aproximación teórica que permita a los teatristas, durante el ensayo, desafiar creativamente lo simbólico de la teatralidad del teatro y de la cultura en la que se montan sus espectáculos, despegándolos de los espejismos promovidos por el registro imaginario, siempre nutrido de temas por la realidad y sobre todo por la academia y los estudios teatrales. A esta altura del mundo y su cultura, en estos momentos desesperantes del desarrollo capitalista en su etapa neoliberal, ¿será apropiado políticamente seguir trabajando en forma intuitiva, dejándose guiar por un saber empírico o rutinario que más bien obstaculiza que potencia la creatividad artística? Justamente porque han caído las ideologías y los grandes relatos, como ha declinado la función paterna, me parece mejor poder plantearse estas cuestiones en lo con-

---

[34] Ver los capítulos sobre las máscaras espectatoriales, donde distinguimos al *espectador* como máscara creada por el teatrista en su proyecto de puesta en escena, del *público*, con el que no se confunde.

creto, y para ello se requiere una base teórica, no [sólo] como ejercicio de intelectualización –típica palabra del teatrista para no preguntarse nada de su hacer–, sino como *praxis efectiva de creación* que, como lo dice Lacan, trate lo real mediante lo simbólico. Aquí hay que entender *teoría* desde un punto de vista creativo, no como aplicación: no se puede *aplicar a Lacan*, no se puede aplicar el psicoanálisis. El aplicacionismo es una estrategia derivada de la dicotomía teoría/práctica y es propia del discurso de la Universidad. Pero la praxis, lacaniana o teatral, no es una práctica que supone una teoría a la cual, a lo sumo, podría rectificar. Para evitar la *aplicación*, como si fuera una receta, Lacan va a promover su álgebra, o mejor una logificación de la experiencia por medio de fórmulas vaciadas de significado, permitiendo de ese modo el trabajo caso por caso toma-do en su propia particularidad. Gastón Bachelard, por su parte, hablaba de teoría en contexto de descubrimiento y, por ende, en contexto de creatividad. Es desde estas perspectivas que enfocamos aquí la praxis teatral.

Creación colectiva clásica y teatro de la intensidad: diferencias

Aunque no trabajaremos aquí las estructuras freudianas,[35] intentaremos localizar una diferencia estructural, es decir, no anecdótica, entre la creación colectiva clásica y el teatro de la intensidad.

Como se sabe y se ha dicho muchas veces, la creación colectiva parte de proponer un tema o una idea que, para los integrantes del grupo, tiene importancia socio–política y urge explorar teatralmente desde una perspectiva crítica, usualmente para desenmascarar el discurso ideológico oficial. La primera diferencia con la institución-teatro sucede aquí: el autor y el texto dramático es ahora sustituido por una idea o tema, a partir del cual se realizan investigaciones de todo tipo durante el proceso de construcción de escena y del espectáculo, se revisan archivos, se invita a profesionales ligados a dicho tema, se entrevista posibles testigos o individuos que por alguna razón están involucrados en la problemática a trabajar sobre el escenario. Es a partir de toda esta documentación que se comienza a construir la trama y el montaje.

En el teatro de la intensidad, el procedimiento es diferente. Aunque no hay una metodología establecida, como ocurre con la creación colectiva, se puede partir de la experiencia de Eduardo Pavlovsky como modelo. Pavlovsky dice que, de pronto, un significante necio lo toma por sorpresa, lo asalta en cualquier circunstancia; se trata de algo que no entiende, que no hace sentido y que él denomina –tomando el término de Julio Cortázar– el coágulo. Lo participa a su grupo –generalmente actores con estrecha, íntima relación con él– y entonces empieza la tarea de improvisaciones y escritura. Lo que surge se anota. Pavlovsky lo escribe y vuelve a someterlo al grupo; los actores van también rotando en los *personajes* y el proceso sigue este ir y venir de la escena a la escritura, y viceversa.

---

[35] Ver los capítulos sobre estructuras espectatoriales.

No suele haber investigaciones, ya que no se trata de una idea, de un tema organizador que da sentido, que es externo a cada uno de los actores del colectivo, sino de una imagen, un significante, que no tiene sentido y que requiere de un trabajo doloroso de desbrozamiento por asociación libre y transferencia; el proceso es más *subjetivo*, ya que el coágulo convoca los fantasmas de los otros actores, a partir de los cuales se va diseñando la puesta y obviamente el texto, que suele publicarse mucho después del estreno con la firma de Pavlvosky. Ese texto a su vez quedará como 'coágulo' para otros grupos que quieran retomar la metodología de trabajar desde allí sus propias intensidades gozantes.

Como vemos, la aproximación descriptiva no aporta demasiado. Por eso, vamos a intentar otro camino. Podemos partir de un matema lacaniano aparentemente bastante simple, aunque su dimensión en la enseñanza lacaniana y sus consecuencias a nivel de la praxis –analítica y teatral— sean enormes: se trata de $S_1 \rightarrow S_2$. En este sentido, voy a seguir el gesto de dos maestros latinoamericanos, Santiago García y Enrique Buenaventura, es decir, voy a mantenerme a nivel de la praxis teatral, esto es, en lo que sucede durante el ensayo, dimensión completamente desamparada de conceptualización y excesivamente recargada de intuiciones, plagada de rutina y oficios, recetas y lugares comunes.

En su momento, ambos maestros apelaron a los modelos semióticos y lingüísticos para conceptualizar su práctica; hoy yo lo intento con el psicoanálisis y no reclamo novedad en eso: para esquematizar un poco, digamos que, entre la creación colectiva clásica y el teatro de la intensidad, media un intento del maestro Buenaventura de acercarse a Freud y Lacan. Me refiero a una temprana charla que Buenaventura dio a los actores del TEC en 1969 sobre "La elaboración de los sueños y la improvisación teatral". Ese texto merece un comentario que no puedo intentar aquí.[36] Para ir rápido a lo que quiero plantear, permítaseme nuevamente esquematizar: si la creación colectiva clásica está concebida bajo los auspicios del signo lingüístico, tal como Saussure lo planteó, el teatro de la intensidad va a partir del significante y la lógica del significante, tal como Lacan lo planteara en la primera etapa de su enseñanza. Es ésa una primera diferencia cuya importancia no se puede desestimar, porque marcará diferentes metodologías de trabajo y perspectivas teatrales y, naturalmente, dan lugar a técnicas de construcción de escena y hasta de trabajo actoral también muy diferenciadas. De ahí que no resulte casual que el modelo del sueño, aún con las limitaciones en que Buenaventura intenta repensarlo en su praxis teatral, constituya el punto de clivaje entre una experiencia y otra de estas dos dramaturgias de actor que venimos planteando. Buenaventura vio en 1969 para la praxis teatral los mismos

---

[36] He trabajado el ensayo del maestro colombiano a detalle en mi libro *Sueño. Teatro. Improvisación*.

límites y obstáculos que Lacan vio en la lingüística saussuriana para el psicoanálisis.[37] No resulta, pues, sorprendente que la semiótica, deudora del signo, haya tenido poca productividad para los teatristas, a diferencia de la inflación académica que esa disciplina produjo en su momento en relación a los estudios del texto dramático y del texto espectacular.

Volvamos al matema $S_1 \rightarrow S_2$. En Lacan, el S_1 es el significante amo, es decir, un significante cuyo sentido solo puede venir de la cadena, donde entra en contacto con otro significante, S_2, que Lacan llamará el saber. Un significante, el significante S_2, *representa* al sujeto para otro significante S_1 (enfatizo el término *representa* que nos debería conducir a muchas cuestiones en nuestra praxis). Podemos jugar la fórmula a diversos niveles. Podemos pensar, por ejemplo, al S_1 como el autor o el texto dramático y a S_2 como el significante que le da sentido al primero. Podemos también poner al personaje en S_1 y al actor en S_2. Lo importante es que *no hay signo ni símbolo* aquí; no hay un significado adherido de una vez para siempre a un significante —como postulaba Saussure y la lingüística posterior—, sino que el sentido es efecto del significante, tal como lo muestra Lacan en su famoso algoritmo S/s. Por eso, queda eliminada toda pretensión de *fidelidad* al texto dramático, que no tiene ya posibilidades de realizarse, que resulta una cuestión ya descartable. Por iguales motivos, no es concebible que el actor pueda reproducir el Hamlet original, si es que hay uno.

Podemos también trabajar S_1 como la propuesta del director y S_2 como la improvisación de los actores que le da sentido y que, obviamente, puede hasta llegar a la frustración o alelamiento de aquél. Si falta el S_2, si no hay articulación significante, no hay forma de significar el sujeto. ¿Cuál es el significado del sujeto si falta S_2? Ese significado es justamente la parte que resulta *irrepresentable* del sujeto. Estamos frente a una operación de pérdida que, a su vez, impugana toda pretensión de totalidad, de imaginar, por ejemplo, que el autor o el director poseen el sentido completo del texto dramático. Me animo a proponer que aquí yace la segunda diferencia fundamental entre la creación colectiva clásica y el teatro de la intensidad. Si en la articulación significante $S_1 \rightarrow S_2$ hay un efecto de verdad y de pérdida, que se pretende captar en la interpretación (Hamlet significa tal o cual cosa 'definitivamente'), en el significante único, en cambio, que se escribe $S(\slashed{A})$, hay interpretación sin efecto de haber alcanzado una verdad o un sentido total. De algún modo podríamos decir que aquí hay *efecto de real*.

---

[37] Lacan va señalando su disconformidad con Saussure a partir del famoso algoritmo S/s, pero habrá que esperar hasta el *Seminario 20* para que declare a voces que él tiene su propia 'lingüistería'; es el momento en que, más allá del S/s, se involucra con la concepción del signo en Charles Sanders Peirce, lo cual tendrá consecuencias para la transformación de su enseñanza: por un lado, quedará el sujeto y el lenguaje/lengua, con una concepción determinada del inconsciente y, por otro, aparecerá el *parlêtre* y *lalengua*, con enormes consecuencias para la praxis analítica.

Ciertamente, el teatro de la intensidad se esfuerza por trabajar ese significante único y, por lo tanto, procede como un S_2, pero no para promover un efecto de verdad o sentido total, sino como apalabramiento precario de lo real, de aquello que, causado por la acción mortificante del significante y del Otro, de las marcas impuestas por la cultura, ha quedado como una pérdida, un goce y una satisfacción imposible que va a constituir el malestar del sujeto y que va a insistir como repetición. El apalabramiento de ese malestar o de ese goce inefable solo se puede realizar a partir de un discurso cifrado o enigmático –no necesariamente crítico— que va a poner al público, a su vez, en la situación de una falta, de un sentido incompleto, a diferencia de la institución-teatro que, desde Aristóteles, nos ofrece el sentido como empaquetado y completo. Por eso –más allá de las rupturas narrativas–, el teatro de la intensidad (o, para algunos, el teatro post-dramático) desconcierta tanto al espectador, que no logra finalmente captar el sentido como completo y, por ende, está invitado a dar sentido por sí mismo al espectáculo concebido ahora como S_1.

La creación colectiva clásica promueve un teatro en el que hay efecto de verdad, en el que el sentido S_1 está, de algún modo, significado por el S_2, y además hay un Otro completo, Otro del significante, el A [*Autre*] sin tachadura como campo del saber, que garantiza el sentido. Usualmente la creación colectiva clásica buscaba las garantías de sentido para el S_1 en diversas versiones del marxismo o en Brecht.[38] Aunque S_1 se postule como el significante amo sin sentido, ya que hay que dárselo a partir de S_2, siempre hay cierta certeza o sospecha de que *eso habla*, de que el inconsciente estructurado como un lenguaje habla, aunque lo haga como en los sueños, de una manera cifrada. Además, al dar al Otro como garante, con o sin intención de promover adoctrinamiento al teatrista o al público, la creación colectiva busca la complicidad del espectador por medio de su identificación/adaptación a ese Otro. Es un teatro en busca de aliados.

En el teatro de la intensidad, por el contrario, el Otro está tachado, es inconsistente y no garantiza, digamos, ni la verdad de la interpretación ni la consistencia del sentido, lo que incomoda al espectador, que no puede visualizar la totalidad del sentido o el sentido como totalidad. Como lo plantea Valenzuela, a propósito de la dramaturgia de Paco Giménez, el trazo –significante único– que proviene de los aportes actorales, no se incrusta necesariamente "en una fábula o en un conjunto narrativo totalizador: (Valenzuela 236). Cada miembro del público –y no como masa ni tampoco bajo algún tipo de pacto convivial— es invitado a reposicionarse frente al Otro, frente el goce y los mandatos del Otro, supuestamente garante del sentido que organiza su vida y causa su malestar. Más que enfrentarlo al saber, como hace la creación colectiva clásica, logrando en cierto modo una cierta pacificación del público –incluso si lo invita a la rebelión

---

[38] Ver mi libro *Los discursos lacanianos y las dramaturgias*.

Introducción a la praxis teatral

o la revolución—, el teatro de la intensidad, por el contrario, lo enfrenta a considerar el modo de goce que lo afecta y que corresponde al goce del Otro (cultura, familia, Estado, instituciones, etc.), invitándolo a comenzar un proceso gradual de elaboración conducente a emanciparse de dicho Otro para alcanzar su propio modo de goce, del que deberá de ahí en adelante responsabilizarse.

El espectáculo deviene en el teatro de la intensidad un semblante del *a* –posición que Lacan plantea para el psicoanalista— para permitir que el público se confronte con los agujeros, discontinuidades y faltas en su propio discurso. A diferencia de la creación colectiva clásica, el teatro de la intensidad no adoctrina, no le propone al público un saber o una propuesta orientada a alcanzar su propio bien o su propia felicidad. Nadie puede, como saben los analistas lacanianos, ponerse en situación de autoridad sobre el bien del sujeto; por ello Lacan hará críticas feroces a la Ego Psychology, como variante del psicoanálisis freudiano, en donde el analista se presenta como modelo del bien para el sujeto, al que invita a adaptarse al statu quo, a cierta moral del *mainstream*. Al dejar a cada miembro del público en cierta situación de desamparo frente al carácter cifrado, incompleto o fragmentario del espectáculode, el teatro de la intensidad, como la praxis teatral, no deja de promover cierta aversión a quienes buscan el puro entretenimiento o comprar el paquete completo del sentido; el teatro de la intensidad enfrenta al espectador justamente con aquello que provoca el horror al saber, al saber no sabido del inconsciente, lo acerca a eso de lo que nada se quiere saber. En todo caso, como lo plantea Lacan en el *Seminario 20*,

> un discurso como el analítico tiende hacia el sentido. Es claro que de sentido sólo puedo ofrecer a cada quien lo que está dispuesto a absorber; lo cual tiene su límite, marcado por el sentido en que cada quien vive. No es mucho decir, decir que éste no va muy lejos. Lo que el discurso analítico hace surgir es justamente que el sentido no es más que semblante. (96)

La improvisación, que opera en ambas prácticas, no funciona entonces de igual manera. Tanto en la creación colectiva como en el teatro de la intensidad se escribe *en* y *desde* la escena, aunque esta práctica sea más radical en el teatro de la intensidad. En ambos se espera la sorpresa, el hallazgo, aunque en la creación colectiva no siempre se contabilice el tropiezo de la improvisación como vía para captar lo que *no hace coherencia*, siendo ésta una forma de encorsetar el sentido a los mandatos del Otro. Tal vez habría que leer aquí cierto atrapamiento de la creación colectiva en la estructura perversa –tal como la plantea Lacan– por cuanto es el perverso el que trabaja para el goce del Otro, sea este Otro –para poner algún ejemplo– el materialismo dialéctico, el feminismo o los derechos humanos. Lo que se rescata en la improvisación es, por lo tanto, lo que no atenta contra el goce de ese Otro, sino lo que lo completa. El perverso se pone al servicio del Otro.

El teatro de la intensidad, por su parte, al no tener garantías en el Otro, está en todo caso en posición histérica, invitado –en su desconcierto frente al sentido– a desestabilizar a ese Otro, insistiendo, aún en su queja, en dar sentido a los significantes insensatos. Es curioso que un estudioso de la creación colectiva en Colombia advirtiera a los grupos no hacer de la improvisación un campo para realizar deseos reprimidos –como si eso dependiera de la voluntad de los actores– y les aconsejaba detenerse ante lo reprimido y retornar a lo que el mismo crítico denominaba "área de seguridad". Sin duda, esto es el reverso de lo que Pavlovsky busca en la actuación, tal como lo plantea en el epígrafe que hemos puesto a este trabajo.

En el S($\cancel{A}$), en el significante de la falta en el Otro, en cambio, ya vemos al A tachado, de modo que más que el *eso habla* aquí tenemos que pensar, como dijimos más arriba, en el *eso falta*. Hay en el A "una falla, un agujero, una pérdida", dice Lacan (39-40). Eso que falta en el Otro es justamente la vacuola del goce, un resto "que no se puede decir", que lo simbólico –el lenguaje, la cultura– no ha podido significantizar y que, como ya vimos, es éxtimo, en tanto se sitúa fuera del sujeto en el Otro simbólico, pero también en lo más íntimo del sujeto. Se trata de la falta en ambos lados, el sujeto y el Otro, para la cual no hay significante que la represente: "El objeto *a* es éxtimo al Otro del significante" (Miller 23). No se trata de un real (al que, nuevamente, no hay que confundir con la realidad) que estuviera fuera del Otro, no se trata de 'lo que no se puede decir' en el sentido de lo reprimido, censurado o prohibido; tampoco como previo al decir, sino, por el contrario, justamente por ser relativo al decir, es un vacío que sólo se puede apalabrar parcialmente; siempre hay un resto imposible de decir, el famoso ombligo del sueño del que hablaba Freud. Es un vacío estructural en el sujeto y en el Otro. Si el goce está interdicto para el ser que habla, si no hay significante del goce, ese real, al involucrar al cuerpo gozante, debe ser dicho desde la invención imaginaria. Se entiende ahora que Pavlovsky proponga sus espectáculos a partir del coágulo. No se trata, como ya dijimos, de una idea, de un tema, sino de algo corporal, sólido, grumoso, que en su necedad lo interroga y lo fustiga, invitándolo a compartirlo con sus colegas para iniciar un arduo proceso de trabajo. Este coágulo es, pues, eso éxtimo que no está afuera, sino en la interioridad del sujeto, pero que le es ajeno. Y es frente a esta extimidad, no frente al saber, que se instala la improvisación en el teatro de la intensidad.

Según lo detalla José Luis Valenzuela en su libro sobre el teatro de Paco Giménez, también allí se sale "hacia la pesca de ese significante insensato, contingentemente producido" (147), de ese "residuo" (147) o "desperdicio" (143) que, operando como "punto o línea de fuga" (143) en una improvisación, en cierto modo escapa a la lógica narrativa con soporte en el registro imaginario; escapa incluso a lo esperado o pautado por el mismo director. Se trata de un trazo inicial que, en cierto modo, interrumpe la imaginaria coherencia que manifiestan las acciones que surgen de la improvisación. Sin embargo, más que afectar la dimensión razonable o intelectual, este trazo afecta el cuerpo actoral. La secuencia "AZAR, NECESIDAD, DESEO, TORMENTO, RECREO, TRABAJO..." (226), conformadas como trinidades que –según Valenzuela– constituyen el estilo directorial de Giménez, según el cual actores y director se inscriben en el proceso de ensayo como sujetos del inconsciente (224), habla de un proceso doloroso puesto que supone el trabajo con el fantasma o, como la denomina Valenzuela, con la "anatomía fantasmática (226). Es de ese significante necio que se parte para comenzar a construir la escena; es ese significante insensato el que –plantea Valenzuela— oficia de "zumo dramático de gestos, espacios, elocuciones, objetos, textos y situaciones de apariencia inerte" (147) que, obviamente, no son ni una idea ni un tema. Es allí donde se busca "la materia prima viva" (235), ese goce corporal que, siendo éxtimo a lo simbólico, se puede alcanzar "sin las obligadas sujeciones a un lógica al servicio de la coherencia narrativa o de la continua acumulación de tensiones dramáticas" (235).

Ensayo y construcción de escena: alternativas de la interpretación

Tenemos así dos alternativas de la interpretación operando en el trabajo de ensayo y en la construcción de escena que nos permiten diferenciar la creación colectiva clásica del teatro de la intensidad. En la improvisación, tanto en una como en el otro tipo de teatro, se pasa del hallazgo, la sorpresa o el tropiezo – que rompe la continuidad del discurso consciente—, al fantasma, pero a partir de allí las dinámicas de ambos difieren. Si bien ambas dramaturgias tienen como objetivo en la construcción de escena la desestabilización del Otro dominante, el trabajo con el fantasma va a ser diferente. En su curso de 1986, Miller va a recorrer la elaboración lacaniana del objeto *a*, sus etapas y sus paradojas, y eso también nos ayudará aquí para diferenciar estructuralmente la creación colectiva del teatro de la intensidad a nivel de la praxis teatral. En apretada síntesis, podemos decir que el objeto *a* en la fórmula del fantasma $\$\lozenge a$ va a tener dos posibilidades:

1. – En una etapa más temprana de la enseñanza lacaniana, el *a* es concebido, a partir del estadio del espejo, como la imagen del otro [*autre*], de modo que el sujeto resultará dividido por una operación que involucra al registro imaginario más que al simbólico. Será más tarde cuando Lacan plantea la división sujetiva a partir del registro simbólico, $\$$, por cuanto la intervención del Otro por medio del significante, por una parte, le otorgará una imagen de su cuerpo, la cual le dará unidad en tanto yo [*moi*]; por otra parte, en la misma operación, algo vital, pulsional, quedará como resto no significantizable. De ahí que el sujeto resulte dividido por el Otro simbólico. En la fórmula, el losange $\lozenge$ es la pantalla que le permite al sujeto del deseo acercarse al objeto *a*, perdido para simpre, dándole la posibilidad no de una satisfacción plena (porque no lo recupera nunca en su totalidad), sino brindándole un *plus*-de-gozar que resulta un *menos*-de-gozar

por cuanto, precisamente, nunca es una satisfacción plena que, de lograrse, coincidiría con *Das Ding*, la Cosa, la Muerte, esto es, el fin del sujeto deseante para el cual siempre debe haber —como ocurre con la histeria— objetos sustitutos del objeto *a* (*a', a"...a^n*), en una serie metonímico-metafórica. En esta operación a partir de la intervención de lo simbólico, el sujeto resulta alienado al Otro, por cuanto la imagen corporal que le había dado una imagen unitaria de su cuerpo acompañada de júbilo, es imaginaria, en tanto es imagen del Otro ("yo soy otro"). El sujeto, resultado de la mortificación significante operada *estructuralmente* por el Otro, *abastece* su falta-en-ser (estructural) con las imágenes que vienen de la relación especular (Miller 234). Todavía en la enseñanza temprana de Lacan está la idea de que esa imagen provista por el espejo es total o que la especularización es de alguna manera completa —piensa en los objetos freudianos, orales y anales, alimento y materia fecal, por ejemplo— que resultarían especularizables y articulados a la demanda, razón por la cual son objetos en cierto modo educables: la sociedad se encarga de eso. Pero más adelante en su enseñanza el objeto *a* (seno, heces, pero sobre todo mirada y voz) resultará no especularizable, un vacío incolmable, con lo cual el objeto *a* pasa al registro de lo real. De todos modos, en esta primera parte de la enseñanza lacaniana, el objeto *a* tiene todavía esa consistencia imaginaria y entonces no se entendería cómo podría dividir al sujeto, es decir, cómo un elemento imaginario podría escindir al sujeto, en tanto simbólico y significante.

2. – La etapa siguiente –al menos en lo que aquí nos interesa– retoma la cuestión del síntoma tal como se le aparece a Freud en *Inhibición, síntoma y angustia*, de 1925, es decir, como involucrado en un goce, ese "displacer [que] en el fondo es una satisfacción" (Miller, *El partenaire-síntoma* 65). Lacan va a comenzar con el esfuerzo por elevar el objeto *a* al nivel simbólico, es decir, en cierto modo, logicizarlo. El espejo, en cierto modo, proveía de una imagen total que el sujeto incorporaba como *moi*, para quien el otro era una imagen del *a* como meta de su deseo, *i(a)*. Pero es necesario tener en cuenta aquí que aquello que se reflejaba en ese espejo y, hasta cierto punto, estaba también implicado en la imagen era una corporalidad. Recordemos que en el estadio del espejo el niño anticipadamente adquiere su yo como la *imagen* total, que le viene del Otro, frente a su concreta incoordinación motriz. Se trata de una experiencia de alienación. El resultado de la especularización, sin embargo, es un resto que aparece *retroactivamente*: es el cuerpo fragmentado, que no se refleja, que no tiene doble y que ahora aparece como 'habiendo estado allí antes' de verse en el espejo. Este 'cuerpo fragmentado' no es especularizable, es una parte que cae y que ahora Lacan propondrá como *causa* (ya no meta) del deseo. De modo que la fórmula $a \rightarrow \$$ que nos propone Miller parece más ajustada para dar cuenta de este cambio, en la medida en que el sujeto se divide por causa de ese objeto que cae fuera del dominio del yo. Se trata entonces de un objeto ya no solo relacionado con una falta-en-ser, sino con una *falta en gozar*. Lacan va a poner entonces a este objeto *a* en relación a la pulsión; la insatisfacción de la pulsión, como vimos, constituye ese

plus-de-gozar para el sujeto, habida cuenta de que no hay satisfacción completa, absoluta de la pulsión: la pulsión, en todo caso, se satisface en su propio circuito alrededor del objeto *a* perdido para simpre, sin alcanzarlo jamás. Ese residuo en tanto causa del deseo ya no es educable y, además, insiste en la repetición. Lacan va a proponer la mirada y la voz (no el ver o la visión, ni tampoco el oír) como objetos de la pulsión, ambos no especularizables.[39]

Así, la fórmula del fantasma debe ser entendida en dos vertientes: primero, en tanto el objeto *a* como imaginario, meta del deseo y segundo, en tanto un real, es decir, causa del deseo a nivel simbólico que nunca puede ser completamente significantizada por el Otro. El significante, causa de ese goce imposible de apalabrar, es no obstante la única posibilidad para apalabrarlo: de ahí que el último Lacan reconsidere el registro imaginario como invención: no es el registro imaginario del espejo, sino el que resulta de un proceso de elaboración del sujeto de su alienación y separación respecto al Otro y el goce del Otro. Es una invención que supone un deseo dicidido de emancipación, lo cual no significa liberación ni tampoco el acceso a la felicidad. El psicoanálisis no promete la felicidad, pero constituye una vía posible para la emancipación del sujeto.[40] Ese *a* expelido de lo simbólico al ser éxtimo al Otro del significante y éxtimo al sujeto, abre la vía a la experiencia analítica, y por ende a la teatral, y le plantea su finalidad:

> Solo por el rodeo de la elaboración de esta relación de extimidad —hecha justamente para volver perceptible la articulación del significante con lo heterogéneo a él— podemos justificar nuestras esperanzas respecto de la experiencia analítica, que son sobre todo alcanzar, tocar, hasta modificar este elemento heterogéneo a partir del significante… (Miller, *Extimidad* 261)

En este momento de su elaboración, Lacan va a ir más allá de la narratología, es decir, de pensar que, una vez descifrado el síntoma, éste va a desaparecer. Lentamente, va a ir regresando al descubrimiento freudiano de que hay satisfacción en el síntoma, de que ese displacer es no obstante una satisfacción pulsional. De ahí que la narratología, o lo que hemos en este trabajo planteado como el relato imaginario construido en la escena, no llega a tener efectos (entre los actores, sobre el público) en cuanto a la modificación o cambio de posición

---

[39] Miller confunde un poco esto cuando plantea que voz y mirada lacanianas como objeto *a* podrían ser en ciertos casos especularizables (*Extimidad* 269). Me animo a sostener que voz y mirada en Lacan no se confunden con el ver o campo de la visión ocular ni con las cualidades acústicas de las voces en el oír. Hay que hacer una distinción entre ver/mirar y entre oír/escuchar. Ver mi ensayo "Interpretando el adjetivo 'áfona' en relación a la voz como objeto a en Lacan".

[40] Ver mi ensayo "Una reflexión sobre las nociones de 'liberación' y 'emancipación'. Su pertinencia en la praxis teatral".

del sujeto respecto de su modo de goce. El síntoma, muy diferente al sueño o al acto fallido, no se presenta (solamente) a nivel de lo dicho; incluye la instancia corporal, la del cuerpo viviente, pulsional, no la del cuerpo muerto, mortificado, por el significante. En la primera parte de la enseñanza lacaniana, el síntoma aparece ligado al orden significante y como verdad, como una formación del inconsciente que hay que interpretar, de ahí la orientación hacia la ficción; en la segunda parte, Lacan recupera el sentido-gozante del síntoma, es decir, el síntoma como goce, ligado a la pulsión insaciable de satisfacción y ligado a la repetición y lo real. Los efectos políticos de esta segunda perspectiva no se hacen esperar. En la primera aproximación, el analizante se dirige al Otro para hacer sentido a eso que escapa a su saber consciente, se orienta entonces hacia la narratología, hacia la ficción, se apunta a la verdad; en la segunda, en cambio, se trata de una orientación hacia lo real, se apunta al sinthome, esa formación incurable y estructural para el sujeto, que constituye su singularidad, la de sus modos de goce. Lo que permanece en todas las etapas es que Lacan recurre a los aparatos del lenguaje como vía regia para elaborar la emancipación subjetiva.

La creación colectiva clásica se desarrolla en la primera vertiente, esto es, donde el objeto *a* en la fórmula del fantasma es todavía meta del deseo; trata entonces de promover sustituciones para ese deseo en la medida en que ideológicamente admite el carácter todavía educable de ese deseo. De ahí cierta dimensión de adoctrinamiento, cierta orientación pedagógica, ligada al teatro de la era científica (Brecht), con pretensión universalizante. Sus espectáculos, se puede decir, hacen escuela, en la medida en que intentan iluminar o adoctrinar al público sobre los engaños en los que supuestamente está sumergido. Los teatristas se colocan aquí en la posición de un analista de la psicología del yo, que cree saber lo que es bueno para el analizante y entonces procura que éste se identifique con él o que adopte su visión del mundo, garantizada por un Otro consistente. Procede, entonces, por medio de la sugestión, todo en la escena apunta a la seducción a fin de que el analizante (y el espectador) alcance su objeto, el objeto bueno, el objeto que le conviene, garantizado por el Otro y encarnado en el analista o, para nuestro caso, el teatrista y su colectivo.

El teatro de la intensidad, al estar más conectado al significante único S_1, y al plus-de-gozar, construirá sus escenas a partir de la segunda vertiente, es decir, tratando de alcanzar ese objeto *a* ineducable, particular, no universalizable, que resiste toda nominación y elaborando o inventando una escena que, imposibilitada de decir toda la verdad, la mediodice a partir del lenguaje, resultando así en cierto modo cifrada o enigmática. El teatro de la intensidad no está orientado hacia lo representable por medio de la interpretación, sino que opera con los aparatos del lenguaje para captar lo irrepresentable del sujeto, nunca en su totalidad. Al hacerlo, no intenta sustituir metonímicamente al objeto *a*, no intenta quedarse del lado del objeto del fantasma como objeto meta, del cual de alguna manera el sujeto se defiende —el fantasma es la escena o pantalla que estabiliza la relación del sujeto con su deseo– sino que se impone atravesar el fantasma. Aunque trabaja con el significante, lo hace para acceder al goce y los modos de goce. Y más que atravesar el fantasma, lo que el teatro de la intensidad intenta es *saber arreglárselas con* ese goce integrado al sinthome, descifrar el coágulo inicial por medio de un cifrado artístico.

La posición ética del teatro de la intensidad resulta, obviamente, distinta a la de la creación colectiva clásica. En primer lugar, porque no se trabaja sobre una idea o tema que sería exterior al sujeto; en segundo lugar, porque no se intenta educar el deseo de nadie ni adoctrinar al espectador ya que, para el teatro de la intensidad, el Otro no existe, el Otro es inconsistente, no garantiza nada. Como lo plantea Pavlovsky en el epígrafe de este trabajo, no importa tanto o al menos no se confía tanto en la coherencia del relato, sino que justamente se apunta al no–relato, ya no a lo que se puede apresar en la ficción imaginaria, sino lo que escapa a ella, lo que no puede ser pensado.

Desde una posición más analítica, en tanto ética analítica, sin intentar legislar sobre un *mejor* objeto para el deseo, esto es, sin pretender ocupar el lugar de amo, el teatro de la intensidad le propone al público *hacerse cargo* de ese modo de goce, como por ejemplo la complicidad civil con la violencia de estado, tal como aparece en *El señor Galíndez*, *Potestad*, o con la naturalización o invisibilización del horror y de lo siniestro de la sociedad argentina o latinoamericana contemporáneas tal como se plantea en *La muerte de Marguerite Duras* o *Sólo brumas* del mismo Pavlovsky, y también en *Rubiela roja* y las otras obras de la trilogía de Victoria Valencia o las obras de Paco Giménez.

En todas ellas, ya no se busca transgredir, sino saber arreglárselas con el goce, tal como el grupo lo ha trabajado en ensayos para, aún en la precariedad cifrada, ambigua, oracular de su propuesta, sea capaz de promover una deposición subjetiva de cada miembro del público. No es necesario en esta aproximación proceder, como en la creación colectiva clásica, a realizar investigaciones de tipo científico, ya que no hay tema a investigar, sino, como vimos, sólo un S_1 insensato, el *coágulo*, que desata el doloroso proceso de los ensayos, porque el goce implicado en dicho coágulo está supuesto en él, y el sujeto –de ahí la dificultad política de este teatro– goza de su síntoma. En cierto modo, podríamos especular hasta qué punto el teatro de la intensidad toma el relevo de la creación colectiva justamente respecto de ese plus-de-goce, lo que quedó irrepresentable de la época revolucionaria.

A modo de conclusión

En consecuencia, la construcción o invención de escena va a realizarse en forma diferenciada en la creación colectiva clásica y en el teatro de la intensidad. Si bien ambos, como hemos dicho, intentan desestabilizar al Otro simbólico, el trabajo con el significante va a plantear dos estrategias que, sin duda, han tenido su momento preciso también en la historia de la técnica psicoanalítica, a la que es preciso recurrir –porque ya ha sorteado los avatares e impases más problemáticos– para comprender cómo trabajar en el ensayo. Me refiero a conceptos como el tiempo lógico, la transferencia, la repetición, etc. La creación colectiva trata de *nombrar* ese objeto *a* todavía imaginario, proveerle significantes, interpretarlo por medio de un S_2 que –a pesar de su probable dimensión transgresiva– va a seguir sosteniendo la *consistencia* del Otro. No es casual que apele a la narrativa y a las alegorías. A su manera, la creación colectiva clásica confunde al Otro con el Uno. El Otro no alberga todavía un elemento éxtimo. En la creación colectiva clásica puede ser el materialismo dialéctico, la teoría de la relatividad o el feminismo los discursos que asuman ese lugar del Otro garante, consistente. A pesar de los distanciamientos brechtianos que utiliza o de las rupturas narrativas que admite, lo cierto es que el espectáculo es, sigue siendo, *coherente* desde un Otro consistente, un A completo y no un $\cancel{A}$ inconsistente (que no es lo mismo que incompleto).

ENSAYANDO LA LOGICA O LA LOGICA DEL ENSAYO:
Construcción de personaje y temporalidad de la certeza subjetiva

> El pensamiento teatral que viene de la actuación tiene que ver más con el instante, con que no hay nada previo a la existencia del cuerpo del actor, que funda un instante privilegiado y único.
>
> Ricardo Bartís, *Cancha con niebla*, 119.

> Descartes no lo sabía, salvo que era objeto de una certeza y rechazo de todo saber anterior; pero nosotros sabemos, gracias a Freud, que el sujeto del inconsciente se manifiesta, que piensa, antes de entrar en la certeza.
>
> Jacques Lacan, *Seminario 11*, 44.

> Es preciso lo que digo aquí, incluso si improviso.
>
> Jacques-Alain Miller, *Los usos del lapso*, 302.[41]

En la preparación de un espectáculo, el ensayo es un 'proceso', esto es, un lapso de tiempo entre la decisión de montarlo y su presentación pública. En tanto 'ensayo', es un ajuste tentativo y gradual entre todos los elementos involucrados en dicho espectáculo. Tradicionalmente el ensayo se ha entendido como un momento creativo usualmente basado en la improvisación y como el ajuste gradual entre la propuesta o intención inicial y el producto final. En general, el punto central del ensayo es la construcción, por parte del actor y por medio de un proceso de acierto y error, de su personaje, aunque esto no es necesariamente lo fundamental, salvo para una visión muy tradicional y estrecha del teatro. Aunque en la práctica aparezcan siempre a último momento y aunque la exigencia técnica del espectáculo sea mínima —incluso si pensamos en el teatro callejero y la luz natural— los elementos técnicos (iluminación, escenografía, utilería, vestuario, maquillaje, etc.), son tan centrales en un espectáculo, como la figura misma del actor y su personaje.

---

[41] Todas las citas de J-A. Miller en este capítulo corresponden a *Los usos del lapso*.

Para Meyerhold, el estreno de una obra constituía el ensayo general, en la medida en que para él siempre faltaba ensayar la perspectiva del auditorio, fundamental para dar forma definitiva al espectáculo.[42] El estreno, más el constante ajuste al que sometía el director ruso sus puestas, constituía para él aquello que, en términos del psicoanálisis lacaniano, podríamos designar como *el momento de concluir*. En nuestro continente latinoamericano y particularmente en Argentina, al menos desde Barletta hasta Bartís, el ensayo constituye un campo de preocupaciones artísticas, éticas, técnicas y administrativas de orden variado y variable. El archivo teatral está colmado de documentos de todo tipo (autobiografías, ensayos, entrevistas, notas) que decantan múltiples experiencias de trabajo y a la vez muestran hasta qué punto el ensayo aparece como un momento problemático. A pesar de esta acumulación de materiales bibliográficos, no parece que haya habido todavía una seria preocupación por teorizar —en sentido fuerte— la 'circunstancia' del ensayo como instancia— 'instante' en la terminología bartisiana— indispensable del proceso de producción teatral. La revisión de algunos de los testimonios más sobresalientes muestra una serie de perspectivas contradictorias o al menos difíciles de conciliar debido, en parte, a la falta de un planteo teórico y epistemológico que, aunque precario, sirva al menos para orientar la discusión.

Es propósito de este trabajo realizar el intento de un planteo teórico básico, que no tiene por qué ser ni el definitivo ni el único. Queremos ubicar nuestro trabajo teórico en el seno mismo de la praxis teatral, es decir, en un espacio intermedio —*in-between* o *nepantla* (para usar un término más latinoamericano)— entre el análisis del texto dramático y el texto espectacular.

¿Qué es un ensayo?

La pregunta puede parecer completamente trivial y, como tal, parece demandar una respuesta por el lado de la esencia. Estamos —y el lector debe quedar desde ya advertido— muy lejos de proveer algo como tal. Sin embargo, la pregunta tiene la ventaja de promover otras, tales como *¿cuándo empieza un ensayo?, ¿cuándo termina?* e, incluso, otras más complicadas, como por ejemplo *¿cómo sabe el director o el actor que ha acertado con su propuesta de puesta en escena o de personaje?, ¿cómo saben cuándo hay una correlación entre los elementos involucrados, sea la relación entre actores-personajes, entre espacio y tiempo, entre texto dramático y texto espectacular?* Se podrían agregar otras, derivadas de éstas, tales como *¿dónde encuentra el director o actor certeza anticipada de que ha ajustado su trabajo, de que ha llegado a una culminación o límite,*

---

[42] Meyerhold plantea que "[p]ara el director y el actor los ensayos comienzan el día del estreno, cuando el público aparece por primera vez en la sala. Hasta entonces no habían hecho más que conocerse mutuamente e instrumentar la música-montaje compuesta por el director. *Sólo la función número 35 debería considerarse estreno*. Me asombra de verdad cómo es que los críticos teatrales no se han percatado aún de que el estreno no da derecho a la apreciación crítica" (347, el subrayado es de Meyerhold).

cómo saben que no hay más, que ya no queda nada por explorar, o bien —aun reconociendo al ensayo en su infinitud— cómo saben que hay que detenerse allí, en un punto, y que se ha alcanzado la consistencia óptima para presentar el trabajo ante un auditorio? Stanilavsky y otros maestros geniales como él han elaborado estrategias para construir un personaje; Meyerhold y otros directores de su talla han explorado dimensiones de montaje que demuestran la maravilla y el potencial de la imaginación artística. Sin embargo, no parece haber una elaboración teórica sobre el estatus epistemológico del ensayo en cuanto tal. Hay, sin duda, consejos, saberes prácticos, hasta recetas y estatutos disciplinarios y éticos que, en el hacer de los teatristas, enmarcan la tarea del ensayo, pero falta un planteamiento conceptual de la dimensión lógica y subjetiva de esta etapa del proceso de producción teatral.

El ensayo y el tiempo: una aproximación psicoanalítica

La cuestión del ensayo, sobre todo en los casos en que hay una inversión monetaria muy fuerte a nivel de la producción, está directamente ligada a la cuestión del tiempo y del manejo del tiempo —al punto que uno podría ya afirmar que a mayor inversión monetaria corresponde un mayor control del tiempo del ensayo. Es posible especular que son justamente los grupos llamados independientes los que, careciendo de una inversión programada por parte de un productor o una institución, tienen la ventaja o el lujo de desentenderse del factor tiempo y de la duración burocrática de los ensayos. Pero aún en este último caso, llega un momento en que se plantea el momento de concluir.

A los efectos de constituir un campo conceptual capaz de orientar un debate en términos más epistemológicamente ajustados, voy a intentar aquí, en las limitaciones obvias de un artículo, una lectura *en términos teatrales* del 'escrito' de Jacques Lacan "El tiempo lógico y el aserto de certidumbre anticipada. Un nuevo sofisma".[43] Para realizar esta tarea, voy a asistirme además con la lectura que, de este difícil ensayo, realizara Jacques-Alain Miller en *Los usos del lapso*. En nota al pie, Lacan tematiza la cuestión expresando su deseo de que "[o]jalá resuene con una nota justa entre el antes y el después donde lo colocamos aquí, incluso si demuestra que el después hacía antesala para que el antes pudiese tomar su fila" (21, n1). Resultado de lo que vino después en su enseñanza, pero a la vez base y anticipación de la misma, el título y la nota se relacionan entre sí en

---

[43] A efectos de evitar dar extensión a este trabajo, asumo que el lector leerá el trabajo de Lacan por su cuenta. La paginación referida corresponde siempre a este 'escrito' lacaniano, salvo indicación en contrario. Lo mismo con la indicación de página para el trabajo de Jacques-Alain Miller. No he incluido ninguna referencia al otro título lacaniano sobre el tiempo lógico que Miller menciona en su libro; me refiero a "Homenaje dedicado a Marguerite Duras por *El arrebato de Lol V. Stein*", publicado originalmente, para mi sorpresa, en los *Cahiers Renaud-Barrault*, el órgano de difusión de Jean-Louis Barrault y Madeleine Renaud.

cuanto a la exigencia de un planteo sobre la lógica, la temporalidad, la emergencia del sujeto y la certeza subjetiva.

Los teatristas y teatrólogos no hemos sacado partido, al menos hasta hoy, del psicoanálisis, a pesar de que tanto Freud como Lacan no dudaron nunca en apelar al discurso teatral y dramático para etiquetar sus conceptos fundamentales. En efecto, conceptos tales como *escena primordial, otra escena, acting out, contingencia dramática* o apelaciones más generales a la literatura dramática tal como *complejo de Edipo* o la elaboración lacaniana a partir de la lectura de *Antígona*, para citar los más evidentes y popularizados, son ya corrientes en la bibliografía psicoanalítica. Es por esto que me parece legítimo para los teatrólogos y teatristas —incluso me parece más legítimo que apelar a la semiótica o a cualquier versión multidisciplinaria de los llamados 'estudios culturales'— interesarnos por el discurso psicoanalítico y su batería conceptual, si no para constituir nuestra base epistemológica, al menos para conformar una base conceptual menos empírica en la formulación de nuestras cuestiones y, sobre todo, de nuestras preguntas.

El sofisma, el tiempo lógico y la acción

Lacan comienza con el relato del apólogo del director de la cárcel, de los tres detenidos y de los cinco círculos (tres blancos y dos negros). A pesar del riesgo que esto significa, tenemos que sintetizar aquí, aunque muy groseramente, el planeo de Lacan. Hay, pues, tres sujetos de pura lógica, tres discos blancos y dos negros.[44] El director del presidio procede a colocar en la espalda de cada uno de los tres presos un círculo y les ofrece la posibilidad de la libertad si alguno de ellos logra decir qué color es el círculo que lleva en la espalda mediante una apreciación lógicamente fundada. De modo que, si uno de los presos ve dos negros, puede concluir *inmediatamente* que él es blanco por el simple hecho de ver. Pero si ve un blanco y un negro o si ve dos discos blancos, no puede tan rápidamente concluir sobre el color de su disco. He aquí el problema. Porque si eso ocurre, no se lo puede resolver sólo con los datos perceptivos. Se necesita realizar una cogitación y allí aparece el factor tiempo, primero como duración (tiempo sucesivo-psicológico) y, segundo, como tiempo lógico que incorpora la corporalidad. Y será justamente este tiempo lógico el que muestre que estamos ante un sofisma inicial, porque para resolver el problema hay que agregar nuevos datos perceptivos y al hacerlo, debido a las escansiones, se ha modificado, se ha transformado el problema inicial. Imposible reproducir aquí todo el desarrollo del planteo en Lacan y menos aún en el extenso comentario de Jacques-Alain Miller, que ocupa prácticamente todo su libro. Baste decir en forma muy abreviada que cuando

---

[44] ¿Por qué Lacan ejemplifica con presos? Las respuestas son múltiples, pero desde mi perspectiva teatral me parece interesante, cuando pensamos en el actor, el hecho de que estos presos están allí porque los antecede un crimen. Son (y/o han sido declarados) culpables. Las consecuencias estéticas y políticas de esta doble inscripción no podemos desarrollarlas aquí en relación a la praxis teatral.

uno de ellos está por salir y los otros también están casi listos para hacer lo mismo según el mismo razonamiento, el hecho de que nadie sale, de que hay una *vacilación*, cambia los datos del problema: "por el hecho de que nadie sale, se comienza a ver que uno mismo no es un disco negro" (Miller 273).

Los tres prisioneros, "[d]espués de haberse considerado *durante cierto tiempo*" (22, el subrayado es de Lacan), salen todos al mismo tiempo, dando las mismas razones para concluir. Lacan considera las razones que dan y considera que constituyen un sofisma, en tanto "[t]odo sofisma se presenta en primer lugar como un error lógico" (23). Nuevamente, Lacan dice que puede ser interesante ensayar este juego en la experiencia, especialmente si se tienen "diversos grupos convenientemente escogidos de intelectuales calificados" debido —chiste lacaniano cuya injuria, como es usual en él, apunta a los psicólogos— "al especial desconocimiento, en esos sujetos, de la realidad del prójimo" (23). Los tres presidiarios dan la misma explicación y, en principio, sus razones de concluir parecen válidas, al menos para el lector-director de la cárcel. Sin embargo, la deducción con la que concluyen no pudo haberse logrado de ese modo. Lacan demostrará que esa deducción lógica que los presos han alcanzado como de un solo golpe argumentativo desconoce la intervención del tiempo lógico que por lo menos dos veces ha redefinido el problema. "El tiempo lógico —agrega Miller acercándonos nuevamente a lo teatral— nos presenta un recorrido con escansiones para llegar a una conclusión, *que por lo demás es una acción*" (219, el subrayado es mío).

Lo que queda por explorar aquí es justamente cómo la deducción alcanza su momento de concluir como una acción. Lacan plantea, como hemos visto, una lógica intersubjetiva, diferente de la clásica individualista: se trata, subraya Miller, de "una lógica donde la conclusión depende de lo que hacen o no hacen él o los otros" (314), cuando "el sujeto queda autorizado a hacer entrar en los datos del problema la solubilidad o la insolubilidad de un problema para otro" (311).

Lacan nos permite teorizar en el campo teatral en relación a la temporalidad y la lógica del ensayo. El tiempo involucrado en el ensayo no es el psicológico y sucesivo, y por ende espacializable o al menos medible; es, por el contrario, según lo plantea Lacan, un tiempo intersubjetivo que se objetiva en la acción y cuyas escansiones están motivadas no sólo en el campo reflexivo sino también corporal y colectivo: es el movimiento de los otros lo que produce una vacilación que escande. La conclusión que uno de los presos puede alcanzar, pasado el instante de la mirada, está motivada en la vacilación provocada por el movimiento o la detención del otro o los otros. Si hay algo que hace a este apólogo un sofisma es justamente el hecho de no mostrar hasta qué punto la certeza se alcanza a través de escansiones que transforman el problema inicial y, sobre todo, mediante "el desplazamiento del cuerpo viviente" (Miller 323), ausente en la lógica clásica. Es interesante que, al referirse a esto, Miller mencione justamente la puesta en escena: "La conclusión en sí misma —dice (312)— es puesta en escena puesto que requiere una acción".[45]

En este sentido, lo que resulta sumamente sugerente para nosotros en la propuesta lacaniana, es que no se queda en el plano abstracto deshistorizado de la lógica clásica, sino que nos permite también realizar el puente entre lo lógico y la acción. Que el apólogo lacaniano opere en el silencio, casi becketiano, donde los presos no pueden hablar, no significa que no se puedan comunicar; la comunicación —que está más del lado de lo no verbalizable— pasa por ver el movimiento o no movimiento del otro, es justamente la vacilación causada por el cuerpo del otro la que permite hacer avanzar el proceso lógico: "hay un momento en el que comunicar el carácter soluble o insoluble del problema es estrictamente equivalente a comunicar al otro su color" (Miller 313). Es la acción (de los otros) lo que resuelve el no-saber del sujeto respecto de sí mismo y esto es fundamental en el ensayo teatral.

No es éste el lugar para proceder a un desarrollo detallado de la especulación lacaniana. Que no es simple, que no se capta a primera vista, lo demuestra el largo trabajo realizado por Jacques-Alain Miller. A los efectos de este ensayo, lo que importa es detenerse un momento en ese punto en que Lacan se apoya para desarmar el mecanismo de la argumentación de los presos, sujetos lógicos (A, B y C): según Lacan, el preso A hace una imputación falsa respecto de los otros dos. Esta imputación toma la forma de "si B piensa esto, entonces yo puedo concluir esto otro". Pero aún pensando que fuera correcta, Lacan sostiene que no se trata del contenido de esta cogitación (falso o correcto) lo que lleva a A al momento de concluir y, por esa vía, salir del escenario. A, según Lacan, "no podría en cambio tener en cuenta más que su comportamiento real" (24, es decir, el comportamiento de B y C). Se trata de la captación de un movimiento corporal mínimo que Lacan denomina 'vacilación'. Una vacilación, por pequeña que fuere, haría a su vez vacilar el argumento de A. Ese movimiento mínimo replantearía la duda como tal. Esa misma vacilación, al provocar la duda, haría detenerse igualmente a B y C, que estarían, según se dijo al principio, cogitando en el mismo sentido que el sujeto A. Lacan quiere situar la cuestión de este sofisma, justamente en la necesidad de refutar, no tanto el argumento de los presos, sino la objeción lógica que surge de este adelantarse-vacilar-dudar-retroceder-proseguir de los cuerpos. Es necesario reintegrar estas "escansiones sucesivas" (25) (que yo quisiera —siguiendo la sugerencia de Miller (214)— denominar "corporales") al proceso argumentativo para dar plena *certidumbre* a los sujetos involucrados.

---

[45] Miller ejemplifica justamente con una puesta del *Don Juan* de Molière.

Ensayando algunas analogías posibles: apólogo y ensayo, ensayo y sesión analítica

En sí mismo, el entorno está organizado como un escenario: el director, los "tres detenidos selectos" (actores-personajes) (21) que tienen que averiguar qué color es el círculo que llevan en la espalda y una escenografía despojada, un escenario vacío sin posibilidades de que haya algún tipo de reflejo. No hay espejos. No se trata, pues, de un ejercicio para entramparse en lo imaginario. Es una circunstancia para la especulación lógica, también teatral y jurídica y, además, simbólicamente reglada: sólo podrá lograr su libertad el prisionero que primero pueda inferir lógicamente qué color lleva en su espalda. Obviamente, todo ensayo tiene que vérselas con los espejos que cada actor es para los otros. No vamos a desarrollar este aspecto aquí. Asimismo, quedará en pie la cuestión del director como sujeto supuesto saber real —los prisioneros no saben qué color llevan en su espalda, pero el director, como el Otro simbólico, supuestamente lo sabe.

Como el director de la cárcel, y sin justificación aparente, el director teatral también procede a distribuir los papeles entre sus actores. "Sin enterarle —dice Lacan— de cuál [círculo, negro o blanco] he escogido, voy a sujetarle a cada uno de ustedes uno de estos discos entre los hombros, es decir, fuera del alcance directo de su mirada, estando igualmente excluida toda posibilidad de alcanzarlo indirectamente por la vista, o la ausencia aquí de ningún medio de reflejarse" (21).

Antes de proseguir y de extendernos en rápidas analogías al campo teatral, es importante subrayar el hecho de que el preso, el sujeto, no sabe sobre sí mismo. Los otros saben más sobre él en la medida en que pueden ver lo que él es. El sujeto está inmerso en un mundo en el que es visto, en el que los otros tienen su significante (un color que él no puede ver), es decir, tienen un saber sobre él que él mismo ignora y que es, además, lo que debe averiguar para beneficiarse con la 'medida liberadora'. Como ya vimos, el director de la prisión, además, ha impuesto reglas arbitrarias que pautan la escena: no pueden comunicarse entre ellos, no hay espejos, no pueden comunicarle su conclusión a él confidencialmente, el disco está colgado en la espalda.[46] Tienen, sin embargo, todo el tiempo que necesitan para averiguar su color. Hay que subrayar, además, que no están mirando algo inerte, como si fueran estatuas –no son las estatuas de Condillac—, sino que tienen a su disposición el movimiento de los cuerpos.

Haciendo una analogía directa hacia el campo teatral —y salvando algunas diferencias que luego comentaremos— podemos afirmar que el personaje asignado es siempre un círculo en la espalda que el actor tendrá que descubrir.

---

[46] Las consecuencias de no tener ojos en la espalda en relación a una formulación conceptual de la teatralidad, del campo escópico y de la política de la mirada la he desarrollado en *Teatralidad y experiencia política en América Latina*, especialmente el capítulo I.

El personaje —como si fuera un agujero para el actor, eso de lo que no sabe— es una figura que *se adjunta* al actor, como un factor, en principio, extraño, ajeno[47] y, lo más importante en relación a esta analogía con Lacan, desconocido para el actor, pero no para el otro/los otros en la escena. Como el círculo blanco o negro, el personaje funciona como una especie de apósito que el actor solo podrá descubrir no tanto por vía de la introyección psicológica,[48] siempre rechazada por Lacan, pero muy favorecida por la escuela stanislavskiana, sino por el movimiento de los otros en el proceso lógico de la escena en su totalidad. En efecto, lo interesante, como vamos a ver en el planteo de Lacan, es que resulta imposible para el actor descubrirlo por sí mismo, tal como supuestamente parece sostenerse en varias propuestas de trabajo actoral. En efecto, para completar esta idea de "ensayo", el Lacan-director de la cárcel agrega que "les será dado todo el tiempo para considerar a sus compañeros y los discos de que cada uno se muestre portador, sin que les esté permitido, por supuesto, comunicarse unos a otros el resultado de su inspección" (21).

Sin embargo, en cierto modo, una analogía teatral basada en la sesión analítica sería también bastante productiva: en efecto, veríamos que, durante el ensayo, el director funciona más como el analista, es decir, un sujeto supuesto al saber quien, aunque plantea las reglas del juego, no necesariamente "sabe" definitivamente sobre la puesta, sobre los argumentos que los presos-actores van a elaborar, ya que el proceso de ensayos, justamente, desestabilizará sus preconceptos y ajustará el saber que hacen emerger actores y técnicos. En tal caso, el director está ahí como un significante (eventual) que dará sentido a lo que advenga en el trabajo en el escenario, bajo condición de aceptar que su saber es, como allí mismo se indica, supuesto y, por lo mismo, destituible. Para los actores, el director es el sujeto al que suponen saber algo del enigma (de la obra, del espectáculo e incluso de ellos) y, en cierto modo, el director mismo como artista —y cuanto menos hable— puede presentarse como un enigma, aunque no tenga ningún saber ni sobre la obra ni sobre la puesta. Como sujeto supuesto al saber y a partir de las múltiples posibilidades que da esta fórmula lacaniana, se podría intentar ensayar diversos perfiles de director. Quede aquí sólo apuntada la relación entre el director, el ensayo y el sujeto supuesto al saber para futuros desarrollos.[49]

Este apólogo, concebido como un acto lógico y no psicológico, a pesar de parecerse a *A puerta cerrada* (1944), intenta también salir al debate con Sartre y con los existencialistas. "[N]o nos contamos —dice Lacan— entre esos recientes

---

[47] En la técnica stanislavskiana se trata justamente de convertir lo ajeno en íntimo; el concepto lacaniano de *extimidad* precisamente se refiere a lo que el maestro ruso intenta anudar: algo del personaje ajeno al actor con algo íntimo del actor.

[48] Lacan discernirá la diferencia entre el *je* y el *moi*, que resultaría de suma utilidad en una teorización sobre el actor.

[49] Para un trabajo más detallado sobre estas cuestiones, ver mi *Los discursos lacanianos y las dramaturgias*.

filósofos para quienes la opresión de cuatro muros no es sino un favor más para el cogollo de la libertad humana" (22). Aunque el apólogo o su ensayo —dirigidos a los psicoanalistas— puedan además tener algún valor para el psicólogo experimentalista, Lacan —que invita no obstante a que se haga la experiencia— toma partido por la lógica —"no queremos detenernos aquí más que en el valor lógico de la solución presentada" (23)— ya que su objetivo es tomar este "notable sofisma, en el sentido clásico de la palabra, es decir como un ejemplo significativo para resolver las formas de una función lógica en el momento histórico en que su problema se presenta al examen filosófico" (23).

Lo que aquí está en juego es el proceso, es decir, la temporalidad involucrada ("momento histórico", como la denomina Lacan) en la emergencia de la verdad y la certeza subjetiva que, a riesgo del error, se adelanta a su propia manifestación. Por eso vale la pena retomar nuestra pregunta: ¿Cómo, en el juego de la improvisación y el trabajo actoral, el director y los actores saben que se ha terminado una escena, que se ha alcanzado la certeza respecto de esa escena? Las respuestas que se han dado a esta pregunta[50] son, obviamente, intuitivas y plenas de sugerencias, pero carecen de un marco teórico preciso que asegure una discusión epistemológicamente adecuada.

Partamos del hecho de que un grupo teatral es una colectividad *ad hoc*, reunida alrededor de un objetivo común, con múltiples intenciones individuales. Como los prisioneros del apólogo lacaniano, los actores están involucrados en una circunstancia reglada por algunas normas éticas, artísticas y disciplinarias. En un espacio acotado trabajan juntos por un lapso de tiempo para hacer emerger la verdad y la libertad escénica en términos artísticos.[51] Cada actor construye su personaje a partir de su talento, del tipo de entrenamiento que ha tenido, de las marcaciones del director, pero sobre todo a partir de los otros actores. Siguiendo el apólogo de Lacan, se puede decir que el ensayo es un proceso cuya temporalidad está escandida por momentos precisos que no han sido teorizados en el campo teatral.

En la época de los divos y los capocómicos, el ensayo consistía en memorizar el texto, trabajar aisladamente el personaje y, para los roles secundarios, estar presentes en los pocos ensayos en que los divos aparecían para fijar las marcaciones que, en muchos casos, ellos mismos decidían, casi siempre a su favor. A partir del siglo XX esta situación, como todos sabemos, fue cambiando, aunque todavía quedan restos de ella en el teatro comercial. Una observación rápida daría cuenta de cierta horizontalización gradual del trabajo actoral. Los actores ahora trabajan juntos y la figura del director se ha demarcado más y se ha hecho más acotada y funcional. En tanto tal, el director —de la cárcel o del

---

[50] Ver la gama de respuestas dadas por los directores en las entrevistas coleccionadas en mis libros *Arte y oficio del director teatral en América Latina* (6 volúmenes).

[51] "El tiempo lógico" fue escrito originalmente por Lacan para una revista de arte, *Les cahiers d'Art* (Miller 262).

teatro[52]— asume la representación de lo simbólico como tal, es el Otro, sea en su presencia durante los ensayos o en su ausencia durante el show (salvo para Kantor); el director es una figura en donde se cruzan múltiples determinaciones y negociaciones (económicas, artísticas, políticas, culturales, administrativas, etc.).

Tiempo, automaton y tyché: la verdad de la escena como lógica colectiva

Dos aspectos importantes reglan aquí o enmarcan el proceso de descubrimiento: el tiempo y la colectividad ("las relaciones recíprocas de un número definido de individuos [Lacan 35]").

El tiempo del ensayo toma, como en psicoanálisis, un aspecto burocrático, conocido, automatizado (*automaton*): las reuniones se establecen desde y hasta cierta hora. El ensayo también requiere —ya próximo al estreno— de un tiempo para que 'eso' descubierto se integre a un proceso de repetición y automatización, lo que Bartís ha denominado "la máquina" (Bartís 177). Pero también hay otro tiempo, el tiempo como ese momento disruptivo, de *tyché*, de imprevisto o imprevisible, que remite al inconsciente, no como lo que estaba allí latente, sino en tanto tomado como efecto, como sujeto. Como plantea Miller para la sesión analítica, el ensayo también asume la paradoja de ser el "lugar previsto para que se produzca allí lo imprevisible" (102). El ensayo aparece entonces como el lugar de la espera de eso no nacido, "que nada tiene de irreal o de-real, pero sí de no realizado" (Lacan, *Seminario 11*, 31). En este sentido, como apunta Miller, "[m]ientras que para Freud la referencia más importante del inconsciente es el pasado, para Lacan es el futuro" (108).[53] Este cambio de perspectiva, con todas sus consecuencias epistemológicas, se puede rastrear en los cambios graduales que se han producido a nivel directorial y de la puesta en escena teatral. Queda por explorar la otra vertiente, la del inconsciente ligado a la repetición y

---

[52] Es interesante comprobar que Michel Foucault no ha explorado el teatro como derivado del panóptico o una forma de él en su investigación sobre los aparatos disciplinarios y de control social (hospitales, cárceles, etc.).

[53] Santiago García, partiendo de la cosmovisión de los coguis o kogis (indígenas de la Sierra Nevada de Santa Marta, Colombia), nos recuerda que, "el futuro está a nuestras espaldas". Más allá de que uno podría fantasear con la escena de Lacan leyendo sobre la lengua de los coguis y escribiendo el apólogo de los tres presos, cabe la posibilidad de poner esta situación en la tensión que existe entre el objeto de deseo (petit *a*) y el objeto causa de deseo, tomando la distinción que Zizek a su vez toma de Franz Rosenzweig "entre "lo más próximo (*der Nächste*) y "lo primero" (*das Nächste*): lo más próximo es el OBJETO atrayente de deseo que está ante nosotros; lo primero es el (OBJETO CAUSA) de deseo, el que detrás de nosotros, a nuestras espaldas, fuera de nuestro campo de visión, nos impulsa hacia el objeto, lo hace deseable y explica la URGENCIA que sentimos por aproximarnos al OBJETO" (Zizek 82, n.31)

al superyó, es decir, lo que en el ensayo —y en las puestas en escenas— pone en evidencia la acción obsesiva (Miller 111)[54] y la dimensión del goce.

En este sentido, las analogías posibles entre la sesión analítica y el ensayo son provocativas y sugerentes en la medida que esa virtualidad del inconsciente lacaniano —no dado como archivo o arqueología, según aparece en Freud, sino como interpretación, como efecto de la palabra— queda de alguna manera acotada entre el cortocircuito del acontecimiento histérico —reconocemos ya la misma base etimológica con el actor— que irrumpe en la regularidad del acontecimiento ritualizado del encuadre. Después de todo, si "la sesión analítica es una cita de cuerpos en presencia" (Miller 217), si hay un tiempo que transcurre incluso más allá de ella, como también pasa con los ensayos, es justamente en ambos donde se produce —se espera que se produzca— el acontecimiento. Aunque no hagamos de la sesión y del ensayo un acontecimiento sagrado, "[h]ay [en ellos] una cita de los cuerpos que se presta mucho más a este viraje hacia la ceremonia" (Miller 217).

El actor-prisionero trabaja su personaje, ya no tanto a partir de la introspección o de la selección de rasgos de un repertorio imaginario y hasta estereotipado, sino infiriéndolo de aquello que surge del juego con los otros, con lo que su personaje "no es". Lacan va a enfatizar los pequeños pero determinantes *momentos* que pautan este proceso de acceso a la verdad. Además, Lacan también distingue así este grupo de prisioneros (como si se tratara de un grupo 'teatral') dado como colectividad —enmarcado en una colectividad voluntaria, definida y hasta pactada— de lo que él denomina la *generalidad*, definida —a la manera de lo que, para nosotros, sería el público— "como una clase que comprende de manera abstracta un número definido de individuos" (35). El tipo de contrato en ambas es fundamental y constitutivo, aunque obviamente distinto.

Podemos precisar diciendo que, en la construcción del personaje o de la escena (como se lee en Stanislavsky, por ejemplo), aunque el actor tenga un trabajo individual —"el rigor de cada uno" (35) dice Lacan—, la verdad de la escena y del personaje sólo será producto (lógico) de la presencia de los otros, de la *mirada* de los otros,[55] por la disparidad/diferencia con los otros. Muchas aproximaciones a la actuación ponen más el acento en la *preparación del actor* que en la *preparación de la escena*, del rol del actor en la escena. Como veremos, la conceptualización lacaniana va un poco más allá del estructuralismo más obvio de ser-en-el-otro o por contraste/diferencia (fonológica) con el otro. Lacan está más interesado en la temporalidad donde emerge la verdad: "la verdad, de ser alcanzada sólo por unos, puede engendrar, si es que no confirmar, el error en los

---

[54] Dejamos para otro ensayo la exploración de las relaciones del ensayo con la temporalidad de la repetición.

[55] Hay que recordar aquí que el vocablo francés 'regard', ha sido traducido y bien como mirada. Sin embargo, en el *Seminario 11*, Lacan distingue la *visión*, como aspecto perceptivo del sujeto, de la *mirada*, como la mirada del Otro simbólico. Sin embargo, en varias partes de ese mismo seminario se usa 'mirada' en sentido general.

otros" (35). Siguiendo la tradición psicoanalítica freudiana, especialmente la de *Psicopatología de la vida cotidiana* y los grandes casos "fallidos" de Freud, lo que importa subrayar aquí es justamente la posibilidad de hacer surgir el equívoco o el desliz, como puente hacia la verdad.

Al final del *Seminario 1*, Lacan va a situar el error (*erreur*) y la equivocación (*méprise*), a los que distingue de la mentira. Si esta última requiere, amén de una buena memoria, "el control correlativo de la verdad que encuentra a cada recodo del camino y que debe evitar" (382), "la verdad caza al error por el cuello en la equivocación" (386). El sujeto habla con su cuerpo y su palabra no es sólo verbal sino también gestual y sobre todo su silencio (como Becket frente a su psicoanalista). Cuando falta la palabra, hay represión —nos dice Lacan— en sentido estricto, en tanto "existen límites internos a lo que se puede decir" (390). En psicoanálisis, el sujeto está siempre desbordado en relación a lo que quiere decir: sea porque dice lo que no sabe o dice más de lo que sabe. Justamente "[e]l descubrimiento freudiano nos conduce pues a escuchar en el discurso esa palabra que se manifiesta a través, o incluso a pesar del sujeto" (387). Según Lacan, el error lleva gradualmente a la contradicción y por eso es en el discurso donde ésta establece la separación entre verdad y error. La ciencia está orientada hacia la búsqueda de una lengua bien hecha, donde no habría posibilidad de error. Pero el discurso humano está lejos de esa posibilidad. De ahí que el sujeto, desde la perspectiva freudiana, normalmente se desarrolla "en el orden del error, del desconocimiento, incluso de la denegación" (385). En este discurso es donde irrumpe la verdad, pero no en la forma de la contradicción sino en tanto fallido, desliz, lapsus. Es justamente mediante este fallido (también chiste, sueño o incluso silencio), en ese aparente vaciamiento o corte del sentido, como el sujeto "testimonia un sentido más verídico que todo lo que expresa con su discurso del error" (387).

Para subrayar, Lacan escribe en "El tiempo...": "si bien en esta carrera tras la verdad no se está sino solo, si bien no se es todos cuando se toca lo verdadero, ninguno sin embargo lo toca sino por los otros" (35). La verdad se alcanza colectivamente mediante el trabajo con las diferencias. La verdad no es el color que se lleva en la espalda, el personaje que ha sido asignado, sino un lugar vacío que sólo puede alcanzarse por el juego y la lógica de ese juego en tanto todos se aproximen a ella. La verdad de la escena, en este sentido, sólo puede ser alcanzada colectivamente y no reside en la 'verdad' del personaje sino en el juego de personajes. No se trata del actor trabajando su personaje en soledad, en sí mismo, como una conciencia solitaria enfrentada al tiempo; no se trata aquí de un ensayo que, en versión sartreana, estuviera abierto a *todas* las posibilidades, sino de un juego pautado por escansiones temporales que redefinen cada vez los problemas a resolver. Dice Miller en su comentario a este escrito lacaniano que nos ocupa:

Es entonces a una lógica que incluye en su centro una falta, un vacío, que Lacan suspende el movimiento de concluir y su precipitación en el acto. Es ese movimiento hacia algo que no es para nadie si no es para todos, [donde] se manifiestan las tensiones temporales, la prisa por concluir que sucede a las mociones suspendidas en el proceso conclusivo. (265)

Se trata de una lógica colectiva: 'lógica' en el sentido no de que *todo* es posible, sino que las posibilidades futuras dependen de las decisiones de los otros en función del deseo del Otro; 'colectiva' en tanto están los otros (en tanto se trata de un conjunto que, como dice Cantor —pero no Kantor— es un conjunto vacío), pero también en el sentido de que admite las diferencias, la multiplicidad y, sobre todo, la historicidad, por cuanto esta lógica depende no del hombre universal-atemporal de la lógica clásica, sino del juego de los participantes, en su praxis. Lacan invierte el habitual planteo de la lógica "al privilegiar una lógica colectiva que logra tener en cuenta las particularidades y que opondremos a la colectivización de las lógicas individuales que, por su parte, niega la diferencia" (Miller 264).

Lacan quiere mostrar que en las inferencias de la lógica clásica hay que suponer el tiempo, no como duración, sino como instancias que, borradas de la argumentación o de la resolución del problema, fueron momentos de un proceso acelerado en la urgencia por concluir. Cada uno de esos momentos forma parte del proceso lógico (no psicológico) en tanto replantean las condiciones del problema. Se puede fácilmente ver, por ese pasaje a la acción en el momento de concluir,[56] que este tiempo lógico del apólogo no es el tiempo deshistorizado del *Dasein* heideggeriano, sino justamente, como producto de una praxis, "un *ser histórico* que no obstante está en permanente conflicto (como lo ha mostrado el psicoanálisis) con una *insistencia* (más que una "persistencia") de lo arcaico. El efecto de ese choque es una acción —nos dice Eduardo Grüner— retroactiva del presente sobre el pasado, en la que el "relámpago en un instante de peligro" que es para Benjamin la figura de la acción de la Historia en el *momento-ahora*, se fusiona con el "retorno de lo reprimido" de Freud" (309, el subrayando es del autor).

Así, siguiendo estas analogías simples, se puede imaginar el *momento de concluir* del ensayo teatral como un adelantamiento de la verdad teatral a partir de

---

[56] Según el *Diccionario de la Real Academia Española*: Concluir: 1. Acabar o finalizar algo. 2. Determinar y resolver sobre lo que se ha tratado. 3. Inferir, deducir una verdad de otras que se admiten, demuestran o presuponen. 4. Rematar minuciosamente una obra. 5. Formular oralmente o por escrito las conclusiones de un proceso. 6. Ganarle la espada al contrario por el puño o guarnición, de suerte que no pueda usarla. 7. Convencer a alguien con la razón, de modo que no tenga qué responder ni replicar.

una lógica colectiva que tiene escansiones y, por lo tanto, se desarrolla más allá o más acá de los avatares imaginarios y psicológicos de sus integrantes; lógica que define al ensayo como un proceso de un saber que se va acumulando en una temporalidad que no es la duración (psicológica) sino la de replanteamientos del problema por intervención del factor tiempo. "El saber —nos dice Miller— requiere tiempo y no sólo duración, porque requiere escansiones" (218), por ende, más allá del transcurso del tiempo y de su percepción, está ese otro tiempo lógico (excluido sutilmente de la lógica clásica), que pauta el proceso argumentativo cambiando la consistencia misma del problema. La solución que el ensayo dé al planteo inicial de la escena no es así el resultado de cualquier aproximación, como si cupieran allí *todas* las posibilidades, sino, por el contrario, la emergencia de *una* verdad histórica —en el sentido de que responde a una temporalidad lógica— y colectivamente determinada en el juego de las diferencias. Esta verdad se deja pensar no como la única ni la definitiva, sino como aquélla (conjetural) capaz de afirmar, en su prisa, algo frente al temor de una negación de sí por los otros, de dar certidumbre anticipada de ese encuentro con la 'generalidad'.

Conviene, una vez más, distinguir este sujeto de pura lógica del sujeto emocional, ése que, como lo describe Miller, "necesita de los otros, necesita del otro que lo hace llorar, reír, saltar de alegría" (384).[57] El temor del sujeto lógico está ligado más a la urgencia de salir para ganar su libertad que a la respuesta psicológica del otro; es un temor a quedar pegado a la escena o, en términos de Miller, "aspirado en la escena" (440) en la cual los otros también están apresurando su momento de comprender. Se trata de un momento de espera que es angustiante porque le demanda al sujeto su actuación para hacer de su certidumbre anticipada una certeza colectiva. Esta espera angustiante se diferencia de la espera como aburrimiento —que sin duda está también presente en el ensayo; ésta es una espera que no depende de lo que el otro hará, no amenaza el ser del sujeto. Es una espera aburrida porque lo que enfrenta es lo calculable, lo automático, lo que no sorprende.[58] La espera angustiante, en cambio, es aquella en la "que estoy esperando eso que va a hacer el otro y que puede cambiarme en mi ser, alcanzarme en mi ser" (Miller 441). La pregunta de la angustia es 'qué me va a hacer el otro' y es interesante que esa angustia no sólo abarque el ensayo sino también el salir a escena. Es esta verdad como "común medida del sujeto recíproco" (Lacan 35) —el sujeto de la puesta en escena que, obviamente, no es ni

---

[57] Esta afirmación marca una diferencia importante con el psicodrama o con aproximaciones terapéuticas al ensayo; es una diferencia que la praxis teatral, aunque soportada por los conceptos psicoanalíticos, tiene muy encuenta, porque la praxis teatral no constituye ni una clínica ni un grupo terapéutico.

[58] En la entrevista realizada al director peruano Mario Delgado, de Cuatrotablas —tal vez uno de los directores que más reconoce sus bases psicoanalíticas— asume la posición del analista a la vez que plantea esta espera aburrida frente a lo automático, cuando dice "[e]n su trabajo, el director es mudo, a veces solamente consiste en sentarme y últimamente en quedarme dormido" (Geirola, *Arte y oficio* vol. México y Perú 33).

el actor ni los actores— la que surge del proceso del ensayo, de su temporalidad y logicidad, la que debería ser evaluada por la crítica, como este Otro de la generalidad que, catalizando el equívoco, abriría nuevamente la emergencia de la verdad.[59]

Intermedio: Lacan avec Bartís

Bartís, tan cercano a estos planteamientos lacanianos, ha señalado varias veces este componente angustioso del actor y a la vez ese aspecto lógico del ensayo. Por una parte, reconoce en la actuación, especialmente en la improvisación y en el tiempo lógico del ensayo, esa dimensión de la *tyché*. En ese entorno en que "estoy siendo mirado", nos dice el actor y director argentino, en que "tengo que tener una conciencia casi pictórica del cuerpo" (es decir, silenciosa), se sitúa el hecho de que "cuando actúe esté en juego algo" (181). Y agrega: "Hay actores que narran la posibilidad de que algo extraordinario suceda, algo imprevisto, algo que no puede suceder y está en ellos que pueda ocurrir" (181). Cuando 'eso' surge, se encadena a otros descubrimientos hasta que llega el momento —momento del director— en que, al constituirse el lenguaje, hay que ordenar y automatizar. "Se transforma —dice Bartís— en una máquina, una estructura que funciona con un ritmo y con una mecánica escénica, y el salto *abstracto* de la actuación será introducir actuación en ese marco: marco de tiempo" (177, el subrayado es mío). Para Bartís, esas "apariciones de lenguaje son acumulaciones de tiempo de experimentación" (121).

A su manera, Ricardo Bartís coincide con el apólogo lacaniano en que el actor salta para lograr su libertad y, por esa vía, liberar algo en el orden de la dimensión colectiva: "El actor —dice Bartís— produce el salto y el salto en la actuación no es la reproducción ni la representación de un personaje, sino el asumir un territorio de absoluta libertad no tanto para ser otro sino para no ser nada, para no ser" (117). Podemos conjeturar aquí que ese pasaje a 'no ser' se entiende como no ser en el orden de lo imaginario (ser otro), sino como ser en el orden de lo colectivo. Disolverse, pues, en 'eso' que pertenece a todos los

---

[59] La crítica teatral debería comenzar, al menos, situando sus problemas a partir de una base epistemológica que, como la del 'tiempo lógico' en Lacan, la sacaría del atolladero subjetivista en la que suele desenvolverse y estancarse. Desconozco si estas cuestiones son discutidas a partir de los ensayos abiertos que ha instaurado Ricardo Bartís en Buenos Aires, pero sin duda es un paso adelante para que los estudiosos y críticos del teatro puedan tener mayores precisiones no tanto respecto a lo técnico —cómo se monta un texto, cómo se prepara un actor— sino a lo epistémico, es decir, cuáles son las escansiones provocadas por la *tyché* que redefinen la consistencia del planteo inicial de la escena o de la puesta y, por ese sendero, recapturar la lógica —explícita o no— que determina el campo acotado de posibilidades de ese montaje, históricamente determinado por la colectividad particular —el acopio de diferencias propias— que define a ese grupo.

participantes. El ensayo es, en este sentido, un espacio bélico que, como en Lacan, supone la competencia que llevará, después del acto, del salto, a una reciprocidad. "El ensayo —afirma Bartís— como campo de batalla, sí, es una buena definición, como estallido, porque es una actividad que se hace grupalmente" (68). Sin embargo, en este espacio bélico el actor no muere tanto por causa del otro, sino que "de alguna manera, se suicida para ser otro" (25).

Jacques-Alain Miller justamente se detiene para subrayar, en primer lugar, el carácter individual del acto ("No hay acto colectivo, me toca a mí hacer las cosas" [457]); en segundo lugar, en el hecho de que hay acto "cuando emergió un obstáculo" (453) y, finalmente, en que la angustia "es la condición del acto" (456). Por eso, "el colmo del acto, el paradigma del acto, es el suicidio" en la medida en que una vez cumplido el acto "el sujeto ya no sea nunca el mismo que antes" (453). Casi como las muertes acumuladas en el cuerpo como monumento, tal como aparecían a la mirada pesimista y barroca de Quevedo, Miller plantea "la existencia temporal del sujeto, en tanto escandida por actos [como] "una sucesión de suicidios" (453). No podemos extendernos aquí, pero una lectura de los textos de Ricardo Bartís, incluyendo su visión de la derrota política en una Argentina devastada, debería comenzar por explorar esta conceptualización del acto como suicidio y, por vía del sacrificio, su relación con el deseo y el goce del Otro.[60] "Me refiero —dice Bartís— a la muerte como metáfora múltiple: en un primer lugar, como metáfora de la función actoral,[61] ejecutarse para ser otro; en segundo lugar, como metáfora de la realidad: una sociedad que ha renunciado a la utopía y se mantiene inmutable, por ahora casi tan perfectamente inmutable como la muerte" (30).

Otra coincidencia interesante, que merecería un estudio más detallado, es —desde la perspectiva de Bartís— la del ensayo como descalificación de la figura autoritaria del director y del texto: "El riesgo principal —nos dice Bartís— sería la presunción de que el director sabe, así como el texto viene con la creencia de que tiene una verdad en él que hay que encontrar o representar" (68). No es del director supuesto al saber o del texto supuesto saber de donde viene lo teatral, sino que surge del entrelazamiento y de la lógica propia de lo escénico. Para Bartís, a pesar de los esfuerzos que todavía se notan en su propuesta para distinguir conceptualmente lo espacial y lo temporal, la actuación está, no obstante, "vinculada con la pasión de una manera física, impone la presencia del *cuerpo como un campo teórico*" (32, el subrayado es mío).

Los estudios teatrales ganarían muchísimo si cotejaran esta propuesta de Bartís con lo que la antecede, por lo menos y particularmente para Argentina, al

---

[60] Marta Geréz Ambertín ha trabajado en nuestro medio estos temas —tanto en la versión freudiana como en la de Lacan— en su libro *Las voces del superyó* y muy particularmente en "Superyó, suicidio y sacrificio", incluido en su libro *Imperativos del superyó. Testimonios clínicos*.

[61] Es interesante anotar aquí que para Ricardo Bartís, "[l]o poético es una pulsión" (176).

menos desde el *Manual del Actor* de Leónidas Barletta. En efecto, nada más alejado del apólogo lacaniano que —por ejemplo— la concepción del ensayo de Barletta, para quien "el actor que echa una furtiva mirada a sus compañeros después de haber realizado una escena, para comprobar el efecto que les ha causado, no está trabajando con sinceridad, sino peligrosamente movido por la vanidad" (74).

Se podrían cotejar las pervivencias y rupturas, las transformaciones y los saltos conceptuales que, en la escena teatral dan, a su vez, cuenta de los cambios y pervivencias de la gran escena social.

El ensayo teatral: tiempo lógico e improvisación

Volvamos a poner estos planteamientos psicoanalíticos en términos del ensayo teatral. En su trabajo con la escena, cada actor adelanta su argumentación sobre la misma o sobre su personaje a partir del juego, usualmente pautado por el director (o el grupo) a fin de comenzar con las improvisaciones. La improvisación no es un campo donde *todo* es posible. Para que funcione, hay que pautarla. Cuanto más o mejor pautada, más efectiva. La improvisación es una técnica para que, a partir de ciertas premisas dadas por el director, los actores hagan emerger la sorpresa en el encuadre burocrático del ensayo.[62] El ensayo, puesto en esta dimensión de la espera, es un *tiempo de trabajo* para alojar lo imprevisto, lo que aparece de improviso. Es *durante* la improvisación —en el tiempo sucesivo, psicológico, libidinal [Miller 267]— cuando aparecen vacilaciones y, por esa vía, se producen las escansiones corporales que nos conducen al tiempo lógico, tiempo epistémico lacaniano. Por eso una fórmula posible para comenzar a pensar conceptualmente la improvisación, desde la perspectiva de "El tiempo lógico", sería pensarla en función de los datos perceptivos y datos de estructura puestos en juego, más las escansiones del proceso lógico. La improvisación debería si no cancelar al menos limitar la dimensión psicológica en la que habitualmente se empantana, a favor, en cambio, del trabajo del actor —al menos durante cierto tiempo— como sujeto de pura lógica.

El argumento del preso A, igual al de los otros dos, aparece como *la* explicación 'lógica'; tiene apariencias de estar bien fundamentada, es convincente, pero no alcanza la verdad. Los actores se han apresurado a concluir y, a los ojos del Lacan-director, la escena se frustra justamente porque esa explicación no ha surgido de una lógica colectivizada que haya prestado atención al tiempo

---

[62] Miller plantea que todo el edificio del apólogo se invalidaría si el director hubiera agregado "una cláusula de confidencialidad" (292). Desafortunadamente, en los límites de este artículo, no puedo extenderme sobre este aspecto fundamental, que plantea no sólo ciertas cuestiones de ética y de instancias privadas/públicas a nivel del ensayo (probablemente no admisibles a nivel del ejemplo lacaniano, donde además se trata de presos), sino también que nos interroga sobre el alcance de los resultados de la improvisación.

lógico, a las vacilaciones. Es como si se produjera algo que los teatristas conocen bien bajo el término "intelectualización". No es este tipo de certidumbre 'cogitativa' lo que alimenta la verdad de la escena teatral. Se ha hablado enormemente de los problemas que este tipo de aproximación a la puesta genera. Por ejemplo, bastaría mencionar el fracaso de las puestas llamadas "arqueológicas", llenas de explicaciones decorativas, para verificar que la "preciosidad" del archivo —para englobar en esta frase muchas cuestiones— no es suficiente para garantizar la verdad de la escena. Se han realizado, además, experimentos interesantes, incluso a partir de la psicología o del mismo psicoanálisis, estableciendo una lectura de la obra a partir de la descripción clínica de los personajes y eso tampoco ha garantizado la verdad de la escena. Todo teatrista sabe que, de pronto, durante el ensayo, alguien hace un movimiento inesperado sobre el escenario —o se equivoca, o hace un chiste— y algo se revela más allá de la lógica argumentativa, de "la prueba de la discusión" (25). A partir de allí todo el montaje (y con él el elenco) vacila, duda, se detiene. Hay que buscar ahora otra certidumbre. Lo anterior, que parecía ser lo más 'lógico", ahora resulta insostenible, frágil, dudoso: un sofisma.

Frente a esto imprevisto por el director e incluso imprevisible para él mismo como sujeto supuesto saber real (Miller 290), frente a esta 'sorpresa' que replantea el proceso de ensayo, el psicoanálisis dispone de varios conceptos que pueden orientarnos. Cada uno de ellos conlleva a diferentes estrategias de trabajo. Mencionemos algunos: el primero, el carácter pulsativo del inconsciente como tal (Lacan, *Seminario 11*, 51), que tiende a aparecer y desaparecer, a abrirse y cerrarse, produciendo una ruptura de la cadena significante que exige una sutura la cual, obviamente, puede llevar muchísimo tiempo realizar. Se trata de la emergencia de la sorpresa, de "aquello que rebasa al sujeto" (Lacan, *Seminario 11* 33) en relación a lo que esperaba, de ese hallazgo que "está dispuesto a escabullirse de nuevo, instaurando así la dimensión de la pérdida" (Lacan, *Seminario 11*, 33). En segundo lugar, sería partir de 'eso que ha aparecido' categorizándolo como síntoma o como lo siniestro; también, en tercer lugar, plantearse las relaciones del grupo en la emergencia o en sus relaciones con la Cosa (*Das Ding*); finalmente, otra estrategia de trabajo sería replantearse el proceso del ensayo a partir de preguntarse, como lo hace Lacan en este escrito que estamos comentando, si "está justificado integrar en el valor del sofisma las dos *mociones suspendidas* aparecidas así" (25). Lacan se plantea la necesidad de integrar estas escansiones corporales, estas vacilaciones, "en la solución del proceso lógico", es decir, integrarlas en relación al punto de vista argumentativo-cogitativo.

Para integrar las escansiones, y el hecho mismo de que sean suspendidas, muestra que estamos localizados en un proceso temporal. No se trata —plantea Lacan— de lo que espacialmente —sucesivamente— puede ver cada sujeto (los círculos que portan los otros en su espalda a partir de los cuales arguyen una conclusión lógica), sino "del movimiento de verificación instituido por un proceso lógico en que el sujeto ha transformado las tres combinaciones posibles en tres *tiempos de posibilidad*" (27).

Esta conversión a lo temporal no debe anular, sin embargo, su propia dimensión. Poner estas instancias en una secuencia cronológica sería traducir su especificidad temporal —no captada en lo patente de su representación— en términos de espacialización significante. Estos momentos de vacilación-duda-detención-nueva vacilación-conclusión (que en el sofisma lacaniano toma puntuaciones muy específicas) forman parte de la evidencia misma del proceso lógico, cuyo sujeto ha sido clásicamente concebido como no atravesado por lo temporal, como pura instancia formal. Estas suspensiones o escansiones sólo admiten entrar en una sucesión cronológica a costa de que se pierda su carácter temporal, esa "discontinuidad tonal, esencial para su valor" (28). En el *Seminario 11*, Lacan relaciona el inconsciente con esta discontinuidad y con la vacilación: "La discontinuidad —nos dice— es, pues, la forma esencial en que se nos aparece en primer lugar el inconsciente como fenómeno —la discontinuidad en la que algo se manifiesta como vacilación" (33).

Los momentos lógicos del ensayo

En términos teatrales, podríamos plantearnos el hecho de la emergencia de una vacilación como un replanteo del proceso de ensayo, pero queda por averiguar qué es lo que justamente queda suspendido, qué es lo que produce otras vacilaciones y, por ende, qué es lo que está de alguna manera exigiendo la atención para su reinserción en el proceso argumentativo como tal, el cual puede afectar *esa* escena que alojó la vacilación o bien remitir —discontinuamente y en forma menos evidente— a *otra/s* escenas y al montaje en su totalidad. Para Lacan, estos *momentos* de evidencia son tres y cada cual "bajo un *modo* diferente" (28), sin constituir una secuencia cronológica, tipo causa-efecto, "en el tránsito hacia el siguiente, se reabsorbe en él, subsistiendo únicamente el último que los absorbe" (28). Es decir, cada momento de suspensión redefine y transforma las premisas del problema, la escansión primera es ahora convertida en dato perceptivo que llevará a una segunda escansión. Sólo manteniendo esta particularidad "discontinua" de cada uno y a la vez su movimiento en relación a los otros momentos, se puede apreciar "su sucesión real y comprender verdaderamente su génesis en el movimiento lógico" (28). Estos momentos son: el instante de la mirada, el tiempo de comprender y el momento de concluir.

El *instante de la mirada* se caracteriza por la captación del movimiento de los otros. Por un lado, están los datos perceptivos (el color de cada disco en la espalda de los otros dos) y también el movimiento o la detención de los otros. El *instante para comprender* es el tiempo que se toma para transformar el movimiento de los otros en dato perceptivo nuevo que cambia las premisas del problema. En el tiempo para comprender el sujeto "se detiene a considerar qué reflexionan sus semejantes en sus cabezas" (Miller 346), de modo que se caracteriza por la espera, ver qué va a hacer el otro. La urgencia hacia la acción, en cambio, caracteriza el *momento de concluir*. El momento de comprender, dice Lacan, "se revela como una función esencial de la relación lógica de reciprocidad" (35), como ese momento en que la competencia se transforma en cooperación (Miller 442). De alguna manera, el tiempo de conclusión es aquel en el que lo pensado se traduce por medio de un acto. La urgencia es lo que, además, permite salir del círculo de movimiento-duda-detenciones-movimiento, etc. Ya no se trata de mirar datos y movimientos de los cuerpos, sino de arriesgar el cuerpo en un acto; la certidumbre anticipada es ese momento en que el preso se arriesga y sale para ganar su libertad. Lacan, usando un vocabulario que nos es familiar a los teatristas, dice: "todo juicio es esencialmente un acto, y las *contingencias dramáticas* no hacen aquí más que aislar ese *acto* en el *gesto* de la partida de los sujetos" (32, el subrayado es mío). La certidumbre anticipada —verdadera o falsa a nivel subjetivo— se confirma luego con el acto y por eso la acción confirma retroactivamente esa certidumbre y el "momento de concluir se objetiva finalmente" (Lacan 33). Miller también subraya la importancia de "la desubjetización de la conclusión" (353). Es en este momento cuando la figura del director asume un rol importante (Miller 329).

Ensayo y certidumbre anticipada: del acto a la acción.

La pregunta que surge aquí es si el proceso de movimiento/vacilación podría extenderse infinitamente. Para tres prisioneros, Lacan demuestra que hay dos escansiones y que éstas son suficientes para tener una certeza anticipada. A más prisioneros, más escansiones. Como dice Miller, llega un momento en que alguno tiene que salir. De lo contrario, se quedarían atrapados en un círculo "tragados por la lógica" (Miller 303). Que de pronto uno arriesgue su certeza anticipada en una salida apresurada significa que teme que los otros se le adelanten. Al famoso silogismo clásico ("Todos los hombres son mortales, Sócrates es..."), Lacan opone su propia versión al final de "El tiempo lógico"; nos da como conclusión —y ejemplo— del aserto subjetivo anticipante lo siguiente: "Yo afirmo ser un hombre, por temor de que los hombres me convenzan de no ser un hombre" (36). Aunque personal, aunque —como decíamos al principio de este trabajo— la verdad depende "del rigor de cada uno" (Lacan 35), esta acción precipita la verificación de la certidumbre anticipada convirtiéndola ahora en certeza para todos, como resultado de una lógica colectiva. Aunque se precipite a partir de la salida de uno de los presos, la conclusión anticipada no es aventurada. No se trata de cualquier conclusión surgida de cualquier urgencia psicológica sino justamente de aquella que surge del tiempo lógico. Solamente ella permite captar retroactivamente hasta qué punto la prisa por concluir (con el marco de angustia que supone) aparecía como colmando la falta en el Otro, en el director de la prisión. Miller apunta justamente el hecho de que la prisa puede ser pensada como objeto *a* del álgebra lacaniana. De alguna manera, es esa urgencia lógica la que precipita la verdad de la escena concebida como objeto *a*, la que colma la falta en el Otro: no es cualquier verdad, sino la que históricamente colma esa falta. Las consecuencias políticas de esta cuestión —especialmente para la gran escena social y los aspectos performativos de los movimientos sociales— son incalculables. Quizá pensaba Meyerhold en esto cuando planteaba que el "[e]l teatro es un instrumento extremadamente peligroso" (293).

Frente a los conceptos de error y equivocación que hemos discernido anteriormente, como formas diferentes a la mentira, cabría ahora agregar el de ficción. Obviamente, para el psicoanálisis la ficción no es una mentira sino una forma de la verdad. El mismo Freud decía que había verdad hasta en los delirios del loco. Incluso el psicoanálisis y el marxismo pueden ser pensados como ficciones teóricas de alta productividad crítica. Ellos son, como apunta Grüner, "regímenes de producción de ciertas verdades operativas, lógicas de construcción de la "realidad" que pueden ser desmontadas para mostrar los *intereses particulares* que tejen la aparente universalidad de lo verdadero" (333, el subrayado es del autor). No todas las ficciones —y de su 'construcción' performativa se trata en el proceso de ensayo a partir de la improvisación y la emergencia de la verdad como *tyche*— tienen el mismo valor crítico; y aquí reside el interés de Lacan en promover el aspecto histórico de la verdad: serán ficciones con valor crítico aquéllas "en las que —siguiendo a Grüner— puede encontrarse la marca de un conflicto con lo que se llama la "realidad", y que sean por lo tanto capaces (aun, y sobre todo, si lo hacen de manera "inconsciente") de devolverle su opacidad a la engañosa transparencia de lo real, de escuchar en ella lo no dicho entre sus líneas, lo no representado en los bordes de sus imágenes, lo no comunicado en el murmullo homogéneo de la comunicación" (333). La crítica teatral, como se ve, debería sacar partido de esto para superar su subjetivismo crónico.

Ensayo y tiempo

Intentemos pensar el tiempo en el ensayo. Sin duda, hay allí un tiempo sucesivo, cronológico, pautado por el reloj, por el encuadre burocrático. Hay también un tiempo libidinal que tiene que ver con los participantes: todos tienen un pasado, un archivo, una historia. Cada uno ocupa un lugar en ciertos discursos y obtiene la respuesta por su identidad (racial, sexual, de clase, etc.) en relación a esa posición y por ciertas identificaciones con los otros. Está también el tiempo del relato: haya o no un libreto, se parta de un texto dramático o de una historia oral cualquiera, hay un mínimo de narratividad. El actor puede construir su personaje acumulando datos extraídos de ese relato, del archivo que lo enmarca o lo ha determinado, es decir, el conjunto de los saberes de la época en que surgió. Si, a los efectos expositivos, nos atenemos aquí —desde una perspectiva más tradicional— a la obra teatral, uno puede apreciar cómo ésta viene del pasado y a la vez está como en un presente continuo, ofrecida a su intersección e integración con el tiempo de los actores y del público, repetida y a la vez urgiendo una interpretación. En el ensayo, gracias a la improvisación, la *tyche* es justamente la encargada de realizar esta tarea de confluencias temporales. Resuena nuevamente aquí Walter Benjamin, cuando nos advierte que "[t]he past can be seized only as an image which flashes up at the instant it can be recognized and is never seen again" (255).

    Si nos atenemos a nuestra primera analogía entre disco y personaje, si pensamos que el actor debe descubrirlo y que no posee el saber sobre dicho personaje,[63] si seguimos la idea de que su personaje va a surgir no tanto de los datos perceptivos (obra, relato, archivo, observación del entorno, estereotipos, etc.), sino de un juego con los otros actores/personajes, para los cuales él es un significante, podemos estar seguros que este apólogo de Lacan nos está proponiendo algo que va más allá del planteo estructuralista. No se trata de que el personaje sea lo que los otros no son (a la manera del modelo fonológico) ni tampoco que éstos se definan por su posición actancial, según el famoso modelo greimasiano. Lacan nos ayuda a pensar el ensayo como un proceso en el que hay un tiempo lógico cuyas escansiones redefinen justamente lo que surge de los planteos argumentativos de las aproximaciones formales o formalistas, mayormente de tipo sincrónico. El análisis (explícito o no) que el director o el grupo haya realizado interseca con el movimiento (que opera en una dimensión temporal), para producir de pronto un momento de vacilación. *Esta vacilación da la pauta de que la escena está exigiendo un replanteo de sus premisas en su proceso hacia la verdad*. La verdad alcanzada, entonces, no corresponde al texto dramático: no hay una verdad del texto dramático que valga más que otra. Corresponde, en todo caso, a una exigencia profunda, histórica y colectiva de la experiencia particular de un grupo en la articulación lógica de sus diferencias. En este sentido, una puesta en escena 'verdadera' es aquella que se ha apresurado a concluir a partir de una vacilación. La distancia entre personaje y actor es mínima en el sentido de que, si el personaje se corresponde al disco, el ensayo como proceso lógico incorpora también el cuerpo del actor, su movimiento. Obviamente que en la improvisación puede haber muchos movimientos y no todos van a lograr el estatus de la *tyche*. De lo que se trata es de captar el que, sorprendiendo, detiene a los otros, se sale de lo esperado, de lo calculado, irrumpe con su falta de sentido y, consecuentemente, replantea todo el proceso. Solamente a través del cuerpo y del movimiento del actor éste puede alcanzar el ser del personaje y la verdad de la escena en este encuadre intersubjetivo que Lacan ensaya para nosotros en este apólogo. Hay que comprender que Lacan, al tiempo que incorpora la temporalidad en la lógica, trata además de demostrar "que la intersubjetividad es susceptible de dar acceso a la objetividad lógica" (Miller 342).

---

[63] El apólogo lacaniano podría permitir otras lecturas a partir de otras analogías.

Es conocido en el campo teatral ese momento en que una escena no se resuelve, en que el ensayo se estanca. Hay escenas que se resuelven por la costumbre y que pasan desapercibidas por el actor y hasta por el espectador. En este nivel, nada diferente ocurre en la sesión analítica. No todas las detenciones son verdaderas escansiones lógicas. Hay otras escenas que podemos bautizar de "problemáticas" en la que los actores y/o el director no aciertan, no logran resolver. Se las aparta, se las deja para más adelante, porque el tiempo lógico del que estamos hablando es discontinuo y por eso esa escena no puede resolverse antes que otras, porque forma parte de un complejo sistema de relaciones y requiere que otros momentos se le anticipen. El momento de concluir que leemos en Lacan no tiene que ver con el final de una serie sucesiva, sino con otra temporalidad cuyos resortes son difíciles de discernir, pero que a veces logran emerger en cualquier momento del ensayo, fuera de la ubicación que tengan en el plan directorial de la puesta o en el orden del relato. Encontrar el gesto[64] justo, el movimiento justo, el ritmo apropiado de una escena es algo que está más en relación con el tiempo lógico que con el análisis dramatúrgico. Sin duda, la obsesión de Meyerhold con el ritmo escénico estaba —como lo han señalado sus críticos— fundamentalmente ligada a la música, pero sería interesante pensarlo también, particularmente, en relación a la temporalidad lógica. La improvisación termina cuando, por medio del acto,[65] se ha pasado a la acción que verifica la certidumbre anticipada, es decir, cuando el movimiento de los actores ya no produce ninguna vacilación o, como dice Miller, cuando "los movimientos del otro no tienen más importancia" (343). A su vez, la resolución de una escena problemática[66] que ha quedado pendiente replantea nuevamente, escande, suspende la verdad de lo ya logrado y todo el proceso debe recomenzar. Esto correspondería al momento de comprender y estos zigzageos —otros momentos de comprender— van llevando al ensayo hacia el momento de concluir definitivo, es decir, definitivo en el orden de una ética —y por ende en la dimensión de la repetición (Miller 111)— que lo autoriza para ofrecerlo a la generalidad, es decir, al público.

---

[64] El resultado del acto es, en cierto modo, individual, pero la acción retroactiva que confirma la certidumbre anticipada, es —como hemos visto— colectiva. En ese sentido, se puede conectar esta conceptualización con el *gestus* brechtiano.

[65] No podemos extendernos aquí en las diferencias que Miller plantea entre angustia, acto y acción, pero su discusión en términos teatrales sería enormemente fructífera.

[66] Miller, al comentar el texto de Lacan, procede por reducción de los datos de estructura, pensando el apólogo con dos presos. Este procedimiento puede servir para resolver escenas problemáticas. Los teatristas han utilizado también el método de trasladar analógicamente los datos perceptivos y estructurales de la escena, a fin de facilitar su improvisación (en el fondo, una manera de reducir los datos).

Los límites de nuestra analogía: un nuevo sofisma.

Obviamente, a partir de aquí hay que repensar el ensayo otra vez. En cierto modo, nuestra analogía es otro sofisma, puesto que en el apólogo lacaniano los sujetos involucrados (A, B, C), como lo indica la designación casi algebraica, son "sujetos de pura lógica y funcionan como tales" (Miller 325). En el ensayo tenemos sujetos que, en palabras de Grüner, han realizado un acuerdo de producción sobre premisas de una falsa igualdad, es decir, se han sometido "a la ideología del contrato imaginado como el acuerdo racional entre unos "iguales" que jamás exitieron" (327). Esto es, son sujetos que están más allá y más acá de la lógica, tienen nombres propios, hablan, sus cuerpos están amarrados a lo simbólico, portan un género sexual, una raza, una posición de clase, cada cual responde, alienado o emancipado, a cierto modo de goce, y sus vacilaciones sobre el escenario no responden siempre a una escansión de tipo lógico; además, el instante de ver está, por el hecho mismo de que no son sujetos de pura lógica, completamente atravesado por identificaciones imaginarias de todo tipo. Además, si los presos del apólogo tienen todo el tiempo del mundo para resolver el problema, el ensayo teatral está siempre marcado por un encuadre burocrático y por eso cabe todavía profundizar mucho más su analogía con la sesión analítica, con su *tiempo analítico*, que en este trabajo apenas hemos mencionado. Sea como fuere, al menos el ensayo teatral comparte con el apólogo esa dimensión de la urgencia, de la necesidad de salir de la vacilación, de salir del círculo, de dejar de mirar-comprender-concluir y saltar a la acción, salir al estreno, ofrecerse al público. En efecto, una vez que se tiene una certidumbre anticipada capaz de traducirse en términos de acción es justamente el momento de apresurarse ya que sólo "el acto funda la certeza" que es lo que va a presentarse finalmente al Otro, sea la figura del director o del público.

En nuestra búsqueda por constituir teóricamente la praxis teatral, el psicoanálisis puede abrirnos a cuestiones más íntimamente ligadas al hacer de los teatristas, mucho más que aquellas que, en su momento, promovieron la semiótica y los estudios culturales para la aproximación académica, muchas veces falta de la práctica misma del hacer teatral. En su planteo mismo, el apólogo puede servirnos de plataforma de despegue para ir despejando algunas cuestiones fundamentales en términos teóricos y, sobre todo, permitirnos repensar otras que nos preocupan exclusivamente a los teatristas y que habitualmente solemos discutir en términos intuitivos o precariamente definidos.

Aproximación psicoanalítica al ensayo teatral: El concepto de transferencia y el deseo del director

> El deseo del analista no es tal que pueda contentarse, bastarse con una referencia diádica. No es la relación con su paciente a través de una serie de eliminaciones, de exclusivas, que puede darnos la clave de esto. Se trata de algo más interpersonal. Y claro, no es tampoco para decirles que el analista debe ser un Sócrates, ni un puro, ni un santo.
> Jacques Lacan, *Seminario 8*, 71.[67]

> Por supuesto, está en nuestra época la dramaturgia que debe permitir poner en su nivel el drama de aquél con quien tenemos que vérnosla en lo concerniente al deseo.
> Jacques Lacan, *Seminario 8*, 179.

> No se puede enseñar a actuar a nadie.
> K. Stanislavski, *Ética y disciplina* 90

¿Qué desea el director en el ensayo? ¿Cuánto incide la figura del director sobre el actor? ¿Hasta qué punto hay un placer en la dirección escénica? ¿Cómo pensar el goce en la actuación y la dirección teatral? ¿Cómo se posiciona el actor respecto del director y del personaje que debe interpretar? ¿Quién es el director para el actor? ¿Qué teoría podría situar topológicamente las relaciones entre el director, el actor e incluso el personaje? No voy ni siquiera a intentar aquí responder estas preguntas. Si las enuncio, es para que se vea lo desprovisto que estamos, en el campo de la formación actoral y directorial, de una teoría sobre la economía libidinal (y obviamente política) en el campo teatral.[68]

---

[67] A los efectos de este trabajo, no se cita por la publicación realizada por Jacques Alain-Miller, sino por la traducción literal que circula en la Escuela Freudiana de Buenos Aires. Todas las páginas corresponden a esa versión mecanografiada. Agradezco a la psicoanalista Marta Geréz-Ambertín el haberme facilitado el acceso a dicha traducción no publicada.

[68] Raúl Serrano ha realizado un trabajo muy productivo al cotejar el método de las acciones físicas de Stanislavski con algunas tesis marxistas. Sin embargo, más allá de lo debatible de su perspectiva sobre "dos" Stanislavskis —y a pesar de mencionar a Freud apenas un par de veces en su libro— hay algunos puntos de contacto entre nuestra aproximación a la actuación y la suya, que merecerán una investigación por separado. Ver mi libro *Ensayo teatral, actuación y puesta en escena. Notas introductorias sobre psicoanálisis y praxis teatral en Stanislavski.*

Este ensayo[69] se origina, en primer lugar, en una *certeza*, luego se proyecta sobre un *programa* de trabajo investigativo más amplio y, finalmente, se presenta aquí en un estado de *"notas"*, es decir, un texto breve, muy preliminar, que apenas intenta fungir como una rápida comunicación.

- *La certeza*: la formación actoral institucional en el mundo occidental se basa en el método Stanislavski, con múltiples variaciones o derivados. Este sistema o método, a pesar de plantearse como una búsqueda conciente de lo subconsciente y de basarse en "una psicología", no acusa recibo del descubrimiento freudiano, es decir, del descubrimiento del inconsciente y de la batería conceptual que de ello se derivó. Para Stanislavski, el inconsciente está asimilado a la espontaneidad y la conciencia a la precisión (*Ética y disciplina* 84), pero éstos no tienen ningún lugar realmente tópico, conceptual en su Sistema. La creación está del lado del inconsciente, concebido por el maestro ruso como intuición; en psicoanálisis el inconsciente es transindividual, se abre y se cierra de inmediato y deja un vacío, el vacío de lo insensato, que implica una ética: como el sujeto es hablado por el Otro, cuando una formación del inconsciente aparece, *hay que* ir a ver, hay que entrar en el doloroso camino del saber. Obviamente, el inconsciente está diferenciado de los instintos y supone una dimensión pulsional, la cual obstaculiza la labor del actor. Stanislavski, a su modo, sabía que esas pulsiones –con las cuales lucha el actor—"llevan a la actuación artificiosa, superficial y a aquella exageración desagradable en la cual lo que cuenta más es el amor del actor para sí mismo y no para su papel" (112). Stanislavski, en realidad, no menciona el inconsciente; utiliza la noción de subconsciente, al que concibe como una voz que el actor debería escuchar (113) y, por esta vía, se hace necesario un cotejo con el superyó freudiano. Como vemos, hay mucho que trabajar aquí, en la medida en que habría en principio un desajuste entre esa formación actoral pre-freudiana y las demandas culturales de los siglos XX y XXI, epistemológicamente marcados por el psicoanálisis.

- *El programa*: El trabajo investigativo que he emprendido hace unos años trata de aproximar los conceptos psicoanalíticos freudo-lacanianos a la praxis teatral, más específicamente a la del actor y del director. Por esta vía, intento retomar la intención del mismo Stanislavski, en el sentido de la necesidad de interrogarse sobre las causas que producen un resultado escénico y no sobre la consistencia del resultado mismo. Es un trabajo todavía en su etapa silvestre, lleno de analogías y homologías tal vez no siempre llevadas al extremo de su productividad o propiamente ajustadas al campo teatral. Por ahora yo hago mi juego siguiendo incluso el ejemplo

---

[69] La version inicial y abreviada de este trabajo fue leída en el XV Congreso Internacional de Teatro Iberoamericano y Argentino, organizado por el Grupo GETEA en Buenos Aires del 1 al 5 de agosto de 2006.

de Lacan; como lo dice él mismo al principio de su *Seminario 10 La angustia*, "[t]omo lo que me conviene de allí donde lo encuentro, le moleste a quien le moleste" (20). Freud, Lacan y muchos psicoanalistas han tomado lo suyo no sólo de la literatura dramática (Edipo, Antígona, Hamlet, Ifigenia, Don Juan, obras de Claudel, etc.), sino también mucho del vocabulario teatral; de modo que no creo que resulte impropio que yo les regrese el gesto tomando algo de la enseñanza y vocabulario del psicoanálisis. Ya he emprendido una exploración preliminar de la problemática del tiempo (silogismo del tiempo lógico y la certeza anticipada) y del estatus del fantasma en el ensayo teatral.[70] En esos trabajos he intentado situarme en un espacio *nepantla*, es decir, en el espacio que se abre entre dos aproximaciones ya realizadas, una, al texto dramático y la otra a la puesta en escena. Este espacio *nepantla* es el del ensayo teatral, que compete fundamentalmente al teatrista y a sus saberes, los cuales no siempre son los mismos que involucran a estudiosos de la literatura, de la semiología, del teatro, de la crítica, de la filosofía, de la historia, etc. El ensayo teatral, como el amor para el Lacan del *Seminario 8*, es *metaxy*, es decir, está entre lo bello y lo verdadero, entre la *episteme* y la *doxa*, pero no es ni una ni otra (84). Como ocurría en tiempos de Stanislavski y de Freud, no es nuevo que toda teorización sobre un objeto específico requiera apelar a diversas disciplinas e instrumentar revisiones periódicas. Por múltiples razones que se irán haciendo visibles durante el proceso de nuestra investigación, yo he optado por apelar al psicoanálisis.

- *Las notas*: Se presentan como prolegómenos teóricos, muchas veces planteados como analogía salvaje entre el psicoanálisis y la praxis teatral, orientados a conformar un primer borrador teórico capaz de promover la búsqueda de una *nueva técnica de formación y trabajo teatral basados en la producción del inconsciente* tal como lo descubre Freud y lo teoriza Jacques Lacan. Mi objetivo es fundamentalmente abordar la dinámica de lo que recientemente se está desarrollando en América Latina bajo la denominación de "dramaturgia de actor".[71] Sin embargo, como se verá, aunque a veces pongo en paralelo la figura del director con la del analista y la del actor con el analizante, no estoy proponiendo que el director o el actor deban funcionar como analista y analizante, respectivamente, ni tampoco que el

---

[70] Ver en este libro mi ensayo "Ensayando la lógica o la lógica del ensayo: construcción de personaje y temporalidad de la certeza subjetiva", revisado; su primera publicación apareció en Buenos Aires en la Revista *Teatro XXI*. Mi extenso trabajo sobre la perspectiva psicoanalítica del fantasma en el ensayo teatral, en Eduardo Pavlovsky y en Ricardo Bartís, ha sido publicado con el título "Argentina en Cádiz: El psicoanálisis, la nueva dramaturgia y las poéticas actorales", en Rizk, Beatriz y Luis Ramos-García, eds. *Panorama de las artes escénicas ibérico y latinoamericanas: Homenaje al Festival Iberoamericano de Cádiz*.

[71] Ver mi libro *Los discursos lacanianos y las dramaturgias*.

ensayo teatral sea una terapia grupal o psicodramática. Mi aproximación psicoanalítica al hacer del teatrista no es nueva; aunque sin mayores desarrollos posteriores, ya había sido iniciada por Enrique Buenaventura en una temprana charla a los actores del TEC en 1969 sobre "La elaboración de los sueños y la improvisación teatral", en la que intentaba teorizar el inconsciente dentro de la práctica teatral y, sin duda pionero, intentaba también articular los conceptos de significante, metáfora y metonimia tal como aparecen teorizados por Lacan. Intento, pues, retomar ese primer gesto del maestro colombiano y darle continuidad.[72]

En este primer acercamiento al tema quiero esbozar algunos puntos que, como director e investigador teatral, me parecen imprescindibles para conceptualizar ese complejo vínculo que se establece entre director y actor (incluyendo tal vez el que ocurre también entre éstos y el personaje o el texto dramático). En este sentido, el concepto de transferencia, de amor de transferencia, tal como lo teoriza el psicoanálisis, permite abrir el juego de una serie de discusiones tendientes a repensar los aspectos más nucleares de la práctica teatral.

El amor de transferencia y la autonomía de la actuación

El amor de transferencia está concebido como un concepto que permite explorar las relaciones del analizante con su analista y, obviamente, con la articulación de su deseo. En términos vulgares, se puede decir que el analizante *entra en transferencia* no tanto cuando verbaliza 'lo que no sabe' frente a su analista por medio de la asociación libre pactada dentro del encuadre, sino cuando hace silencio, cuando no logra verbalizar por causa de la represión, y entonces procede al *acting out*, es decir, expresa corporalmente algo "reprimido" de su pasado, muchas veces independientemente de lo que verbaliza sobre el diván. Al armar la 'escena de la transferencia' pone al analista en posición de alguien que fuera en su pasado determinante para el conflicto inconsciente que lo aqueja.[73] Esto parece ser muy similar a lo que vislumbra el director y actor argentino Ricardo Bartís cuando, en una entrevista que me dio, insiste sobre la autonomía de la actuación, es decir, lo "que la actuación narra independientemente de la obra" (Geirola, 2007:128). En efecto, la asociación libre —como la improvisación— es una regla paradojal, en la medida en que permite el acceso a lo reprimido, a lo que no se sabe, pero a la vez produce un discurso descalificado a veces por su

---

[72] Ver mi libro *Sueño. Improvisación. Teatro. Ensayos sobre la praxis teatral*. Allí dedico un extenso capítulo a ese trabajo del maestro colombiano.

[73] Es recomendable la lectura del libro de la actriz y psicoanalista Gabriela Abad titulado *Escenas y escenarios en la transferencia*, aparecido en el 2015, muchos años después de que este ensayo mío apareciera (2009). A fin de no perturbar el propósito de esta antología de mis investigaciones, dejo para otra oportunidad dialogar con ese libro tan imprescindible para los teatristas.

apariencia tonta o por lo insensato. La resistencia opera allí, al interrumpir el proceso asociativo verbal, cuando interrumpe la transferencia, justamente cuando ese silencio puede indicar que 'algo' se relaciona con la figura del analista y con el "complejo patógeno" (*Seminario 1* 69). Entonces la pregunta se plantea respecto de la palabra: ¿qué la interrumpe? Según el *Seminario 1*, cuando "lo que es impulsado hacia la palabra no accedió a ella" (83), entonces el sujeto se engancha al otro transferencialmente. Es decir, comienza a actuar sobre la figura del analista lo que no pudo ser revelado por la palabra.

Lacan dice justamente que "la transferencia es una *puesta en acto* de la realidad sexual del inconsciente" (*Seminario 11*, el subrayado es mío). Este "poner en acto" (a diferencia de lo que luego comentaremos como "pasar al acto") es para Lacan verbalizar lo desconocido mediante la asociación libre en el espacio acotado del encuadre. Como el actor actúa y además habla —afortunadamente en el teatro latinoamericano, a diferencia del teatro norteamericano, muchas veces actúa más de lo que habla— la improvisación sería, en cierto modo, más amplia que el "poner en acto" del que habla Lacan. La improvisación supone verbalizar, pero también involucrar al cuerpo aunque, en este caso, a diferencia del psicoanálisis, este registro corporal no necesariamente corresponde a un *acting out*. Eso no quiere decir que no haya *acting out* en el campo actoral. De modo que, si llevamos estos conceptos psicoanalíticos al campo de la actuación, tendríamos dos momentos transferenciales; un primer momento en el que el actor "pone en acto" mediante la improvisación, es decir, verbaliza lo desconocido de la situación o del personaje; allí entraría ya en transferencia. Habría un segundo momento en el que se produciría un "primer" *acting out*, es decir, en el que el actor de pronto interrumpe su proceso de asociación (verbal y corporal) y entra en un silencio más "espectacular", marcado por la resistencia. El *acting out*, a diferencia del "poner en acto", del verbalizar, puede —tanto en análisis como en el campo teatral— desbordar el encuadre de la sesión, del ensayo. Un *acting out* es, en cierto modo, como veremos, un salir de escena. Finalmente, habría un "segundo" *acting out* que podría emerger en dos situaciones puntuales: una, al final de cada espectáculo, cuando el actor se retira de la escena; otra, cuando el actor es completamente "tragado por el papel", ya no actúa, no "representa" su personaje. Estamos, como puede apreciarse, en una dimensión muy diferente a la del psicodrama, en el que se "representan" roles de una situación conocida de antemano.

Ahora bien, si ese "momento en que el sujeto se interrumpe es, comúnmente, el momento más significativo de su aproximación a la verdad" (*Seminario 1* 87), las primeras preguntas metodológicas que podríamos formular desde la perspectiva teatral respecto de esta transferencia —que Lacan sitúa en el plano imaginario y distingue de la transferencia simbólica— son: ¿qué debe hacer el director cuando aparece el silencio del actor? ¿Debe dejar que la improvisación fluya hasta que se instaure el silencio? ¿Debe taponar ese silencio con un discurso comprensivo apelando a cualquier tipo de información cultural? ¿Debe partir de lo que comprende o de lo que no comprende? En fin, ¿cómo debe proceder a partir de ese silencio? ¿Cómo alcanzar esa transferencia simbólica en la que "algo sucede que cambia la naturaleza de los dos seres que están presentes" (*Seminario 1* 170)? Una vez más la cuestión debería estar dirimida desde la interrogación sobre qué ensayamos en un ensayo y para quién ensayamos y dicha interrogación requiere de una teoría, no de un dogma o de una receta. Hasta me animaría a ir más lejos: ¿qué amenaza el teorizar en el campo teatral? No me refiero a un uso ortopédico de la teoría, a veces manipulada como aplicacionismo, sino a la dimensión peligrosa que asume cuando nos disuelve nuestras percepciones y convicciones más arraigadas de nuestra confortabilidad profesional. ¿Por qué resisten los teatristas a la teoría?

La cuestión de la transferencia, dice Lacan, se dirime como una "recuperación [delirante] del discurso en otro contexto, que le es propiamente contradictorio" (57). Obviamente, para el psicoanalista, como dice Jacques-Alain Miller, es esencial "lo que el paciente dice" (38); pero no se puede descuidar y hasta toma una dimensión central, especialmente en el campo actoral, lo que el analizante/actor hace y la forma y el lugar desde los que, muchas veces —no sin dejar de ser un enigma para él mismo— habla de lo que hace. Si sumamos a esto la relación entre resistencia y transferencia, sobre las que Freud se explaya desde 1912 en "La dinámica de la transferencia", la dimensión del ensayo teatral y del trabajo del actor y del director hacen surgir preguntas cuya respuesta, sin duda, promoverá un cambio de paradigma en la forma en que actualmente concebimos esa tarea. No se nos puede escapar, entonces, a los teatristas, estas cuestiones, si queremos teorizar sobre una práctica que todavía se desenvuelve precariamente a partir de la rutina del oficio y de unas pocas certezas técnicas, que tienen a veces veleidades de presentarse como métodos.

La transferencia preocupa a Freud especialmente a partir de su fracaso en el caso Dora y es el punto de entrada a la discusión del registro imaginario en Lacan, tal como lo podemos leer en su *Seminario 1 Los escritos técnicos de Freud*; Lacan retomará el tema en el *Seminario 8*, dedicado a La transferencia y finalmente hará de ella uno de los cuatro conceptos fundamentales del psicoanálisis en su *Seminario 11*. Ciertamente no podremos aquí recorrer los avatares de la conceptualización lacaniana, pero al menos podemos dejar sentado que, en su trabajo teórico, hay un momento clave, marcado por el *Seminario 10*, en el que Lacan nos presenta el objeto *a* ya no como objeto del deseo sino como *causa* del deseo. Este viraje tendrá consecuencias impresionantes en la teoría y abre sin duda muchas puertas a la investigación teatral.

La cuestión de la transferencia tiene una larga discusión en el psicoanálisis, a nivel teórico y a nivel técnico. Por una parte, pone en tela de juicio la posición del analizante y, sobre todo, la del analista. ¿Qué lugar ocupan analizante y analista en el encuadre y en el proceso analítico? ¿Se trata de una relación de dos o hay un tercero incluido? Por otra parte, la transferencia se cruza con las cuestiones relativas al fin del análisis (en nuestro ámbito, el difícil momento de la duración y el fin del ensayo) y a la conceptualización del análisis como tal.

¿Cómo y cuándo termina un análisis? ¿Cómo y cuándo termina un ensayo teatral? ¿En qué consiste un análisis? ¿En qué consiste un ensayo teatral? ¿Cómo *se pasa* al espectáculo frente al público?

Va de suyo que, si la transferencia supone una actuación del analizante de una situación reprimida que —sobre todo desde la perspectiva de Freud— fue vivida en la infancia, nos cruzamos, por un lado, con el tema del tiempo del análisis y, por otro, con la consistencia misma de lo revivido en el encuadre de las cuatro paredes del consultorio o, para nosotros, del lugar del ensayo. Nos enfrentamos a un acontecimiento traumático ocurrido en el pasado y apartado de la conciencia que, en cierto momento del análisis, comienza a asomar, no tanto en lo que se dice, sino en lo que no se puede verbalizar, en esos momentos de interrupción de la asociación libre. Uno podría interrogarse, justamente, por qué se traba una improvisación, por qué hay escenas que no se resuelven tan fácilmente. Las he denominado "escenas problemáticas" y les he preguntado a muchos directores latinoamericanos cómo las enfrentan, cómo las resuelven.[74] Sin duda, algunos lo hacen dejando de lado completamente la escena, sacándola del espectáculo, bajo la consigna de que lo que no se puede resolver, mejor dejarlo de lado. Otros, emulando el trabajo del analista, siguen ensayando otras escenas hasta que el proceso mismo del trabajo permite regresar a la escena problemática y arrojar alguna luz. Cuando un actor o grupo de actores de pronto hacen silencio, cuando el trabajo creativo se detiene, se atasca, cuando comienza a repetirse, ¿se trata allí de un obstáculo a nivel de lo reprimido, de lo rechazado o de lo suprimido? ¿Tiene esto que ver con el encuadre del ensayo, la figura del director, la turbulencia política y cultural del contexto, la lectura desviada de la obra? Ya para el Freud de *La interpretación de los sueños*, "todo lo que destruye/suspende/altera/la continuación del trabajo" analítico (*Seminario 1* 59) es una resistencia. ¿Y cómo se trabaja con la resistencia? ¿Es que lo que interrumpe el trabajo teatral no es una resistencia? ¿Puede el silencio del director durante el ensayo también plantearse como una resistencia? Lacan lo formula sin vacilar: "¿Es la resistencia un fenómeno que sólo aparece en el análisis?" (*Seminario 1* 42).

La resistencia tiene que ver con "el carácter de inaccesibilidad del inconsciente" (43) y, en lo que a mí respecta —incluso en lo que el teatro significa para el psicoanálisis y para Lacan, basta cotejar sus continuas referencias al teatro y la literatura dramática y, especialmente, el *Seminario 10*— el arte teatral constituye, en sí mismo, una escuela para el abordaje del inconsciente. ¿O acaso Freud no designó al inconsciente como *la otra escena*? Nadie en el campo teatral parece hacerse estos cuestionamientos. Los teatristas trabajan y de pronto encuentran soluciones interesantes, pero eso no los salva de caminar a la deriva. Como vemos, en el campo teatral no hay más que soluciones caseras. No hay allí ninguna

---

[74] Ver esa pregunta y las respuestas de los teatristas entrevistados en los seis volúmenes de *Arte y oficio del director teatral en América Latina*.

teoría, ni siquiera una técnica o una estrategia que pudiera abrirnos a interrogantes fundamentales sobre el trabajo del actor y del director. ¿Qué hace un analista cuando un análisis se atasca? Sin duda, es cierto que una teoría no garantizará jamás nada en el orden creativo, artístico y menos aún en el analítico. Los teatristas —muchos de ellos lo dicen con todas las letras— se desentienden de la teoría a la que perciben en su carácter dogmático y, por ende, como enfrentada a la creatividad y hasta con efectos paralizantes o limitantes. ¿Ocurre lo mismo en el psicoanálisis?

Desde el *Seminario 1* Lacan no se cansa de decirnos que "[e]l análisis es una experiencia de lo particular" (40). Si cada analizante, si cada análisis es un particular, si se trabaja caso por caso, si cada obra o propuesta teatral es también un particular, ¿para qué necesitamos una teoría? Los analistas —a diferencia de los teatristas— saben que no pueden involucrarse profesionalmente en la estupidez de esta pregunta. Si la teoría es la dimensión fundamental desde donde 'algo' de la técnica y 'algo' de la efectividad del tratamiento psicoanalítico tienen algún asidero y toman algún sentido, ¿por qué no ocurriría lo mismo con el trabajo teatral? Y esa diferencia no se puede desestimar. ¿Cuáles serán las diferencias en el campo teatral cuando se trabaja desde distintas posiciones teóricas? ¿Es que acaso hay 'diferentes posiciones teóricas'?

Un analista, aunque trabaja con un saber provisto por la experiencia, tiene sin embargo un cierto saber técnico que, sin duda, remite —lo sepa o no— a una teoría. No hay técnica ni metodología que no emerjan de una teoría, explícita o no. ¿Es necesario insistir en lo desprovisto que estamos los teatristas en este aspecto? Mi certeza es que, aún en lo salvaje de mi abordaje, el psicoanálisis puede comenzar a ayudarnos a pensar en estos problemas. Hagamos una primera pregunta: Cuando el actor improvisa, cuando el actor incluso se autosugestiona revolviendo el viejo arcón de su memoria emotiva —en la que muchas veces no puede encontrar lo que busca más que a costa de un autoengaño—, ¿en qué tiempo está trabajando? ¿En el de sus propios recuerdos del pasado que alimentan la ilusión de conectarse con el tiempo y vida del personaje? ¿En el tiempo en el que se sitúa la narración? ¿En el tiempo del autor? ¿En el tiempo presente de su propia vivencia? ¿En el tiempo que el director ha decidido montar la obra? ¿Incluso en el tiempo cronológico del ensayo? Mis largos años en el teatro, mis extensas lecturas acerca del hacer teatral y mis largas conversaciones con maestros indiscutidos a nivel de la investigación y la dirección teatral, no han podido detectar ni siquiera un atisbo de curiosidad por estas cuestiones y, menos aún, detectar la necesidad de formularlas a fin de contar con una base teórica para poder no solamente resolver desde ella situaciones difíciles sino, más importante aún, dejar que el itinerario teórico nos abra a nuevas cuestiones teatrales que todavía ni hemos vislumbrado.

Sin duda, el analista tiene que resolver estas cuestiones a partir de hacerse una cierta concepción del tratamiento analítico: ¿qué tiene que hacer frente al analizante? ¿A dónde debe conducirlo? ¿Por qué estas preguntas no serían igualmente formulables para el trabajo del actor y del director? Si dichas preguntas son problemáticas para el psicoanalista, no lo son menos para nosotros en el teatro: ¿solamente ensayamos para poner un texto en escena? ¿Qué buscamos efectivamente en un ensayo? Aunque el psicoanálisis, como el trabajo teatral, es siempre —ya lo dijimos— una experiencia de lo particular, eso no significa que lo *singular de un sujeto*, de un analizante, no remita recursivamente a un replanteo completo de la teoría y de los fines del análisis. Cada uno de los cinco análisis fallidos de Freud le hizo modificar su teoría.

La aversión de los teatristas por la teoría no siempre fue tal. Algunas de las preguntas que he formulado se hicieron, como todos sabemos, durante las décadas del 60 y 70, no sólo en América Latina sino en muchas otras latitudes. En Europa, sin duda Jerzy Grotowski, como figura paradigmática; también Tadeusz Kantor y, en parte, Peter Brookl y Eugenio Barba. En América Latina, Enrique Buenaventura, Santiago García, Augusto Boal, para nombrar los más paradigmáticos, intentaron responderlas a su manera desde el psicoanálisis, la antropología estructural, la semiótica. Surgieron a partir de estos maestros y sus particulares modos de plantearse la cuestión teatral un manojo de métodos y estrategias, como la creación colectiva o las técnicas del teatro del oprimido, que definieron al teatro de nuestra región y sirvieron para que otras comunidades del globo comenzaran a expresarse teatralmente. Sin embargo, muy pronto los teatristas se desentendieron de continuar con estas investigaciones. ¿Quién retomó el trabajo de 1969 de Buenaventura sobre lectura del texto dramático y la puesta en escena a partir de la interpretación de los sueños en Freud y la importancia del significante (metáfora y metonimia de por medio) en Lacan? ¿Quién dio continuidad, incluso para oponerse, a las investigaciones de Santiago García sobre "el acto de habla en el teatro" o a las de Enrique Buenaventura sobre "el enunciado verbal y la puesta en escena"? Las propuestas de Augusto Boal corrieron con más suerte gracias a la insistencia, perseverancia y transformación de Boal mismo. La mentada caída de las utopías revolucionarias parece haber arrastrado consigo la curiosidad de los teatristas por elevarse al campo de la teoría teatral implicada en esas estrategias y tácticas de trabajo; es probable que cierto desencanto con el marxismo y el fracaso de los movimientos revolucionarios hayan dejado un panorama de escepticismo respecto del hacer teórico. Lo cierto es que, en las décadas posteriores, dicha curiosidad y afán de saber parecen haberse ocultado, desviado o entretenido por otros senderos que abrieron las compuertas para canibalizar, no sin eclecticismo, propuestas múltiples promovidas por los gurúes de turno. La academia sembró el campo teatral de discursos cuyo impacto no fue sobre la praxis teatral misma, sino sobre los contenidos dramáticos: me refiero al espectro de los aportes del feminismo y sus consecuencias: los estudios subalternos, estudios gay y lésbicos, estudios postcoloniales, teoría *queer*, etc. La excusa constante que escuchamos siempre entre los teatristas es que no vale la pena intelectualizar en el campo teatral, que eso frena la creatividad. Lo que tendríamos que remarcar aquí es lo que Lacan les invita a hacer a sus oyentes ya desde el *Seminario 1*: "les ruego —dice Lacan— a cada uno de ustedes que, en el interior de su propia investigación de la verdad renuncien radicalmente —aunque sólo fuese a título provisional para ver qué se gana dejándola de lado— a utilizar una oposición como la de afectivo e intelectual" (*Seminario 1* 399). Y esto lo recomienda en julio de 1954.[75]

No obstante, no por casualidad el psicoanálisis incide en lo que se ha denominado "dramaturgia de actor", "teatro de la intensidad o de la multiplicación" o "poéticas actorales", tal como se han venido desarrollando, por ejemplo, en Argentina a partir de Eduardo Pavlovsky, él mismo psicoanalista que desde los años 70 viene involucrando su práctica profesional clínica y teatral a partir del psicodrama. No es tampoco casualidad que —implícita o explícitamente y con variado acento— algunos teatristas (ya no simples teatreros) de nuestra América (Rafael Spregelburd, DanielVeronese en Argentina, Mariana Percovich en Uruguay, Victoria Valencia en Colombia, Ana Harcha en Chile) vengan desde hace unos pocos años explorando —sabiéndolo o no— caminos abiertos por la particular vía de trabajo dramatúrgico abierta por Pavlovsky.

Para ser breves y a costa de ser injustos, se puede describir la propuesta de Tato Pavlovsky (a la que he dedicado otros ensayos) de la siguiente manera: en un momento determinado (fechable incluso retroactivamente) surge en la pantalla mental lo que Tato denomina, tomando la palabra de Julio Cortázar, el coágulo. Este "coagulo" puede ser un gesto, una palabra, una imagen; en general este coágulo es enigmático, críptico, insensato. Lacan de alguna manera lo define como "[e]l centro de gravedad del sujeto [en tanto] síntesis presente del pasado que llamamos historia" (63). Este coágulo es seguido por la escritura de un texto breve, muchas veces sin personajes identificables. Dicho pre-texto se ofrece a un director y un grupo de actores (generalmente conocidos y en los que se confía plenamente) para iniciar el proceso de ensayos. En estos ensayos Pavlovsky se posiciona no como autor sino como actor, de modo que se ofrece a los avatares, muchas veces crueles, de la creatividad e imaginación del grupo. Es más, una vez perfilados algunos personajes, el mismo Pavlovsky —trayendo a colación su experiencia psicodramática— los va asumiendo, mientras los otros actores van intercambiándose también sus roles e identidades escénicas. Todos exploran dolorosamente la relación de ese coágulo con el modo de goce singular de cada cual y esto determina un espectro de mutiplicaciones que van a converger en la figura de uno o más personajes. El juego de la improvisación, como todos sabemos, abre caminos insospechados; la relación de cada actor con un cierto personaje o una determinada situación movilizan contenidos que jamás se hubieran visualizado desde la perspectiva de un autor dramático. Se multiplican las voces, los

---

[75] En el momento en que reviso estas líneas se registra un enfoque que los teatristas o, mejor, los investigadores de teatro, realizan sobre la afectividad, las emociones. Lamentablemente, cuando eso ocurre, lo hacen a partir de aproximaciones psicologistas o la neurociencia, que poco o nada tienen o pueden decir sobre el deseo inconsciente, que es el que precisamente nos preocupa a los creadores teatrales.

sentidos, se descubren nuevas intensidades (libidinales en sentido freudiano) que estaban reprimidas o que habían sido rechazadas o suprimidas y que el coágulo, como el nódulo patógeno freudiano, hacía precariamente emerger de una historia que era particular de Pavlovsky, pero no necesariamente personal.

Lo biográfico, como puntúa Ricardo Bartís, no es personal. Así, para decirlo rápido, Pavlovsky no se interesa tanto por "representar" a los dictadores, como lo hacen muchos dramaturgos, incluso de su misma generación, sino de atravesar en sí mismo los fantasmas del dictador; incluso más, como en *Potestad*, él se ofrece a explorar las fantasías del torturador desde su propio cuerpo, atravesando dolorosamente —e invitando al público a hacer lo mismo— la fantasía civil horrenda, siniestra, que significa la complicidad civil con la dictadura, ese nódulo patógeno que yace en cada uno de los espectadores, lo sepan o no. Después de cada ensayo, Pavlovsky re-escribe el texto inicial y lo que hoy leemos como obra de su autoría es el producto de un proceso donde múltiples voces trabajaron —con todos los riesgos— esa zona escamoteada al saber no sólo de Pavlvosky (una vez más no se trata de psicoadrama), sino de una comunidad que converge en un proceso investigativo teatral que los concierne a todos (recordemos que el inconsciente, que no es colectivo, está allí presente, es transindividual), porque concierne a la historia de un sujeto (que sólo accidentalmente es Pavlovsky) y de una nación o una coyuntura histórica determinada.

Este proceso no es equivalente —no es epistemológicamente equivalente— a la creación colectiva y no puedo explayarme aquí sobre eso. Baste decir que no se trata de hacer un texto o espectáculo para expresar ficcionalmente lo que ya se sabe a nivel de la ideología; no se trata de trabajar sobre lo conocido para elaborar un texto o espectáculo que iluminaría al público, supuestamente miope frente al horror político. El trabajo actoral que se desarrolla en la dramaturgia de actor es como un trabajo analítico en el que hay que desbrozar el fantasma del que emerge el coágulo (lo desconocido) y llegar dolorosamente a una puesta en escena que, no sin cierta vacilación, he denominado "fantasía civil". Se trata de articular a nivel del lenguaje (verbal y no verbal) el deseo (del que el sujeto nada quiere saber) frente a lo siniestro, es decir, frente a lo familiar.

Lo que interesa ahora, entonces, a los efectos de esta presentación, es teorizar sobre la dinámica aquí involucrada y puntualizar lo que el psicoanálisis permite visualizar y puede aportar a una experiencia de este tipo.

Volvamos a la cuestión de la transferencia; dijimos que se trata de la presencia en acto del pasado. Este acontecimiento tiene y no tiene que ver con la memoria, esa capacidad tan evocada, tan poco confiable —como nos advierte Freud— y tan poco interrogada.[76] Es memoria suprimida, reprimida, desconocida para el analizante pero, a la vez, fuertemente "emotiva". La transferencia,

---

[76] Carezco aquí del espacio apropiado, pero no puedo dejar de señalar que, por esta vía, se puede superar la idea (o la falacia) de oponer dos Stanislavski, como hace Serrano,

enfatiza Lacan, "en último término, es el automatismo de repetición" (*Seminario 8* 121), pero tiene, a su vez, un factor creativo. Aunque manejable por la interpretación, aunque "permeable a la acción de la palabra" (*Seminario 8* 122), la transferencia, "por más interpretada que sea, guarda en sí misma una especie de límite irreductible" (*Seminario 8* 123). La transferencia es —como nos dice en el *Seminario 8*— "fuente de ficción" (123), pero no entendida como simulación o representación; consecuentemente, "el sujeto, en la transferencia, fabrica, construye algo" (*Seminario 8* 123). Demás está decir que no toda repetición involucra la transferencia. Las preguntas aquí son variadas y complejas: ¿por qué se repite, qué repeticiones son válidas a los efectos transferenciales y analíticos? ¿Cuál es el estatus de esta ficción y para quién se finge? Durante el ensayo, ¿qué pasado se repite en la improvisación, qué lugar tiene la ficción promovida por dicha improvisación y para quién se la crea? ¿Qué perfil del espectador se tiene como referencia en una improvisación? ¿Qué relaciones tiene ese pasado desconocido con el presente y la actualidad del ensayo? ¿Qué réditos nos darían las respuestas a estas preguntas para teorizar sobre la cuestión del público? Después de la conceptualización lacaniana, ya no podemos afirmar con tanta seguridad que el actor improvisa para un director, que el actor sólo improvisa para alcanzar la identidad o psicología de un personaje o la significación de una situación tal como aparecen en un texto dramático.

La figura del director deviene problemática porque deberíamos saber en qué lugar se pone respecto del actor. Aunque Lacan va a desarrollar más largamente la relación entre amor y transferencia en el *Seminario 8*, ya anticipa algunos comentarios en el *Seminario 1*. Freud no vacila en llamar amor a la transferencia. "La transferencia —anota Lacan— es el amor" (*Seminario 1* 142). El amor de transferencia –la gran invención psicoanalítica, un nuevo amor que no existía antes— abre un espectro de múltiples cuestiones metodológicas. Menciono al menos un ejemplo y les dejo a Uds. el trabajo de ponerle un nombre. En su charla sobre el amor, Miller especula sobre la posibilidad de imaginar que el psicoanálisis no sólo introdujo un nuevo amor, sino tal vez un nuevo goce. Muchas veces, el alargamiento del tratamiento, como el alargamiento del ensayo, podría pensarse como un amarramiento del analista/teatrista a un cierto goce, a un goce puro de la palabra. En efecto, así como, según Lacan, "habría una homología entre la posición perversa y la posición del analista" (Miller 155),[77] podríamos imaginar también esta misma homología en el campo actoral, cuando el director se hace instrumento del goce del Otro, en tanto su presencia "es necesaria para obtener ese goce" (Miller 255). Ni qué decir de lo que puede ocurrirles a los actores frente a este tipo de director perverso, seductor y con gran poder de

---

uno, inicial, el de la memoria emotiva y el otro, al final de su vida, el de las acciones físicas.

[77] Todas las citas de J-A. Miller en este capítulo corresponden a *Introducción al método psicoanalítico*.

sugestión, casi hipnóptico. Sin duda, el analista/director[78] debe trabajar desde una ética. Tiene, pues, que evitar ocupar esa posición perversa, rechazando tanto el goce masoquista como el sádico, algo que, todos sabemos, no ha sido ni es una práctica muy ejemplar en la actividad teatral. ¿Qué otras posiciones podría ocupar el director? ¿Qué posiciones ha desbrozado el psicoanálisis? Se nos abre aquí un enorme trabajo investigativo que involucre no solamente las estructuras clínicas (neurosis, perversión, psicosis) sino los cuatros discursos (del Amo, de la universidad, de la histérica y del analista).[79]

El ágalma y el deseo del director: la metáfora del amor

Como vemos, el psicoanálisis conmociona nuestras familiares nociones teatrales y eso moviliza una resistencia. En la actuación transferencial, el analizante, sin saberlo, actúa en el presente frente al analista —considerado ahora como otro— un personaje del pasado que no reconoce en este presente, pero que remite a alguna figura del pasado, a "[u]n malestar, una marca" (66) en su historia. Asimismo, el analista se le aparece al analizante como un sujeto supuesto saber, como portando un saber, un secreto o un objeto que dicho analizante desea. La transferencia comienza a hacer sentir sus efectos cuando el analista aparece como envoltura del objeto del deseo del analizante, cuando el analista se instaura como envoltura del *ágalma*, es decir, como escondiendo un objeto precioso, un saber precioso para el analizante, dentro de la caja de su cuerpo. Por eso, es importante trabajar en el ensayo esta función de velo, el famoso i(a) lacaniano, que el director estaría sosteniendo. ¿Cuál sería el objeto velado en el caso del director teatral? ¿Cuál sería ese secreto? ¿Cuál ese saber? ¿Qué supuestamente sabe un director y hasta qué punto ese saber opera durante el ensayo? ¿Es un saber relativo a la obra, al autor, a la época, o bien un saber ligado a su deseo, a su lugar como director, a su relación con el actor?

Lacan nos dice en su *Seminario 8* que en esa "célula analítica, incluso mullida [que] no es nada menos que un lecho de amor" (7), se va a instalar la transferencia. ¿Es el ensayo también un lecho de amor o, en su ambivalencia, igualmente de odio? ¿Qué tipo de transferencia se puede pensar en el ensayo? La respuesta a estas preguntas hay que situarlas y perseguirlas a lo largo de todo el *Seminario 8*.

Sin embargo, antes de ingresar en dicho Seminario sobre La Transferencia, no resulta descaminado retomar ahora algunos comentarios de Lacan del *Seminario 1*. Los voy a detallar muy parcial y aceleradamente, pero les dejo a Uds.

---

[78] Obsérvese que evito muy cuidadosamente la inversa: director/analista, que podría escucharse o leerse como 'director analista' y que, por el momento, no intento suscribir.

[79] Ver los otros capítulos de este libro donde se tratan *in extenso* estas cuestiones.

la tarea de cotejarlos en el campo de operación de Uds. como teatreros o teatristas (actor, director, iluminador, vestuarista, escenógrafo, maquillador, etc.).

- *La transferencia y el tema del tiempo*. Ya he comentado sobre eso. No es algo que esté muy explorado, por ejemplo, a partir de la propuesta de Stanislavski, por mencionar la más frecuentada. ¿Busca un análisis hacer *revivir* al analizante el pasado? No, precisamente. Lacan nos advierte que Freud fue muy cauto al respecto. No es reviviendo el pasado (en caso de que eso fuera posible) que avanza un tratamiento psicoanalítico: "que el sujeto —dice Lacan siguiendo a Freud— reviva, rememore, en el sentido intuitivo de la palabra, los acontecimientos formadores de su existencia, no es en sí tan importante. Lo que cuenta es lo que reconstruye de ellos" (28), ya que "el acento —insiste— cae cada vez más sobre la faceta de reconstrucción que sobre la faceta de reviviscencia en el sentido que suele llamarse *afectivo*" (28, el subrayado es del autor). Éste es un punto muy problemático que hay también que discutir en el psicodrama. Los teatristas tendemos, como muchos terapeutas no lacanianos, a engolosinarnos rápida y completamente cuando la improvisación o la actuación del analizante o el actor, respectivamente, se nos aparece como habiendo alcanzado un sentimiento supuestamente 'auténtico'. Como dice Lacan, no hay nada más tramposo, pueril: "El más mínimo sentimiento peculiar —incluso extraño— que el sujeto acuse en el texto de la sesión, es calificado como un éxito sensacional" (*Seminario 1* 95). Lacan insiste en que "la reconstitución completa de la historia del sujeto es el elemento esencial, constitutivo, estructural, del progreso analítico" (26). El acento no está puesto en recordar sino —como lo vimos en la dramaturgia de Pavlovsky— en "reescribir la historia" (29). Y esa reescritura, justamente por la mediación del analista y gracias a la transferencia, es siempre multivocal e involucra un tiempo socializado.

- *Transferencia e historia*. Sin embargo, aunque Freud estudia cada uno de sus casos (los famosos cinco casos) en su singularidad, Lacan subraya que "el interés, la esencia, el fundamento, la dimensión propia del análisis es la reintegración por parte del sujeto de su historia hasta sus últimos límites sensibles, es decir, *hasta una dimensión que supera ampliamente los límites individuales*" (26, el subrayado es mío). La técnica analítica tiene que conquistar, nos dice, esos puntos (que Freud explora exhaustivamente hasta fecharlos) en el que se produjeron ciertas "situaciones de la historia", no del pasado del sujeto. "La historia —dice Lacan— no es el pasado. La historia es el pasado historizado en el presente" (27), justamente porque ha sido vivido en el pasado. Les ruego exploren Uds. mismos esta diferencia. Si no quieren tomarla de Lacan, la pueden tomar de Walter Benjamin. Es por esta vía que el coágulo llega a conformarse, por medio de la elaboración analítica, en fantasía civil, incluso en fantasía civil de la nación.

- *Transferencia e inconsciente*. Es siguiendo este mismo itinerario que la elaboración analítica, al enfrentar lo reprimido, rechazado o suprimido de la conciencia del sujeto, requiere de un aparato teórico muy ajustado para abordar el sujeto, que no es el yo. El yo, dice Lacan, es el síntoma del sujeto, "un síntoma privilegiado en el interior del sujeto. Es el síntoma humano por excelencia, la enfermedad mental del hombre" (32). Se trata, pues, no de revivir el pasado ni tampoco de reconstruirlo arqueológicamente bajo una ilusión de objetividad (como ocurre en la creación colectiva, por ejemplo), sino de restituírselo al sujeto tal como él lo "actúa" en la actualidad de la sesión, de la transferencia, es decir, tal como el actor lo elabora a partir del presente del ensayo. Hay que situar aquí la dimensión del fantasma, porque lo recordado no es siempre *fiel* respecto de lo vivido. Les dejo como tarea puntuar esto —en sus similitudes y diferencias— con los textos stanislavskianos, especialmente en cuanto al estatus de la lectura del texto dramático y el trabajo actoral en la construcción del personaje, la problemática del yo y el estadio del espejo, etc. Se llevarán muchas sorpresas. Todos podremos beneficiarnos de retornar a Stanislavski y a Meyerhold desde Lacan.
- *Transferencia y lenguaje*. Ni el tratamiento analítico, ni el amor, ni tampoco el teatro, mal que le pese a nuestro querido maestro Boal (el "Teatro, como o amor, faz-se a dois" (*O Amigo Oculto* [c2003]), se hace entre dos. Hay siempre por lo menos tres. Lacan va a introducirnos a la dimensión del Otro, del lenguaje, del registro simbólico, sin lo cual no hay manera de situar lo imaginario respecto de lo real. El sujeto está capturado en el lenguaje, pero por eso mismo Lacan privilegia el lenguaje como vía de acceso al sujeto, es decir, al no saber del yo. El sujeto es efecto del lenguaje, está marcado por él. Esto nos lleva de nuevo al tema del fantasma, esa escena que dramatiza el deseo del sujeto y con cuyo guion (consciente o inconsciente) el sujeto se protege de lo real, de la castración, de la falta en el Otro. No me parece que siga siendo interesante que, mediante el pase mágico del "como si" stanislavskiano, sigamos adaptando el yo del actor al supuesto yo del personaje o al yo del director, es decir, cargando, incluso —si me permiten usar una palabra tan compleja en psicoanálisis— "proyectando" sobre los personajes —de Shakespeare o Chejov, por nombrar dos eminentes— con supuestas vivencias de un actor que *no sabe* teóricamente cómo vérselas con la cuestión del fantasma, del suyo, en el presente del ensayo y de la improvisación y que, además, no sabe cómo vérselas con el fantasma del texto, el fantasma que es el texto. ¿Qué lugar ocupa "el personaje" o el texto dramático en los textos stanislavskianos en relación a los tres registros lacanianos de lo imaginario, lo simbólico y lo real? Otra vez los invito a trabajar los textos del maestro ruso. Sin ir tan lejos, para quien quiera ahorrarse la lectura de Stanislavski, hay una pregunta siempre presente que no puede

dejarlo tranquilo y que tiene que ver con el fantasma: ¿qué quiere el director de mí? ¿Qué me quiere el Otro? ¿Tengo que adaptar mi actuación —como la adaptación del yo del paciente al yo del analista en las terapias de la *Ego psychology* o las de *two bodies' psychology*— a la medida de lo que cree el director? ¿Quién o qué garantiza que yo o él estemos en lo correcto? No se trata sólo de una ética teatral, como resulta claro, sino también de una política del ensayo. Confío que en función de esto se me entienda bien: no estoy postulando que haya que analizarse o convertir el ensayo en una sesión; simplemente estoy apelando a cuestiones teóricas que me parece merecen no solo 'mayor' atención, sino atención a secas, si queremos pensar una dramaturgia y una formación actoral para el futuro.

- *Transferencia y verdad*. Que el psicoanálisis sea una ciencia de lo particular, puede escandalizar a muchos y, créanme, nos seremos nosotros los primeros en escandalizarnos desde que Freud inaugura la ciencia del sujeto, es decir, del inconsciente. Baste esto para indicar que en la reconstitución de la historia tal como el sujeto la verbaliza y la actúa no se trata de hacer arqueología o investigación policial. Como con el trauma, "su dimensión fantasmática es infinitamente más importante que su dimensión de acontecimiento" (61), es decir, no se trata de llegar a lo que *objetivamente* ocurrió, sino a la verdad del sujeto en lo que ocurrió. Esta verdad es lo singular, para lo cual es necesario una teoría que funde una técnica y, por ende, una ética analítica capaz de trabajar para develarla. La verdad no se ofrece, no se entrega fácilmente. Freud nos enseñó que la verdad emerge en el acto fallido, en el sueño, en el síntoma. La asociación libre es una técnica eficiente en promover la posibilidad de la equivocación, pues de eso se trata, de cómo "la verdad caza al error por el cuello de la equivocación" (*Seminario 1* 386). En ese discurso liberado gracias al pacto entre analizante y analista, el sujeto siempre habla y lo hace no "sólo con el verbo, sino con todas sus restantes manifestaciones. Con su propio cuerpo —dice Lacan— el sujeto emite una palabra que, como tal, es palabra de verdad, una palabra que él ni siquiera sabe que emite como significante. Porque siempre —enfatiza Lacan— [el sujeto] dice más de lo que quiere decir, siempre dice más de lo que sabe que dice" (*Seminario 1* 387). Toda la cuestión de la resistencia y, por ende, de su relación con la transferencia aparece justamente porque la verdad se manifiesta en formas residuales, parasitarias, laterales, marginales. Freud la buscó en los sueños, los lapsus, el chiste, el olvido del nombre, la agudeza, es decir, en lo que no está a disposición de la conciencia.

El amor y el amor de transferencia

Pasemos al *Seminario 8*. Lacan va a ir abordando las cuestiones del amor y de la transferencia, esta vez mediante la lectura de *El banquete* platónico. Casi como un director teatral tradicional, Lacan lee *El banquete* a fin de desbrozar las aproximaciones al amor, pero también las aproximaciones de todo tipo que ha tenido el concepto de transferencia (y el descalificado de contratransferencia) en la bibliografía psicoanalítica. Ya en el *Seminario 1* había tocado la cuestión del amor y del amor de transferencia y allí había sostenido, siguiendo a Freud, que "[l]a estructura de ese fenómeno artificial que es la transferencia y la del fenómeno espontáneo que llamamos amor y, muy precisamente, amor-pasión, son en el plano psíquico equivalentes" (142). El amor de transferencia abre la puerta a lo central del *Seminario 1*, que es la función de lo imaginario y, obviamente, su relación con lo simbólico y lo real. Para nuestros intereses teatrales, estos desarrollos teóricos, ligados a la relación narcisista, al yo ideal y al ideal del yo, a la mirada, a la función y campo de la palabra, al estadio del espejo, etc., son fundamentales para trabajar múltiples aspectos ligados a la teatralidad del teatro y, por eso, merecen un tratamiento por separado, sobre todo porque la praxis teatral se propone desbaratar esa teatralidad del teatro o lo que he denominado 'institución-teatro'.

En el *Seminario 8*, Lacan va a interrogar, a diferencia de los que ponían el acento sobre el paciente, el lugar del analista y su deseo. Para él, este texto platónico da testimonio de la primera transferencia analítica, la que ocurre entre Alcibíades y Sócrates. En ella se produce la metáfora del amor cuando el amado se transforma en el amante, en deseante. Sócrates, que no se admite como amado, se ausenta, justamente, en ese punto en el que Alcibíades, "el hombre del deseo", podría colmar su falta. Sócrates rehúsa ser amado porque no hay en él nada amable, se propone como un ser vacío. Además, sabe que todo lo que Alcibíades dice de él, lo dice en realidad por Agatón. Se realiza aquí, según Lacan, la primera interpretación analítica que da cuenta de la transferencia.[80]

¿Cómo imaginar el amor de transferencia desde la actuación? La posición del amor, según la tradición freudiana, es muy precaria; está siempre amenazada, está en una "posición clandestina" (8). A diferencia de otros amores, el amor de transferencia se realiza en el espacio acotado del consultorio, en el que no se discierne tan fácilmente el territorio de lo privado y de lo público. El hecho de que esa posición del amor se encuentre protegida en un consultorio es sumamente paradojal. ¿Qué rol tienen el analizante y el analista en este encuadre? ¿Cuál es el deseo del analista en la transferencia? Pasadas a nuestro campo teatral,

---

[80] El director no debería admitirse como amado, si es que quiere que el actor se transforme en un ser deseante. Queda, sin embargo, por descubrirse qué o quién sería el Agatón (¿el personaje?) en el campo teatral durante el ensayo.

se nos impone volver a formular nuestras preguntas: ¿Qué rol juega el deseo del director en el ensayo? ¿Qué quiere el actor del director o del personaje? ¿Qué lugar ocupa el director para el actor? Si, a pesar de ciertas diferencias, la analogía entre tratamiento/consultorio y ensayo/estudio no es completa, su proximidad conceptual es productiva. Stanislavski —a la manera de un psicólogo laboral que busca la mayor productividad y eficiencia del obrero dentro de la fábrica— plantea la necesidad —también bastante paradojal— para el actor de crear un "círculo de soledad pública" por medio de la concentración y la atención, dejando afuera "las circunstancias dadas" de la vida privada (*Ética y disciplina* 88).

El director debería justamente calibrar a quién se dirige el actor en la improvisación —sabe que él no tiene el objeto buscado ni lo encarna— y, sobre todo, como Sócrates, debe inducir al Actor a ocuparse de sí mismo, de su propia perfección o, mejor, de su propia falta (o la del personaje). En este sentido, el ensayo podría finalizar allí donde el Actor atraviesa 'un' fantasma fundamental y, consecuentemente, cambia su posición subjetiva, se posiciona diferentemente respecto del fantasma e invita al público a alterar su modo de goce. Así, al admitir su castración, también admite que el director no puede, en tanto otro, operar allí como garantía de su trabajo en tanto el gran Otro tampoco garantiza nada puesto que también padece la tachadura, la falta. El director, pues, puede estar o no estar, pero el Otro está siempre allí escuchando. Muchos directores admiten que su trabajo termina con el estreno, cuando el actor ya está sobre el escenario y frente al público, es decir, cuando el actor —si se trata de un verdadero artista— se ha autorizado a sí mismo.

No se nos escapan los efectos de esta estrategia en la dimensión del poder. Para entrar en la transferencia, el amor, dice Lacan, no debe postularse como intersubjetivo, de sujeto a sujeto, sino que, por el contrario, maniobra la conversión del otro sujeto como objeto. El Actor fracasaría si su objetivo fuera hacer caer o degradar al Otro como 'petit *a*', como si ese Otro fuera el objeto de su deseo, es decir, fracasaría si pensara que el *ágalma* del director está encubriendo al gran Otro como objeto de su deseo. Esto lleva a la cuestión de la disparidad subjetiva implicada en el amor de transferencia. ¿Dónde está el Otro durante el ensayo?

El 'actuar bien' y el Bien de la ciudad

El *Seminario 8* viene después del *Seminario* sobre la Ética, de modo que al enfocar la transferencia Lacan profundiza sus discusiones previas sobre la ética. El analista, nos dice, no está en ese encuadre para alcanzar el bien del analizante, sino para que éste lo ame (8). ¿Se trata entonces de alentar el coqueteo o la seducción? ¿Se trata de ponerse en una tarea docente amatoria? ¿Supone entonces que debe saber *antes* lo que es amar y lo que es el amor? Sócrates decía que eso era lo único que sabía, por eso hay que explorar *El banquete*. Pero, como lo dice Lacan justamente al comienzo del *Seminario 8*, no se trata de una relación de dos. En esta lectura del *Simposio* platónico, en esta "atmósfera de escena" (92), en esta "asamblea de viejos putos" (92), al referirse a la forma en que Alcibíades se sitúa entre Sócrates y Agatón, Lacan sostiene que "hay que ser tres, y no sólo dos para amar" (91). La transferencia supone una "disparidad subjetiva" (1), que no es simplemente una disimetría entre los sujetos, sino que se sitúa en la dimensión de la *"imparidad subjetiva,* de lo que ella contiene de impar" (*Seminario 8* 1). En este sentido, para el amor, donde parece haber dos, hay por lo menos tres.

Lacan, como un "director experimentado" (*Seminario 8* 95), enfatizará la entrada de Alcibíades; en efecto, éste irrumpe como una verdadera acción que conmociona esa escena bastante estática donde se ha planteado el elogio del amor por medio de una sucesión de discursos a los que Lacan dedicará su atención uno por uno. Alcibíades, entonces, entra y cambia las reglas del juego: del elogio del amor pactado por los presentes, se pasa al elogio del otro, de alguna manera —me arriesgo a decirlo— se pasa en este diálogo platónico de un poner en acto (discursos sobre el amor, verbalización) a un *acting out* de la transferencia (Alcibíades 'actúa' frente a Sócrates lo que no puede discursear sobre el amor).

Veamos estas cuestiones en el nuestro hacer teatral. Nuestra analogía nos llevaría a interrogarnos si en el ensayo —que, esperamos, se desarrolla también indiscutiblemente en la dimensión de una ética, como soñaba Stanislavski— donde privilegiamos el actuar, estamos orientados también por el "actuar bien" (*Seminario 8* 2). Como lo dice el maestro ruso, no sin cierto idealismo, y quizás en un sentido muy diferente a Freud, "cada persona se esfuerza por alcanzar lo que es bueno en la vida. Esta es su intención en lo más profundo de su alma pero siempre hay algo que lo obstaculiza en ese esfuerzo" (Stanislavski 48). La frase, con sus resonancias kantianas y hasta schopenaurianas, permanece para los teatristas bastante ambigua. Obviamente, buscamos el "actuar bien", pero no en el sentido del Bien del Actor. En el tiempo doble —cronológico y lógico— en que emerge el amor de transferencia, la búsqueda del bien llevará a la realización del deseo que es "la emergencia a la realidad del deseo como tal" (*Seminario 8* 45). ¿De qué bien se trata, de qué deseo? ¿Qué relaciones hay entre el bien para el sujeto y el bien colectivo? ¿Será en el sentido del Bien de la ciudad?

Pero aquí la frase toma resonancias que nos abren a cuestiones muy difíciles de discernir. ¿Qué entendemos por "actuar bien", en el sentido de realizar una actuación adecuada? ¿Adecuada respecto a qué? ¿Adecuada a la realidad? ¿Qué realidad? ¿Qué estatus tiene la realidad en nuestro campo teatral? Muchas escuelas y métodos han sido discutidos en función de lo que puedan proveer sobre el "actuar bien". Casi todas esas escuelas, métodos y técnicas, jamás dieron una definición de lo que entienden por 'realidad'. Menos aun la diferencias, como hará Lacan, de lo real; en efecto, para Lacan la realidad es una construcción fantamática del sujeto y lo real, en cambio, es aquello doloroso que, no sabido, se repite y resulta muy difícil de apalabrar. ¿Sobre qué bases evaluar la ideología de estas escuelas y métodos? ¿Quién garantiza que el "actuar bien" en Stanislaviski es mejor o peor que el "actuar bien" en Brecht? Como en la pieza de Bartís,[81] la metonimia de nuestras preguntas parece que va *de mal en peor* respecto a la formación actoral clásica. Parece que estamos necesitados de una interrogación radical en nuestro campo —así como Bartís en su obra *De mal en peor* hace una interrogación radical al pasado nacional argentino fundando una nueva mirada— y esa interrogación puede ser formulada con las palabras de Lacan: "Uno debe preguntarse por qué medios operar honestamente con los deseos" (*Seminario 8* 2).

Y no se trata de promover la confesión del analizante, del actor. El psicoanálisis, como dice Lacan, no está —mal que le pese a Foucault— en la dimensión de la confesión, sino en la de la asociación libre y la transferencia. Tampoco se trata, como lo plantea Erixímaco en *El banquete*, de lo acordado en relación a lo desacordado, "de la función de la anomalía en relación a lo normal" (*Seminario 8* 48), tal como leemos muchas veces en los textos de Stanislavski, en donde funciona un cierto *a priori* mental sobre lo que el personaje o rol deben ser, donde un cierto 'modelo' o 'modelo de una identidad' estaría en algún lugar (la realidad, el texto), que habría que observar para ajustar o controlar la representación alcanzando cierta supuesta armonía y fidelidad.

En general, nos advierte Lacan, en la transferencia uno se encuentra más bien con el colapso del deseo, más que con su realización. La práctica del ensayo, la práctica del Actor, debería estar orientada justamente hacia este encuadre en donde se puede colapsar el deseo. Y esto ¿qué quiere decir? Obviamente, no es hacer psicología, llevar al deseo hacia su dimensión —si es que existiera— "salubre", "normal" de acuerdo a las leyes de la ciudad.[82] No se trata de abordar o preservar —como dice Lacan— la "gesta heroica del deseo" (*Seminario 8* 2). El director no está para garantizar una buena actuación, sino que, "poseído por el deseo de todos los deseos, el más fuerte" (*Seminario 8* 131), es decir, el deseo de muerte, se pone también a actuar, a jugar el muerto: "debe —dice Lacan— haber algo capaz de jugar el muerto en este pequeño otro que está en él" (*Seminario 8* 132). No se trata de conformar una máscara afilando la puntería sobre referentes imaginarios de una supuesta realidad. No se trata de que el director se proponga como garantizando un supuesto saber teatral ni que haga oficiar su supuesta experiencia en el proceso del ensayo. Lacan nos advierte que, en cuanto al analista, "el hecho de que sepa alguna cosa sobre las vías y los caminos del análisis, no es suficiente, quiéralo o no, para colocarle en ese lugar [de analista]" (*Seminario 8* 207).

---

[81] La obra *De mal en peor* de Ricardo Bartís es de 2005-2007.

[82] Merecería un ensayo discutir el estatus de lo "normal" en la propuesta stanislavskiana.

El que actúa es el director

Miller, retomando al Lacan del *Seminario 1*, insiste sobre la diferencia entre la ignorancia pura, el no saber, y la ignorancia docta, que es "la ignorancia de alguien que sabe cosas, pero que voluntariamente ignora hasta cierto punto su saber para dar lugar a lo nuevo que va a ocurrir" (Miller 33). En este sentido, "la función operativa de la ignorancia" del analista, es la misma que la de la transferencia, la misma que la de la constitución del Sujeto supuesto Saber" (Miller 33). Lo mismo podríamos glosar para el director e incluso, siguiendo el comentario de Lacan en la clase del 21 de enero de 1959 de su *Seminario 6* sobre el deseo. Más que apuntar a cierta simulación, como hace Miller, Lacan prefiere plantear esta ignorancia docta como un cierto efecto del contexto analítico; "está constituida —nos dice Lacan— por el hecho de estar en análisis", es decir, por el encuadre mismo —sea el análisis o el ensayo teatral— de saber que allí, tanto el analista como el analizante, tanto el director como el actor, están viéndoselas con el significante "en tanto es significante de algo en mi inconsciente, que es significante del Otro".

Su posición como director —y también la que corresponde al actor— es diferente *antes y después* del ensayo, en tanto su saber es aquí suspendido para permitir la emergencia de lo nuevo en la improvisación como pulsación del inconsciente (equivocación, chiste, lapsus, olvido, etc.). Su rol durante el ensayo parece ser —desde esta perspectiva psicoanalítica que intento aquí proponer— *esperar* a que el Actor lo coloque en transferencia como supuesto portador del objeto de su deseo, esto es, el director, como el analista, semblante del objeto *a*, no está allí para *comprender* al actor o al analizante, ni para responder o satisfacer su demanda, pues "de lo que se trata en el análisis no es otra cosa que sacar a luz la manifestación del deseo del sujeto" (Lacan 139) a fin de reconstruir —como vimos antes— la historia.

Por eso, si adoptamos esta perspectiva psicoanalítica respecto a la actuación, tenemos que admitir que el eje de la acción se desplaza del actor al director, ya que, nos dice Lacan, "[s]i hay un lugar en que el término acción (...) pueda ser reinterrogado de una manera que quizá sea decisiva, por paradójica que parezca esta afirmación, es en el nivel de aquél de quien se podría creer que es el que más se abstiene al respecto, a saber, el analista" (*Seminario 8* 210). Se trata de una acción como tentativa de responder al inconsciente, a lo reprimido, donde "el sujeto como tal se disuelve, se eclipsa y desaparece. Es una acción a propósito de la cual no hay nada decible" (*Seminario 8* 211). ¿Será que, en la dramaturgia de actor, el *teatrista* es justamente el que adviene a este lugar del analista —tal como lo plantea Lacan— en la medida en que juega muchas veces el muerto con cada rol —actor-director-dramaturgo? ¿En qué posición deja al espectador este jugar el muerto del teatrista? Esta es una diferencia fundamental, no solamente con la dramaturgia de autor, sino también con el intercambio de roles en la improvisación, tal como Pavlovsky, por ejemplo, lo plantea desde sus bases en el psicodrama.

¿Habrá momentos, durante el ensayo, en que el director oriente a su actor, no ya en cuanto a su deseo, no ya en la dimensión del placer, sino, en cambio, por los desfiladeros del goce o que el director cometa esta "contraindicación" (136) de poner su propio objeto parcial, su *ágalma*, en el actor? Es probable. Ya hicimos mención a la posición perversa del analista. Sin embargo, el director, como el analista, no puede tomar el camino del holocausto del sujeto; su función es aproximar al actor a ese momento en que comienza la construcción de la ficción, a poner en palabras —más allá de ese quedarse sin palabras frente la incomprensión social, frente al *acting out* inicial de entrada en el ensayo a causa de la sordera del Otro— la verdad del sujeto. Es por medio de la mediación del director y de la transferencia, que el Actor puede articular su deseo frente al Otro, es decir, es la transferencia la que retorna dialécticamente a la ciudad, mediante el espectáculo producto del ensayo, al Actor y su práctica, pero sobre todo, retorna también al público ese resto no nominable que llamamos objeto *a*.

Si en la perspectiva lacaniana, la belleza es "la última barrera antes de este acceso a la cosa última, a la cosa mortal" (*Seminario 8* 3), se nos impone la pregunta de hasta qué punto debe realizarse el ensayo teatral en una dimensión trágica, orientando el trabajo teatral hacia el goce. ¿Debe llegar el trabajo del ensayo hasta el atravesamiento de la barrera de la belleza y el bien y conducir al Actor hasta la Cosa (*Das Ding*), debe el director promover el *pasaje al acto* del actor? ¿O sólo detenerse en ese punto en que, ensayo y transferencia de por medio, el Actor atraviesa su selva de fantasmas hasta dejar caer el objeto *a* del fantasma civil y, frente a la falta, retomar o invitar al público a retomar la cadena metonímica del deseo?

Muchas cuestiones se abren aquí que no podemos tratar en este ensayo. El *Seminario 10* de La angustia es sumamente sugerente para discutir aspectos ligados a la teatralidad del teatro, al realismo y, sobre todo, al trabajo del actor. Por ejemplo, frente al objeto *a* del fantasma, el actor podría continuar trabajando en el ensayo —como dijimos antes— en una dimensión trágica y —director perverso mediante— hacer un pasaje al acto, dejarse caer de la escena al mundo, entendido como "el lugar donde lo real se precipita" (*Seminario 10* 129), desentendiéndose del Otro; en consecuencia, no querer ya saber nada del Otro a fin de reunirse con el objeto de su goce y dejar así al sujeto fuera de escena (Miller 123), tal como lo plantea *Función velorio*, del peruano Aldo Mishayiro, obra en la que un director perverso contrata actores dispuestos *realmente* a morir en escena prometiéndoles a cada uno alcanzar su propio goce.[83]

Esta dimensión trágica del ensayo es más habitual de lo que imaginamos. El director argentino Ricardo Bartís también se refiere al "suicidio" del actor en

---

[83] El texto de *Función velorio* está publicado en la *Antología de teatro latinoamericano (1950-2007)*.

su libro *Cancha con niebla* (25), lo que significa que se concibe el trabajo actoral ya no solamente en relación a desnudarse, a sacarse las máscaras asumidas imaginariamente en la 'escena' del Otro —sin saberlo— a atravesar la selva fantasmática para enfrentar el objeto *a*, sino como un trabajo entre las dos muertes de la que habla Lacan en el *Seminario 7* a propósito de *Antígona*. El ensayo teatral estaría así orientado hacia la Cosa última (*Das Ding*), lo cual nos plantea innumerables cuestiones imposibles de tratar en este ensayo. Sin embargo, por más sacrificial que imaginemos la tarea del Actor, es evidente que el pasaje al acto invalidaría la tarea actoral y teatral completamente, porque, como lo dice Miller, el pasaje al acto saca al actor justamente de la escena para arrojarlo más allá del Otro, en lo real (Miller 123). El Actor viene de la ciudad y, ensayo de por medio, retorna a la ciudad vía el espectáculo, vía una ficción que cambia la posición del sujeto frente al fantasma, frente a la fantasía civil, alterando así su modo de goce. El director y la transferencia son el pivote de este proceso.

El trabajo con lo reprimido y el fantasma: paso, pasaje, pase

Este planteo sobre las dos muertes surge de la aproximación psicoanalítica al teatro: lo edípico de Edipo y de Antígona configuran justamente ese pasaje de trabajo con lo reprimido, lo no reconocido, 'lo que no se sabe', con el atravesamiento de la máscara que provee la ciudad, el Estado, para abordar la otredad más radical: la del deseo. Es el mismo trabajo del actor durante el ensayo. Pero una vez vislumbrada la Cosa, el deseo mismo se reposiciona hacia la construcción de una máscara bella que dialectiza con la ley de la ciudad y procura su transformación. Frente al gobernante, que apelaría al Eros para "servirse de él por el bien" (*Seminario 8* 4), el Actor, sirviéndose también de Eros, cuestiona el bien propuesto por el gobernante y la ciudad. El Actor es el que lleva a los otros al asombro (*Seminario 8* 5).

Vislumbrar la Cosa es como el paso intermedio, porque el fin del Actor es construir la belleza necesaria para dejar que los otros puedan a través de ella recuperar lo trágico (20) que la civilización ocultaría por medio no tanto de la diversión sino del entretenimiento (o, para decirlo en su idioma original, por medio del *entertainment*). El Actor media con su cuerpo para llevar al público hasta la pantalla fantasmática que hace de soporte del objeto *a* —lo que antes denominamos "el fantasma o la fantasía civil"— pero ya no para exhibir o exponer, mucho menos para nombrar dicho objeto, cosa por lo demás imposible. El Actor (ya en posición de analista) tampoco intenta sugestionar al espectador para dejarlo fascinado, sino, por el contrario, conduce al público hasta ese punto de la ficción donde la verdad hace su mueca; digamos que el Actor deja al público a las puertas de dicho objeto *a* como *causa* de su deseo, y para eso construye, a diferencia del analista, un dispositivo bello —como el fenómeno de borde que Lacan menciona justamente para definir la *escena*, "aquella ventana que se abre, marcando el límite del mundo ilusorio del reconocimiento" (*Seminario 10* 121)—

en el que, anamórficamente o no, fetichísticamente o no, según su filiación ideológica, coloca al otro en situación de reiniciar su propio trabajo sobre su deseo, sobre su falta.

Aquí retornamos a la transferencia. Si en el encuadre analítico el analizante procede a respetar la regla de hablar lo 'no civilizado' mediante la asociación libre, en el ensayo el actor procede a respetar las reglas de la improvisación e involucra en ella su cuerpo y su decir, o bien su cuerpo que es su decir o su decir como cuerpo. No se trata de 'prestarle' el cuerpo al personaje, no se trata de enmascarar, sino justamente de desenmascarar, de desnudar: esta es la enseñanza de Grotowski y, por eso, el maestro polaco procede a diferenciar Actor del Performer, dejando al primero dentro de la tradición teatral representativa.[84] En el ensayo se parte de cuerpos en afección, en sufrimiento —atravesados por fantasmas civiles, no necesariamente inconscientes— para ir progresivamente explorando sus intensidades micropolíticas y para liberar las voces diversas que lo habitan, que no están unificadas (o lo están muy precariamente, como lo demuestra cualquier improvisación genuina y no dogmatizada); voces que no saben lo que dicen, que malamente resisten a los discursos hegemónicos.

Al director, como al psicoanalista, el actor o el analizante le vienen a demandar "la ciencia de lo que se tiene de más íntimo" (44). Se insinúa así la cuestión medular respecto a la transferencia. Ya no tanto cuál es el deseo del analizante, del actor, sino dónde situar el deseo del analista, del director. No se trata, pues, de *cómo se prepara el actor*, sino articular la pregunta "concerniente a eso que debe ser obtenido de alguien para que pueda ser un analista" (71), a saber, cómo un autor, un actor o un director pueden devenir un teatrista. Aparece así la cuestión del pase —de analizante a analista, ¿de actor a director?— y la cuestión de la travesía del fantasma fundamental. Es este pase el que define al teatrista en la dramaturgia de actor.

El analizante/actor desea lo que no tiene, lo que "no es él mismo, eso de lo cual él está faltante, eso que le falta esencialmente" (*Seminario 8* 79). El actor puede confundirse fácilmente en esta selva de imágenes: puede querer identificarse a un ideal de actor o de actuación, incluso a otros actores; puede querer identificarse —como lo sostienen ciertas aproximaciones a la formación actoral— a la supuesta identidad de un personaje (extraño malabarismo del Sistema de Stanislavski). Como en el amor, podemos identificarnos al otro amado, o bien al objeto del amor, o incluso al objeto del deseo del otro (*Seminario 8* 102). El sujeto se debate en este "pluralismo de estos niveles de identificación que llamamos el ideal del yo, yo ideal, que llamaremos, también identificado, yo deseante" (*Seminario 8* 102). El director (o a veces el personaje) se le puede aparecer al actor como el soporte de su deseo, de su deseo de actor, en cuanto el director se posiciona como sujeto supuesto saber; el director o el personaje como *ágalma*, es decir, alguien que guarda en su interior un objeto precioso que no coincide con

---

[84] Ver mi libro *Grotowski y yo. Una lectura para la praxis teatral en tiempos de catástrofe*.

su apariencia física, algo que puede funcionar como trampa, encanto, objeto mágico y, finalmente, como objeto parcial —no transitivo, objeto único entre todos los demás, no equivalente a los otros objetos, objeto del fantasma— es decir, un objeto con "acento fetiche" [*Seminario 8* 98]; el director o el personaje pueden incluso estar allí como otro en tanto "suma de un montón de objetos parciales. Lo que para nada es lo mismo que un objeto total" [*Seminario 8* 100]). Lo mismo podría decirse para el actor en tanto *ágalma* en su relación al público: el actor tendría un saber secreto, incluso un talento escondido, en cierto modo, objeto del deseo del público, base de su fanatismo.

Para abordar este objeto del deseo —que es inconsciente y que está más allá del objeto de una ciencia, de una episteme— el director sólo cuenta —como lo vislumbra Buenaventura— con un saber que se articula sobre la ley del significante. Como ya mencionamos, el director, como el analista, puede tener cierta capacitación y cierto saber. De hecho, los tienen, pero no se puede confundir esto con la posición de director que éste asume en el proceso del ensayo teatral. Tarea compleja, si se quiere, porque involucra la cadena inconsciente del actor respecto del personaje y del director respecto del actor, ambas articuladas por la transferencia. Para llevar a cabo esta tarea desde la perspectiva psicoanalítica, el director, una vez más, como el psicoanalista, debe abstenerse o "ausentarse de todo ideal de analista" (*Seminario 8* 243) o de todo ideal de director. En este sentido, el director "no puede dar más que un signo, pues el signo que hay que dar es el signo de la falta de significante; es el único que no se soporta, porque provoca angustia. Sin embargo —agrega Lacan— es el único que hace acceder al otro a lo que es la naturaleza del inconsciente" (*Seminario 8* 159).

No la memoria del espectáculo, sino los espectáculos posteriores, serán el archivo que dan cuenta de esas transformaciones dramatúrgicas. Como sucede con la interpretación psicoanalítica, en la cual más allá del acuerdo o desacuerdo del analizante, lo que la confirma es un sueño, un lapsus, un olvido posteriores, lo mismo ocurre con la dimensión de verdad de un espectáculo, en la medida en que más allá del éxito o fracaso de público, es el espectáculo siguiente el que confirma de una transformación en el discurso teatral. Por eso el ensayo teatral es una instancia especial que merece mayor atención teórica.

De los fantasmas y del ideal

¿Qué hacer con los fantasmas del director? ¿Qué rol juegan los fantasmas del director en un ensayo que se realiza bajo el descubrimiento freudiano del inconsciente? Su proyecto de puesta en escena está hablando de posibles síntomas sociales, políticos y cuturales —todos aquellos de los que el director quiera quejarse con su puesta o durante las entrevistas. Pero lo que va a incidir en el ensayo, es la dimensión fantasmática de su propuesta, ésa de la cual, probablemente, él no sepa nada o, incluso, de la que no quiera hablar. Lacan lo dice en términos contundentes y hasta brutales: "suponiendo que hubiera un fantasma fundamental, ¿si la castración es eso que debe ser aceptado en último término del análisis, ¿cuál debe ser el rol de su cicatriz, de la castración en el eros del analista?" (71). El analista/director podrá sostenerse en esta posición socrática: ser átopos, "un caso inclasificable, insituable" (70), como el amor, que "no está jamás en su lugar, lo que está siempre fuera de las casillas" (73), aunque no obstante deberá ir más lejos. El mismo Stanislavski reconoce la potencia del amor al arte en su método, como una base ética y epistémica, aunque advierte del peligro de cuando "en la relación del director respecto al elenco y sus subordinados, se deja entrever una relación sentimental hacia algún integrante del elenco. Ante todas las tentaciones de la vida teatral —nos dice— el amado o amada rápidamente se transforma en estrella y dueña del teatro" (75). Más allá del pragmatismo, el rol del director, según lo concibe el maestro ruso —muy diferente al que esbozamos aquí a partir de la analogía con el analista— parece estar más en consonancia con ciertos rasgos de la sociedad panóptica en el control del proceso de producción: "El director sólo debe dar una orientación general a la obra y al trabajo, y regular la armonía de toda la creación; él debe orientar el ensayo y mantener su disciplina" (Stanislavski 76).

El analista deberá, en tal caso, inspirarse en la enseñanza socrática que atañe a la transferencia, es decir, donde "el eromenós, el amado, se transforma en erotomenós, el interrogado" (79), movimiento por el que se introduce "la función de la falta" (79). El director se situaría así frente al Actor, frente a la falta del Actor. Como pregunta Diotima en *El banquete*, la cuestión es saber "qué le falta a aquél que ama", es decir, en nuestra analogía, qué le falta al Actor, qué le falta a aquél que actúa. Para el Actor, como para Alcibíades, "aquél que experimenta el deseo" (79), el objeto de su deseo, lo que le falta, no está a su disposición, no está presente. Según Diotima, la respuesta debe buscarse por el lado de la poiesis, de la creación: la falta está en relación al amor a lo bello, como velo del deseo de muerte (88). El malabarismo de Diotima, que intenta introducir el idealismo platónico, es convertir esta concepción de lo bello en tanto pasaje o transición particular, colocándola como meta, como la búsqueda de la belleza *ideal* con la que el sujeto, el actor, debería identificarse. Lacan denuncia este fraude: no se trata de ninguna Belleza ideal. Y esto no se contradice con el hecho de que el Actor deba elaborar su ficción y que el director debe elaborar su puesta en escena, su puesta en mentira de la verdad *estéticamente*. La belleza —no ideal, sino históricamente pactada: al fin y al cabo, se trata de lo simbólico, de la batería significante— es no obstante lo que permite retornar a lo civilizatorio [dialéctica] y, por medio de una negociación con los otros y el Otro, logra avanzar algo de lo no reconocido transformando la cultura.

El director y su público:
la puesta en escena y las estructuras espectatoriales

Del lector, del espectador y del público

Nos hemos acostumbrado a pensar que el actor es el que debe trabajar para construir una máscara, a la que denominamos personaje. Nos hemos acostumbrado también a pensar que el público, sentado en la oscuridad –sin hablar, sin moverse, distribuido según su capacidad económica– viene y se enfrenta a esa máscara a *cara pelada*, sin trabajar y solo para divertirse o reflexionar. No hemos pensado, sin embargo, hasta qué punto la oscuridad del teatro tradicional de sala podría ser una manera, y hasta una estrategia perversa, de enmascarar al otro (ese conjunto de ciudadanos, cada uno tan distinto del otro, reunidos en una sala y que llamamos 'público', cuya heterogeneidad, cuyas múltiples diferencias se ha pretendido desconocer con calificaciones de 'convivio) y al Otro (el lenguaje, el discurso hegemónico, el Otro de la mirada como objeto *a*). La oscuridad, ese agujero negro, causa de las inhibiciones del actor y que Stanislavski trató de exorcizar como pudo con su psicotécnica, es como el umbral de la máscara necesaria para que el actor pueda trabajar y la escena desarrollarse. Obviamente, en el teatro callejero –realizado muchas veces a la luz del día– la oscuridad no tiene un rol pero, sin embargo, todavía es posible cotejar los procedimientos, en muchos casos sonoros o hiperbólicamente visuales, con los que se intenta apelar al voyeurismo del espectador.

El público del teatro de sala puede ser bastante calculable en términos sociológicos: depende de los precios de las localidades, de la ubicación de la sala en el mapa urbano, de los sistemas de transporte que se acercan a dicha sala, de los emblemas de prestigio que supone asistir a un espectáculo, etc. En el teatro callejero, ese público es más difícil de identificar y calcular: están los curiosos, los que pasan, los ciudadanos y los indocumentados, los que pertenecen a distintas clases sociales, los que tienen diferente nivel educativo, los que se mueven de un lado al otro, los que se agachan, los que se colocan detrás de otros y se camuflan, los que se detienen a tocar más que a ver, los que dispersan su atención y los que se concentran, etc. Sin embargo, como veremos, *no podemos confundir al espectador con el público*. En tanto hay una teatralidad social, cada miembro de ese público porta la máscara social que el Otro le ha asignado en la sociedad. Tenemos así un circuito público de enmascaramientos de los dos lados: del lado de la escena y del lado del público. En este ensayo vamos a proponer, sin embargo, asignar la denominación de 'espectador', no a esos miembros del público, sino a una máscara en cierto modo instalada como un litoral, en el sentido que le diera Lacan, esa brecha entre la escena y la platea. Es decir, en este ensayo llamaremos 'espectador' a una máscara elaborada, consciente o inconscientemente por el teatrista, para dar-a-ver su trabajo. El espectador será entonces una máscara que suplementa la máscara actoral y forma parte de una estructura no analizable en términos sociológicos.

¿Qué es un espectador? La pregunta nos asalta de pronto. Cuando se les hace a los directores teatrales esta pregunta,[85] casi siempre responden desde su percepción de las reacciones del público o bien de su interés o desinterés sobre la importancia o reacción que éste podría quizá tener durante el proceso del montaje. Sin distinguir conceptualmente entre espectador y público, Brecht ya había señalado hasta qué punto la figura del espectador se impone al artista y cómo el público regula la puesta en escena. Ahora bien, si admitimos que toda puesta en escena enmascara tanto a los actores como al público, tendremos que admitir que el *espectador* es una máscara también construida por el teatrista. La pregunta que inmediatamente se nos impone es: ¿qué relación tiene esa máscara de espectador con el público?

Los directores, como vimos, y también algunos estudiosos, suelen demasiado rápidamente asimilar al espectador como *sujeto* al público como *masa* de individuos. Desde muy temprano, allá por los años sesenta del siglo XX, los estructuralistas, especialmente Roland Barthes en su ya famosísimo "Introducción al análisis estructural de los relatos", vislumbra muy tímidamente el problema: si en un texto narrativo, nos dice, debemos distinguir al autor del narrador –el primero como individuo histórico perecedero, que nace y muere en un período determinado de la historia humana, y el segundo como un procedimiento inmanente al texto, que no varía hasta tanto el texto desaparezca, lo que Borges ya había planteado y complejizado en su "Borges y yo"– entonces queda que hagamos la misma distinción del lado del receptor. "Cuando pasamos al lector –escribe Barthes– la teoría literaria es mucho más púdica" (Barthes, "Análisis estructura, 32). Así como hay un narrador que no podemos confundir con el autor, no deberíamos confundir al lector con el individuo que lee. Si podemos hablar de protocolos literarios de construcción del narrador, sea cual fuere el modelo que instrumentemos (omnisciente, testigo, homo/heterodiegético, intra/extradiegético, en tercera persona, etc.), queda claro que se trata de un sujeto inmanente al relato. ¿Y del lado de la recepción? Si los marcadores del narrador son "a primera vista más visibles" (32), los signos de lectura parecen escaparse, porque "carecemos de inventario y dejaremos por ahora de lado los signos de la recepción" (33).

---

[85] Ver mi proyecto continental de entrevistas a directores hispanos/latinos de las tres Américas, *Arte y oficio del director teatral en América Latina*. Vol. 1 *México y Perú*. Vol. 2 *Argentina, Chile, Paraguay y Uruguay*; Vol. 3 *Colombia y Venezuela.*; Vol. 4 *Bolivia, Brasil y Ecuador*; Vol. 5 *Centroamérica y Estados Unidos*; Vol. 6 *Caribe. Cuba, Puerto Rico y República Dominicana*.

Introducción a la praxis teatral

Aunque Barthes se desentiende en ese ensayo muy rápidamente de los problemas que conlleva pensar en este lector *inmanente*, lo cierto es que más tarde este aspecto fue retomado, como sabemos, por Barthes mismo y por la teoría de la recepción. Wolfgang Iser nos legó la noción de *lector implícito*, que correspondería a las marcas del lector buscado, esperado, deseado por el narrador (que no es el autor). Se produjeron a partir de esto muchas discusiones, que no siempre lograron diferenciar adecuadamente al individuo de la historia (el autor como elemento de la historia de la literatura o del teatro o el individuo que lee o conforma un público), del sujeto inmanente al relato (narrador, *lector* o espectador). Fue más fácil teorizar sobre el sujeto inmanente a cuyo cargo está la narración y se formularon al respecto varios modelos. Sin embargo, resultó más complicado teorizar sobre el sujeto al que el narrador le dirige el relato, el narratario, que no tiene por qué coincidir con el individuo que lee, con el público y que no se confunde con el lector implícito, real, ideal o virtual. La sociología y la historia hicieron todo lo que estuvo a su alcance para contabilizar elementos de la historia del teatro y de la literatura, incluso bajo la forma famosa de la *sociología del gusto*, con la que Iser marcaba sus diferencias. Lo interesante es que –como lo deja claro Barthes– si nos es bastante fácil distinguir entre el autor y el narrador, en cambio carecemos de palabra para distinguir al lector (como lector implícito o narratario) del lector-individuo que efectivamente realiza una lectura histórica y culturalmente determinada.

En el campo teatral ocurre casi lo mismo: carecemos de palabras para distinguir adecuadamente al espectador, en tanto perfil fraguado por el proyecto de puesta, del espectador u contemplador contingente que forma parte del público. La semiología y los estudios literarios mucho aportaron al elaborar conceptos tales como narrador/narratario, lector implícito, ideal y virtual. Los estudios de cine hicieron confluir la semiótica con el psicoanálisis de una manera bastante productiva, especialmente a partir de la enseñanza lacaniana.

En lo que sigue nos proponemos abordar la cuestión del espectador *desde la praxis teatral* (no desde la crítica o los estudios teatrales), es decir, desde el proyecto y proceso de montaje de una pieza teatral. En cierto modo, la teoría teatral abordó este problema bajo el concepto de *focalización* y éste es quizá el concepto más cercano al ejercicio directorial que nos proponemos en este ensayo. Nuestra pregunta consiste en interrogar, desde la enseñanza lacaniana, hasta qué punto las estructuras freudianas o clínicas de las que habló Lacan podrían ser un instrumento valioso para el director o grupo de teatristas involucrados en un proceso de montaje. Los trabajos psicoanalíticos se han orientado más hacia el campo de lo actoral y han trabajado algunos aspectos de la recepción teatral a partir de una relectura de la *Poética* aristotélica, de algunos trabajos de Freud y de las lecturas de Lacan de *Antígona* o *Hamlet*. En consecuencia, gran parte de ese valioso corpus teórico se interesa por el tema de la catarsis y de la identificación. Como se verá, en este ensayo vamos a interesarnos en otros aspectos.

Por ahora, en este estado de teorización, solo planteamos algunas reflexiones que deberán en el futuro ser refinadas y complejizadas a partir del trabajo de los teatristas, más que de los estudiosos del teatro. La semiótica, que elaboró conceptos bastante acotados, si bien aportó a los estudios teatrales, no resultó de utilidad para los teatristas en su praxis teatral. La propuesta que aquí intentamos esbozar se basa en la praxis teatral, es decir, en cuestiones ligadas al ensayo, montaje y producción de un espectáculo. No pretendemos agotar todas las posibilidades de reverberación teórica que estas *máscaras espectatoriales* puedan proponer y, sobre todo, no pretendemos que el público se acomode a ellas sumisamente ni como instancia de validación o contrastación. Simplemente partimos de la convicción de que todo proyecto de puesta en escena pone al director ante la cuestión del espectador (no la del público), más allá de creer que estas máscaras aseguren o garanticen resultado alguno. Sin embargo, como intentaremos sugerir, son ideológica y políticamente ineludibles al momento de trabajar en el montaje.

Las máscaras del público y el proyecto de puesta en escena

En el teatro, como vimos, no estamos muy acostumbrados a distinguir al *público*, como un conjunto de individuos históricamente situados que cambia con cada espectáculo y cada función, del *espectador* como una función interna, inmanente a dicho espectáculo y que permanece constante, porque forma parte de la estructura de la propuesta escénica, más allá de las reacciones del público. Si el narrador puede funcionar como una máscara consciente o inconscientemente fraguada por el autor para manipular la veracidad de su relato, entonces podríamos nosotros extender esta misma ecuación al teatro: el director o el colectivo montan la escena para un espectador implícito, imaginado, esperado o deseado, para manipular la *verdad* de la escena. Ese espectador es una máscara propuesta por la puesta en escena —que puede coincidir o no con la máscara de espectador fraguada por el autor del texto dramático— con la que se enfrentará el público, los individuos históricos que asisten al espectáculo. ¿Es posible tener más de un lector implícito en un relato? Hay muchas discusiones y respuestas a esa pregunta en el campo de los estudios literarios. En cuanto al espectador teatral tal como lo vamos a proponer aquí a partir de la lógica lacaniana, será *uno* para *cada una* de las estructuras espectatoriales. No es muy factible que una escena esté montada para ser receptada por varios espectadores, es decir, no es posible elaborar una puesta incorporando más de una máscara espectatorial. Una vez que el director decide el tipo de estructura espectatorial que admite su montaje (con su propia economía libidinal), decide a la misma vez el tipo de *espectador* al que desea dirigirle lo dado-a-ver o, como veremos, es probable que ese espectador ya se le haya impuesto antes de iniciar su montaje. El público, obviamente, se dejará manipular, se dejará seducir por esa máscara o bien la rechazará, pero lo cierto es que dicha máscara lo espera desde antes, incluso desde mucho antes de que haya decidido ir al teatro. Ese espectador –tan difícil de visualizar– es la máscara que el montaje construye para organizar desde allí el sentido del espectáculo. Ese espectador implica, como veremos, una opción política. La cuestión siguiente es la que emerge de interrogarse hasta qué punto la máscara espectatorial elegida o que se ha impuesto inconscientemente se corresponde o cómo se corresponde con los contenidos del espectáculo: puede reforzarlo, puede contradecirlo o puede neutralizarlo. Si, como hemos dicho, debemos distinguir entre el actor como un individuo histórico de carne y hueso que porta una máscara, la de su personaje, deberíamos distinguir también entre el público y el espectador, aunque podríamos ir inclusive más lejos en el planteo: tal vez el actor no sea más que otra máscara que asume un individuo histórico, porque el *actor* es ya un diseño de máscara protocolizado por la cultura.[86] Hay escuelas de actuación con diversos modelos de *actor*; hay técnicas actorales basadas en distintas perspectivas respecto del cuerpo, de la función del teatro, del tipo de representación o no representación, etc. En este sentido, el personaje no sería sino un doble recubrimiento del individuo de carne y hueso que asume la función de actor y luego la máscara de un personaje. En los últimos años esto se ha complicado aún más con la aparición del performer; conocemos las discusiones que actualmente se realizan, con bastante confusión nocional, para diferenciar adecuadamente al actor del performer.[87]

¿Hay alguna manera de captar –o de visualizar, para usar los términos de Barthes– más concretamente esa invisible máscara del espectador? Cuando el director –o quien en un grupo oficie de tal– decide el diseño de espacio y, a partir de allí, lo sepa o no, determina el ojo desde el cual va a verse el espectáculo, está construyendo una máscara desde la cual va a ser visto lo que él va a dar a ver. Aquí nos topamos con otra gran confusión en los estudios teatrales; se usan como sinónimos los términos *lugar* y *espacio*, sin percatarse de que, una vez más, el lugar está determinado históricamente y el espacio no es sino el enmascara-

---

[86] Tal vez algunas apreciaciones de Freud y Lacan sobre la relación público/actor/personaje –como las de quienes han trabajado sobre esos autores– deberían profundizar más esta cuestión, si admitimos que el actor –o el analizante— es ya una máscara determinada a nivel simbólico, según un tipo de entrenamiento social o escuela actoral en la que se haya formado. Un actor profesional casi siempre trae a los ensayos un cierto ideal de actuación y un cierto yo ideal de actor el cual a veces obstruye el proceso creativo. Se impone, pues, enfocarse en cómo se desliza en esos trabajos una confusión entre el individuo histórico –con sus propias pasiones e inconsciente– y el actor.

[87] Grotowski puso en crisis esa afirmación de que "no hay teatro sin el actor" o "el actor es el elemento esencial del teatro"; nadie como el maestro polaco dio una estocada mortal a la figura del actor en el teatro representativo o en el teatro en general. Su propuesta del Performer (con mayúscula) no necesariamente coincide con el uso del vocablo 'performer' en los estudios de arte performativo.

miento de dicho lugar a partir de una determinación discursiva precisa e históricamente determinada. Muchos directores, por múltiples razones de tipo práctico, sean financieras o institucionales, terminan acatando el modelo de sala a la italiana (y algunas de sus variantes, incluso si hacen teatro callejero) como lo dado, lo natural, *el* teatro. Partamos del axioma de que en un mismo lugar se pueden construir distintos espacios. Inclusive, en una sala a la italiana ya dada, se puede construir un espacio que subvierta las imposiciones de ese modelo arquitectónico. Los lugares están dados; los espacios se construyen. Así, en un lugar con ciertas dimensiones de largo, ancho y altura, se pueden construir espacios diferentes. Los espacios suponen y organizan relaciones específicas entre sujetos. Los espacios responden a discursos precisos.[88] En un mismo lugar, pueden proponerse diversos espacios pedagógicos, que responden a discursos diferentes: discursos verticalistas, autoritarios (el escritorio y la pizarra al frente para el sujeto supuesto saber y muchas sillas o bancos para el *sujeto* supuesto aprender, que siempre es uno solo, aunque haya mucha gente que ocupe ese lugar) o bien espacios más democráticos, más horizontalizados. En el teatro, cualquiera sea el espacio que construya el director, siempre supone un área para la escena y otra donde se ubicará el público. *En el medio, entre escena y público, el director interpone una presencia invisible, la máscara del espectador* que —consciente o inconscientemente— ha diseñado para dicho espectáculo o se le ha impuesto para su proyecto de puesta en escena.

La distribución espacial ya supone una teatralidad específica constituida como política de la mirada. Ese espacio remite a discursos específicos de manipulación de la visión y/o la escucha. Pero, más allá de las condiciones materiales del lugar, lo que queremos ahora recortar es justamente cómo, en el proceso de construcción de la escena, en el diseño de espacio que se asume para ella, existe siempre la máscara de un espectador buscado, deseado, esperado y, como contrapartida, ciertas figuras alternativas de espectador que —por razones ideológicas no siempre conscientes— son marginadas o dejadas de lado, excluidas. Siempre, como comprobaron los estructuralistas, un relato se escribe, se cuenta, sobre el fondo de las opciones que no se realizaron, es decir, posibles narrativos que no se actualizaron y quedaron sobre el fondo de lo escribible o contable de un determinado momento histórico.

La función del ojo en el montaje: la cuestión de la mirada y el fantasma

La escena —lo dado a ver— será captada por un ojo ubicado en una cierta relación con dicha escena. Ese ojo es una función del proyecto de montaje; desde él, en tanto visión que no se confunde con la mirada en sentido lacaniano, se organizará y calculará la marcación de actores, la perspectiva escenográfica, la intensidad de la voz, etc. Es desde ese ojo que se construye el *espectador*, el cual –

---

[88] Ver mi libro *Los discursos lacanianos y las dramaturgias*.

remarquemos— no es la mirada. En sentido psicoanalítico, la mirada es siempre del Otro. El Otro, en cierto modo, está por encima de la escena y del espectador, determinándolos a ambos. Precisamente, la escena y la máscara espectatorial tienen la función de vestir la mirada, cubrirla, de lo contrario el público quedaría enceguecido. La mirada corresponde al Otro simbólico que, al tener una falta, tal como lo indica la fórmula S($\cancel{A}$), desea y, por ello, puede imponer cierto tipo de máscara espectatorial en lugar de otra, marca al público así con el significante (la puesta en escena) y encausa el sentido, capturando el ojo de cada miembro del público. La puesta en escena deviene, así, el fantasma cuya fórmula $\cancel{S} \lozenge a$ muestra claramente que el losange opera a la manera de una pantalla que protege al sujeto del encuentro brutal con el objeto *a*, con lo real. La escena, al menos en la teatralidad del teatro, siempre resulta la cobertura fantasmática de lo real (no de la realidad). Sin querer alargar esta cuestión, proponemos para la teatralidad del teatro –y habría que explorar cómo se construyen máscaras expectatoriales en otras estructuras de teatralidad (seducción, ceremonia, rito, contra-rito, fiesta)— el siguiente gráfico, en el que se deja leer la construcción lacaniana de la esquizia entre visión y mirada, el estadio del espejo y los espejos en los planteos lacanianos sobre el ramillete invertido, la ubicación del fantasma y –más allá de los riegos que siempre se corren con los esquemas— los tres registros: real, simbólico e imaginario.

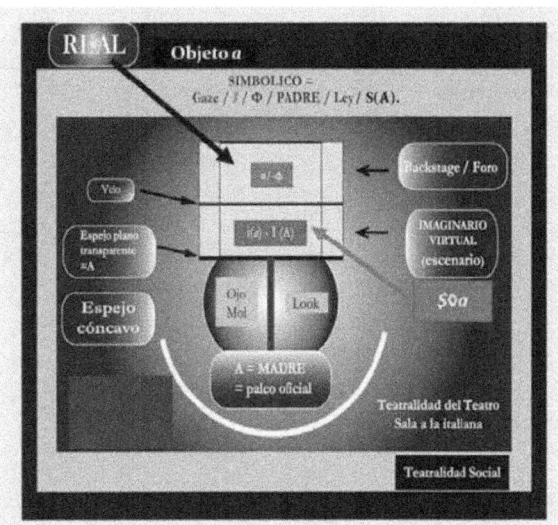

Desbrozar el comentario de este gráfico nos llevaría a extendernos demasiado y alejarnos del foco que nos interesa trabajar en este capítulo: las máscaras espectatoriales.[89] Solamente obsérvese que no hay una relación directa, inmediata, con ese Otro, ni de parte de la escena ni de parte del público. Tanto una como el otro van a mediar su relación con la falta en el Otro a través del fantasma, que oficiará como una manera de taponar, de velar, la falta en ese Otro. Lacan nos legó la fórmula del fantasma $\$\Diamond a$, en ese modo algebraico que buscó para el psicoanálisis en su enseñanza. Allí tenemos un sujeto en relación a un objeto, el famoso objeto *a* lacaniano, causa del deseo, de su deseo. El sujeto dividido, justamente por la intervención del Otro simbólico, ha perdido ese objeto para siempre, pero el fantasma es una escena cuya función es doble: por un lado, como dijimos, velar la castración, la falta en el Otro; por otro lado, provee al sujeto de un modo de regular su acceso al objeto *a* como goce procurándose un plus-de-goce. Hay, pues, para el sujeto una zona de cierta seguridad, regulada por el principio del placer, concebido éste como una descarga de tensiones; más allá del principio del placer, está el goce, una zona más peligrosa, por cuanto se relaciona con el superyó y con la pulsión de muerte.

Durante un tiempo de su enseñanza, Lacan habló del fantasma fundamental como aquello a lo que hay que llegar en el análisis, después de atravesar lo que él denominó "la selva de fantasmas" en sus *Escritos II* (Tomo II, 736). Ese fantasma fundamental, que instaura el modo particular que un sujeto tiene de acceder al goce, no se puede modificar; lo que el análisis logra es cierta destitución subjetiva por la cual el sujeto cambia la forma o modo de posicionarse respecto de su fantasma y su modo de goce. Lacan introducirá la cuestión de la alienación y la separación, y en nuestra aproximación desde la praxis teatral hemos distinguido, en consonancia con la izquierda lacaniana, la desalienación como un trabajo emancipatorio del sujeto frente a su modo de goce alienado al discurso hegemónico.

Deberíamos, entonces, preguntarnos a partir de lo dicho hasta qué punto un diseño espacial –más allá del relato expuesto en la escena o, inclusive, en relación directa con ese relato– responde a cierto fantasma configurado por la historia del teatro tal como, por ejemplo, aparece estructurado por la teatralidad del teatro en ese modelo conocido como *sala a la italiana*, originado en el capitalismo desde el Renacimiento y por ende cómplice de él, no solo en su modo productivo, sino también en su modo de goce. No hay duda de que el

---

[89] El lector con cierta formación lacaniana reconocerá los símbolos lacanianos: A, el Otro [*Autre*, sin tachadura, la Madre Primordial], desde donde se sostiene la perspectiva visual de la escena y desde donde se sanciona o ratifica la imagen y el júbilo que el público asume; el yo/*moi* de cada miembro del público, como el ojo/look/visión frente a la pantalla; la mirada/gaze en la zona correspondiente al registro simbólico, el i(*a*) en tanto imagen del otro, y el I(A) como Ideal del yo exhibido e impuesto desde la escena; el -φ falo imaginario, el Φ falo simbólico, la fórmula del fantasma y la del significante de la falta en el Otro S($\bar{A}$).

Introducción a la praxis teatral

fantasma de la sala a la italiana –tan *naturalizado* como *teatro*, que nos es tan familiar– no deja de tener su dimensión siniestra: sin duda, ese fantasma corresponde a lo que Lacan denominará estructura freudiana de la perversión, cuya fórmula es la inversa del fantasma neurótico, a saber, $a \lozenge \$$.

El fantasma es como una escena en la que el sujeto se ve; el sujeto está fuera y dentro del fantasma, como espectador y como actor. El sujeto hace del objeto del fantasma un signo –y no un significante–[90] que, en la transferencia, va a ser atribuido al analista. La transferencia deviene así una puesta en acto de la identificación fantasmática. La relación del sujeto con el objeto *a* en el fantasma se transforma así en una relación con un semejante, con un partenaire, con un otro. Si bien el fantasma no es totalmente incons-ciente, es, no obstante, difícil de verbalizar; es lo que avergüenza al sujeto. Cuando el analizante se tropieza con la dificultad de verbalizar, entonces actúa lo que no puede decir; lo actúa, lo repite en transferencia, es decir, frente a su analista a quien, sin saberlo, toma como alguien de su historia pasada que ha sido crucial en la formación del fantasma.[91] Se pasa, pues, del fantasma a la transferencia: de hablar o de la imposibilidad de hablar de algo, a la posibilidad de hablar de alguien, el analista, pero en tanto ágalma. En la teatralidad del teatro se trata justamente de provocar la identificación fantasmática mediante la encarnación del objeto del fantasma del público en el actor, cuya máscara agalmática es el personaje que porta el signo. Para ello el público debe soportar la máscara del erastés, es

---

[90] En Lacan, mientras el significante es sujeto para otro significante, el signo es lo que representa algo para alguien. Al decir que el objeto *a* deviene un signo, se indica que es *algo* que detiene el deslizamiento metonímico de la cadena significante. El deseo como falta (de objeto) desaparece, se eclipsa, detrás de ese signo, poniendo al sujeto ahora en relación transferencial con el analista quien, supuestamente y, por la identificación fantasmática del sujeto, queda ubicado del lado del que tiene supuestamente la verdad del analizante. El sujeto cree hallar el objeto en un signo que aparece del lado del analista. Se desata así la pasión, el amor de transferencia. En este amor, tal como lo explora Lacan en su *Seminario 8, La transferencia*, el analista se sitúa como el amado, el *erómenos*, cuyo interior residiría el ágalma, como un cofrecillo que guarda ese precioso objeto que le falta al analizante, posicionado como amante y *erastés*. Por eso, la transferencia hace pasar al analizante de amado a amante; al hacerlo, desata una pasión con toda su galería de reclamos al analista, a quien supone en posesión del objeto que le falta, alguien que goza de lo que el analizante ha sido desposeído. La imposibilidad por alcanzar el objeto del fantasma se transforma, transferencia mediante, en impotencia. No podemos extendernos aquí sobre las consecuencias teóricas de estos conceptos lacanianos en el campo de la praxis teatral, pero hay que tenerlas presente al momento de leer este ensayo.

[91] Se introduce de ese modo la cuestión de la memoria que la praxis teatral debe elaborar en la medida en que interviene en casi todos los niveles del trabajo actoral y directorial, y obviamente implican a la creatividad y al espectáculo, tanto a nivel formal como temático.

decir, del espectador como amante. Es el actor con su personaje el que pasa al plano del amado.[92]

Estructuras freudianas o clínicas o espectatoriales: neurosis, perversión y psicosis

La fórmula del fantasma le permite a Lacan (siempre inclinado en su primera enseñanza más a la lógica que a la gramática,[93] como era el caso de Freud), establecer una base bastante firme para una clínica diferencial. Así nos dará sus tres estructuras freudianas, también conocidas como estructuras clínicas y que, en el caso de nuestra praxis teatral, me gustaría denominar "estructuras espectatoriales", como una manera de acceder no sólo al trabajo del actor, sino también a la construcción del perfil de espectador del que hablamos antes. Esas estructuras freudianas son neurosis, perversión y psicosis. Cada una de ellas establece rasgos diferenciales que permiten justamente eso: una clínica diferencial entre una y otra a los efectos del diagnóstico. Si bien la fórmula del fantasma de la que Lacan parte, $\$\lozenge a$, es la de la neurosis, las otras devendrán de la variación de sus términos. En realidad, Lacan nos dio una fórmula para el fantasma perverso $-a\lozenge\$-$ y, en cuanto a la psicosis, aunque no nos legó una fórmula, la planteó a partir de la forclusión, como veremos en otro capítulo.

De ese modo, Lacan plantea la necesidad de diferenciar lo que pertenece al orden de la estructura de la simple acumulación de síntomas: un neurótico puede tener muchos rasgos perversos, pero, por estructura, es neurótico. Un perverso puede no ostentar demasiados rasgos perversos, pero lo será por estructura. No es simple ni fácil determinar una estructura clínica a nivel del diagnóstico. No hay que descuidar este aspecto, particularmente cuando se trabaja en la praxis teatral y, sobre todo, cuando se escribe desde la crítica teatral.

No vamos a interesarnos demasiado en la vertiente terapéutica o clínica de la enseñanza lacaniana que, por otra parte, incluso en el psicoanálisis, como señala Miller en *Sutilezas analíticas*, no es lo fundamental (14 y ss.). Lo que

---

[92] Sería interesante releer algunos trabajos freudianos, como por ejemplo "Personajes psicopáticos en el teatro", para repensar esta cuestión del signo y la transferencia desde una perspectiva estética y psicoanalítica, en la medida en que Freud, al discutir *Hamlet*, sostiene la idea de que la obra de Shakespeare narra indudablemente muchos conflictos que mezclan motivaciones conscientes y también reprimidas. ¿Cómo podrían estos conflictos patológicos producir placer en el público? Según Freud, porque el teatro, para ser efectivo, no debe nombrar el conflicto o el elemento reprimido, sino capturar la emoción y la percepción del público por medio de la identificación de éste con la acción de la obra, de los personajes. Tropezamos aquí entonces otra vez con esa diferencia entre el objeto *a* del fantasma (innombrable) y el signo depositado o mejor encarnado en alguien que provoca la transferencia.

[93] Se trata de las posiciones posibles del sujeto como variaciones de la voz activa, la voz pasiva y la voz refleja a nivel gramatical: mirar, ser mirado o hacerse mirar, que dan cuenta de los movimientos pulsionales.

Introducción a la praxis teatral

nos puede servir para dar una base teórica a la praxis teatral –es decir, al proceso de ensayo y montaje de una obra, algo que no fue nunca objeto del interés académico– es justamente la dimensión lógica de la enseñanza lacaniana.

Vamos a dejar esto de lado por ahora a fin de concentrarnos trabajando la fórmula del fantasma en la relación entre actor y personaje; conocemos varias técnicas de trabajo actoral y algunas de ellas –pienso en la primera etapa de Stanislavski y en Strasberg e, inclusive, en el primer Grotowski con su propuesta de desenmascaramiento– son teóricamente muy ambiguas –o al menos requieren de una lectura más detallada inclusive desde la perspectiva lacaniana que estamos intentando articular aquí– en cuanto a la propuesta de que el actor debe *vivir* el personaje, *ser* el personaje o simplemente ser. Estas aproximaciones suponen un grado de identificación, es decir, alienación imaginaria a ese *autre* que, en definitiva, es la primera versión del objeto *a* lacaniano, el famoso i(*a*), que luego tomará otros valores tales como el goce y lo real a medida que Lacan avanza en su enseñanza. En este trabajo vamos a centrarnos más en la forma en que el director durante el montaje aborda muchas cuestiones estéticas según han sido estudiadas en el campo de los estudios teatrales, sea los ligados a la percepción de lo bello como a los relacionados con el proceso y la economía de los placeres.

La teatralidad del teatro, cuyo diseño arquitectónico se realizó en el Renacimiento y llega hasta nosotros, con algunas variables, como sala a la italiana, por muchas razones que hemos abordado en otros trabajos, ya ha fijado –y hasta *naturalizado*– un cierto perfil del espectador dentro de la estructura perversa. A diferencia del psicoanálisis, que toma la estructura freudiana de la neurosis como la básica, nosotros en la praxis teatral, por razones históricas, debemos partir de la estructura de la perversión, porque es lo que conocemos como *el teatro*. En la perversión, tenemos al menos dos vertientes posibles para nuestra investigación: por una parte, el sadismo y el masoquismo y, por otra, el voyeurismo y el exhibicionismo. Si el primer binomio puede darse tanto del lado de la escena como del lado del espectador, el segundo toma referencias concretas: el exhibicionismo suele instalarse en la escena y el voyeurismo se localiza más fácilmente en esa figura elaborada por el teatrista para dar a ver la escena y que hemos convenido en llamar espectador o máscara espectatorial.

Al plantearnos la posibilidad de jugar con el fantasma perverso para promover algunas hipótesis productivas en el campo de la praxis teatral, nos proponemos un camino de doble entrada: por una parte, pensar la escena como $\$$ y al espectador como *a* y, por otra, pensar la escena como *a* y al espectador como $\$$. En este sentido, aunque no vamos a desarrollarlo aquí, apelamos a "Kant con Sade", el famoso ensayo que Lacan escribe en 1963 (*Escritos* 727-751), el mismo año de su *Seminario 10*, que divide su enseñanza en un antes y un después. Lacan sostiene que ambos autores, Kant y Sade, a pesar de su aparente oposición, convergen en la homología de sus propuestas: Lacan homologa el imperativo moral kantiano a la voluntad de goce sadiana. Si Kant plantea, por su parte, que hay que obrar de tal modo que nuestras acciones se eleven a un nivel universal, Sade, por su parte, nos plantea los derechos del hombre como derecho al goce, a gozar de todo y de todos sin prohibición. En ambos hay un imperativo categórico: en uno, el cumplimiento universal de la moral; en el otro, el cumplimiento universal de la voluntad, del derecho al goce. Lacan detecta en ambos el mismo fantasma perverso, sádico y, en última instancia, fallido: hacer existir al Otro, ser instrumento del goce del Otro. Ambos son defensores de la fe. Aunque no vamos a detenernos en esto, es en este marco en el que deberíamos plantear la discusión sobre los derechos humanos del público.

Puesta en escena y espectador perverso

Intentaré en lo que sigue apuntar unas notas para desarrollarlas más detenidamente en trabajos futuros. Me disculpo por anticipado si en algunos casos reduzco al nivel de vulgarización excesiva algunos conceptos lacanianos, tan complejos y productivos.

La escena exhibicionista requiere de un espectador voyeurista. Pero si partimos de la idea de que el espectador (que –insisto- no es el público) es un sujeto dividido $ que tiene que arreglárselas con un objeto *a* que se le ofrece velado en la escena, entonces tenemos que admitir que esa escena debe responder a cierto placer y cierto modo de goce del espectador buscado. Obviamente, estamos pensando aquí en una estética que, como tal, siempre supone una economía libidinal. El fantasma perverso se escribe como el reverso del fantasma neurótico: $a \Diamond \$$. Si un director se decide por el diseño de espacio de la teatralidad del teatro, si asume la política de la mirada involucrada en el diseño espacial de ese formato, entonces la máscara de espectador que se (le) impone y que lo posiciona como director es la del espectador perverso, es decir, un espectador que se coloca como el *a* del Otro. El público deviene así el sujeto dividido objeto de la máscara espectatorial perversa cuya función es tapar la falta en el Otro. El director o teatrista que así procede resulta el intermediario, el instrumento del Otro, el que trabaja para el goce de ese Otro hegemónico.

Una primera posibilidad, al colocar entre escena y público esa máscara espectorial, es colocar a cada miembro de ese público como el $ que ve y se ve en el fantasma enmarcado en la escena, porque el fantasma siempre está enmarcado, tal como Lacan lo plantea en el *Seminario 10*. Digamos que esa máscara le permite a cada ciudadano jugar con el fantasma para defenderse del goce; consigue, digamos, un plus-de-goce, una satisfacción no plena a partir de la pantalla $\Diamond$ de lo que se le da a ver. Desde Aristóteles solemos identificar ese plus-de-goce como 'catarsis', con todas las consecuencias éticas y políticas —ética de las consecuencias— que eso acarrea y que, como sabemos, indignaban tanto a Augusto Boal. Así, lo que les ocurre a los personajes es, en parte, lo que

Introducción a la praxis teatral

le ocurre a ese ciudadano, o lo que desea que le ocurra a él a nivel imaginario. La escena bajo la fórmula de la perversión $a◊\$$ llevaría al extremo del goce, para retornarlo luego al placer, a veces mediante la catarsis. En ese sentido, como en el teatro popular y comercial, enmascara un objeto *a* que, supuestamente, correspondería a los supuestos deseos del público y en ese sentido, el espectador diseñado por el proyecto de puesta tiene que manipular la escena para que ésta responda obedientemente a la demanda del público en tanto representante del Otro. Si lo logra, esa máscara espectatorial será realmente efectiva al momento del montaje, ya que apunta y establece las condiciones para un público voyeurista cuya demanda exige que el espectáculo responda obedientemente a las reglas del género y, sobre todo, que no las transgreda, puesto que, si lo hace, pondría en crisis su propio deseo, lo cual es justamente lo que el perverso trata a toda costa de evitar. Lo que importa es no la satisfacción propia del teatrista capaz de lograr ese plus-de-goce en su público, sino responder a la voluntad del Otro, satisfacer al Otro hegemónico. Recordemos que, para Lacan, el perverso es el gran obediente, no transgrede ni acepta que se modifiquen las ceremonias. De ahí el sentido ritualístico o formulaico del teatro comercial y popular.

Sean cuales fueren los excesos, no importa cuán exagerada la ostentación de la puesta escena que se va a montar para su partenaire-público, $\$$, lo importante aquí es que se trata de una escena regulada por un contrato que resulta la intensidad del goce que se puede llegar a soportar. En el amplio espectro del género dramático, hay subgéneros dramáticos que se adaptan muy bien a este tipo de encuadre, como el melodrama o la comedia musical. En estos casos, la escena como $\$$ puede presentar cualquier conflicto o situación, puede por un momento poner en crisis al Otro, pero a condición de que el suspenso sea narrativamente controlado y, desde el mismo pacto perverso, prometa una resolución esperada –aunque no necesariamente feliz— que, obviamente, cierre el espectáculo no sólo satisfaciendo al público, sino al Otro del pacto social, simbólico, como tal.

Resulta asimismo productivo a nivel teórico invertir la situación y colocar la máscara espectatorial perversa como el *a* en la fórmula del fantasma, teniendo siempre en cuenta que siempre, como en el caso anterior, de lo que se trata es de satisfacer la voluntad de goce del Otro. La máscara espectatorial va a ponerse como *a* de un sujeto $\$$, en este caso la escena, que ella quiere sostener como completa. Es ahora esta máscara, este espectador (no el público ni el teatrista) el que quiere taponar la falta en el Otro, para *garantizar la existencia del teatro*. Ese espectador deviene así un trabajador obediente y, por eso, la teatralidad implementada por esa máscara espectatorial no permitirá que ninguna falla de la escena rompa su ilusión de completitud. Podemos pensar aquí nuevamente en el musical de Broadway o inclusive en la ópera, por ejemplo, en el Metropolitan Opera House de Nueva York. La máscara espectatorial perversa exhibicionista, que hace gala de todos los recursos tecnológicos y de todas las posibilidades de vestuario, maquillaje, iluminación, etc., intenta por sí misma velar la falta en el público, colmarlo de goce: le garantiza que el teatro existe y sin fallas.

Por eso, cuando el teatrista instrumenta esta máscara espectatorial perversa, no deja de hacer lo propio con la escena, con lo dado a ver: su función en el armado de la escena consiste en asegurar que la escena no se permita ningún defecto; no verá ningún defecto o detalle, a fin de que el público, sosteniendo esa máscara espectatorial, pueda consecuentemente gritar y aplaudir a rabiar para impedir que la ilusión escénica se rasgue.[94] La perfección de la escena es más una exigencia de la máscara espectatorial o del espectador diseñado o asumido por los hacedores del teatro. No sorprende, entonces, que el público que viene a confrontarse con esa máscara de espectador, que viene a soportarla o disfrutarla, y que paga por ello, termine gritando y aplaudiendo a rabiar para impedir que la ilusión escénica se desvanezca y, consecuentemente, impedir la emergencia del objeto *a* (entendido aquí sobre todo como lo real) que la escena supuestamente es la encargada de velar y con la que ese público no quiere saber nada; tenemos aquí la famosa pasión de ignorancia de la que hablaba Lacan, y a la que distinguía de la ignorancia docta asumida por el analista en el caso por caso de su trabajo.

Sea desde la escena o desde el espectador, el contrato perverso hará su trabajo obedientemente para darle al Otro su goce, para hacerlo existir como tal. Es por ello que tanto el musical como la ópera o el teatro comercial no se interesan por lo experimental; al contrario, se basan en protocolos ya pactados que el director respeta y que el público exige; el director diseña la puesta que el espectador, de alguna manera, *espera*, y así hacen existir al Otro, al teatro como tal, es decir, como lo tenemos ya muy arraigado en el imaginario cultural de Occidente.

El espectador perverso y el goce del Otro

Si esa máscara de espectador admite un diseño sádico, intentará enmascarar el goce de la escena, el *a*, a la vez que completará la escena mediante la operación de quitarle la palabra, imponiéndole la suya: la máscara espectatorial fraguada por el teatrista intenta así imponer a la escena su voluntad de goce. Y aunque la escena resista esa operación, no por ello dejará de obedecer a esa máscara de espectador. Esa máscara controla la escena, como el perverso controla el cumplimiento del contrato con el partenaire, y, a la vez, la hace hablar de acuerdo con lo que espera de ella; su propósito es demostrarle a la escena

---

[94] Me permito mencionar un ejemplo: en las trasmisiones de ópera desde el Metropolitan Opera House de Nueva York, realizadas a miles de salas cinematográficas o teatrales del mundo, durante los intermedios, se puede ver a muchos técnicos acomodando detalles mínimos, pintando detalles minuciosos o retocando la pintura del decorado.

Introducción a la praxis teatral

los límites de su goce o hasta donde se puede gozar. Si dicho espectador, en cambio, estuviera concebido como un perverso masoquista, su función no estaría dada tanto en quitarle la palabra a la escena e imponer la suya, como haría un sádico, sino en restituir las palabras que, a la escena, según él, le faltan. A veces esta posición suele ocurrirle a un crítico teatral. Si bien no le impone su voz a la escena, le ordena no obstante que la acepte. Este espectador o máscara espectatorial masoquista tiene como tarea mostrarle a la escena lo que es el deseo y goce del Otro, es decir, mostrarle a la escena lo que es el teatro, manteniendo así los protocolos y códigos de la tradición teatral: esta máscara de espectador masoquista sostiene que el teatro hace la ley. Si el espectador sádico falla porque a pesar de su trabajo no logra hacer que la escena resplandezca, que la escena goce, ya que solamente él es el que hace gozar al Otro; el espectador masoquista, por su parte, se coloca como un diseño desechable, degradado frente a la escena que, como tal, debe responder siempre a las convenciones teatrales. Tampoco logra hacer gozar a la escena, aunque por razones diferentes del sádico, ya que aunque busca angustiar a la escena, lo que verdaderamente hace es enmascarar el goce inherente a la teatralidad del teatro. Por más que el masoquista, por ejemplo, se empeñe en sostener los protocolos realistas de la escena, se queda siempre como marginado del goce de la escena, puesto que la escena goza en su carácter de ficción, no de realidad.

Tanto para el sádico como para el masoquista, se trata de trabajar el goce del Otro mediante un contrato –estético— con procedimientos que aseguren un 'goce' calculable y calculado, siempre bajo control. Obviamente, hay un público que luego llega al teatro y que se confronta a la máscara del espectador que da a ver la escena. Suele aceptar esos pactos, pero podría eventualmente rechazarlos, si es suficientemente neurótico. Para la escena perversa y para su espectador no hay necesidad de analizar nada: el director tiene un saber de la escena y el espectador que construye responde a esa misma voluntad de goce. El director sabe que su especdor perverso –no su público— quiere confirmar su saber en un ritual muy pautado y no pondrá nada en escena que pueda desestabilizar dicho saber. Es una máscara de espectador preparada para entregarse al goce del Otro sin peligros, es un goce controlado por el contrato perverso. Inclusive el público, una vez que asume la máscara de este espectador perverso, debe responder a los mandatos del Otro: no debe hablar, debe apagar sus celulares, debe quedarse sentado en su butaca y, si por alguna urgencia tuviera que salir, debe hacerlo en cierta dirección y no en otra. Todo está regulado de antemano.

Pero, sobre todo, si sufre o se divierte, lo hace sin arriesgarse en un exceso descontrolado. Muy rara vez ocurre en el teatro el exceso sin control que, por ejemplo, ocurre a veces con el público en un espectáculo deportivo o que podría ocurrir en un happening. En estos últimos, aunque se trata también de un juego reglado, el show es imponderable o impredecible y el público lo vive como *realidad*, como un enfrentamiento de contrincantes cuya dimensión cultural va más allá de lo controlable por el juego mismo. Sin embargo, el descontrol del público lleva al pasaje al acto cuando percibe que el contrato, es decir, las reglas del juego se han transgredido o violado.

El director, el espectador y la escena fetiche

Ahora bien, el director que construye una máscara espectatorial perversa, diseñará también una escena que oficia como fetiche, ese sustituto del objeto con el que se intenta engañar la pulsión. El público sabe que eso que pasa en escena no es *la realidad, pero aún así* —como diría Octave Mannoni en *La otra escena*– se entrega a ella, cree en ella, se deja dominar por ella. Ese fetiche es lo que precave al público de hacerse preguntas sobre el Otro. Sería interesante investigar los procedimientos brechtianos del distanciamiento como modos de visualizar el fetiche como tal. Brecht sabía perfectamente que, tal como lo había visto Marx, en el capitalismo la mercancía asume ese carácter fetichista y por eso diseñó su aproximación al montaje a partir de un dar-a-ver-el-fetiche-como-tal. Como dijimos más arriba y como volveremos más adelante, podríamos pensar en un perfil de público neurótico que, al asumir una máscara perversa, sin llegar a ser perverso, parece asumir rasgos perversos; pero aquí y ahora estamos tratando de captar al espectador perverso en su estructura. Esta máscara perversa acepta el sufrimiento que le pueda ocasionar la escena siempre y cuando esté enmarcada dentro del contrato teatral. Estamos frente a los desbordes emocionales causados por el melodrama o incluso la tragedia, pacificados por la catarsis. Cuando el director trabaja, su propuesta de montaje –que él comunica a los actores y a los artistas involucrados– está controlada desde ese espectador que pone frenos a cualquier impulso creativo que amenace el pacto teatral, sea en la regulación del estilo actoral, del vestuario, de la escenografía o de la iluminación. Hay en Lacan un trabajo muy detallado por el cual el objeto *a* como objeto de goce no deja de relacionarse con el superyó, no el moral, no el heredero del Edipo sin el heredero del Ello –que insta a gozar y gozar cada vez más- y con el masoquismo. El público, en tanto perverso, se ofrece aquí como partenaire de la escena, no importa cuánto lo que ocurre en ella lo pueda hacer sufrir, porque la máscara espectatorial asignada o diseñada asume que, como público, no debe pensar, solo gozar.

No es, pues, casual que toda la escena perversa se presente estructurada no solo con gran ostentación de recursos (vestuario, efectos especiales, música, clima), sino también con cierto suspenso. Es que la escena trata por todos sus medios técnicos y profesionales de hacer existir al Otro como completo, de darle al Otro su goce. Del lado del público, para quien la escena es su Otro, también comprobamos lo mismo, por eso hay protocolos muy pautados que preparan al público para asumir o soportar la máscara de espectador; inclusive hay protocolos que comienzan mucho antes de la función: leer el periódico, reservar la entrada, preparar ropas y demás, viajar, sentarse, aprovechar la entrada al máximo, identificarse, divertirse, entretenerse aunque sea sufriendo, aplaudir, gritar bravos, en suma, hacerle sentir al Otro de la escena su goce. La pasividad del público preanunciada por la máscara espectatorial, tal como se implementa en la teatralidad del teatro, concebido en términos masoquistas por el proyecto de la puesta y por el diseño arquitectónico de los teatros a la italiana, es decir, un público inmovilizado en su butaca, callado, quieto, a oscuras, es completamente aparente. En efecto, es desde esa figura del partenaire-público típica del formato del teatro tradicional, con su docilidad y obediencia, que se construye la escena en la que actores, directores y técnicos supuestamente (¿ilusoriamente?) ordenan y disponen el espectáculo a su antojo y capricho estético.[95] Pero es desde ese espectador que toda la escena está diseñada. La máscara espectatorial, en posición masoquista, está allí lista antes de que el público llegue y la asuma o la rechace.

Aunque los teatristas digan no pensar demasiado en la figura del espectador, de su espectador implícito, lo cierto es que no podrían hacer nada sobre la escena sin él. Ninguna puesta en escena carece de su propia máscara espectatorial, diseñada consciente o inconscientemente por el teatrista. Los teatristas, sin duda, quieren decir que no piensan demasiado en el público y eso lo dicen con razón, porque el público es una masa de individuos, algunas veces

---

[95] Para mantener este ensayo dentro de cierta extensión, me he refrenado de poner ejemplos. Sin embargo, no queriendo hablar del trabajo de otros directores, me parece conveniente poner algunos ejemplos provenientes de mi propia práctica directorial. En algunos de mis espectáculos suelo utilizar lugares que están completamente vacíos. El público entra y no sabe bien qué hacer: en efecto, ni hay escenario ni se sabe dónde ocurrirá la actuación; tampoco hay sillas y, si las hay, son movibles y están apiladas para que cada miembro del público se la provea según sus necesidades. En consecuencia, al suspenderse los pactos, al no dar ni un elemento que permita visibilizar la máscara espectatorial, el público no sabe bien cómo reaccionar. Sin embargo, una vez comenzado el espectáculo, cuando los actores de alguna manera han dejado ver cuál es el espacio para la escena, el público desaprovecha la posibilidad de caminar y defender su derecho a ver (¿debería ser uno de los derechos humanos?); por el contrario, se sienta en un lugar y aunque la escena se realice fuera de su campo visual, el Otro del registro simbólico —esa teatralidad del teatro que nos parece tan *natural* pero que fue fraguada históricamente— lo somete a su inercia. Aun cuando he realizado puestas en teatros de formato a la italiana, como ocurrió con *¿Qué es el amor?*, una puesta sobre tres textos breves de dos dramaturgas latinoamericanas y una española (en Arizona, en 1993), siempre he optado por apuntar a un partenaire-público neurótico, es decir, he tratado de manchar la escena con distintas estrategias (algo que nada tiene que ver con el distanciamiento brechtiano) a fin de provocar el deseo del público, deseo de decir ¡basta¡ a los protocolos perversos de la teatralidad del teatro. Hubiera resultado completamente incoherente hablar del amor en escena disponiendo una máscara de espectador perversa; el perverso poco sabe del amor o no está interesado en él, ni en el deseo. Ver más adelante la máscara del espectador neurótico.

sociológicamente calculable, pero por lo general extremadamente heterogénea. El espectador o máscara espectatorial es, en cambio, el que los mantiene en escena, el que dirige la perspectiva escénica, ordena la coreografía y controla los límites de iluminación, visibilidad y el volumen de la voz, etc. Inclusive podemos pensar que la embocadura del escenario es también la parte más física de este encuadre perverso, porque es justamente la encargada de enmarcar el fantasma desde un lado y otro del proscenio. Así, el público, ubicado frontalmente y según su capacidad financiera en la selección de su butaca, y en su aparente pasividad, es, no obstante, el responsable de sostener la complicidad libidinal con la escena y la máscara espectatorial que la vehiculiza; es el público el que mantiene a la escena e impide que se caiga. Allí comprobamos el grado de alienación al goce perverso del Otro, a su voluntad de goce, tanto del lado del público como del lado del teatrista.[96]

En este contrato perverso, típico pero no exclusivo del teatro comercial, lo que sostiene la relación es la lealtad al Otro, tanto desde la escena como del lado del público. Ambos saben muy bien para qué trabajan, ambos se ofrecen uno al otro como objeto deyecto, envilecido, desinteresado de todo lo que no esté contenido en el contrato sobre la voluntad de goce del Otro, el registro simbólico, la cultura hegemónica o la tradición. Y aunque se proponen explorar los límites del placer por medio de todos los recursos, nunca pierden de vista los límites; por eso son incapaces de promover preguntas y, lo que es más, van en contra de todo cuestionamiento crítico del mundo. Lo único que buscan a través de ese pacto ritualizado es reponer, restaurar o restablecer la completitud del Otro; su tarea sigue los mandatos de esa voz superyoica que los conmina a seguir gozando sin cuestionar la consistencia o inexistencia del Otro. Por esta estructura perversa es que falla a veces la escena cuando ésta se propone un mensaje transgresivo: su dimensión imaginaria queda completamente sofocada, anulada, bajo los protocolos del contrato perverso inherente a la teatralidad del teatro como tal. Se aprecia esta contradicción entre proyecto transgresor a nivel de los relatos contados versus la aceptación acrítica de la máscara espectatorial

---

[96] En el formato a la italiana tradicional, hay un punto de visión privilegiado, que es el palco oficial y que es donde usualmente se ubica al representante del poder cuando asiste al espectáculo. De todos modos, lo que importa es esa posición, independientemente de la presencia o ausencia de representante gubernamental. Ese palco está a la altura del escenario y es frontal a él. Las plateas están generalmente por debajo y a los costados se despliega, en varios niveles, posiciones de mayor a menor privilegio, financiero, clasista, incluso con discriminación de género, desde los cuales se parcializa la visión sobre el escenario. Desde ese palco oficial es desde donde se organiza toda la perspectiva de la escenografía, desde donde se calcula o fragua el fetiche, sean los decorados o bien se enfatiza la figura del actor como *star*, como ícono reverenciado, o bien se subraya la tarea del director o el grupo, su estilo, lo cual ocurre en el teatro comercial y a veces en el *off-off*.

perversa que los captura en el acatamiento a la teatralidad del teatro. Esta contradición afecta, indudablemente, la subjetividad y el cuerpo de cada miembro del público; pero lo peor es que en general limita la capacidad transvaloradora del arte.

En cierto modo, tal vez seamos injustos aquí en cargar todas las tintas sobre el teatro comercial; podríamos pensar que una puesta vanguardista extrema también se basa en un contrato perverso. Hay, sin duda, un público para la incomprensibilidad o complejidad del sentido, pero hay un encuadre que controla los límites: pienso en esos espectáculos herméticos que, no obstante sus pretensiones de subvertir los códigos teatrales vigentes, se hacen respetando la teatralidad del teatro, cuya óptica política ya hemos estudiando. También aquí hay una pretensión de promover una objetualización máxima de la escena y, por eso, el público del circuito *off-off* no tiene mayores problemas en asistir a obras incomprensibles, de extremada lentitud, incluso cuando no hay la posibilidad de establecer la más mínima coherencia a nivel del sentido; ese público se somete, como el consumidor del teatro comercial, a cualquier capricho del Otro de la escena, que se ha convertido de ese modo en la ley del Otro. En ambos casos, los rituales de escenificación están montados para un público que también se ofrece al juego de la fetichización; la escena misma también hace lo propio para sostenerse según cierta luminosidad, el volumen de voz, la marcación de escena, etc. Muchos directores quieren montar obras de índole rupturista, pero a pesar de lo novedoso o cuestionador de su espectáculo a nivel de la dramaturgia, queda sin cuestionar el pacto o formato perverso que la vehiculiza y que impone su voluntad de goce.

El espectador o máscara espectatorial neuróticos y el deseo

Pasemos ahora a considerar la estructura neurótica. En la neurosis, el objeto *a* está enmascarado por el fantasma; en cierto modo, el síntoma es aquello que devela el velo o máscara fantasmática. Para el neurótico el Otro es un enigma; cree que el Otro sabe, que el saber está en el Otro, pero a la vez duda del Otro. Gracias a esa duda la ciencia avanza; gracias a las histéricas, el psicoanálisis avanzó y sigue avanzando. Su proyecto mayor es apuntar a mantener insatisfecho el deseo. A diferencia del perverso, involucrado en el goce, el neurótico se defiende del goce y huye de él con horror. Justamente lo logra por medio de proponer un sustituto del objeto *a*, del objeto causa del deseo, y orientar así su deseo por la vía de la demanda. La demanda —como lo demostró Lacan— no está dirigida a un objeto que pudiera satisfacer una necesidad, sino que va más allá, apunta al Otro como tal, a su amor. Y el amor es dar lo que no se tiene (*Seminario 8* 45).[97] Esa demanda es, en cierto modo, una pregunta por

---

[97] La famosa frase lacaniana se orienta a mostrar que no hay completamiento entre los partenaires amorosos; es solamente mítico aquello de que podemos encontrar nuestra

el deseo del Otro, por saber qué quiere el Otro del sujeto. Aunque en un principio se identifique con el deseo del Otro, siempre y cuando no sea él o ella el objeto de ese deseo –lo que establece siempre un encuadre triangular— aunque se identifique con la escena que se le propone, el histérico quiere siempre dejar su deseo insatisfecho; por eso una máscara histérica va a ser aquella que abre el juego al cuestionamiento, a la demanda. Por ello, se trata de una máscara espectatorial que, bajo los velos de lo dado a ver en la escena, insinúa una falta, desaloja la idea de un sentido totalizante y, con cierto misterio de por medio, mediante gestos de enigma, admite que no todo sea visible o audible, que haya algo más. La falta nunca es de la máscara, sino del Otro. Por eso el público, enfrentado a esa máscara neurótica, particularmente histérica, no quiere ser tomado como objeto, porque entonces volvería a sentir su privación, se enfrentaría a la castración del Otro. El histérico, que está interesado en que se lo desee por lo que es, y en tanto sujeto dividido $\bar{S}$ al que le escapa el saber sobre su deseo, no está interesado en que se lo coloque en posición de sustituto del *a*.[98] Este espectador supone que el Otro tiene el objeto *a* y que sabe algo sobre su deseo, pero cuando el Otro intenta imponerle o le propone un sentido, el histérico queda inconforme, ya que la estructura neurótica es siempre una pregunta que el *ser* le hace al sujeto, sea en la histeria por la identidad sexual, sea en la obsesión por la existencia o la muerte.

En general, el neurótico imagina un goce ilimitado del lado del perverso, pero, como ya vimos, ese goce está regulado, pautado en la perversión; y además, como vimos, no es el perverso el que realmente goza, sino el que

---

media naranja o esa parte de nosotros que míticamente nos fue cercenada (como Aristófanes plantea en *El banquete* platónico). Cada sujeto tiene su falta, tiene su deseo, incolmable por el otro; ninguno de los partenaires tiene exactamente el objeto que podría completar o dar satisfacción completa al otro. Por eso la tarea amorosa se constituye a partir de un imaginario inventivo: hay que imaginar cada vez algo para satisfacer la falta del otro, tarea imposible, pero a la vez necesaria para sostener el amor.

[98] En mi puesta de *Mades Medus*, de la dramaturga peruana María Teresa Zúñiga (Tijuana, México, noviembre 2011) exploré las posibilidades de máscara espectatorial en otro sentido: entre los múltiples temas de esa obra que, en cierto modo, es como un *Esperando a Godot* peruano o latinoamericano, dos payasitos, uno viejo y otro joven y tuberculoso, esperan al público que nunca llega, tal vez, según dicen, porque están mirando la televisión. En esa devastación del circo y del teatro que subyace a la obra y la caída de las ilusiones setentistas, me pareció coherente presentar dos opciones de máscaras espectatoriales: por un lado, mientras yo dictaba una conferencia, los actores ya en personaje cruzaron frente al público del auditorio y repartieron volantes invitando a ver la obra; se dirigieron a otro espacio que no se podía ver desde el auditorio, pero se podía oír. Al terminar mi charla, en la pantalla comenzó la obra, que habíamos filmado previamente. Pero desde otro lugar se escuchaba a los actores actuando en vivo. El público tuvo que optar por ver la obra en la pantalla, sentado como en el teatro/cine, quie-to, o bien dirigirse a un espacio sin sillas y acomodarse como pudiera para ver la representación desde el ángulo que le pareciera más adecuado o desplazándose a su gusto.

trabaja para el goce del Otro. Como subraya Diana Rabinovich –y es un punto a tener en cuenta en nuestra praxis teatral— "la perversión no reside en el sujeto, sino en el Otro que lo estructuró" (78). Para Rabinovich constituye un error pensar que es el perverso el que está al servicio del goce del Otro; la autora establece un matiz en el uso del genitivo "goce *del* Otro': no es el Otro que goza del sujeto perverso, sino precisamente al revés: es el perverso el que goza del Otro (77). Sea como fuere, se trata un uso mutuo del goce: el capitalismo goza de la teatralidad del teatro y esta teatralidad del teatro goza del capitalismo. Se soportan mutuamente en su ejercicio de poder sobre el partenaire, cuya singularidad no cuenta para nada, porque el perverso puede sustituirlo sin hacerse problemas. Ahora bien, sólo ciertos rasgos perversos del fantasma del neurótico le permiten al neurótico extraer un plus-de-goce en ese contrato y tiene a su favor la posibilidad de decir ¡basta!. El neurótico, sobre todo en la histeria, vascila o juega con las posiciones del fantasma: a veces, se pone del lado del $, y otras del lado del *a*. Quiere, pues, o ser objeto del deseo del Otro, que el Otro lo desee, o bien otras veces rechaza ser el objeto. En ambos casos, siempre el deseo queda insatisfecho. El neurótico se desliza metonímicamente por objetos sustitutos del *a*, pero ese objeto *a*, causa del deseo, dimensión del goce, de lo prohibido por la ley, de aquella satisfacción mítica a la que tuvo que renunciar, es siempre incolmable.

Imaginemos un director que quiere construir una máscara espectatorial que ya no responda a los protocolos perversos de la teatralidad del teatro. Es muy probable que enfrente grandes dificultades si se propone montar su escena en el formato de la sala a la italiana, aunque no es imposible, ya que siempre hay posibilidad de manchar la escena. Le va a resultar más fácil si tiene una sala flexible, con sillas y tarimas o gradas movibles, que le permitan distribuir el público de diversas maneras. ¿Qué es lo que un director debe hacer para construir un espectador neurótico para su escena? Sin duda, el público que asiste a una función está siempre en posición de demandar lo mejor, de demandar a la escena como su Otro. El director que trabaja con un espectador perverso va a intentar, como hemos visto, satisfacer las cláusulas del contrato teatral mediante el uso de todos los recursos a su disposición para velar la falta en el Otro, en el público, a fin de no abrir la posibilidad de cuestionamiento o, lo que es peor, de emergencia del deseo. El director interesado en construir una máscara neurótica para su público, por el contrario, no responderá a esa demanda del público ni del Otro. Dejará escapar algo para incentivar el deseo del público, sea por medio del relato –a veces fragmentario, otras de final abierto— y especialmente por medio de *manchar* la escena.[99] En efecto, la máscara del espectador puede alentar una distribución del público tal que, no importa dónde se lo

---

[99] En la puesta en escena de *Yo también hablo de la rosa*, del mexicanísimo Emilio Carballido realizada en Tucumán en 1990, después de una larga investigación reali-

coloque para ver la escena, hay algo que está en la dimensión de la falta. Inclusive cuando la escena pretende dar a ver *todo*, si la máscara neurótica está bien calibrada, siempre habrá un detalle que dispara el deseo de saber del público como impugnación de esa totalidad y entonces, incentivado por la máscara histérica fraguada por el teatrista, estará puesto en cierta posición crítica o al me-

> zada por dos cátedras de la Escuela de Teatro de la Universidad Nacional de Tucumán, la del Arq. Carlos Malcún y la mía, nos propusimos trabajar la relación entre el *fantasma fundamental de la obra* y la máscara del espectador que le fuera más adecuada, esto es, que no fuera contradictoria con la propuesta temática, social y política del texto dramático. La obra de Carballido cuenta la historia de dos niños muy pobres que, jugando, terminan haciendo descarrilar un tren que lleva cereales; el accidente es aprovechado por muchos pobres hambrientos y, además, es luego contado, referido, por múltiples agentes sociales (periodistas, taxistas, madres, maestra, etc.). La obra se desarrolla como una secuencia de *versiones* realizadas por estos agentes sociales y cada versión aspira a ser o decir la verdad de lo ocurrido y conjeturar sobre las causas. El desafío del montaje fue entonces cómo mantener la potencia de la *versión*, cómo proceder de modo tal que no hubiera *una* puesta definitiva, ni primera ni última, que no hubiera sino *versiones*; que el espectador, aunque asistiera a todas las funciones, no pudiera ver la obra en su totalidad. Resolvimos la cuestión con varias estrategias: la primera fue destruir el formato a la italiana y luego *manchar la escena*, es decir, obstruir parcialmente la visión del público. Cada asistente, se sentara donde se sentara, tenía acceso visual a algunas escenas y a otras solo podía alcanzarlas auditivamente, lo cual lo obligaba a *imaginar lo que no había visto*, es decir, a formar *su* versión de los hechos, tal como hacen los personajes. Malcún, como escenógrafo, logró aislar unas cinco posiciones posibles desde las cuales la visión de la escena fuera parcial; eso dejaba todavía la posibilidad de que algún miembro del público viniera varias veces (cinco) para completar su visión total del espectáculo; por eso, hubo que imaginar otra alternativa para sostener la idea de impedir una puesta total y definitiva, a la manera de una verdad total que pudiera ser expresada totalmente. La segunda estrategia fue repartir la obra entre cuatro directores de actores que ensayaban las escenas a su propio gusto, convocando los géneros que quisieran, dándoles la identidad nacional a los personajes que les fueran más afines. Cada actor tenía un personaje *principal* y otros secundarios en su haber, ensayados con cierto director, pero no con otros. Algunos ensayaron ciertas escenas apelando al sainete, la gauchesca, el melodrama, el realismo ruso y hasta la ópera. Cada noche, como director general, yo iba a camarines y anunciaba qué actor hacía qué personaje y entonces los géneros se mezclaban, se confrontaban por primera vez frente al espectador y con gran riesgo para todos –aunque conocían el texto, no conocían la forma en que la escena se había resuelto por otro director— en el maravilloso disparate general que resultaba; cada función era una versión más o menos fallida, una versión más, versión de versiones, de ese acontecimiento que era el texto dramático de Carballido. Tuve el honor de comentarle al propio Carballido este montaje y quedó sorprendido y fascinado ya que, según dijo, siempre le habían montado esa obra en el diseño de la teatralidad del teatro, es decir, en la sala a la italiana, con todos los protocolos perversos que ya hemos elaborado en este capítulo.

nos demandante, no sin cierta insatisfacción, como ocurre con la posición histérica. Lacan enseñó que el sujeto histérico demanda una respuesta total, quiere saber el sentido de sus síntomas, de sus sueños y cree que el analista, como sujeto supuesto saber, va a proveerle dicho saber. Sin embargo, si el analista es lacaniano, no responderá a esa demanda y dejará al sujeto histérico en posición de trabajar él mismo el sentido de su propia producción sintomática u onírica. El director, en este caso, procederá de la misma manera. Es factible que el público salga del teatro insatisfecho o bien con muchas preguntas y hasta con el deseo de otra versión de lo que vio, como les ocurre a los críticos teatrales. Sin duda, el público que viene a soportar esta máscara neurótica propondrá otra interpretación, otro detalle y hasta otra puesta. Un director que construye una máscara histérica para su espectáculo es aquel interesado en mantener abierta la capacidad deseante de su público. En este sentido, así como el análisis, una puesta en escena es la creación artificial de una neurosis.

    Nos quedaría ahora explorar la psicosis como máscara del espectador. Lacan nos enseña, en su *Seminario 3* que, en la psicosis, "todo lo rehusado en el orden simbólico, en el sentido de la *Verwerfung*, reaparece en lo real" (24, versión Paidós) bajo la forma de un delirio.[100] Aunque Lacan nos advierte desde el principio de ese seminario que *"no se vuelve loco quien quiere"* (27), lo cierto es que, no obstante las enormes dificultades que esta estructura nos ofrece para la praxis teatral, tendremos que tratarla a puntualidad. El desarrollo de esta cuestión extendería en mucho este ensayo, de modo que dedicaremos los capítulos siguientes a explorar la estructura psicótica en relación a una praxis teatral que optara por esta máscara espectatorial.

---

[100] Como veremos en los próximos capítulos, hay diferencias notables entre la versión del *Seminario 3* publicada por Paidós, a cargo de J.A. Miller. y otras versiones; en este caso, la paginación corresponde a esta versión de Miller, aunque en los capítulos siguientes a veces optamos por cotejar otras versiones.

Praxis teatral y puesta en escena: la psicosis como máscara espectatorial (Primera parte)

> Por eso, en gran medida, el alienado encarna, sin pensarlo siquiera, aquello en lo cual iría-mos a parar si empezáramos a tomar las cosas en serio.
> Lacan, *Seminario 3* 178[101]

Algunas cuestiones preliminares

Considerar la psicosis como estructura espectatorial abre a cuestiones teóricas provocativas para la praxis teatral. Será importante, desde el comienzo, tener en cuenta el hecho de que, frente a una serie de diversos rasgos que la psiquiatría había aislado para identificar este cuadro clínico, Lacan se va a proponer darnos en el *Seminario 3 Las psicosis* un abordaje estructural, en el que tanto los llamados fenómenos elementales como el delirio en tanto interpretación (y hasta como reconstrucción o esfuerzo curativo, tal como ya lo había planteado Freud) no serían dos momentos en el que el segundo daría sentido al primero, sino ambos explicables a partir de la estructura, en la que cada elemento de cierta manera contiene o se explica por la estructura misma. Fenómeno elemental y delirio, cuestionamiento del saber psiquiátrico/psicológico sobre la alucinación y la proyección, crítica y re-conceptualización de lo subjetivo y objetivo, la diferencia entre neurosis y psicosis son los hilos conductores que tendremos que escudriñar en los estudios y en el debate psicoanalíticos, si queremos en cierta medida repensarlos a partir de la *praxis teatral*.

Sin duda, el panorama se torna complejo, porque la cuestión de la psicosis en el Lacan del *Seminario 3*, planteada en relación a la forclusión del Nombre-del-Padre, va a tener desarrollos diferentes a partir de su última enseñanza, a partir del *sinthome*, con lo cual los psicoanalistas se han visto en la necesidad de distinguir, por un lado, las psicosis clásicas, en las que estaría incluido el caso del Presidente Schreber, y por el otro las neopsicosis, más enfocadas sobre James Joyce y casos menos espectaculares de psicosis en el mundo contemporáneo. Algunos libros –por ejemplo, *El saber delirante* del 2005 o *La psicosis ordinaria* de 2003, reimpreso en el 2011— son el resultado de encuentros psicoanalíticos

---

[101] Salvo indicación en contrario, todas las citas de Lacan en este capítulo remiten a este seminario, y solamente se indica la página de la edición de Paidós, Buenos Aires, 1995; se aclarará cuando se citen otras versiones.

que muestran cuánto hay todavía que investigar respecto de la psicosis. Tampoco debería escapársenos el hecho de que la enseñanza lacaniana haya impactado los estudios culturalistas y políticos, como se lo observa en los trabajos de Slavoj Žižek, como por ejemplo *The Ticklish Subject: The Absent Centre of Political Ontology*; este autor ha tomado la psicosis para abordar fenómenos contemporáneos de la Modernidad, aunque después se haya inclinado hacia el campo de la estructura perversa.

En primer lugar, uno podría imaginar que, a nivel del público, en muchos casos la *identificación* con la escena es tan intensa que el individuo vive lo que está viendo como una alucinación. Sin embargo, la noción de alucinación como "una percepción falsa", que estaría surgiendo en el mundo externo como un trastorno en lo real (195), y que situaría a ésta en esa realidad, es algo que Lacan cuestionará. La alucinación –particularmente la verbal, en la que el sujeto dice escuchar voces— que ha traído tanta discusión en los ámbitos psiquiátricos y psicoanalíticos, requiere de una aproximación teórica apropiada y, en nuestro caso, se complica, porque, como hemos dicho, no estamos tan interesados en la cuestión del público como en la del espectador como máscara espectatorial según la diseña el teatrista durante el proceso de puesta en escena, en ese espacio, el ensayo, que le es propio y que denominamos aquí *praxis teatral*, para diferenciarla de los *estudios teatrales* o de la *práctica* teatral (ligada al oficio o la rutina), más orientados al estudio académico del texto dramático y del texto espectacular o a un hacer meramente pragmático, respectivamente.

Respecto a la alucinación, el *Seminario 3* va ir lentamente diseñando una estrategia de aproximación a la psicosis consistente en apreciar la forclusión de un significante inconsciente que no logra significar; se trata de un S_1 para el que no hay un S_2 y que sume al sujeto en la perplejidad. Jacques-Alain Miller llama a ese S_1 "metonimia inmóvil" o "metáfora impotente" (*El saber delirante* 93). Es justamente la falta de S_2 la que "lleva precisamente al sujeto a poner en tela de juicio el conjunto del significante" (289) y la que hace estallar la psicosis. La *Verwerfung* es justamente ese rechazo o expulsión "de un significante primordial a las tinieblas exteriores, significante que a partir de entonces faltará en ese nivel" (217). Este "proceso primordial de exclusión" –cuya *primordialidad* es mítica, porque no se trata de un proceso evolutivo (218)— no se refiere a un interior del cuerpo, sino al "interior de un primer cuerpo del significante" (217). Por eso, en cuanto a la alucinación, Lacan insiste:

> Lo que signa a la alucinación es ese sentimiento particular del sujeto, en el límite entre sentimiento de realidad y sentimiento de irrealidad, sentimiento de nacimiento cercano, de novedad, y no cualquiera, novedad a su servicio que hace irrupción en el mundo externo. Esto pertenece a otro orden que lo que aparece en relación con la significación o la significancia. Se trata

realmente de una realidad creada, que se manifiesta, aunque parezca imposible, en el seno de la realidad como algo nuevo. La alucinación en tanto que invención de la realidad constituye el soporte de lo que el sujeto experimenta. (204)

Por eso Lacan, en su esfuerzo por captar la economía y la estructura de la psicosis (dejando de lado los abordajes fenomenológicos y la lista de trastornos como vía para un diagnóstico posible a partir de esa sumatoria [207]), se orienta hacia el significante a fin de seguir a nivel temporal el discurso delirante que el psicótico construye como recurso para valerse de una *organización subjetiva* capaz de dar cuenta de los contrastes y oposiciones que observa en sus alucinaciones. Aunque la alucinación parece "realmente exterior al sujeto" (205), se trata de una exterioridad distinta a la de la realidad; es una exterioridad localizada como un "trans-espacio vinculado a la estructura del significante y de la significación" (204).

A diferencia de sus pacientes neuróticos, Freud trata la cuestión de la psicosis fundamentalmente a partir de la lectura de las *Memorias de un enfermo nervioso* (1903), escrita por el propio psicótico, Daniel Paul Schreber, conocido como el Presidente Schreber, es decir, Presidente de la Cámara de Apelaciones de la ciudad de Dresde. Ni Freud ni Lacan conocieron a Schreber personalmente. La aproximación a la psicosis *clásica* está mediada, entonces, en primer lugar, por la escritura de Schreber de su propio caso (que de alguna manera es una lectura de su experiencia); y, en segundo lugar, por la lectura de Freud de las *Memorias*, primero, y la posterior de Lacan sobre lo escrito por Schreber y lo leído por Freud y otros. Escritura, pues, por un lado, en tanto la psicosis no deja de ser un texto, el delirio no deja de ser un texto y, por otro lado, más producción de texto por medio de las lecturas. Como dice Jacques-Alain Miller, refiriéndose a Freud, pero también a Lacan,

> [e]s importante que tengamos en cuenta el hecho de que no vio a Schreber, que no lo tocó, ni lo olió, ni lo percibió. No vio cómo se conducía Schreber, no lo recibió en su consultorio, no le hizo pagar sus sesiones, ni jamás cobró sesiones de Schreber. ("Estructura y psicosis" 135)

Ya no estamos en la escena psicoanalítica de la sesión, sino en la escena de la escritura/lectura. En este sentido, Miller en cierto modo nos está indicando que, respecto a la psicosis, el caso Schreber está desprovisto de la teatralidad del encuadre, es decir, de la puesta en escena en la que se instala lo corporal (cuerpo, voz, mirada, vestuario, luz, gestos, movimientos, etc.). Las lecturas de Freud y de Lacan corresponderían, pues, a nuestra lectura de los textos dramáticos. En consecuencia, podríamos tomar esa sugerencia milleriana como un guiño de que, a los efectos de teorizar la praxis teatral en general y lo espectatorial en particular, tal vez no deberíamos dejarnos llevar únicamente por las lecturas de Freud o Lacan sobre las *Memorias* de Schreber, sino tomar otro camino –como lo intentaremos más adelante— prestando atención a lo que el mismo Miller nos cuenta sobre la presentación de enfermos que hacía Lacan, en la que había un paciente (actor), un director (Lacan) y un público (analistas, psiquiatras, estudiantes). En todo caso, tenemos dos posibilidades y las exploraremos ambas.

Por su experiencia y formación como médico psiquiatra, Lacan escribe su tesis doctoral titulada *De la psicosis paranoica en sus relaciones con la personalidad*, publicada en 1932 y, posteriormente, en 1955-56, dedica su seminario, conocido y publicado como *Seminario 3*, a las psicosis (obsérvese el plural), también basada fundamentalmente en la lectura freudiana de las *Memorias* de Schreber, aunque incluye algunos casos de su presentación de enfermos cuya teatralidad, como dijimos, deberá atraer nuestra atención.

Hay, sin embargo, algunas *cuestiones preliminares* que conviene señalar desde el principio y que importan a nuestra praxis teatral. Por un lado, hay que tener en cuenta que el abordaje lacaniano de las psicosis en su *Seminario 3* y en su texto "De una cuestión preliminar a todo tratamiento posible de la psicosis" (escrito en esos años e incluido en sus *Escritos*) se realizaron antes de la teorización sobre lo que Lacan considera su verdadero aporte al psicoanálisis, es decir, su famoso "objeto *a*". Si bien Lacan se refiere al objeto *a* en el *Seminario 3*, todavía es para él el otro (*autre*) de la dinámica especular (60) y no la causa del deseo. Miller más tarde retomará esos tempranos textos lacanianos desde la perspectiva de la última enseñanza de Lacan.

Es importante retener que Lacan afirmó que él mismo se consideraba psicótico para indicar que era riguroso. En el *Seminario 3*, Lacan nos advierte sobre la necesidad de abordar el delirio como un sistema que no es en absoluto discordante, aunque sea inaplicable (174). Y por eso mismo, "la primera regla de un buen interrogatorio, y de una buena investigación de la psicosis, podría ser la de dejar hablar [al psicótico] el mayor tiempo posible" (175). Sin duda, este rasgo de rigurosidad y esta regla son más que fundamentales para el trabajo de un director teatral, tanto en la elaboración del montaje como durante los ensayos, es decir, durante la elaboración de un texto espectacular y en la búsqueda de cierta dinámica de la teatralidad para su puesta, en la organización y administración de la producción, ya que tanto durante los ensayos como en las funciones –así como en la presentación de enfermos— hay *actores* y hay público. La regla fundamental para un director sería, siguiendo estas ideas lacanianas, dejar hablar al actor y a los artistas involucrados (músico, escenógrafo, vestuarista, etc.) lo más posible, dejar, a su vez, fluir la improvisación hasta captar ese momento culminante, conclusivo, donde habría una certeza anticipada que, en cierto modo, permite estabilizar la escena y cerrarla, para pasar a otra. Como lo subrayan los psicoanalistas, hay "un camino que va desde la perplejidad a la certidumbre" (Miller, *El saber delirante* 73) en cierto modo pautada desde ese primer momento en que algo no se entiende, porque le falta una significación determinada, a un segundo momento en que pudiera ser que eso no signifique nada y de ahí a un tercero en el que tal vez "eso significa algo pero no se sabe qué" (Ibidem). Este tercer momento no es de perplejidad sino, por el contrario, de certidumbre: hay certeza de que se trata de "la presencia de una significación indeterminada" (Ibidem). Y esta certeza de alguna manera tiene una significación personal[102] en la medida en que el sujeto sabe que la significación involucrada, aunque no se la sepa, tiene algo que ver con él (Ibidem). La perplejidad también emerge cuando, más allá de una significación que no se comprende, el sujeto se enfrenta con el agujero, "cuando no se trata del significado sino de la falta de un significante allí donde es llamado y no está" (Ibidem 75).

En efecto, podemos imaginar la puesta en escena como un delirio riguroso construido a partir de la perplejidad para compensar esa falta de significación inicial o taponar ese agujero. Ya no se trata de producir un montaje para ilustrar con gestos y movimientos, escenografía y vestuario, lo que se sabe del texto dramático sino, por el contrario, de acusar recibo de lo que el sujeto (director, teatrista en general) experimentó, no sin perplejidad, durante la lectura del texto dramático o la emergencia de una idea disparadora (concebidos como fenómenos elementales) y que rehúsa el acceso a lo simbólico. La puesta en escena sería el resultado de un riguroso trabajo por el cual se daría cuenta, en su íntima construcción delirante, de aquello que, habiendo sido rechazado en lo simbólico, retorna desde lo real. La dimensión teórica de esta conceptualización del proceso de montaje no oculta la potencialidad de su productividad para nuestra praxis teatral.

Paralelamente, es posible que, al abordar estas cuestiones desde la praxis teatral concebida en estos términos, los psicoanalistas mismos se interroguen sobre las máscaras que se plantean a partir de la teatralidad del encuadre psicoanalítico. Por una parte, la máscara de analizante que pre-existe a la entrada del individuo concreto, histórico, en análisis, o bien la que ellos mismos configuran durante el proceso de análisis, como una máscara siempre entremedio del analista y del analizante y a la que éste último vendría *a ponerle* el cuerpo. Lacan trabajó la cuestión del semblante, del analista como semblante, para indicar, a su manera, esa máscara con la que el analizante enfrenta o concibe al analista, por ejemplo, en tanto *sujeto supuesto saber*, para la histeria. Resulta posible pensar en el semblante de analizante como máscara espectatorial que el analista tendría o situaría durante el *tratamiento*, del mismo modo como nosotros, en la praxis teatral, deberíamos cuestionarnos la máscara espectatorial de toda puesta en escena, independientemente del público, o la que elaboramos para montar la escena y, por ende, interponemos entre escena y público.

---

[102] Jacques-Alain Miller señala que esta significación personal está directamente relacionada con un "eso habla de mí" y por ende remite a una apreciación de Lacan sobre una cierta paranoia primitiva precedida por el significante, como fenómeno elemental, que afectaría a todo sujeto. En consecuencia, es posible afirmar "en esta línea [que] todos somos locos" (*El saber delirante* 74).

Desde la psicosis clásica

Desde el principio de su *Seminario 3*, Lacan aclara que "[p]sicosis no es demencia" (12); Lacan dice que, si ése fuera el caso, hubiera titulado su seminario, las locuras. No obstante, como veremos, después los psicoanalistas, incluido Miller, hablarán del loco, del mundo que está lleno de locos, afirmando incluso que todos somos psicóticos. No dejemos pasar el dato de que Lacan había colgado en el hospital –como el Tortsov stanislavskiano hacía periódicamente en su escuela— un cartel que decía "No se hace loco el que quiere". Lo fundamental para nosotros es que, para Lacan, "la psicosis no es un fenómeno de deficit" (Campanella 46). En los estudios sobre la psicosis se ha planteado la cuestión de la alucinación como una externalización del inconsciente que, obviamente desconocida para el sujeto, le viene desde lo real. La pregunta lacaniana es "por qué aparece en lo real" (23). Al principio de su seminario, Lacan intenta retomar el término freudiano de *Verwerfung*, que se traduce como *rechazo* y que, al final del seminario, reemplazará por *forclusión* (456). Se trata de *algo* experimentado por el sujeto, pero que rehusó el acceso a lo simbólico, algo rechazado en lo simbólico que le retorna al sujeto desde lo real. Se trata de una experiencia comparable a la de ver una obra de teatro en una lengua extranjera. No casualmente Lacan nos dice que Freud, como el mismo Schreber, lee el delirio como si se tratara de una lengua extranjera que hay que descifrar. Sin embargo, ninguna de estas explicaciones satisface a Lacan. Para él, no se trata de una percepción anómala de la realidad que se le impondría al sujeto desde el exterior, así como para nosotros una puesta en escena, por más *desviada* o *desvirtuada* que esté respecto del texto dramático o del supuesto realismo, no es nunca una percepción anómala del texto o de la realidad textual.

Lacan va a proceder, primero, distinguiendo la *Verwerfung* de la represión, *Verdrängung*. Va a seguir a Freud hasta donde la oposición freudiana de psicosis y neurosis ya no se sostiene o, en todo caso, requiere de una vuelta de tuerca. Veamos cómo procede Lacan. En la psicosis no se trata de represión, como ocurre en una neurosis, donde lo reprimido retorna bajo el ropaje de un síntoma, una especie de enmascaramiento del deseo, sea en sueños o cualquier otra formación del inconsciente y que el sujeto, digamos, percibe como emergiendo de sí mismo o, si se me permite el término, de su propia interioridad o, mejor, de ese *trans-espacio* del que hablamos antes. Lo reprimido, también, a veces aparece bajo condición de estar negado, que el sujeto no reconoce, tal como lo demuestra la denegación. En efecto, en la neurosis, el sujeto sacrifica una parte de la realidad psíquica (70) y el término que Lacan enfatiza es precisamente la *Verneinung*, la negación o denegación –tal como queda más o menos establecido después de la intervención de Jean Hyppolite en uno de los seminarios de Lacan. Lo que el neurótico niega es una parte de su realidad que, aunque olvidada, se sigue haciendo oír "de manera simbólica" (70), es decir, con un sentido secreto, cifrado, tal como lo vemos en los síntomas y las formaciones del inconsciente o bien, en el campo teatral, como ocurrió, por ejemplo, con algunas obras de Teatro Abierto en Argentina durante la última dictadura, cuyas *alegorías* daban cuenta de algo reprimido y que aparecía en la escena como cifrado pero, todavía, haciéndose oír en lo simbólico. Fue la forma en que los teatristas y el público pudieron *hablar* de lo que en silencio sentían y pensaban –tan discordante de lo que se les exigía sentir y pen-sar en la realidad social exterior— en un momento de intensa represión de Estado, para la que, di-cho sea de paso, el lacanismo mismo sirvió de discurso barroco mediador, una especie de *lalengua* cultural, para mantener la *conversación*. Al neurótico le cuesta, en cierto momento, enfrentar esa parte de la realidad psíquica reprimida que no se articula bien con la realidad exterior. Obviamente, aquí estamos abusando del término *represión*, ya que la represión política no es, o no lo es siempre, como en el psicoanálisis, totalmente inconsciente.

"En cambio –dice Lacan— lo que cae bajo la acción de la *Verwerfung* tiene un destino totalmente diferente [ya que] todo lo rehusado en el orden simbólico, en el sentido de la *Verwerfung*, reaparece en lo real" (24), es decir, como si le viniera al sujeto desde afuera. Desde aquí, se podría instrumentar una lectura muy diferente del corpus dramático de Teatro Abierto; ya no se trataría de *alegorías* o síntomas de lo reprimido en lo social, sino de la escena misma como *real*, en sentido lacaniano, es decir, no en tanto realidad social. En este sentido, *Decir sí* de Griselda Gambaro no sería una alegoría que intentaría *representar* la realidad de la dictadura sobre el escenario, sino lo real mismo de esa dictadura tal como cada uno de los individuos del público la categoriza en sí mismo. No es una representación de lo que el gobierno hace con su gente, más o menos inocente, sino el crimen mismo en escena frente a un público a punto de ser degollado por un tipo cualquiera de esa misma sociedad, tal vez, como en *La Muerte y la doncella*, de Ariel Dorfman, por alguien sentado en la butaca de al lado durante un concierto público.

Trabajar la escena desde la perspectiva de una máscara espectatorial psicótica impone hacerse muchos planteos sobre la forma en que va a ensayarse y ponerse en escena *Decir sí*, porque no se trataría de mostrar lo reprimido allá, fuera del teatro. Se trataría de algo mucho más complejo de abordar críticamente, puesto que "bajo el discurso permanente de la libertad" (192) del hombre moderno, que Lacan puntúa como delirante (191), hay que plantearse la situación de "cuando la verdad de la cosa falta, cuando ya no hay nada para representarla en su verdad, cuando, por ejemplo, el registro del padre está ausente" (291). La escena –la que surge durante los ensayos en el trabajo del teatrista, como la que se le ofrece al público en las funciones— estaría concebida así como un delirio riguroso de aquello rehusado en el orden simbólico, que es mucho más *enigmático* –si se nos permite el término— que lo reprimido políticamente en la realidad social. Es algo que no se sabe, algo no simbolizado –para los represores y para los reprimidos por igual en lo social— y, en ese sentido, es diferente al síntoma que, aún cifrado, el neurótico percibe –queja de por medio— de un saber alojado allí que se le escapa: el neurótico, para decirlo rápidamente, a diferencia del psicótico, sabe que hay un saber que se le escapa, pero que habla en su síntoma. Por eso, a veces recurre a la consulta con un analista, así como mucha gente compra entradas para ver una cierta obra en una cartelera múltiple.

A diferencia de lo que ocurre en la neurosis, en la psicosis no hubo represión de la realidad psíquica, sino "ruptura, agujero, desgarro, hiancia, pero con la realidad exterior" (71). En la psicosis es la realidad misma "la que está primero provista de un agujero, que luego el mundo fantasmático vendrá a colmar" (71). Un neurótico no quiere saber nada de esa experiencia –como la amenaza de castración—, la niega o deniega en el sentido de la *Verneinung, en el sentido de lo reprimido*, que de alguna manera se articula al significante; pero en la psicosis lo rehusado reaparece en lo real como alucinación, como delirio. Como bien lo resume Salamone, "[m]ientras que en la neurosis la realidad es evitada no queriendo saber nada de ella, en la psicosis es reconstruida" (30). En el caso del neurótico estamos frente a la pasión de ignorancia, como la denominaba Lacan. Es por eso, quizá, que la aproximación al corpus teatral de Teatro Abierto responda mejor desde la psicosis que desde la neurosis, porque teatristas y público, como sabemos, se abocaron a darle existencia a ese fenómeno cultural, a pesar del incendio de salas y otros atentados del terrorismo de Estado. No hubo un *no querer saber nada de eso en el sentido de lo reprimido* sino, por el contrario –y es una tesis que hay que explorar, porque casi nadie lo ha intentado aún— un teatro que trataba de reconstruir la realidad psíquica colmando el agujero en lo real. Tal vez inclusive lo que conocemos en Argentina como el Teatro de la Memoria o inclusive el ciclo Teatroxlaidentidad nos sería críticamente mejor abordado desde la tesis de la psicosis que desde la a veces engañosa dimensión de la memoria, particularmente cuando no se la piensa en términos de la represión en sentido psicoanalítico.

Localización del agujero y cuestionamiento de la proyección

Ahora bien, conviene seguir a Lacan para nuevamente dejarnos disconformes con lo que, en párrafos anteriores, hemos tratado de encorsetar demasiado rápidamente. En efecto, Lacan no puede contentarse con esta oposición entre neurosis y psicosis, tal como surge de los términos freudianos o en la psiquiatría. No le convencen dos cosas: ni la idea de ese agujero, esa falla, esa ruptura en la estructura del mundo *exterior* ni la de que ese agujero se colme con un fantasma o delirio que surgiría de un mecanismo de proyección. En todo caso, Lacan se interroga sobre cómo es posible ese agujero y cómo operaría ese mecanismo de la proyección. Ese mecanismo en la psicosis es, en todo caso, muy diferente del que ocurre en los celos, donde el sujeto proyecta sobre el otro sus propios deseos, "pecadillos" los llama Lacan, es decir, ciertas infidelidades –actuales o imaginadas— de las que se siente culpable. En la paranoia, el delirio de persecución, según Lacan, no puede explicarse como una proyección. Nos dice:

> Sería mejor abandonar el término de proyección. Aquí está en juego algo que nada tiene que ver con esa proyección psicológica por la cual, por ejemplo, recibimos siempre todo lo que hacen aquellos hacia los cuales tenemos sentimientos mezclados, con al menos alguna perplejidad en lo tocante a sus intenciones. La proyección en la psicosis es muy diferente a esto, es el mecanismo que hace retornar del exterior lo que está preso en la *Verwerfung*, o sea lo que ha sido dejado fuera de la simbolización general que estructura al sujeto. (73).

Dos aspectos señalados por Lacan tienen tanta relevancia para el orden delirante como para la puesta en escena: por un lado, la idea de que, a diferencia del psicótico, el sujeto *normal* no toma "del todo en serio cierto número de realidades cuya existencia reconoce" (109) y, por otro, el hecho de que la psicosis, a diferencia de la neurosis, no tiene prehistoria. El sujeto *normal*, digamos, neurótico,[103] aunque rodeado de realidades amenazantes, no las toma demasiado en serio, viviendo sus experiencias sobre el fondo de una "feliz incertidumbre" (109). El psicótico, por el contrario, toma en serio su delirio, "sabe que su realidad no está asegurada, incluso admite hasta cierto punto su irrealidad" (110). No olvidemos aquí que Lacan define el fenómeno psicótico como

> [l]a emergencia en la realidad de una significación enorme que parece una nadería —en la medida en que no se la puede vincular a nada, ya que nunca entró en el sistema de la simbolización— pero que, en determinadas condiciones, puede amenazar todo el edificio. (124)

Si para el sujeto *normal* la realidad está asegurada, el psicótico, aunque no cree en la realidad de su alucinación, tiene certeza de que en su delirio hay algo que está en juego y que eso le concierne. En el psicótico, como en el director teatral, "no está en juego la realidad, sino la certeza" (110).[104] Por eso,

---

[103] Conviene enfatizar el hecho de que, desde la aproximación lacaniana, no hay criterios de normalidad versus anormalidad. Cada una de las estructuras freudianas o clínicas que estamos comentando funcionan para guiar al analista en el diagnóstico, pero no suponen la idea de enfermedad o similar; cada estructura tiene su propia dinámica, cada una muestra la posición de sujeto y objeto, de modo que, para decirlo rápidamente, no hay modo de que un sujeto escape a alguna de estas tres estructuras.

[104] Escribiendo estas líneas no puedo más que recordar lo que ocurrió en Tucumán, durante la dictadura, cuando estrenamos mi obra *El paraíso de las hormigas* (ver texto completo y algunas fotos en http://gustavogeirolaparaiso.blogspot.com). En escena, dos personajes –ambiguamente vestidos como para ser parte de la Comedia del

Gustavo Geirola

Lacan recomienda tomar en serio el delirio y abstenerse –como hacen algunos críticos para desentenderse de ciertos espectáculos— de categorizarlo como *anormal* o proceder a una "reducción razonante" (190) del mismo. Como vimos antes, la perspectiva psicoanalítica en Freud y Lacan es no ver la psicosis como un fenómeno de déficit (Miller, *El saber delirante* 46), sino, por el contrario, lo legitiman en tanto descubren en ella y en el delirio el discurso del inconsciente: "El inconsciente en la psicosis está ahí, presente" (208). Hay que dejarse seducir, dejarse captar o capturar por el delirio (como analista, en el psicoanálisis, y

---

Arte o bien dos locos con chalecos hospitalarios— intentan conocerse, acercarse, intimar, jugar, etc., pero cada vez que están cerca de lograrlo –en transgresión a los terribles mandatos de un Otro obsceno que nunca aparece en escena— suena un timbre, una alarma que los devuelve a su terrible aislamiento. Cada vez más hundidos, casi sepultados en los sótanos del edificio en el que se encuentran, y cada vez más reprimidos o presionados por una plancha de luces que los va aplastando progresivamente en cada escena, terminan vislumbrando un *locus amoenus* delirante, único medio con el que logran re-engancharse con una realidad perdida que les es cada vez más lejana. Recuerdo que al final, las alarmas, que durante la obra sonaban solo sobre el escenario, sonaban ahora en toda la sala. Habíamos dispuesto alarmas bajo muchas de las plateas y, cuando sonaban, generaban —en el terrible Tucumán de ese entonces— la estampida general del público, como si alguien hubiera alertado de un incendio. La gente se abalanzaba sobre la única puerta de salida. El Otro teatral había quedado completamente excluido. Nadie había podido guarecerse en la confortabilidad del "esto es teatro". Las voces de la escena eran para el público sus propias voces; los personajes eran sus propias marionetas del juego psicótico. Las alarmas eran la injuria que les venía de la escena y que los dejaba perplejos primero y desesperados después; sin duda, por alusión solamente, esa injuria se refería a un S completamente cómplice del horror que se vivía por aquellos años. Como autor y como director amateur, ya que apenas daba mis primeros tropezones teatrales, no sabía nada en ese entonces del funcionamiento de la psicosis y menos aún, como dijeron algunos, estaba interesado en promover un teatro-pánico. Lo que más recuerdo es que durante los ensayos, al principio, con la supervisión de la coreógrafa Beatriz Labbate, fuimos marcando minuciosamente el ideograma corporal a partir de cada palabra del texto. Los personajes se movían como marionetas y además portaban máscaras blancas. Avanzamos escena por escena y todo parecía ajustarse a mis planes, hasta llegado el momento del monólogo final de María, que se resistía a dar continuidad al tipo de actuación que veníamos desarrollando. Probamos de varias maneras y no encajaba en ninguna, hasta que Gabriela Abad, a cargo del personaje y hoy una conocida psicoanalista, me pidió autorización para mostrarme lo que ella sentía cuando decía ese texto. Obviamente, ante la inminencia del estreno y mi casi nula experiencia como director, no me tomé el privilegio de negársela. Cuando Gabriela mostró cómo vivía ella ese monólogo, me espanté. Si hubiera sido eso un monólogo escrito por otra persona, me hubiera quedado en la sala; pero recuerdo que me asusté tanto que me retiré del ensayo. Lo cierto es que allí se había concentrado la rigurosidad del delirio, de mi delirio, y entonces tuvimos que retomar, recomenzar a ensayar la pieza desde la certeza que nos planteaba ese monólogo final. Obviamente, yo tuve que vérmelas más tarde en el diván con mis propios fantasmas.

como actor, director o público, en el campo teatral). Se trataría, entonces, de tomar en serio aquello que, como sujetos *normales*, dejamos de lado, particularmente en nuestro discurso interior.

La creencia delirante en el psicótico y en el teatrista

Stanislavski ya había planteado la necesidad del teatrista de *creer* en la realidad escénica como único modo de consolidar la fluidez de su actuación (*Preparación del actor* 124). No importa cuán cercana o alejada esté la realidad escénica de la realidad socio-histórica, lo importante para el director y el actor es no dudar, sino sostener esa "creencia delirante" (111), la certeza de la consistencia de lo que está en juego en la escena. Lacan llega a decir que el psicótico es un mártir, es decir, un testigo abierto del inconsciente y que se nos presenta como "fijado, inmovilizado en una posición que lo deja incapacitado para restaurar auténticamente el sentido de aquello de lo que da fe, y de compartirlo en el discurso de los otros" (190). En el campo teatral conocemos posiciones directoriales y actorales que, sobre todo a partir de Grotowski, han hecho de esta posición martirizante un rasgo relevante del actor. Sin embargo, habría que profundizar esta cuestión en su aproximación a la formación actoral –que es deudora del psicoanálisis, aunque algunos estudiosos recientes parecen desconocerla, denegarla como tal en los textos grotowskianos—[105] para ver cómo es necesaria una instancia de superación de esta perplejidad de la primera etapa de la psicosis a fin de pasar a la construcción de un orden delirante que permita compartirlo con los otros. No nos olvidemos que Freud habla del delirio en términos de reconstrucción y edificación, que –como subraya Miller— "no son arbitrarios, ya que se pone en juego una verdadera arquitectura delirante" (*El saber delirante* 27). Y si esta creencia delirante como fenómeno elemental, sea coágulo –en términos de Eduardo Pavlovsky (*La ética del cuerpo* 103)— o idea disparadora, es la base de la rigurosa construcción del orden delirante que devendrá a partir de allí, hay que subrayar, no obstante, una diferencia entre el delirio del psicótico y una construcción artística. Lacan señala que

> [l]as producciones discursivas que caracterizan el registro de las paranoias florecen, además, casi siempre, en producciones literarias, en el sentido en que *literarias* quiere decir sencillamente hojas de papel cubiertas de escritura. (112-3)

---

[105] En el homenaje a Grotowski recientemente publicado en México (Domingo Adame (coord.) y Antonio Prieto Stambaugh (ed.). *Jerzy Grotowski. Miradas desde Latinoamérica* (2011) los autores parecen más inclinados a enfatizar cierta faz espiritualista, antropocósmica y esotérica del aporte del maestro polaco, dejando absolutamente sin mencionar la importancia que tuvo el psicoanálisis en las etapas fundantes de su aproximación a la actuación y al teatro. El lector puede aproximarse a mi extenso libro sobre Grotowski, titulado *Grotowski y yo. Una lectura para la praxis teatral en tiempos de catástrofe*, en el cual *leo la letra* del maestro polaco desde el psicoanálisis y todas las conexiones filosóficas entramadas con él (Nietzsche, Heidegger, Jaspers, etc.).

Escribir es, nos aclara Lacan, una manera de asegurar cierta unidad en ese orden delirante, conformado por delirios al principio un poco aislados. Lo mismo ocurre con el proceso de ensayo de una obra teatral, en el que las improvisaciones, al principio aparentemente desconectadas, comienzan a unificarse para dar lugar a la puesta como un orden delirante riguroso. Como sabemos, Eduardo Pavlovsky escribe y re-escribe lo ensayado hasta incluso después del estreno de una obra. La "escritura teatral", aunque no es gráfica como la literaria, no se realiza sobre el vacío; al contrario, se yergue sobre el blanco de un *lugar* escénico que, progresivamente va a ir determinándose como *espacio*. Ahora bien, si el delirio del psicótico -escrito o no- es una manera que tiene para recomponer el mundo, su mundo, su relación con la realidad de la que se había desenganchado, el caso del artista va un poco más lejos. No es, pues, una estrategia de curación[106] (incluyendo, si queremos llevar las cosas más lejos, a la catarsis del artista o del público), que solo buscaría recomponer su relación con la realidad. Lacan se topa aquí con dos *escrituras* emblemáticas: las *Memorias* del Presidente Schreber y la de San Juan de la Cruz. En ambos hay una *mujerización* del sujeto, en ambos hay una relación con Dios, ambos han sido de alguna manera elegidos por ese Dios, ambos se posicionan receptivamente respecto de esa divinidad y se ofrendan a ella. Lacan no puede eludir diferenciar estas escrituras y, aunque no deja de ser muy general su aproximación, sin embargo, nos hace vislumbrar un posible camino para pensar y diferenciar la escritura artística de la meramente *testimonial* del psicótico. Lacan plantea que en San Juan de la Cruz hay una experiencia auténtica "de una verdadera relación entre dos seres" (113). El discurso de Schreber es una construcción rigurosa orientada a resolver el problema de su desenganche con la realidad y satisfacer su necesidad de ser reconocido socialmente.[107] Se trataría, para Lacan, de un escritor que no es poeta. En San Juan de la Cruz, por el contrario, como en Proust o Gerard de Nerval -nombrados por Lacan- la poesía, en tanto "creación de un sujeto que asume un nuevo orden de relación simbólica con el mundo" (114), es la que nos pone en situación de no tener dudas sobre la autenticidad de la experiencia.

La cuestión de las voces

Aunque el psicótico nos participe que escucha voces, como el autor dramático confiesa escuchar a sus personajes o como el director teatral escucha a sus actores, lo cierto es que no tenemos allí el mismo sujeto. Hay un sujeto

---

[106] Vale la pena aclarar que el término "curación" le parece a Lacan un tanto abusivo; prefiere, por lo tanto, hablar del orden delirante como una "compensación" o bien como "un verdadero reordenamiento de su mundo" (125).

[107] A pesar de todo, Lacan no deja de reconocer que las *Memorias* constituyen un texto "apasionante", al punto tal que avanzado el *Seminario 3* lo denomina "novela" (177).

"que habla en las voces" y otro que "relata esas cosas como significantes" (177). En los estudios literarios, ya desde mediados del siglo XX, se planteó la necesidad de diferenciar al sujeto narrativo del sujeto que escribe; no obstante, este sujeto que escribe puede ser a su vez desdoblado, como lo sugiere el famoso relato "Borges y yo", entre un sujeto de la escritura que se diferencia no sólo de la voz narrativa, sino también del sujeto histórico, de Borges, como tal, con fecha de nacimiento y muerte. Y si el sujeto narrativo, como el yo, hace lo que puede para dar sistematicidad al delirio, para coordinar esas *voces* de la mejor manera posible, al sujeto de la escritura no se le escapa el hecho de que también *oye* un sin-sentido complejo y difícil de verbalizar. Lacan cita a Schreber cuando éste manifiesta que "*¡Todo sin-sentido [Unsinn] se anula, se eleva, se traspone!*" (177). Es, nos dice Lacan, un sin-sentido positivo, también organizado, que aún en sus contradicciones está articulado y, fundamentalmente, es "en él [donde] está presente todo el sentido del delirio de nuestro sujeto" (177).

A los efectos de nuestra praxis teatral, tal vez podamos traducir estos términos lacanianos pensando en una puesta en escena realizada solamente a partir del oficio, basada en una experiencia de tipo profesional y distinguirla de otra puesta más artística, no importando su calidad o su amateurismo, que estaría orientada a redefinir la relación simbólica con el mundo, la del teatrista y obviamente la del público. Si la puesta en escena es una escritura, entonces no puede dejar de vérselas con ese sin-sentido, tal como lo aprendimos en Artaud. Las puestas profesionales, en general, se desentienden de eso y avanzan sobre las voces, sobre el texto dramático y lo ilustran sobre el escenario con gestos, movimientos, vestuario, luces, sonidos. No es sorpresivo que los directores de este tipo de teatro puedan hacer todo el proyecto de puesta con meses de anticipación y que puedan calcular con bastante exactitud el tiempo del montaje, o bien sean capaces de adaptarse perfectamente a las agendas de los productores. Se trataría, en términos barthesianos, de un *texto de placer*, que da confortabilidad. Pero la puesta artística lidia con el sin-sentido que murmura más allá de las voces de los personajes y, muchas veces, el montaje no avanza hasta que el director y su elenco han podido aproximarse a lo que en ese sin-sentido se articula, ya que, no tratándose de ilustrar, estas puestas artísticas avanzan a nivel escenográfico, musical, etc. una vez que son capaces de seleccionar los significantes que *significan* y no que meramente decoran. Es un proceso cuyo tiempo no es calculable de antemano, que exige el trabajo, usualmente doloroso, sufriente de todo el grupo; en consecuencia, es muy difícil que este tipo de trabajo teatral pueda flexibilizarse al punto de someterse a agendas de producción rígidas. El producto de esta aproximación artística resulta un *texto de goce*, en el que muchas cosas permanecen abiertas, inconclusas, más allá del fin del relato y del texto espectacular, tanto para el público como para los mismos teatristas involucrados. De ahí la inconformidad que expresan sus participantes y hasta ese apego a poner una fecha de estreno para tener un punto de amarre que garantice, aunque sea precariamente, la conclusión del proceso de ensayos y la presentación pública del trabajo.[108]

Si los montajes profesionales son el pan nuestro de cada día en el campo teatral, el montaje artístico es más esporádico, incalculado e incalculable. Stanislavski no dejó de enfocarse en este punto cuando, más allá de advocar por la creencia -como vimos antes- se vio llevado a definir una ética teatral que, no siendo reaseguro de lo artístico, al menos despeja el camino de vanas pretensiones mundanas en el arduo viaje de las búsquedas estéticas. En términos lacanianos, mientras San Juan de la Cruz y Schreber, como el teatrista, están "habitados por toda suerte de existencias, improbables sin duda [y con un] carácter significativo" (114-5) de progresiva complejidad delirante que da cuenta de su "aventura interior" —alusión de Lacan, sin duda, a la *experiencia interior* de Bataille— la diferencia entre el poeta y el psicótico, entre el director profesional y el director-poeta radica en que, para el psicótico, a pesar de que "él es todo lo que lo rodea" (115), todas esas significaciones que construye están vaciadas de su persona y, en consecuencia, su orden delirante "sólo trata con sombras o cadáveres" (115) o, para decirlo con las mismas palabras de Schreber citadas por Lacan, "todo su mundo se transformó en una fantasmagoría de *sombras de hombres hechos a la ligera*" (115). Para el poeta, en cambio, cada una de las significaciones está *llena* de su persona, se trata de un orden delirante vivo, *gozante*.

La psicosis no tiene prehistoria

El segundo aspecto que debe capturar nuestra atención es la afirmación lacaniana de que "la psicosis no tiene prehistoria" (126). A diferencia de la neurosis, en que lo reprimido invita a pensar en un *antes* que ha quedado inconsciente y que, no obstante, se las arregla para expresarse a través del síntoma, es decir, el neurótico "en el seno de la represión, tiene la posibilidad de arreglárselas con lo que vuelve a aparecer" (126), mediante un cierto restablecimiento del pacto con el Otro; el psicótico, en cambio, está en dificultades para dar cuenta de "algo que aparece en el mundo exterior que no fue primitivamente simbolizado [y por eso] se encuentra absolutamente inerme, incapaz de hacer funcionar la *Verneinung* con respecto al acontecimiento" (126). No hay en la psicosis un compromiso simbolizante como en la neurosis, no hay –dice Lacan— "mediación simbólica alguna entre lo nuevo y él mismo" (127) sino "un pulular, una proliferación imaginaria" (127). Pero, a pesar de esa falta de mediación, el significante, con los trastornos o reordenamientos profundos que padece, subsiste "en espejo" (*Seminario 3*, 127). Veremos más adelante la relación entre *a* y *a'*. Por eso, si bien tanto síntoma como delirio son legibles, no lo son de la misma manera ya que están transcriptos en diferentes registros. El

---

[108] Ver entrevistas a directores de las Américas en mi *Arte y oficio del director teatral en América Latina*.

síntoma opera como una máscara de lo reprimido y "aparece *in loco*, ahí donde fue reprimido" (153), esto es, a nivel de los símbolos, del registro simbólico. Pero el delirio se instala o reaparece "*in altero*, en lo imaginario, y lo hace, efectivamente, sin máscara" (153).

Es decir, tenemos dos aproximaciones diferentes para abordar la cuestión del deseo en neurosis y psicosis. Cuando nos ubicamos en la relación *a-a'*, a nivel imaginario, encontramos al sujeto, por un lado, como desarticulado en esa multitud de seres imaginarios que emergen en su delirio, que le hablan; por el otro, donde *a* y *a'* "son dos estructuras que se acoplan estrictamente" (127), lo cual permite al analista captar la dialéctica imaginaria que está aquí en juego y que es, en la psicosis, más elocuente que la que se aprecia en el estadio del espejo como tal, ya que "el delirio muestra el juego de los fantasmas en su carácter absolutamente desarrollado de duplicidad" (127). Lacan dice que en la interlocución delirante hay un solo interlocutor (179); así, esa multiplicidad de voces con las que el alienado dice vérselas son en realidad *un* único interlocutor que, en el caso de Schreber, se denomina "Dios". Ahora bien, tanto el sujeto (*a'*) como la multitud de sus personajes (*a*), que son en realidad *otro* personaje diversificado, están hechos uno en referencia al otro y –lo que nos interesa aquí para nuestra praxis teatral— Lacan señala que ese *otro* personaje del delirio nos pone en escena el inconsciente, es decir, "lo que siempre está elidido, velado, domesticado en la vida del hombre normal: a saber, la dialéctica del cuerpo fragmentado con respecto al universo imaginario, que en la estructura normal es subyacente" (127). Pero también nos abre a la cuestión de las voces diversificadas de un relato delirante como siendo *un* único interlocutor que el director debería saber determinar en su trabajo de montaje.

Si partimos de esta aproximación lacaniana a la psicosis y, si aceptamos aquí –aunque sea a modo de ejercicio teórico— que la puesta en escena es el *otro* personaje diversificado, esto es, "las identidades múltiples de un mismo personaje" (142) que habitan al director (o al autor, si nos situáramos desde la perspectiva del texto dramático),[109] ciertas conjeturas no se harían esperar. En efecto, en primer lugar, la idea de que la puesta en escena, desde la perspectiva psicótica, no debería ser abordada como síntoma, tal como ocurriría si la pen-

---

[109] En su análisis del texto de Schreber, Lacan señala justamente que estas múltiples identidades de un mismo personaje que aparecen en las *Memorias*, los "hombrecitos", habitan al psicótico y, al principio enigmáticas, se van achicando progresivamente y "son absorbidas por la propia resistencia de Schreber (142), al punto que también progresivamente van logrando cierta autonomía. En cierto modo, tenemos aquí algo que nos es familiar en las entrevistas a directores y autores: la idea de que los personajes se autonomizan, ya no responden a lo que ellos, los directores, quisieran, sino que hablan y se mueven por sí mismos, dejando al director o autor ya no como agentes sino como meros transcriptores; más que hablar, son hablados, es decir, tenemos nuevamente la idea de que el delirio es la presencia misma del inconsciente como tal.

sáramos desde la neurosis. En este sentido, no estaríamos apelando a la represión y a su *antes* que nos arrojaría a la puesta en escena como el retorno de lo reprimido. Para aquellos directores que dicen ser *fieles* al texto o —más delirantemente— a la intención del autor, la cuestión sería interrogarlos sobre cómo se las arreglan para trabajar ese retorno de lo reprimido en los ensayos y hasta qué punto el proyecto de puesta en escena primero y el montaje final después se articulan con lo reprimido en cuanto tal. ¿Qué es lo reprimido? ¿Reprimido por quién y por qué? ¿Represión localizada en el texto dramático o a nivel de la lectura que hace el director, o en ambos? Si de alguna manera esta postura directorial plantea que el montaje se autentificaría en un *"volver a encontrar* el objeto" (124) del deseo, como no estamos en el mundo instintivo animal, resulta que la puesta en escena no sería, a pesar de cuán arqueológico o realista quiera ser cada director, más que un surgimiento de ese objeto –perdido para siempre en el campo del sujeto humano— en un modo "fundamentalmente alucinado" (124); es decir, desde la perspectiva freudiana, cada montaje es siempre "otro" respecto del texto dramático, es siempre "otro" respecto del objeto del deseo que supuestamente avalaría la idea de un autor quien, con genialidad, habría sabido escamotearlo en su texto, pero no tanto como para que el director no pudiera hallarlo y *representarlo* en el escenario. Lo quiera o no, inclusive para aquellos casos en que el mismo director se plantea la cuestión de remontar un mismo texto –maldición freudiana de por medio— está condenado a encontrar un objeto distinto. No hay una puesta definitiva de un texto dramático, frase a veces ridícula, especialmente en boca de supuestos críticos teatrales.

En este sentido, la perspectiva psicótica nos permite abrir nuestra praxis teatral a otras propuestas. Como vimos, inclusive desde la perspectiva neurótica y en virtud de la represión, estamos frente a un objeto perdido para siempre que no puede ser encontrado, sino re-encontrado en otro distinto, alucinado. Es decir, el objeto causa del deseo se resiste a presentarse y, como lo real, resiste a la simbolización o permanece en lo simbólico, pero *éxtimo* a dicho registro.[110] El yo, en su precariedad imaginaria, trata de capturarlo, pero siempre falla en esa empresa y no puede más que conformarse con la alucinación o el delirio. Al partir de la psicosis, podemos pensar la puesta en escena fuera de la represión. No estaríamos así imaginando o alucinando sobre un sentido reprimido en el texto dramático puesto en posición de síntoma, tampoco podríamos posicionarnos como capaces de haber levantado la represión por medio de la interpretación para encontrarnos de ese modo con el objeto prístino del deseo, es decir, la puesta definitiva de un texto dramático.

Lo interesante de que la psicosis no tenga prehistoria es justamente el hecho de que el montaje deviene un orden delirante que se reinicia cada vez.

---

[110] J-A. Miller trabaja *in extenso* el concepto lacaniano de extimidad en su curso de título homónimo, *Extimidad*. El concepto apunta a señalar algo que, siendo externo al sujeto, no obstante, es también lo que le es íntimo.

Lo que cuenta, entonces, es la rigurosidad de ese montaje como orden delirante. Se puede ir puntualizando, dentro de los límites que le daba su contexto histórico, este progresivo paso del montaje neurótico al psicótico en los textos de Stanislavski, desde sus primeros intentos arqueológicos (con su propuesta de un estudio riguroso de la época del relato o de la vida del autor), pasando por el cotejo con otras puestas en escena de la misma obra por otros directores (como intento de capar la falla de esos intentos previos en función de buscar una versión supuestamente más auténtica y definitiva), a la tímida convicción final de que solamente es posible seguir las reglas de juego propuestas por el texto, es decir, realizar un montaje como un delirio cuya mayor validación es la de una relación en espejo con el texto dramático. Como veremos enseguida, Lacan nos alertará sobre la fuerza estructurante que conecta el fenómeno elemental (digamos, en nuestro campo, el texto dramático) y el delirio (es decir, la puesta en escena).[111] Tendremos que esperar a otros directores posteriores para enfrentarnos a la posibilidad de extremar los límites delirantes al punto de llevar la puesta en escena de un texto —por ejemplo, clásico, como serían *Hamlet* o *La vida es sueño*— al astillamiento del espejo y la experiencia escénica del cuerpo fragmentado en cuanto tal, como ya se insinúan en el absurdo y sobre todo en Beckett. La presencia de trastornos de lenguaje en estos textos del absurdo y beckettianos evidencia ya la posibilidad de tratarlos como textos psicóticos. Lacan nos invita a "exigir la presencia de estos trastornos" (133), aunque sea provisionalmente, para hacer el diagnóstico de psicosis.

Delirio y verdad

Lacan, siguiendo a Freud, va a tener una aproximación, digamos, positiva hacia el delirio, en la medida en que éste de alguna manera tiene relación con la verdad. En el psicoanálisis, tal como Lacan lo expresa en el *Seminario 3*, hay que entender la verdad en relación, no a todo lo que le ha sucedido al sujeto desde su nacimiento, ya que "lo que cuenta y funciona es lo que se volvió verdadero en la historia" (162). En este sentido, uno podría, desde la praxis teatral, plantear la discusión sobre qué momentos del relato dramático aparecen como verdad de la historia contada; incluso, a nivel de las improvisaciones, sea o no intuitivamente, cómo los directores y actores han sabido reconocer el momento de la verdad de una situación dramática cuando *algo* emerge y se puede saltar al momento de concluir, esto es, aquello que Lacan puntúa como certeza anticipada en relación al tiempo lógico (*Escritos* 193 y ss).[112] La situación dramática

---

[111] Jacques-Alain Miller, volviendo otra vez a la relación entre neurosis y psicosis, desarrolla detenidamente este aspecto de la comunidad de estructura entre el fenómeno elemental y el delirio en su conferencia titulada "La invención del delirio", incluida en su *El saber delirante*.

[112] Ver en este libro el capítulo "Ensayando la lógica o la lógica del ensayo: Construcción de personaje y temporalidad de la certeza subjetiva".

misma, como ya lo había de alguna manera entrevisto Stanislavski, puede ser pensada como el fantasma fundamental, ya sea desde la perspectiva freudiana, como una frase que insiste, que continúa bajo las diferentes modulaciones que pueda adoptar el relato (164); o bien como una fórmula, desde la perspectiva de la enseñanza posterior de Lacan, que estaría repitiéndose con matices diversos, como si se tratara de un tema con variaciones. Obviamente, esa frase o fórmula escapa a la conciencia del sujeto, escapa al yo –cuya función de desconocimiento consiste precisamente en hacer que no tengamos acceso o no oigamos dicha frase— y ese más allá del yo [*moi*] es, como bien lo dice Lacan, "el único sentido que puede darse al inconsciente freudiano" (164). En la psicosis, aunque no sea su rasgo relevante, esa frase "opera a cielo abierto" (164). ¿No es acaso la servidumbre, la esclavitud o el sometimiento tal como aparecen en la dialéctica del amo y del esclavo hegeliana lo que insiste en múltiples versiones en los distintos relatos de las obras latinoamericanas de las décadas de los sesenta y setenta en general y del primer Teatro Abierto en Argentina en particular? ¿No es en ese corpus donde, bajo el discurso permanente de la libertad del sujeto moderno se puede detectar "cierta falta en la función formadora del padre (291)? ¿Se puede leer el comentario lacaniano más allá de la clínica, es decir, en términos culturales y políticos? Lacan nos plantea que

> Todos conocemos esos hijos delincuentes o psicóticos que proliferan a la sombra de esos monstruos sociales que se dicen sagrados. Personajes a menudo marcados por un estilo de brillo y éxito, pero de modo unilateral, en el registro de una ambición o de un autoritarismo desenfrenados, a veces de talento, de genio. No es obligatoria la presencia de genio, mérito, mediocridad o maldad; basta con que exista lo unilateral y lo monstruoso. No por azar una subversión psicopática de la personalidad se produce especialmente en una situación así. (291)

Al principio del *Seminario 3,* Lacan se refiere a la "fuerza estructurante [que] está en obra en el delirio" (33). Hay que tener en cuenta que el delirio es lo que viene después del desencadenamiento de la psicosis; producidos los fenómenos elementales, a ese desenganche de la realidad, el delirio opera como un intento de curación, es decir, como un intento de reconstrucción de la realidad y, por lo tanto, corresponde a un re-enganche del sujeto en un momento posterior. Dice Lacan refiriéndose al texto del Presidente Schreber:

> Encontramos también en el texto mismo del delirio una verdad que en este caso no está escondida como en las neurosis, sino verdaderamente explicitada, y casi teorizada. El delirio la proporciona, ni siquiera a partir del momento en que tenemos su clave, sino a partir del momento en que se lo toma como lo

que es, un doble perfectamente legible, de lo que aborda la investigación teórica. (45)

En la praxis teatral ocurre algo similar. Los directores, bajo diversas modalidades, dan cuenta de que, sea a partir de la primera lectura del texto dramático o sea a partir de una idea, algo los deja perplejos y el proyecto de puesta es una manera de construir el sentido de una realidad, en principio, sentida como ajena, agujereada y hasta extraña.[113] A los efectos de nuestra praxis teatral, entonces, nos interesa rescatar de esa cita lacaniana varias cosas: la primera, la *fuerza estructurante* que Lacan ya detecta, como dijimos antes, en el fenómeno elemental mismo y que abarcará toda la producción delirante (llamémosle *discursiva*, entendiendo con Lacan que "discurso incluye actos, gestiones, contorsiones de las marionetas presas del juego" [79]). Así también parece darse en el famoso "coágulo" pavlovskiano para indicar esa *imagen* o *frase* –casi como un fenómeno elemental— que lo deja perplejo, que carece de sentido, algo necio e insensato que lo desengancha y que él luego lleva a su grupo de actores y su director para comenzar a ensayar como un intento de descifrarlo, de construir una realidad cuya estructura, en cierto modo, estaría ya contenida en dicho coágulo. El coágulo –aunque eso se aprecie *après coup*— ya contiene y forma parte de la misma fuerza estructurante que develará el delirio como interpretación, esto es, el delirio como un intento de reordenamiento del mundo tal como se da en la psicosis, que se despliega con todo rigor, tratando de reconstruir la realidad, de re-enganchar al sujeto.

En segundo lugar, esta cita nos abre a la posibilidad de pensar la puesta en escena como un delirio riguroso expuesto frente al público que intenta a su manera reconstruir la realidad cuya verdad no está escondida sino explicitada en dicha escena. Retomando nuestro ejemplo anterior, se podría leer algunas obras de Teatro Abierto en Argentina como formando parte de este tipo de

---

[113] Valdría la pena explorar las relaciones de esta perplejidad delirante con el 'coágulo' al que se refiere Eduardo Pavlovsky; pareciera que el coágulo pavlovskiano es diferente al encuentro con el significante-síntoma. Este último no provoca la perplejidad, sino que desata una cadena asociativa muy diferente a la construcción del delirio. Así, por ejemplo, a propósito de la escritura y puesta en escena de *Salomé de chacra*, Mauricio Kartun adhiere al "error" en el significante, al S_1, una cadena asociativa, el S_2. En una entrevista realizada por González De La Rosa y publicada por el diario *Clarín* el 24 de octubre de 2011, dice: "Al principio fue una simple casualidad. Un día caminando por un pueblito de Córdoba vi un cartel de chapa que decía "salame de chacra", pero una de las letras se había perdido en el acanalado y leí Salomé, y en el acto azaroso de unión de sentido entre el salame de chacra y una Salomé trasladada a una chacra criolla, apareció una especie de flash y vi el mito de Salomé diluido en este caldo criollo o guiso carrero. El mito de Salomé durante un día de carneada, el día que se hacen los chacinados que es un día mítico en las chacras. Sentí que valía la pena ponerle el cuerpo y ver adónde me llevaba en términos de sentido".

dramaturgia *psicótica*. En efecto, muchas de esas obras se presentaban al público –inclusive con toda su potencia absurdista— como un delirio riguroso que les llegaba desde lo real, desde la escena, y que intentaba un reenganche con la realidad a partir de aquello en lo real que permanecía no simbolizado. La escena era un delirio que explicaba la verdad como "un doble perfectamente legible" de algo que ocurre en otra parte, sin necesariamente suscribir esa idea tan abusada de que "el teatro refleja la sociedad". Nada de eso. Si el teatro refleja algo –y hay que cuestionar mucho ese verbo "reflejar"— no es la sociedad; en efecto, la cuestión se torna obviamente más compleja cuando se la considera desde el descubrimiento freudiano del inconsciente y la enseñanza lacaniana. En este sentido, podemos decir que el teatro, más que reflejar la realidad, se hace cargo del trabajo con lo real, lo no simbolizado.

El receptor es el emisor

Hemos hecho referencia anteriormente al uso del plural en el título del *Seminario 3*. Obviamente, hay varios tipos de psicosis, algunas –como la psicosis pasional, los celos— están presentes en todo sujeto, próximas –dice Lacan— "de lo que llamamos normalidad" (37). En los celos o en lo que se conoce como 'delirio de celos', que son una proyección neurótica consistente en "efectivamente imputar las propias infidelidades al otro: [así] cuando se está celoso de la propia mujer –nos dice Lacan— es porque uno mismo tiene algunos pecadillos que reprocharse" (65). En estos casos, que en realidad no responden a la forclusión de la psicosis clásica, como se trata de neurosis, opera la negación: el sujeto proyecta su propio deseo reprimido sobre su pareja: su deseo por otra persona se le presenta como siendo el de su pareja y, como lo ha visto Freud, puede tomar algunas variaciones frásticas basadas en el reconocimiento que hay entre "yo lo amo y tú me amas": la primera, "no soy yo quien lo ama, es ella, mi consorte, mi doble" (64). Otra forma de la negación del "yo te amo" consiste en "no es a él a quien amo, es a ella"; y la tercera posibilidad es "yo (*je*) no lo amo, lo odio" (64), que ya incluye la agresividad. Si a esta altura el sujeto llega a la idea de que "él me odia", ya "hemos llegado al delirio de persecución" (64). En la paranoia, en cambio, "el sujeto articula lo que dice escuchar" (39), es decir, el psicótico –si se lo observa con atención— él mismo articula, lo sepa o no, inclusive "*no queriendo saberlo*, las palabras que acusaban a las voces de haber pronunciado" (39, el subrayado es nuestro). Indudablemente, es casi lo que el público puede experimentar respecto de lo que ocurre en el escenario. Reconoce esas voces, esas palabras que le vienen de la escena que, lo sepa o no, o no queriendo saberlo, le pertenecen.

Lacan va a partir de una contribución de Séglas para la alucinación verbal respecto al origen de las voces: "percatarse de que la alucinación auditiva no tenía su fuente en el exterior, fue una pequeña revolución" (39). En efecto, como lo planteábamos antes, Lacan va a rechazar la idea, digamos, de la alucinación como una percepción particular de la realidad, que tornaría a ésta deformada o extraña. Lacan va a ir a buscar esa realidad en lo rechazado en lo simbólico y en la fuerza estructurante que lleva del fenómeno elemental al delirio. De este modo, podríamos conjeturar en términos de nuestra praxis teatral que aquello que ocurre en escena nunca es ajeno al público y, en cierto modo, justamente por eso, podemos afirmar –denunciando nuevamente la falta de sentido de esa idea de que 'el teatro refleja la realidad'—[114] que no procede del exterior. Sin embargo, Lacan no admitirá esa dimensión de interioridad tan rápidamente; por el contrario, va a tratar de abordar el fenómeno de la palabra en la dialéctica de la relación con el otro. Y esa dimensión de lo teatral es también lo que necesitamos pensar en nuestra praxis teatral. Aún en la experiencia de un sujeto en la comunicación habitual, hay más que el emisor, el receptor, el código, etc.[115] El sujeto, además de ser oído por otro, por el receptor, se oye a sí mismo decir lo que dice.[116] El emisor es él también un receptor. Esto le ocurre al actor y, en cierta medida, como intentaremos demostrar más adelante, al espectador, tal vez más que al público.

---

[114] La frase 'el teatro refleja la realidad' no significa nada hasta tanto no pongamos las cartas sobre la mesa y definamos la realidad, que es justamente lo que Lacan intenta hacer al principio de su *Seminario 3*. La realidad de la que habla el psicoanálisis no es la de los sociólogos sino la "realidad psíquica", que tampoco tenemos que pensar en términos de interioridad subjetiva y, por ello, fantasmática. Podemos ahora reformular el famoso slogan diciendo que "el teatro refleja la realidad psíquica", con todas las consecuencias teóricas y hasta delirantes, tal como nos dice Lacan, que podamos debatir a partir de ella.

[115] Jean Claude Milner explorará en su libro *El amor por la lengua* las limitaciones del modelo comunicacional y de la lengua saussuriana planteando cómo ha sido evacuada lalangue lacaniana de la lingüística, la cual, a pesar de esa operación, no puede prescindir de lalangue y todo lo relativo a la cuestión del deseo y al parlêtre. Esta dimensión queda todavía por ser desarrollada en la praxis teatral.

[116] Se me ocurre aquí un comentario sobre *Las Meninas* de Velázquez. El juego que esa pintura nos invita a jugar es, justamente, el estatus de esos reyes que aparecen por detrás, como reflejos de los modelos del pintor que estarían ubicados fuera del cuadro y a quienes los personajes del mismo miran, incluso el pintor mismo; pero a su vez existe la posibilidad de imaginar que no sea un espejo sino los reyes mismos que miran desde una ventana al fondo alguna otra cosa que sería exterior a la representación y que podríamos ser nosotros mismos, como público. Incluso la posibilidad de que, aun siendo un espejo, éste refleje no solo lo que el pintor estaría pintando —tal vez los reyes—sino el agujero mismo en lo real, localizado más allá de la representación que se nos ofrece como delirio pictórico riguroso. Después de todo, nos es imposible 'ver' lo que está plasmando el pintor en la tela. Mi intención es captar la posibilidad de jugar con la idea, delirante y por eso tal vez con cierta verdad, de un instante psicótico en la inauguración de la modernidad, algo que, por otra parte, no ha escapado a Zizek (*The Ticklish Subject* 315).

Del agujero, de la forclusión y del Nombre-del-Padre

Hemos hecho referencia más arriba a un significante, S_1, que ha quedado excluido y que retorna desde lo real. Avanzado el *Seminario 3*, Lacan va a ir precisando su conceptualización de ese agujero en lo simbólico. A los efectos de la praxis teatral, esta elaboración conceptual lacaniana nos interesa por cuanto va a darnos algunas pistas en cuanto a cómo el teatrista debería trabajar a partir de un encuadre psicótico, sea particularmente artístico, cultural o político, o bien asumido o postulado *ad hoc* para abordar la puesta en escena. Sabemos que es posible histerizar al sujeto, sabemos que es posible que un director histerice a sus actores, pero tendremos que explorar si hay un modo de psicotizarlos —aunque, como dijo Lacan, no se vuelva loco el que quiere— esto es, si hay posibilidad de crear un ambiente artificial para promover cierto proceso psicótico del montaje como tal.

Ya vimos que ese significante sin-sentido lleva al neurótico a postular un S_2 que le daría algún tipo de sentido (o bien, el S_1 sencillamente no le preocupa, tal como Lacan plantea para el sujeto 'normal' y, en consecuencia, no lo desestabiliza). En el psicótico ese S_1, como ya vimos, es tomado en serio. No sabe de qué trata, pero sabe que lo afecta, tiene certeza de ello. Si la neurosis procede por represión, la psicosis opera poniendo afuera, como viniendo de lo real —como alucinación, como voces— ese significante excluido que deja un agujero en lo simbólico para ser colmado por el delirio. Si hay un momento pre-psicótico, afirma Lacan, ése es justamente cuando el sujeto tiene la sensación "de haber llegado al borde del agujero" (289). El sujeto psicótico es entonces interrogado desde ese agujero, desde esa falta. Lacan nos presenta al sujeto moderno (a los que denomina "hombrecillos solitarios de la multitud moderna" [289]) como un taburete; no necesariamente el taburete requiere de cuatro patas, puede funcionar todavía con tres, pero ya si le sacamos una de esas tres, todo se desbarranca. Aquí ya se prefigura el sinthome del *Seminario 23*. Aunque no tenga todas sus patas, el taburete puede a veces sostenerse por bastante tiempo hasta que, "en determinada encrucijada de su historia biográfica" (289), el sujeto tiene que confrontarse con un defecto que estaba allí desde antes, pero que había sido rechazado. La neurosis compensa esa falta, esa pata, con otro significante, pero en la psicosis, nos dice Lacan, "el significante está en causa" (289) y, al fallar el par S_1- S_2, el sujeto, en su perplejidad, queda como inmovilizado ya que se ve remitido "a poner en tela de juicio el conjunto del significante" (289). De modo que un director debería planificar una estrategia de ensayos en la que fuera posible aislar un significante de modo tal que el elenco, perplejo, sintiera que, a partir de la falta de sentido de ese significante, casi todo el texto pierde sentido y, por lo tanto, es necesario trabajar, como dice

Lacan del psicótico, para *reordenar el mundo* de la obra nuevamente.[117] Veremos más adelante que también esto se puede hacer no tanto con el trabajo de los actores a partir del texto dramático, sino también postulando la posibilidad de una escena o un sujeto espectatorial psicótico para la puesta en escena.

El psicótico solo puede captar al Otro en la relación con el significante, pero se trata solo del significante a nivel formal, es lo que Lacan denomina la "cáscara", la "envoltura", la "sombra" o la "forma de la palabra" (365). La entrada en la psicosis se da, pues, cuando el sujeto no puede responder al llamado de ese Otro. Solo puede responder, mediante fenómenos alucinatorios, sea alusión, desafío o ironía, a esos otros que, como ya vimos, son espejos que lo interpelan. En lo que al Otro se refiere, está "siempre presente, pero nunca visto y nunca nombrado, más que de modo indirecto" (368). Sin embargo, el psicótico se sacrifica, se rebaja amorosamente a ese Otro ausente, a esta falta de significado. Se sitúa así entre una palabra reveladora y una serie de palabras, refranes, estribillos que forman serie y en los que el significante carece de significación, solo conserva sus cualidades formales, que Lacan denomina significancia (366). Uno podría estar tentado de leer aquí el destino cruel de toda vanguardia, cuando llega un momento en que se ha codificado tanto que se desgasta su propuesta inicialmente provocadora. En el caso de Schreber, como hemos visto, éste responde ofreciendo a ese Dios su cuerpo "invadido progresivamente por imágenes de identificación femenina" (367), que lo poseen o a los que se entrega. Tal vez podríamos investigar esta vertiente también en el Body Art o en ciertos performances en los que la sangre y el cuerpo del performer pagan tributo a estos mandatos obscenos del Otro, del superyó.

Si la función del padre en el Edipo consiste justamente en establecer para el sujeto el registro simbólico, con su batería significante, a partir de la cual deberá vérselas para dirimir su deseo, negociando lo imaginario, lo simbólico y lo real, se puede plantear la cuestión de "qué ocurre [para el sujeto] si se produjo cierta falta en la función formadora del padre" (291). Lacan va a intentar partir del Edipo para mostrar la insistencia de Freud en "la noción de padre" (383), que no se limita a la función generadora (454), sino que es el punto de anudamiento, si podemos decirlo así, del significante y del significado, de ahí el hecho de hablar del Nombre-del-padre, de la función del padre, es decir, de "[l]a introducción del significante del padre [que] introduce de entrada una ordenación en el linaje, la serie de generaciones" (444) y que más adelante en Lacan se pluralizará y será de los Nombres-del-padre. Cuando esa ligazón se afloja, aparece el psicótico. Los sujetos *normales* estarían, así, caracterizados por un mayor número o un número mínimo de puntos de ligazón entre ambos planos (384);

---

[117] Ya hicimos referencia en otro capítulo al ejemplo dado por Donald Freed en su libro *Freud and Stanislavski*, cuando nos cuenta cómo un actor, frente a la aparición del espectro del padre muerto en *Hamlet*, se pone a reír a carcajadas. Se trata de tomar en serio la aparición de esos materiales "inapropiados" y llevarlos hasta su última consecuencia en el ensayo.

para lograrlo, han tenido que aceptar la castración que "es el duro precio que el sujeto debe pagar por ese reordenamiento de la realidad" (444). En la psicosis, "[n]o se trata de la relación del sujeto con un lazo significado en el seno de las estructuras significantes existentes, sino de su encuentro, en condiciones electivas, con el significante en cuanto tal" (455). La psicosis de Schreber se declara, se dispara, no tanto porque no haya podido concebir un hijo, sino cuando es convocado por los ministros, todos mayores que él, a ocupar un cargo de enorme prestigio en la legislatura, un lugar en el cual se espera de él que haga la ley, es decir, se espera que sea un padre. Frente a esto, Schreber se topa con el significante inasimilable, forcluido, "del abordaje del significante en cuanto tal, y de la imposibilidad de ese abordaje" (456). Frente a ese agujero, Schreber procede a la construcción de su delirio, en el que reconstituye un Padre, un Dios-padre que le impone su transformación en mujer para dar lugar a una raza superior.

En el campo teatral, muchas veces se ha dado que el director mismo se comporta como un psicótico cuando, debido a su perplejidad frente al texto dramático y frente a la demanda de ocupar el lugar de la ley, de la autoridad frente al equipo, termina reconstruyendo una figura del autor implacable al punto que su delirio –su proyecto de puesta en escena— termina *mujerizándolo* frente a ese significante, dejando por esa vía escapar la posibilidad de realizar un trabajo verdaderamente artístico. Para él, Shakespeare es Shakespeare, y ese Shakespeare, como S_1 o como Nombre-del-padre, le demanda someterse, es decir, someter completamente su ser y la producción general del espectáculo a una rigurosidad basada en múltiples explicaciones, tomadas de fuentes diversas, a veces innecesarias para la puesta en escena. Procede, pues, por acumulación de materiales y datos, como hacía el primer Stanislavski, negándose a una dolorosa experiencia personal con el significante, razón por la cual queda al margen de lo artístico como tal.

En consecuencia, la imposibilidad para el sujeto de "asumir la realización del significante padre a nivel simbólico" (291), de conservar esas ligazones, hace que solamente le quede una imagen del padre a la que se aliena, pero no en una dialéctica triangular –como la edípica—, sino una alineación meramente especular, *a–a'*, en la cual, solamente a nivel imaginario, el sujeto puede engancharse –como ya vimos— especularmente. Si esa imagen cautivante del padre –nos explica Lacan— es desmesurada y, además, sólo se impone por su potencia. pero no en el orden del pacto simbólico, producirá en el sujeto "una relación de agresividad, de rivalidad, de temor, etcétera" (292) que, careciendo de la posibilidad de una "significación de exclusión recíproca que conlleva el enfrentamiento especular" (292), deja al sujeto capturado a nivel imaginario, quedando el Otro simbólico excluido. Queda, pues, solo lo imaginario y sin una instancia de exclusión recíproca capaz de fundar una imagen del yo en la órbita que da el modelo, más logrado, del otro" (292). No se trataría, entonces, de una posible rivalidad de un yo con un otro percibido como otro, sino de un yo (*a'*) capturado en la imagen especular del otro (*a*), que es él mismo. En este sentido, y siguiendo el ejemplo antes mencionado, Shakespeare o Hamlet es, a pesar de todo su esfuerzo y su sacrificio personal, un espejo de sí mismo que no pasa por un cuestionamiento artístico al Otro como tal.

Lacan califica esta situación de *alienación radical*, en la que el yo no rivaliza con el padre, es decir, no queda de alguna manera anonadado en su rivalidad hacia el Otro, sino que queda vinculado a un anonadamiento del significante como tal. Esta exclusión del significante *padre* provista por lo simbólico, llevará a que el sujeto pueda por cierto tiempo sostenerse y sostener cierta realidad –el taburete mencionado por Lacan— pueda vivir *normalmente*, colmar esa falta del significante por medio de "identificaciones puramente conformistas a personajes que le darán la impresión de qué hay que hacer para ser hombre" (292), como es el caso del Presidente Schreber. Pero cuando el sujeto es llamado por el Otro con el significante primordial ("tú eres el que es, o el que será, padre"), que estaba excluido para el sujeto (436), en un momento determinado, esas imágenes con las que se ha identificado y que colmaban la falta del significante no logran responder a las exigencias (simbólicas) de dicho significante. El sujeto se ve interrogado por ese significante excluido.

Lacan va a proceder entonces a formularse la cuestión por medio de una pregunta: "¿Cómo interroga e interviene lo que faltó?" (292). Al aparecer esta interrogación, el sujeto entra en una zona que se ha definido como crepuscular, "crepúsculo de la realidad que caracteriza la entrada en la psicosis" (293) y que produce perturbaciones en el discurso interior del sujeto, justamente porque el Otro se ha presentado en su función propia y deja al sujeto perplejo, sin posibilidad de responder a nivel del discurso, "el cual amenaza faltarle por completo, y desaparecer" (293). El sujeto ahora se ve desprovisto de ese Otro, al que perdió o no adquirió, y se ve enfrentado a ese otro puramente imaginario –"disminuido" y "caído', tal como lo adjetiva Lacan (299)— que lo frustra y con el que tiene que vérselas, un otro que lo niega y que lo mata. ¿Podríamos hablar de un momento crepuscular a nivel del ensayo teatral? ¿Cómo trabaja un director en ese momento?

Puesto en esta situación, el psicótico da cuenta de una relación con el lenguaje, que Lacan invita a llamar erotización; se trata de una relación global, radical con el significante, al que el psicótico dedicará todas sus capacidades. En ese sentido, no sorprende la afirmación freudiana de que el psicótico ame a su delirio, se aferre a su delirio como a él mismo. Y esto lo podemos apreciar en muchos directores cuando, a capa y espada, defienden y se aferran a su propuesta. Por eso Schreber, superado el tiempo del crepúsculo del mundo, trabaja completando las frases inconclusas o respondiendo las preguntas que le vienen de las voces o de Dios para darles un sentido, ya que carecen de él; Schreber se nos presenta a la vez como agente y paciente en relación al delirio que él sufre, que padece, más que realmente organiza, no sin admitir cierta lógica, que Lacan denomina "locura razonante" (311). En efecto, lo mismo pasa con nuestro director psicótico quien, aunque se siente agente y paciente en cuanto a su puesta en escena, su trabajo es, no obstante, casi un sufrimiento y una sumisión, más allá de la locura razonante que exhiba ante su equipo y más allá de sus galas de autoridad.

Praxis teatral y puesta en escena:
La psicosis como máscara espectatorial
(Segunda parte)

Del decir y del significante en la psicosis

Para Lacan, la ambigüedad de la significación atribuida al delirio debe resolverse en el decir psicótico mismo (50), es decir, es el sistema del delirante el que da la clave para su comprensión, en la medida en que el lenguaje del delirante toma "un sabor particular y a menudo extraordinario" (51), especialmente si uno logra captar, por ejemplo, cómo cierta palabra admite una densidad especial al punto de alterar la consistencia del significante para convertirlo en un neologismo cuya significación —a diferencia de lo que ocurre en el discurso habitual donde la significación surge de $S_1 \to S_2$— "no remite más que a sí misma" (52), al punto tal que el mismo psicótico admite que dicha significación es algo que remite a sí misma, ya que "la palabra en sí misma pesa" (52). En estos casos, resulta ineludible escuchar atentamente y encontrar la palabra clave, que aparece en medio de la palabra gastada, repetida, machacada, vaciada de significación, estereotipada, que Lacan denomina "estribillo". Hay que señalar que, en esta época, Lacan oponía la "palabra plena" a la "palabra vacía", o bien "las palabras fundantes y las palabras mentirosas" (58), términos que más adelante en su enseñanza dejará de usar. Esto llevará a la cuestión de la interpretación. Pero, antes de entrar en la interpretación, nos conviene seguir el hilo del desarrollo lacaniano en el *Seminario 3*.

¿Cómo distinguir la palabra pesada de la machacada? No deja de ser ésta una pregunta pertinente para el director y para el actor, pero, sobre todo, para el crítico o el estudioso teatral. Solamente porque tanto el psicótico como nosotros, los supuestos *normales*, compartimos el mismo lenguaje. Como lo expresa Lacan,

> Un delirio no carece forzosamente de relación con el discurso normal, y el sujeto es harto capaz de comunicárnoslo, y de satisfacerse en él, dentro de un mundo donde toda comunicación no está interrumpida. (128)

El hecho que admitamos el registro simbólico, que *delirantemente* Lacan designa como A, como el Otro con mayúscula, donde el lenguaje del psicótico es nuestro mismo lenguaje, nos permite justamente apreciar ese momento de "plomada en la red del discurso del sujeto" (53). En el campo teatral, sería fácil encontrar muchos ejemplos de esto particularmente en el teatro del absurdo.

Además, es importante tener en cuenta, primero, que el decir de un sujeto se realiza sobre la relación con otro al que puede potencialmente engañar, inclusive diciendo la verdad para que el otro crea lo contrario y, segundo, que "no sólo habla al otro, habla también del otro en tanto objeto [y] de esto exactamente se trata cuando un sujeto les habla de él" (59). Lacan dará el ejemplo de "tú eres mi mujer" o "tú eres mi amo", lo cual inmediatamente nos deja ver cómo se sitúa el sujeto respecto de lo que dice y cómo hace del otro un objeto. Lacan, muy marcado por Kojève en estos seminarios tempranos en su enseñanza, va a plantear el tema del reconocimiento: la relación entre el sujeto y el otro con minúscula, *a-a'*, supone el previo reconocimiento del Otro con mayúscula: cuando la realidad habla, no es la realidad o el otro los que hablan, sino Otro que está más allá de esa realidad (78). Uno se hace reconocer en el Otro: así, "tú eres mi mujer", implica hacerse reconocer como "soy tu hombre". La reconocen como "mi mujer" en la medida en que se hacen realmente reconocer como su hombre. No importa si se trata de una palabra mentirosa, lo que importa es que, a partir de ella, se ha capturado cierta *realidad* en términos de lenguaje, del Otro, y el discurso que sigue –vocablos, "actos, gestiones, contorsiones de las marionetas puesta en juego" (79)— va a estar condicionado por ese primer reconocimiento. Se puede uno comprometer a sostener esa palabra, o bien a negarla, como dice Lacan, recusándola, confirmándola, refutándola –como uno podría imaginar las etapas del feminismo— "pero –agrega Lacan— puede llevarlos a muchas cosas que están en la regla del juego" (79). Es decir, que "cuando una marioneta habla, no habla ella sino alguien que está detrás" (79) y ese alguien, más que el otro con minúscula, es el Otro, la ley del juego. Decir que habla el Otro es decir que se trata del significante y no de la experiencia o percepción de la realidad. Por eso, en el *Seminario 3*, Lacan va a plantear que el significante "es signo de una ausencia" (238) para indicar que no remite a un objeto en la realidad, sino a otro significante. Los significantes *día* y *noche* que comenta Lacan valen por su oposición en el lenguaje y no por la "serie de modulaciones, de transformaciones, incluso de una pulsación, una alteridad de luz y oscuridad, con todas sus transiciones" (238), es decir, *día* y *noche* son significantes que nada tienen que ver con las variaciones lumínicas que el ojo podría captar en la realidad y en la experiencia; en realidad, la percepción que un individuo pueda tener está desde antes *marcada* por el significante, por Otro, tanto para noche y día, como para los matices del color o las diferencias de género sexual.

Cuando los actores hablan, no sólo hablan lo que está en el texto dramático, lo que escribió un autor, no sólo lo que habla el director (autor y director también como figuras del Otro), sino que también habla en ellos el gran Otro del teatro, con sus reglas, su momento histórico, con sus malestares. Para Lacan, estas frases del tipo "tú eres mi mujer" son, además, de alguna manera delirantes, porque uno no puede estar seguro de lo que pretenden sostener: ¿qué sabe uno si es realmente su mujer? ¿Cómo estar seguro de que realmente sea su amo? El teatro, y no solo el absurdista, están desbordados de situaciones como éstas, en las que el personaje dice algo que, aún en su banalidad, resulta sospechoso de significar otra cosa. Tomemos un ejemplo al azar: en *Pablo* de Eduardo Pavlovsky escuchamos:

>V. - Creo que estaba cerca de... una glorieta.
>L. - ¿Una glorieta?
>V. - ¿O un almacén?
>L. - ¿Almacén? (66)

Si ni L. tiene certeza de lo que dice V., menos aún el público. En *La espera trágica*, obra temprana de Pavlovsky, a cada momento hay una sospecha que cae sobre la palabra misma e, inclusive, sobre la sintaxis; hay estribillos y repeticiones y hasta frases hechas que llegan al límite de su propia descomposición: "En ese caso debería tratarse", dice un personaje, y el otro replica: "¿Y en el otro caso?", a lo que el primero interroga: "¿Qué otro caso?" Los personajes mismos repiten el mismo texto al unísono (lo cual no deja de ser sorprendente desde una perspectiva realista y su ideología de la percepción) y hasta dicen ver a la Tía Eustaquia en la fiesta un instante después de haberla evocado (una percepción –alucinada o no— posterior al significante). Además, se interrogan sobre quién habla, dudan de hablar o ser hablados; hasta se presenta un personaje que dice llamarse Jorge Ottis no habiendo razón para no creerle, pero, lentamente, sospechamos que estamos frente a una situación delirante; otro error de percepción promovido por el significante, ya que varios personajes dicen llamarse Jorge Ottis e, inclusive, una mujer. Vemos allí, además, muy claramente cómo lo delirante utiliza nuestro propio lenguaje y, por dicha razón, es que hay palabras como "glorieta" o "almacén", "caso" e inclusive "Jorge Ottis" que podrían tornarse, como dice Lacan, pesadas. En todos estos ejemplos, si hiciéramos un trabajo pormenorizado de esas piezas, veríamos hasta qué punto esos personajes cuando hablan al otro hablan también de ellos, de cosas que les son acuciantes, que los comprometen, que testimonian de ellos mismos. Y esto, obviamente, es lo que pasa en nuestra manera de hablar diaria, cotidiana. La comunicación es un malentendido, porque no es posible usar las palabras como signos, es decir, como una relación estable entre significante y significado, en la que, idealísticamente, algo del objeto, de una esencia, de un arquetipo, podría quedar designado.

Frente a esta implacabilidad del Otro, que impone sus reglas del juego, usualmente binarias, hay algo que se desplaza debajo del significante y que supera al diccionario, ya que el yo [*moi*] que emerge del estadio del espejo como otro, es precario; en su encuentro con el otro en el espejo dispara no solo la identificación, sino también su rivalidad y competencia, es decir, desestabiliza la palabra del pacto simbólico, para cargarla con aquello que testimonia de su propia fragilidad como síntesis imaginaria frente a las irrupciones del inconsciente. Es un yo en cierto modo amenazado por el retor-no de esa "colección incoherente de deseos –éste es el verdadero sentido de la expresión *cuerpo fragmentado*" (61), que trabaja por sostenerse ilusoriamente unificado. Lacan nos propone que situemos la dialéctica del delirio justamente en ese *gap* entre el Otro "y el otro con minúscula, vale decir el otro que es yo, fuente de todo conocimiento" (63) y fuente también de desconocimiento de sí. En la operación del espejo, algo cae, algo no se especulariza; esa falta da origen al deseo cuyo objeto, causa del deseo, es lo que no se puede designar y, como lo real en la enseñanza más tardía de Lacan, escapa al significante o queda éxtimo a lo simbólico.

En el psicótico, la cuestión es no sólo saber si el sujeto nos habla, sino de qué nos habla. Nos habla, dice Lacan, "de algo que le habló" (63). Y agrega, siempre refiriéndose a "testis", es decir, testimonio, lo que habla "sobre los propios cojones" (62): "El paranoico testimonia acerca de la estructura de ese ser que habla al sujeto" (63). Es decir, el paranoico habla del Otro, del lenguaje mismo, del inconsciente "que habla en el sujeto, más allá del sujeto" (64) y que está estructurado como un lenguaje; da testimonio, pues, de la estructura del lenguaje que habla en él y que parece venirle desde afuera y, por eso mismo, no son "máquinas con palabra", no dicen cualquier cosa, porque están, como cualquier otro sujeto, capturados por el Otro del registro simbólico al que, de alguna manera, necesitan para dar cuenta de lo propio. Dar ejemplos en la dramaturgia es muy fácil, pero pensar estas cuestiones en el campo del ensayo teatral, para todo lo relativo al montaje y a la actuación, es un poco más difícil. Volveremos sobre esto más adelante.

A propósito de una presentación de enfermos, donde una mujer le dice a un hombre "vengo del fiambrero", y según ella el otro, para su estupor y perplejidad, le dijo "marrana" (ver descripción pormenorizada en el capítulo IV del *Seminario 3*), Lacan intenta ir más allá de su famoso slogan de que "en la palabra, el sujeto recibe su propio mensaje en forma invertida" (76). En el caso de esta psicótica, el mecanismo es diferente al que se da en la neurosis:

> Nuestra paciente no dice que otro habla detrás de él [no es una marioneta, no es una máquina de reproducción], ella recibe de él su propia palabra, pero *no invertida, su propia palabra está en el otro que es ella misma*, el otro con minúscula, su reflejo en su espejo, su semejante. (80, énfasis nuestro)

A los efectos de nuestra praxis teatral y nuestro intento de pensar la psicosis como máscara espectatorial, esta cita es contundente. La marioneta aquí no es ella; si hay una marioneta, ésa es el hombre que le dice "marrana"; es lo real que se expresa en esa marioneta; se trata de otro que, no obstante, es ella. El Otro, dice Lacan, que está "en juego en esta situación no está más allá de la pareja, está más allá del sujeto mismo –es la *estructura de la alusión*: se indica a sí misma en un más allá de lo que dice— (80, el subrayado es nuestro). Lacan trata de apelar a sus cuatro elementos: el *a* con minúscula (que en esta época es el otro [*autre*]), es el señor; el A [*Autre*] no existe, el *a'* es ella, que dice "vengo del fiambrero", y eso se dice del S, del sujeto, al que se dirige el "marrana". Quien habla, *a'*, recibe el mensaje –aún si queremos mantener aquello de 'en forma invertida'— no del A sino de *a*, y ese mensaje que recibe "concierne al mismo más allá que ella misma es en tanto sujeto, y del cual, por definición, sencillamente porque es sujeto humano, sólo puede hablar por alusión" (80). Se puede, pues, hablar del S que somos en relación al Otro y recibir el mensaje en forma invertida ("tú eres mi mujer"/"eres mi hombre"), o bien recibirlo de *a* como alusión, cuando el Otro está excluido y, entonces, ya el "marrana" no se sabe bien qué significa: los otros, los pequeños *a*, son marionetas que frente a ella le hablan, le hacen resonar su propio mensaje y la hacen resonar a ella misma como S por una alusión ("marrana"), que la sume en la perplejidad y que percibe como injuria. Lo que alude, como en Góngora, también elude: así, el S, al estar eludido el Otro, le retorna del *a* por vía alusiva; la alusión ("marrana") solo replica lo que ella ha dicho: "vengo del fiambrero", aunque elude justamente mentar(le) su posición de S como "un cochino cortado en pedazos" (80-81). Lacan nos muestra cómo, al hacer uso de la alocución diciendo "vengo del fiambrero", es ella misma quien recibe de su marioneta, por vía alusiva: "*Yo, la marrana, vengo del fiambrero, ya estoy disyunta, cuerpo fragmentado,* membra disjecta, *delirante, y mi mundo se cae en pedazos, al igual que yo*" (81).

Lacan agrega que en el discurso de esta psicótica hay un problema de temporalidad: no se sabe quién habló primero. "Vengo del fiambrero" es la alocución y presupone la respuesta "marrana". "En la palabra verdadera, por el contrario, la alocución es la respuesta" (81), decir "vengo del fiambrero" sería la respuesta a "marrana", como alocución. Al estar excluido el Otro, el psicótico recibe "marrana" con *perplejidad,* no logra articular el sentido; a esa perplejidad inicial de la psicosis corresponderá más tarde la construcción del delirio, que intentará "restituir alrededor de esto un orden al que llamaremos orden delirante" (81). Ese *a* que le ha dicho 'marrana' no es, como ya hemos dicho, el Otro, sino un pequeño otro, "sombras del otro" dice Lacan, un ser irreal.

Caminando por la calle, imaginamos un Tato Pavlovsky psicótico que dice algo y luego que otro le responde con algo alusivo, que él no sabe bien qué significa. Eso que viene del otro (*a*) lo deja perplejo. Si Pavlovsky fuera psicótico escribiría una obra tratando de dar sentido, con toda rigurosidad, a esa alusión, para reconstruir un mundo que, en cierto modo, quedó suspendido, crepuscular. Como Pavlovsky no parece ser un psicótico, no obstante, ante la imposibilidad de asociar con ese S_1 que ha quedado desenganchado, se precave de delirar solo y lleva su perplejidad a un director o su grupo de actores para trabajar ese coágulo en conjunto, esto es, aportar un S_2. Quizá deberíamos leer su teatro de la intensidad o de la multiplicación como un esfuerzo enorme, riguroso, de re-engancharse vía el teatro con esa realidad que, en su momento, se le presentó agujereada y que, además, es probable que lo esté también para el público. Su doloroso proceso de delirar a partir del coágulo, de delirar grupalmente –por su entrenamiento psicodramático— es lo que justifica que nos hable de una ética del cuerpo. Lo interesante aquí, en este teatro de la multiplicidad o intensidad, es que hay la convicción de que la obra que va a surgir por medio de improvisaciones durante los ensayos, que se escribirá y rescribirá a partir de muchas aproximaciones basadas en técnicas del psicodrama, tiene relaciones estructurales con ese coágulo y, además, comparte en su ficción la verdad con algo que ha sido rechazado en lo simbólico o bien está reprimido (si, a pesar de todo, leyéramos la propuesta de Pavlovsky desde la neurosis).

Intentemos delirarnos un poco aquí a partir de estas indicaciones lacanianas. Esos pequeños otros, en nuestra praxis teatral, podríamos pensarlos en varios registros: el primero, tal vez psicótico, como voces que los autores dicen recibir de los personajes cuando están escribiendo. Sin duda, un dramaturgo escribe a partir de algo que lo molesta, que lo inquieta. Muchos de ellos dicen que cuando empiezan a escribir más bien transcriben lo que les dictan los personajes. Están, según ellos, poseídos, escuchando como Schreber unas voces que no pueden acallar. Algunas de esas voces emiten palabras pesadas, otras, estribillos, palabras machacadas, repeticiones. Incluso algunos dramaturgos llegan al extremo de diferenciar, como Schreber, una lengua fundamental que se diferencia del murmullo y del estribillo. Otro registro posible aparece cuando un director quiere montar un texto dramático. Muchos afirman estar capturados por el texto o por algún personaje en particular y hasta afirman, como Schreber, aunque usando otros vocablos, que su propuesta de puesta en escena responde a la voz del autor como padre del texto y por lo tanto el director se posiciona como la mujer que va a parir el montaje, tal vez reactuando aquel enunciado de "tenía que ser muy grato ser una mujer que es sometida al coito", el cual dispara el delirio de Schereber (*Memorias* 84).

La perplejidad de Schreber, como se sabe, aparece en el momento en que un pensamiento lo conmueve, lo indigna. En las *Memorias de un enfermo nervioso* leemos ese "tenía que ser muy grato ser una mujer que es sometida al coito". Y luego *escribe* su libro para dar cuenta del orden delirante que puede dar sentido a ese algo que no fue simbolizado y que se le presenta como sorprendente y viniendo desde afuera. Lacan nos da dos traducciones, de esta perplejidad, una en el *Seminario 3*, donde dice: "sería algo hermoso ser una mujer sufriendo el acoplamiento" (92); otra versión –al menos en la traducción castellana— la propone en "De una cuestión preliminar...", cuando dice "sería *bello* ser una mujer que está sufriendo el acoplamiento" (*Escritos* 521, el subrayado es de Lacan). Es curioso que haya subrayado ese 'bello' y que no lo haya trabajado más. Bruce Fink, en su traducción al inglés de los *Escritos*, dice: "be *beautiful* to be a women submitting to the act of copulation" (455). Más allá de la relación con la versión original alemana [*Memorias* S 36] o de las versiones francesas de los textos lacanianos y la versión inglesa, lo interesante es que, si se tratara de un texto dramático, el resultado escénico trabajado como un orden delirante desde una máscara espectatorial psicótica sería, sin duda, sensiblemente diferente para cada director, según su tiempo y lugar histórico, aún cuando ese

Introducción a la praxis teatral

resultado todavía se pueda leer como una variación del orden delirante schreberiano, según el cual, "el hombre debe ser la mujer permanente de Dios" (94). Lo grato no es equivalente a lo bello y *someterse* a la copulación no es tampoco equivalente a *sufrir* el acoplamiento. Esta belleza del sufrimiento y esta mujerización de Schreber no dejan de sernos iluminantes para captar en su delirio una verdad de la historia humana. Lo que resulta fascinante es que Schreber va a intentar, por medio de la escritura, sistematizar su delirio con un rigor sorprendente ya que toma muy en serio (a diferencia del sujeto normal) "cierto número de realidades cuya existencia reconoce" (109). Por eso, al leerlo, uno no deja de imaginar estar leyendo el negativo de la *Fenomenología del Espíritu* de Hegel.

De ahí que la relación de estos directores con la figura del autor llegue a todos los extremos de euforias y gozosa sumisión en cuanto a la fidelidad, de delirios de erotomanía (el autor casi escribió ese texto para ellos, posicionados ahora como los elegidos por el autor); o bien de queja, por sentirse manipulados, abusados, en su tarea servil a un dios que, en cualquier momento, podría dejarlos plantados.

Un nuevo registro podemos pensarlo en la relación del actor con el personaje. Se trata aquí de cómo los personajes le hablan al actor durante el ensayo o bien durante la función, siendo ellos meros resonadores que, obviamente, repiten a su manera la saga psicótica del director que hemos descripto antes. Los actores se dedican, en este caso, a elaborar una técnica que les permita ser poseídos por el personaje; durante el proceso de ensayos, el actor entra en un momento crepuscular de su mundo para entregarse de lleno a la construcción, restitución rigurosa del proyecto de puesta del director, con quien, seguramente, no dejan, a su vez, de imaginar, en el placer y el displacer, lo grato (o bello) de ser una mujer sufriendo o sometida al coito.

Y, por último, tendríamos el registro en el que los actores-personajes le hablan al público durante el espectáculo. El público, si seguimos esta propuesta lacaniana, recibiría desde el escenario un mensaje que le viene por alusión. Más allá o más acá de que asistan por el afán de ser manipulados por un dios que los insemine (ideológicamente) sin piedad, lo concreto es que, en el caso de un espectáculo que haya sido montado para una máscara espectatorial psicótica, el A no existe, está excluido y "lo que concierne al sujeto es dicho realmente por el pequeño otro" (81).

¿En qué circunstancia podríamos encontrar esta exclusión del Otro en la praxis teatral? ¿En qué situación la relación escena-público se desarrollaría en exclusión del Otro? Obviamente, no tan excluido como para que no se entiendan, ya que hablan el mismo lenguaje. Reformulemos la pregunta: ¿en qué momento la relación escena-público no se instala sobre la posibilidad de recibir del Otro su propio mensaje en forma invertida, para dejarlo, digamos, en suspenso, excluido, al punto de recibir del otro (*a*) ese mensaje como alusión? Es posible imaginar esa instancia en momentos de alta represión social, en la que la vida social se desarrolla bajo condiciones de alto control, cuando existen extremas situaciones disciplinarias y alto nivel de riesgo y ese Otro no opera como garantía. También es posible imaginarla en situaciones en que la sociedad registra transformaciones muy radicales para las cuales ya no hay un Otro capaz de otorgarles sentido. Si hay Otro, está bajo la figura de un superyó atroz.[118] Tanto artistas como público irían a relacionarse con la escena, lo sepan o no, inclusive no queriendo saberlo, en condiciones de complicidad tal como para promover una exclusión del Otro simbólico tiránico que queda, digamos, afuera. En este caso, recibirán su mensaje por alusión. El intercambio queda reducido a la relación *a-a'*. La posición del público sería la del *a'*, y la escena con sus marionetas estaría en posición de *a*. No hay un Otro que permita sostener la verdad; los significantes "se aíslan, se hacen pesados, adquieren otro valor, una fuerza de inercia particular, se cargan de una significación, de una significación a secas" (84). La palabra que el público capta y que le regresa del *a* por alusión es una palabra delirante que, en principio, lo deja perplejo y que, más adelante, tiene el potencial de restituir la realidad por medio de un orden delirante. Como dice Lacan, el sujeto *se da cuenta* cuando el significante está cargado.

Sería interesante pautar en la historia del teatro estos momentos en que la alusión da cuenta de una exclusión del Otro. Tal vez uno de esos momentos de corte es el famoso "Merdre!" que abre la pieza de Jarry, *Ubu Roi* (1896); indudablemente, es una injuria que, como tal, da cuenta, denuncia "una ruptura del sistema del lenguaje" (85). Quizá el teatro del absurdo configure otro de esos momentos de perplejidad que, más adelante, da lugar a órdenes delirantes como, por ejemplo, el famoso libro de Martin Esslin y la crítica que siguió a las puestas en escena de los autores que a partir de allí clasificamos y reconocemos como absurdistas. Al fin y al cabo, Lacan ya nos ha advertido que el delirio es "un doble perfectamente legible, de lo que aborda la investigación teórica (45)" y, como él mismo deja constancia en la nota 8 en "De una cuestión preliminar…", Freud reconoce en el delirio de Schreber una anticipación de su teoría de la libido (*Escritos*, 516). Del mismo modo, muchos espectáculos anticipan el cambio de paradigma dramatúrgico que será teorizado con posterioridad. Tendríamos que explorar la escritura teatral (dramatúrgica y espectacular) para captar esos momentos de verdadera consistencia psicótica que, en general, denominamos o reconocemos como vanguardista. Son momentos en que los órdenes delirantes tienen la función de redefinir los términos simbólicos del pacto social y del registro simbólico, por cuanto éstos —no menos delirantes— ya no logran dar cuenta de la realidad o bien hay en la realidad agujeros, algo forcluido que no logra simbolizarse. No es por tanto sorprendente que, en dichos mo-

---

[118] Para apreciar estas cuetiones se sugiere al lector leer algunos de mis ensayos sobre obras específicas: "Encajar/desencajar: procedimientos de lo político en obras teatrales argentinas recientes" (2016), "Justicia, neoliberalismo y extimidad: A propósito de *Hambre*, de Merly Macías" (2018) y "Patriarcado, crimen y sociedad postedípica en dos obras de Hugo Salcedo: Hacia un teatro de emancipación" (2020).

mentos fructíferos, proteicos de la psicosis, "lo que fue rechazado en lo simbólico apare[zca] en lo real" (71). Porque si actuar sobre lo reprimido "es saber algo acerca de ello" (72), lo rechazado que retorna desde lo real es justamente lo que ha quedado "fuera de la simbolización general que estructura al sujeto" (73). No se trata, entonces, de trabajar en el ensayo o en la dramaturgia o en la puesta en escena lo que está en la dimensión del síntoma neurótico o de las formaciones del inconsciente, sino de algo más radical que es el retorno, vía el delirio, desde el exterior de "lo que está preso en la *Verwerfung*" (73) y que deja perplejo al sujeto, porque justamente suspende el orden del saber.

La máscara espectatorial psicótica durante el montaje

Si pensamos ahora en el público –que de alguna manera, siempre está, al decir de Miller, puesto entre paréntesis (*El saber delirante* 101)— más que en la máscara del espectador psicótico que el director dispondría para organizar desde allí la escena, deberíamos partir de la idea de que el psicótico insiste en que el otro *comprenda*, y eso porque hay algo ahí del orden de la significación que se ha roto, significantes que se han cargado, que rompen la continuidad del discurso. La significación, dice Lacan, se le torna inefable; en efecto, da cuenta de una ruptura de la realidad del sujeto y de la fragmentación en la que ahora se debate y que solo puede captar por alusión y constatar por la injuria que le viene, desde el otro, desde la marioneta que es *su propio* otro. Así, más allá del individuo concreto que "ocupa lugar" (*Seminario 3*, 85), de lo que éste ve y que lo captura (orden imaginario), es decir, más allá del público, está el Otro "que también puede ser el sujeto, pero que no es el reflejo de lo que tiene enfrente, y tampoco es simplemente lo que se produce cuando se ven verse" (85). La máscara espectatorial psicótica que el teatrista se plantearía para el montaje de su escena no resulta ser un espejo del Otro, un reflejo de lo social (como hacen algunos autores, directores y actores empecinados por reflejar las conductas, normales o desviadas, de la escena social), que le podría de alguna manera dar garantías de una verdad. Esa máscara psicótica no se posiciona, digamos, como un representante del Otro. El juego en la psicosis, como lo plantea Lacan en el *Seminario 3*, se da entre *a* y *a'*, y el sujeto surge por alusión entre ambos, pero no pasa por el Otro ni le regresa del Otro en forma invertida.

Proponemos plantear la máscara espectatorial psicótica en dos dimensiones: la primera, como *a'* de una escena concebida como *a*, y la segunda, como *a* de una escena concebida como *a'*. Dependerá de la opción que realice el director para 'construir' su puesta en escena, es decir, para restituir delirantemente una realidad sobre aquello que ha sido rechazado, forcluido de lo simbólico.

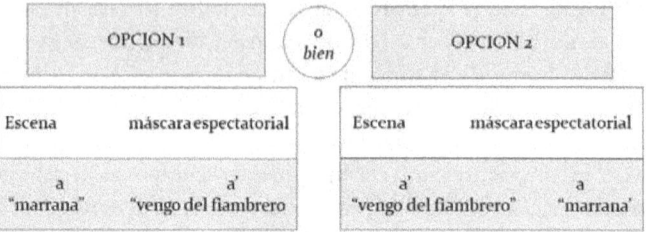

En un caso, la máscara espectatorial psicótica recibiría alusivamente de la escena una injuria, como respuesta a su propia alocución. El director debería disponer de su ensayo en forma tal que lo que allí ocurra responda injuriosamente y por alusión a una *supuesta* alocución inicial que, como vimos por el ejemplo de "vengo del fiambrero", daría paso a un "marrana" que alude a una situación subjetiva de fragmentación. Esto podemos verlo ya en el famoso "Merdre!" del *Ubu Roi* de Alfred Jarry. Porque sin duda se trata de una injuria al público teatral y al tipo de teatro de su época. Trabajar el ensayo desde una alocución supuesta a la que la escena respondería injuriosamente es abrir el juego del sentido para aludir a una situación subjetiva particular frente a un S que, si admite esa alusión con perplejidad, quedará invitado a restituir la realidad por medio de un orden delirante, en cierto modo concebido como intento curativo socio-cultural. Obviamente, para el teatrista trabajando en el ensayo, la constatación de esa perplejidad le vendrá desde el público y desde la crítica, en la medida en que ambos respondan con un orden delirante frente al espectáculo. Tal vez, la queja que se manifiesta como "este espectáculo no se comprende" constituya la prueba de que el público o los críticos no pudieron sobrepasar la perplejidad y elaborar un orden delirante; por el contrario, la aceptación festiva de que se trata de un espectáculo delirante donde todo se comprende y hasta entretiene, demostraría más la inercia del público o los críticos a caer en la trampa del sujeto psicótico, que siempre intenta ser comprendido y la imposibilidad de éstos para captar lo que Lacan denominaba la palabra "pesada" o "densa", el neologismo, que invitaría a apreciar la construcción misma del orden delirante como respuesta a una realidad que ha caído crepuscularmente y donde el Otro ya no tiene vigencia.

Sin embargo, no estamos aquí pensando en el público, sino en la máscara espectatorial que el director debería proponer como estrategia para el montaje y que, más allá de lo que ocurra con el público durante el espectáculo, es la que guiaría a dicho director y a su grupo (actores y otros artistas invitados) en el trabajo de ensayo, es decir, lo que hemos designado como la *praxis teatral*. Durante el trabajo con los actores, el director tendría que proponer una máscara espectatorial basada en aquel elemento del texto que pudiera funcionar como alocución, de modo tal que la respuesta de la escena, mediante la injuria, vaya lentamente convirtiéndose en una alusión a un S que no se hallaría presente. Sin duda, él puede ponerse en el lugar de esa máscara, encarnarla, para provocar la injuria desde la escena. Los actores en la escena serían los otros, las marionetas de esa máscara espectatorial, y el Otro estaría excluido. Se trata de un proceso de alto riesgo que solo puede ocurrir en un campo de experimentación. Sin duda, hay muchos temas en nuestra sociedad contemporánea que podrían funcionar excelentemente, cruelmente, si se los tratara no desde una perspectiva progresista o conformista, sino desafiando el buen sentido, el sentido normal.[119]

En el otro caso, no menos difícil de implementación en un ensayo teatral, es la escena la que se hace cargo de la alocución frente a una máscara espectatorial psicótica devenida marioneta y que, a partir de ese desajuste temporal mencionado por Lacan, alude a una experiencia subjetiva de fragmentación causada por la forclusión del Nombre-del-Padre. Es la escena la que ahora resulta injuriada por la alusión de una máscara espectatorial; es la escena la que cae en perplejidad y se atasca; sin duda, es la escena la que debería, a partir de ese momento, comenzar la construcción o restitución de un orden delirante. El director debería disponer, lo sepan o no los actores y técnicos, queriendo inclusive no saberlo, un trabajo de ensayo a partir de una máscara que injuriosamente aludiera a aquello que la escena está incapacitada de abordar. Sin duda, es aquí donde más valdría, técnicamente, recurrir a la afirmación de Lacan respecto a que la función del psicoanalista es la "histerización del discurso… mediante condiciones artificiales" (*Seminario 17*, 33); y esta convicción psicoanalítica –que configura una entrada en análisis "universalizable" (*El saber delirante* 143)— de que no hay análisis sin una instancia de histerización, puede también llevarse al campo de la praxis teatral; es esta histerización –en sentido discursivo— la que permite el trabajo de desciframiento del síntoma. Aunque no se vuelve loco el que quiere, uno podría también imaginar una situación artificial de psicotización en el ensayo, especialmente en el caso de esta máscara psicótica que, en su perplejidad inicial, que no deja de manifestar cierto momento de detención, de estancamiento y hasta de vacío de la producción de sentido, puede ser continuada con un momento de construcción del orden delirante. Por eso, lo que surja de la improvisación o de cualquier otro modo de montaje

---

[119] En el 2003 construí un espectáculo bastante delirante, que se tituló *Virginity.com*, basado en el cuento "La virginidad de Karina Durán", de Pedro Mairal. Una muchacha, aunque no llega a consumar sexo con nadie, vende su virginidad en el Internet. La palabra "virginidad" y su consecuente venta o prostitución comenzaban a tomar sentidos extraños cuando se la acercaba a la consistencia de la red global. Muchos hombres en el cuento apuestan para ganar la virginidad de Karina; en mi puesta, además de los personajes, puse computadoras para que el público pudiera cotizar la virginidad de la muchacha, cosa que hicieron sin mayor inconveniente. Lo cierto es que la cuestión de la virginidad y la prostitución se tornaba viscosa, ponía en tela de juicio su misma carnalidad, para tomar visos inesperados y difíciles de aceptar, incluso más difíciles de aceptar, en y desde la sociedad globalizada.

como orden delirante es una interpretación. Miller nos recuerda en *El saber delirante* que la única frase verdaderamente lacaniana de la temprana tesis de Lacan sobre la psicosis es justamente la que sostiene que "el delirio es una interpretación" y que "en el texto mismo del delirio encontramos una verdad explícita y casi teorizada" (95). Pero también nos advierte –retomando la cuestión del S_1– que todo sujeto normal se ve a veces en la necesidad de descifrar un significante –como ocurre con el fenómeno elemental en la psicosis– y, además de la paranoia inicial que lo hace suponer que ese significante puede tener algo que ver con él, hay al comienzo del análisis –como sin duda al comienzo de todo proceso de montaje y ensayo– el "significante de la transferencia", tal como lo denominó Lacan, "que precipita la emergencia del sujeto supuesto saber, sostén de la interpretación, cuya relación con este fenómeno elemental [permite] sostener que dicho significante es equivalente al inicial de un delirio" (*El saber delirante* 94). De ahí que Miller concluya que, si ponemos al fenómeno elemental como S_1 y al delirio como S_2, es decir, como el saber, entonces "todo saber es delirio y el delirio es un saber" (*El saber delirante* 94). El psicótico, en consecuencia, tiene la virtud de no retroceder frente a su perplejidad, frente a su elaboración de saber. El delirio del psicótico resulta entonces ser una interpretación de ese S_1 y por eso se entiende la afirmación lacaniana de que "el delirio es una interpretación".

Resulta importante subrayar la idea de que hay, digamos, una regla universal analítica necesaria que impone histerizar el discurso al iniciar un análisis, más allá del tipo clínico de que se trate. ¿Qué significa esto? Es el procedimiento por el cual el síntoma, es decir el $\$$, es puesto en el lugar del agente en el discurso de la Histérica,[120] pues, como sujeto dividido, sufre de un síntoma cuyo sentido se le escapa. Sin embargo, esa universalidad no supone sofocar, aplastar la particularidad del caso o del síntoma sino, por el contrario, abordarlo fuera de toda referencia a tipos o listas, lejos de todo diccionario o manual, es decir, escucharlo en su propia particularidad y, obviamente, apreciar su propia relación con el Otro y el modo de goce. Se puede decir lo mismo para todo ensayo teatral: sin importar la dinámica que se utilice (montaje de un texto previo, creación colectiva, improvisación, etc.), corresponde al teatrista histerizar el discurso de que se trate al iniciar el proceso de montaje.

Por eso, a partir de un trabajo con una máscara espectatorial psicótica –como sin duda ocurre en el teatro del absurdo e inclusive en el teatro de la intensidad o multiplicación– el público es posicionado de manera tal que no puede unir los cabos sueltos; se da cuenta de que hay una ruptura, que la escena es un orden delirante el cual, a pesar de su ambigüedad significativa, no deja de tener coherencia, consistencia, es decir, a pesar de todo, es un *orden*, una 'locura razonada' que trata de dar cuenta de una perplejidad inicial. Si el director no estimula el trabajo actoral a partir de esta sensación de estar desamparado

---

[120] Ver mi libro *Los discursos lacanianos y las dramaturgias*.

del Otro, si no estimula la construcción de un orden delirante, si él mismo no se deja llevar por la exigencia de comprensión que incluso le exige el *a'*, si no admite llevar la escena hasta el nivel de la injuria, entonces no está trabajando sobre la máscara espectatorial psicótica. El director que trabaje a partir de esta máscara es el que, sin duda, puede decirse que efectivamente *escribe*, como Schreber, la escena. El salto que lo sacaría de esa posición psicótica hacia un trabajo artístico puede darse en cualquier momento de ese proceso; solo basta que el director y el grupo no vacíen su experiencia de su persona, no hagan que esas voces, como en el caso de Schreber, permanezcan como sombras o cadáveres; lo artístico requiere que el grupo lleve su experiencia hasta el extremo –como dice Lacan— de definir "un nuevo orden de relación simbólica con el mundo" (114).

La máscara espectatorial psicótica desde las neopsicosis

> una mirada desde la alcantarilla
> puede ser una visión del mundo
> la rebelión consiste en mirar una rosa
> hasta pulverizarse los ojos
>
> Alejandra Pizarnik, *Árbol de Diana* [1962]

Hasta aquí nos hemos basado en el *Seminario 3* de Lacan para abordar la psicosis y llevar sus planteos a nuestra praxis teatral. Como mencionamos al principio, tanto el trabajo de Freud sobre Schreber como la aproximación lacaniana del *Seminario 3* y "Una cuestión preliminar…", entre otros textos, se enfocan sobre lo que los psicoanalistas denominan la psicosis 'clásica' para diferenciarla de otros fenómenos psicóticos, que aparecen en los consultorios en tiempos más recientes y que han comenzado a definir un campo de debate bajo el nombre de *neopsicosis*. Hay que reconocer que el Otro –a pesar de que no existe, de que "es una ficción del lazo social" (*La psicosis ordinaria* [LPO][121] 293)— cambia y, en consecuencia, los síntomas también lo hacen. Lo mismo ocurre en el campo teatral, donde las vanguardias se van codificando frente a los cambios sociales y culturales y, por ende, las prácticas artísticas también se enfrentan a nuevos desafíos, confrontan nuevos interrogantes. Bastaría citar el desarrollo e impacto de las tecnologías en las artes en general y el teatro en particular para dimensionar la enormidad del fenómeno, la forma en que se ha afectado la consistencia del lazo social, modificando además los sistemas perceptivos y hasta las subjetividades, redefiniendo la conceptualización de lo corporal, de lo temporal y del espacio, por mencionar unos pocos. Frente a esto,

---

[121] *La psicosis ordinaria* es una colección de ensayos firmados por diferentes autores compilada por J.A. Miller; para no distraer al lector, citaremos en general, sin mención del autor en cada caso, bajo la sigla *LPO*.

no es casual que haya más desencadenamientos o desenganches del Otro que en el pasado o, tal vez mejor, formas diferentes, más sutiles o menos espectaculares de delirar que las del Presidente Schreber.

La psicosis clásica responde a una clínica de tipo estructural que, como hemos intentado mantener en nuestra aproximación teatral en los párrafos anteriores, se basa en la primera enseñanza lacaniana, es decir, en la distinción diagnóstica entre neurosis y psicosis, apoyada fundamentalmente en "la presencia o ausencia de ese operador que es el Nombre del Padre" (*LPO*, 17). Los psicoanalistas van a abordar las *neopsicosis* desde la última enseñanza de Lacan, es decir, teniendo en cuenta lo que denominan "clínica borromea", basada particularmente en los últimos seminarios, particularmente dos: el 22, *RSI* (1974-1975)[122] y el 23, *Le sinthome* (1975-1976). Se trata ahora de abordar la psicosis 'ordinaria', que "es la psicosis en la época de la democracia […] la psicosis de masa" (*LPO*, 224). En efecto, como lo afirma Jacques-Alain Miller, "a partir del momento en que las normas se diversifican, se está evidentemente en la época de la psicosis ordinaria. La psicosis ordinaria es coherente con la época del Otro que no existe" (*LPO* 225). Es la época que denominamos neoliberal, como una fase del capitalismo.

Si la primera enseñanza de Lacan se centraba en el sujeto del significante, la segunda, como un polo opuesto, va a basarse más en el sujeto de goce, es decir, en los modos en que el sujeto se relaciona con el goce mudo o silencioso de la pulsión que, paradójicamente, siempre vocifera.[123] Si el Presidente Schreber, según hemos visto antes, se desenganchaba del Otro en el momento en que se enfrentaba a un significante que lo dejaba perplejo, frente a un agujero en lo real que debía compensar con un orden delirante, ahora los psicoanalistas nos hablarán más del desenganche como un momento en el que se produce un "encuentro fortuito con un goce —goce del Otro y/u Otro goce— y la imposibilidad con la que el sujeto se encuentra confrontado para arreglárselas con él y encontrarle un modo de subjetivación" (*LPO*, 20). Se trata del enfrentamiento del sujeto a un goce enigmático, "que solo le asigna el lugar de objeto y lo pone en extremo peligro" (*LPO*, 21). Desde la clínica borromea, el neodesencadenamiento se observa como un desanudamiento de los registros RSI, "ocasionado por la insuficiencia de la relación imaginaria con el cuerpo, que desnuda la imposibilidad de limitar el goce y también su carácter totalmente xenopático" (*LPO*, 22). De esta forma, el sujeto "se desengancha del lazo social para engancharse en lo que cifra en secreto el goce [y] se sustrae a la ley" (*LPO*, 25). De ahí que se vea en estos *neopsicóticos* una agencia más creativa en la medida

---

[122] *RSI* se refiere a los tres anillos engarzados —Real, Simbólico, Imaginario— del nudo borromeo.

[123] Ver mi ensayo "Interpretando el adjetivo 'áfona' en relación a la voz como objeto *a* en Lacan".

en que se procuran un modo de relación con el mundo que no sacrifica tanto el goce.

Si en el abordaje a la psicosis desde la perspectiva clásica o estructural se enfatizaba el sentido del síntoma, en la última enseñanza lacaniana se insiste más en lo real incluido en el síntoma. En las *neopsicosis* pueden estar ausentes los neologismos o palabras pesadas, las alucinaciones, los trastornos de lenguaje, es decir, lo que conocemos como fenómenos elementales (*LPO*, 47). La perspectiva clásica ponía mucho el acento sobre el significante y la lógica binaria (presencia/ausencia de un significante, el Nombre del Padre como metáfora del deseo de la Madre), acentuaba más el determinismo de la estructura, mientras que la perspectiva actual, basada más en la exploración de la posición del sujeto frente a lo real y a su elección de goce, es más comprensiva para captar otros fenómenos corporales o imaginarios más variados y hasta más sutiles que los tan espectaculares del Presidente Schreber. De ahí que la cuestión del diagnóstico se ha pulverizado en la necesidad para el analista de estar atento a múltiples detalles sin apresurarse a encorsetar al analizante rápidamente en un cuadro clínico. En este sentido, vemos cómo la transferencia se instala en toda su potencia epistemológica para captar la forma en que el sujeto establece su modo de goce más allá de responder a una estructura clínica determinada o de poder ser reinsertardo en el lazo con el Otro. Obviamente, en este nuevo debate sobre las *neopsicosis*, la transferencia no conserva tampoco el lugar clásico en el que el analista funcionaba como sujeto supuesto saber, "puesto que el saber ya está ahí, del lado del psicótico" (*LPO*, 132).

La dificultad que estos abordajes nos presentan a los teatristas es considerable, habida cuenta de que nos imponen, sin duda, recorrer toda la elaboración lacaniana, con sus transformaciones conceptuales periódicas. Sin embargo, las *neopsicosis* y el debate alrededor de ellas es una fuente de nuevos recursos para repensar y dinamizar nuestra praxis teatral y las estrategias de trabajo actoral y de montaje. En lo que sigue, la propuesta es recorrer dos publicaciones enfocadas en la *neopsicosis* y el delirio, resultado de dos encuentros internacionales: uno de ellos, *La psicosis ordinaria* y el otro, *El saber delirante*, que hemos trabajado en los párrafos anteriores. Sin pretender brindar aquí un panorama completo de las discusiones actuales sobre estos temas incorporadas a esos dos volúmenes, vamos sin embargo a intentar un breve señalamiento de algunos puntos que pudieran ser de interés para futuras relaciones entre el psicoanálisis y la praxis teatral en general, y de la psicosis y el delirio con el trabajo del teatrista durante los ensayos en particular.

Si solamente imaginamos un proceso de ensayos en el cual el director dispone la posibilidad para que sus actores y artistas invitados se desenganchen del lazo social para confrontar el goce del Otro allí donde ellos no pueden responder, allí donde se topan con lo enigmático de ese goce, tendríamos un trabajo grupal que ya no respondería a la creación colectiva clásica —siempre instalada a nivel del yo y del ideal del yo—, sino más a lo que conocemos como teatro de la intensidad o la multiplicación donde el riesgo de los teatristas puede alcanzar momentos muy graves. Este tipo de trabajo no necesariamente va a producir una respuesta psicótica, puesto que, como hemos visto, el encuentro con lo real puede promover un nuevo paradigma artístico y redefinir el lazo social si en vez de quedarse atrapado en el juego especular *a-a'*, si en vez de desplazarse metonímicamente, de pronto los involucrados logran metaforizar y volver a situar al Otro como un supuesto saber que les abre la posibilidad de trabajar el significante, es decir, los retorna a la significación fálica, *pero para definir un nuevo Otro*. El ensayo deviene así un lugar de riesgo, que los teatristas conocen desde Artaud y, hasta inclusive, desde las propuestas grotowskianas, pero que implementan muchas veces quedándose en superficialidades o formalidades, es decir, sin realmente llevar esas experiencias hacia sus verdaderos y potenciales extremos.

La *neopsicotización* del ensayo teatral promovería momentos de intenso peligro, en la medida en que hasta podría llegarse al grito inarticulado, al murmullo incomprensible o apenas inaudible, al graznido elocuente, una especie de deshilachar el significante, acceder a la experiencia de lalengua, como intermediaria entre la lengua y la experiencia más primitiva de lo pulsional mítico expulsado de y por lo simbólico, la irrupción feroz de la voz como objeto *a*, como pulsión invocante sin velos fantasmáticos.[124] Sin embargo, bajo ciertas condi-

---

[124] En *PLO*, Jacques-Allain Miller reflexiona sobre *lalengua* y la forma en que ésta aparece en la enseñanza de Lacan. Según nos dice, frente al lenguaje tomado en bloque en la primera enseñanza de Lacan, hay que pensar su descomposición en dos "partes correlativas: *lalengua* y el lazo social" (*LPO* 286), tal como se dan en su enseñanza más tardía. Las leyes de composición del lenguaje pueden estudiarse y describirse, las de *lalengua*, no. Luego Miller parece inclinarse por pensar lalengua como lo que escapa a la normalización impuesta por el amo. Nos dice: "Bajo el lenguaje normalizado, que pasa esencialmente por lo escrito, está lo oído, *lalengua* a la deriva [..] *lalengua* "en libertad", los malentendidos infantiles sobre *lalengua*, las homofonías, las significaciones investidas, los sentidos gozados, que imantan la lengua. El amo se encarga de normalizarles *lalengua*" (*LPO* 286). Este enfoque milleriano ubicaría *lalengua* en lo que los lingüistas reconocen a su manera como "uso", incluso como habla, llevados al extremo de la dimensión personal idiolectal donde, a partir de la lengua, "cada uno hace su lalengua" y, por ende, "nadie comprende a nadie" (*LPO* ,289). Sin embargo, me atrevería a enfatizar el aspecto de puro significante, que resiste incluso a ser abrochado a lo simbólico, como ocurre en la conversación cotidiana, donde damos por supuesto cierto efecto de significado y de significación: así, *lalengua*, fuera de todo marco evolucionista, se nos presenta como ese mundo del lenguaje anterior al estadio del espejo y al Edipo, un poco como esa instancia pre-semiótica que Julia Kristeva denominaba "la chora", que incluso se mantiene siempre activa para el sujeto (lo que permanece *infans* del lenguaje, no necesariamente infantil) y sin duda siempre en íntima relación con lo Real y las pulsiones. En última instancia, *lalengua* es lo incalculable, del lado del no-toda, no regulada por la función fálica, esto es, lo no predecible, a veces lo inesperado, lo que –como plantea Jean Claude Milner—

ciones, este encuadre puede permitir la realización de un trabajo sutil, obviamente dentro de un contexto artificial en el que se procede a confrontar la mirada y la voz, dejando al cuerpo en una instancia casi fragmentada, donde el espacio no logra consistencia, porque se molecularizan las instancias de visión y audición.

El resultado puede ser un delirio que vislumbra "un nuevo modo de lazo con el Otro" (*LPO*, 48). Todavía necesitamos recorrer un largo camino para vislumbrar la técnica que permitiría realizar un trabajo semejante en el campo teatral. Especialmente, porque si toda técnica se asienta en una base ética, la cuestión de la psicosis en el campo teatral nos plantearía algunos problemas. No se trata de reinsertar el delirio sometiéndolo y reduciéndolo a una significación que lo enganchara nuevamente al Otro sino, por el contrario, de aceptar que "el psicótico es aquel que rechaza trocar el goce por la significación" (*LPO*, 48). Lo que intentamos enfatizar, no obstante, es la idea de que se podría trabajar en el ensayo sin imponer una estructura y dar lugar a la posibilidad de que emerjan fenómenos de goce no fálicos. Y esto como una instancia que pronto, al superarse, es capaz de reintegrar el cuerpo de otra manera y diseñar el espacio también de otra forma, bajo otras categorías. Obviamente, en esta propuesta hipotética y de encuadre artificial, elucubramos circunstancias para la praxis social que, quizá, requiera de una conversación con la experiencia clínica, la cual no es lo que nos preocupa en estas instancias conjeturales.

Recordemos que inclusive para la psicosis, el desencadenamiento no necesariamente tiene que ser irreversible (*LPO*, 39). El director debería saber manejar bien la transferencia a fin de captar los anudamientos –más que los desencadenamientos— más sutiles a nivel libidinal (no quedándose solo a nivel del significante y en el desciframiento de lo que éste tuviera que comunicar), que dejarían apreciar las modalidades de la relación de los actores con el goce –que no comunica, que es inclasificable— esto es, el *sinthome* de ese grupo, sin descuidar la cuestión estética —como Lacan la apreció en Joyce. Estamos, entonces, en un campo muy diferente al del lenguaje, en donde "la articulación S_1–S_2 desencadena los efectos de sentido" (*LPO*, 137). Es, al contrario, "por la promoción de la relación del sujeto psicótico con *lalengua*, con el significante asemántico, y no con la cuestión previa de la articulación, [que] damos mejor cuenta de los fenómenos psicóticos contemporáneos a menudo parcelarios, dispersos, pluralizados, por estar menos referidos a la figura unificante del amo" (*LPO*, 48). Según nos dejan saber los analistas lacanianos, si el psicótico

---

escapa a la lingüística como ciencia, pero constituye, sin embargo, su soporte ineludible. Por eso al centrar la cuestión de las *neopsicosis* en *lalengua*, como lo plantea Éric Laurent, "tenemos que ocuparnos de la cuestión de saber cómo comprender lo que se nos dice, cómo comprender *lalengua* del otro, que está afectada por una significación personal a niveles inimaginables" (*LPO*, 291). El lector puede contrastar la perspectiva milleriana, con la de Milner y con mis comentarios en el ensayo ya citado "Interpretando el adjetivo 'áfona'…".

clásico reconstruía la cadena rota dándole un S_2 delirante al S_1 de su perplejidad, "La lección que debemos extraer de las *neopsicosis* es que la norma no está *a priori* sino que se constituye a partir de la cadena rota [...] la respuesta del psicótico contemporáneo... es tratar ese S_1 solo, en sus efectos de goce del ser" (*LPO*, 221).

El director, como el analista, debería así promover "la *invención* del sujeto en su trabajo con la *lalengua*, en su capacidad para encontrar una solución *singular* que concilie lo vivo y el lazo social" (*LPO*, 50-51, el subrayado es nuestro). Los mismos psicoanalistas se interrogan sobre esto: "en el plano de la estrategia del analista, ¿cómo se puede sostener el trabajo creador del sujeto psicótico, cómo contribuir a esa *poïesis*? (*LPO* 303). Teniendo en cuenta que la relación del psicótico con *lalengua* es la de quien la habita, más que un *saber sobre lalengua*, el director –en este encuadre psicótico de la praxis teatral en la que se ubica como destinatario a fin de permitirle al actor ser capturado por un discurso, es decir, orientándose así hacia el lazo social— debería promover un *saber hacer con lalengua* (*LPO* 136) –ambos inconscientes— en la medida en que "[s]i la cadena significante de *lalengua* produce un efecto de verdad, es en acto" (*LPO* 139), en ese desencadenamiento de una cadena significante impulsada por la repetición, ya no capturada por el sentido, sino por lo real y el goce que el significante deja emerger en ese acto.[125]

Neopsicosis e invención

La palabra clave que nos permite hacer el puente entre estos planteos sobre las neopsicosis y la praxis teatral es *invención*; Lacan la usa reiteradamente en su *Seminario 23 El sinthome*, e incluso Jacques-Allain Miller titula una de sus conferencias "La invención del delirio" (incluida en *El saber delirante*). La *inventio* era una de las partes u operaciones de la retórica clásica, concebida como una *tekhné*, es decir, "una institución especulativa de un poder para producir lo que puede existir o no" (Barthes, *La aventura semiológica* 118), es decir, lo que no forma parte de lo natural. Se trata de un arte, pero también una práctica social y lúdica, una técnica, una protociencia y hasta una moral orientada a producir, más que a crear. En "La retórica antigua" (incluida en *La aventura semiológica*), Barthes nos recuerda que la *inventio* se refiere a "encontrar qué decir" (121) y se

---

[125] Recuerdo cuando entrevisté a Ricardo Bartís para mi proyecto *Arte y oficio del director teatral en América Latina*. Al constado de una mesa, había un enorme pizarrón lleno de papelitos pegados con frases. Me resultaba muy difícil vencer la tentación de mirarlos y —lo que no fue posible— leerlos. Estaba preparando, si mal no recuerdo, *De mal en peor*. Por esos papelitos escritos y por lo que dijo en esa entrevista sobre las poéticas actorales, pero sobre todo por haber incluso hablado de una "pulsión poética", me imagino que los ensayos de Bartís no deben estar lejos de este encuadre psicótico en el que lo real, el goce y el cuerpo del actor se conjugan en un forzamiento del lenguaje y lo simbólico para toparse con *lalengua* y capturar la verdad en el acto.

relaciona más con un descubrimiento de lo que ya hay, que de una verdadera invención, en el sentido de sacar a la luz algo nuevo. Es una tarea más bien extractiva que creativa de algo que está en la *res*, es decir, "de lo que ya está comprometido con el sentido" (122-3). No es éste el lugar para incorporar a nuestra praxis teatral el magnífico trabajo de Barthes que, en muchos puntos, se relaciona no solo con la *actio*, es decir, con esa dimensión dramática y actoral que la retórica antigua reservaba a todo discurso, sino también con la memoria, el cuerpo, la red y hasta me atrevería a decir con los nudos.

Lo interesante para nuestra aproximación desde el psicoanálisis es que la *inventio* tiene que ver con lo re-encontrado, lo cual nos sitúa a nivel del inconsciente y de la verdad, pero no tanto como el *sinthome* en relación a morder ese real que se sitúa más allá de la verdad. Y a nivel del sentido, si se reencuentra algo en ese fantasma impresionante que es la historia, es porque se cree que ya había sido encontrado, y por lo tanto, no habría aquí idea de progreso, sino más bien de un dar vueltas en círculo (*Seminario 23* 123). Y si el riesgo es quedar cautivo del mito y de los arquetipos, pensando que son lo re-encontrado, que esencial y ahistóricamente estaban siempre allí; el desafío, por el contrario, está en abordar desesperada y desesperanzadamente lo real como imposible, esa muerte que a su manera también nos dice que no hay progreso, sino deriva, como en el famoso cuento quiroguiano.

Dice Miller en sus notas al *Seminario 23* de Lacan, que "se impone la necesidad paradójica de inventar y de nombrar lo real "desnudo", distinto de lo verdadero, ex-sistente al "orden simbólico", sin ley, desconectado, azaroso" (*Seminario 23,* 232). Lacan hace referencia algunas veces a esa frase atribuida a Picasso, que dice "yo no busco, encuentro", y de alguna manera, hay que decir que ya en el *Seminario 23*, Lacan se ve un poco en dificultades: "ahora —dice— me resulta más difícil abrirme camino" (89). De alguna manera, sabe que inventó algo, que conocemos como lo real y el objeto *a*: "en lo que llamo real, inventé" (*Seminario 23,* 130). Después de ese invento, le es más difícil volver a inventar porque lo que se propone encontrar está más allá de la verdad, que "no puede más que *mediodecirse*" (*Seminario 23,* 31) y más allá del significante, del semblante, de la ficción, de lo fantasmático que se interpone entre el sujeto y lo real, es ese real "que no tiene sentido, que excluye el sentido, o, más bien, que se decanta por estar excluido de él" (*Seminario 23* 63) y "que no ex–siste más que en el nudo" (*Seminario 23* 64). Es a ese real al que apunta el *sinthome* queriendo abrochar como una cuarta cuerda los tres registros RSI cuando éstos se han desajustado, como ocurre en la psicosis. En efecto, Lacan define el *sinthome* como "lo que permite al nudo de tres, no seguir siendo un nudo de tres, sino mantenerse en una posición tal que *parezca* constituir un nudo de tres" (*Seminario 23,* 92).

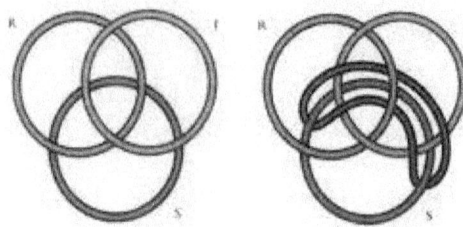

Si Lacan aborda el *sinthome* a partir de los nudos y de James Joyce es porque allí puede instalar su pregunta: "Todo el problema está allí, ¿cómo un arte puede apuntar de manera adivinitoria a sustancializar el sinthome en su consistencia, pero también en su ex-sistencia y en su agujero?" (*Seminario 23* 39). La pregunta se plantea sobre el arte porque éste justamente no involucra el saber, sino *el saber hacer*. "¿Qué es el saber hacer? Es el arte, el artificio, lo que da al arte del que se es capaz un valor notable" (*Seminario 23* 59); por eso le interesa Joyce, porque sabe hacer con la escritura, ya que "[c]uando se escribe, se puede tocar lo real pero no lo verdadero" (*Seminario 23* 77). Joyce trabaja la palabra, la rompe, la destroza, la descompone hasta el extremo de que "termina disolviendo el lenguaje mismo" (*Seminario 23* 94). Joyce, nos dice Lacan, "no sabía que él construía el *sinthome*, quiero decir que él lo simulaba. No era consciente de ello. Y por eso es un puro artífice, un hombre de saber hacer, lo que también se llama un artista" (*Seminario 23* 116).

Y es a partir de esto que podemos distinguir en nuestra praxis teatral entre aquellos directores que montan obras, desde lo placentero y desde lo verdadero; son los que construyen más que destruyen; construyen un todo sometiendo los fragmentos a una totalidad unificada y borrando, velando las costuras; y, luego, están esos otros directores que destruyen, que llevan el lenguaje y la teatralidad hasta su descomposición; sufren más, porque trabajan desde el goce para escribir la escena, para que la escena sea una escritura. Pero, al menos, tienen la posibilidad de morder un real –"solo podemos alcanzar un fragmento de real… lo real es siempre un fragmento, un cogollo" (*Seminario 23*, 121)— y cambiar las reglas del juego teatral.

El psicoanálisis, como Lacan lo plantea en su seminario sobre el *sinthome*, funciona para los teatristas (además, obviamente, para los analistas) haciendo "cortocircuito que pasa por el sentido" (120) y eso es lo que interesa, por cuanto en nuestra praxis teatral, especialmente la actual, la que nos es contemporánea –muy embarullada en esa discusión tan mal planteada de lo *postdramático*— está demandando eso que Lacan, muy cautamente, define como una forclusión que ya no es solamente la del Nombre-del-padre, sino una forclusión –elucubrada, pero todavía no advenida— que sería "la forclusión del sentido por la orientación de lo real" que nos abriría la posibilidad de estrellarnos contra un nuevo imaginario capaz de instaurar un nuevo sentido.

Introducción a la praxis teatral

Un director que se ponga como *sinthome* es alguien que se pone en el lugar de la basura –como la famosa alcantarilla de Alejandra Pizarnik— porque solo desde allí puede captar, morder, alcanzar un fragmento de real y para ello hay que pensar en un inconsciente que, en cierto modo, va más allá del Nombre-del-Padre, en tanto "conlleva una referencia al cuerpo" (*Seminario 23* 133) y, por esa vía, puede distinguirse allí la función de lo real, que es "sin ley. El verdadero real implica la ausencia de ley. Lo real no tiene orden" (*Seminario 23* 135); la ciencia, en cambio, le supone un orden a lo real que ella estaría capacitada de develar. El psicoanálisis, según el Lacan del seminario sobre el *sinthome*, puede prescindir del Nombre-del-Padre, pero "con la condición de utilizarlo" (133).

Por lo tanto, más allá de trabajar como "secretario del alienado" –descifrando el delirio para reinscribir al sujeto, al actor, "bajo los significantes ideales de antes del desenganche"(*LPO* 64), integrándolo así nuevamente al lazo social— el analista/director debería enfocar atentamente su escucha en esas señales ínfimas del sujeto *neopsicótico* para abrirle a éste la posibilidad de reenganchar por sí mismo su goce al significante, por medio de una construcción que promueve su invención sin sancionarla. Es importante subrayar que el psicótico, "afectado a nivel del lazo social, más o menos desenganchado del Otro, del Nombre del Padre, sigue correlativamente más conectado con su *lalengua*" (*LPO* 288) y, en su trabajo con ella, aunque logre en cierto modo socializarse, no significa que vaya a entrar en el discurso, como lazo social (*LPO* 283): "[n]o es lo mismo […] estar socializado, llevar una vida social, y entrar en un lazo social, tal como Lacan lo definió" (*LPO* 283).

Esta producción delirante, con su potencial inventivo, puede vérsela como "un *work in progress* que puede durar toda una vida" (*LPO* 73), que también puede detenerse después de lograr cierta estabilización a nivel del registro imaginario, o incluso "se estabiliza durante largos períodos, sin descomposición del orden simbólico" (*LPO* 73). Conocemos las declaraciones de muchos directores que dicen fijarse una fecha artificial, la del estreno, para detener una producción delirante, es decir, un trabajo sobre la puesta en escena que podría proseguir indefinidamente. En otros casos, declaran que no saben muy bien por qué una escena no prospera; se improvisa, se debate, se hacen ejercicios de todo tipo, se la aborda desde distintos puntos de vista, pero la escena permanece *seca*, insípida. Se detiene el proceso delirante y sin tener una teoría o una metodología clara, más bien basados en sus experiencias anteriores, la mayoría propone el abandono temporario de dicha escena y la continuación del trabajo en la exploración de otras escenas de la obra. No es casual que más adelante, al volver sobre la escena estancada, después de un trabajo por otras instancias del proceso de ensayo, la actuación se destrabe y retome el impulso inventivo. Muchas veces ese retornar al punto en que se trabó la producción delirante impone, especialmente en el teatro experimental o independiente, una reconsideración de todo el trabajo de la puesta en escena, ya que aquello que bloqueaba se devela ahora como un motor de producción delirante que, destrabado, se expande exigiendo la relectura y el ajuste de todo lo realizado hasta el momento.

La producción delirante de un grupo teatral, además, puede continuar en otro espectáculo; la detención de la producción delirante se establece sobre cierto consenso del grupo por razones estéticas o de producción, aún cuando se tiene conciencia de que no se ha agotado la construcción de dicho orden delirante. En algunos casos, la producción delirante del grupo puede inclusive estancarse o estabilizarse por mucho tiempo y su inventiva tiende a repetirse y codificarse al punto que define su postura estético-teatral, reconocida en el mercado cultural. El grupo produce diversos espectáculos bajo el mismo *esquema*, pero su inventiva no se modifica, sus procedimientos de construcción se han estabilizado y se repiten, sin manifestar ninguna sacudida provocada por los cambios en el contexto social. El cambio de algún integrante –alguien se ausenta, otro se incorpora— sea actor o director puede provocar un replanteamiento general y, entonces, se instaura una crisis que el colectivo tiende a vivir negativamente o, digamos, tan negativamente cuanto más se empecine en mantener el esquema anterior, ya desconectado de lo vivo de lo pulsional y que demanda un relanzamiento de la invención delirante.

Desde la perspectiva del actor, se pueden plantear las mismas posibilidades. Algunos actores asumen que su arte no se detiene en un personaje ni en cien; que su búsqueda como actor continúa y crece con cada personaje. Otros actores detienen su producción delirante en cada puesta y recomienzan cada vez con cada proyecto escénico, pero sin continuidad en la búsqueda. Su producción delirante se circunscribe a cada espectáculo y su trabajo solo se estabiliza imaginaria y temporariamente. Finalmente, están aquellos actores que se estabilizan tanto en su trabajo que terminan repitiendo su actuación o bien se convierten en estereotipos, inclusive, lamentablemente a veces, de sí mismos. El público los reclama, porque justamente, amén de reconocer su trayectoria y calidad actoral, sabe que estos actores no van a provocar, provocarle o provocarse ninguna desestabilización imaginaria o simbólica, no importando aquí el tipo de personaje que le toque representar.

De la intervención del director

La intervención del analista en estas *neopsicosis* es un campo de debate. Sabemos que el neurótico, particularmente el histérico, pone al analista en posición de sujeto supuesto saber; en cierto modo, cree que el analista sabe algo sobre su deseo cifrado en el síntoma. Estaríamos así en una relación en la que la intervención del analista se daría a nivel significante. Otra manera, como intentábamos esbozar rápidamente en los párrafos anteriores, parece instalarse del lado del goce, a nivel del goce. Si nos situamos en una praxis teatral en la que se dispone un encuadre artificialmente psicótico, el director no podría ocupar el lugar de supuesto saber, el lugar del Otro, ya que esto podría ser totalmente patógeno. En primer lugar, porque nuestro psicótico –en este caso, los actores y el equipo de artistas convocados— se posiciona como sabiendo, puesto que su relación con el saber inconsciente es lo que lo caracteriza. Así, aunque el psicótico solicite un Otro que sabe, esta posición se tornaría inmediatamente en algo persecutorio. ¿Qué posición puede tomar, entonces, el director en este encuadre? No es ni la de autoridad ni siquiera la de semblante de autoridad o garantía. ¿Podría ponerse en posición de un Otro incompleto, "presentándose él mismo como faltante" (*LPO* 168)? Seguramente no, porque aún intentándolo daría lugar a pensar en un Otro al que nada le falta. "Inmediatamente parece que tal maniobra no puede hacerse ni pensarse sino a partir de un lugar de excepción, de un lugar donde el Otro no sería justamente faltante. Solo puede asumirse sobre sí la falta desde un lugar en el que el Otro sabe, porque es precisamente lo que resulta patógeno para el psicótico" (*LPO* 168). Entonces, ¿qué le cabe hacer? Podría "optar por una posición de abstención. Descompletar al Otro es primeramente intervenir desde un lugar donde eso no sabe" (*LPO* 168-169). Concretamente, una manera de mantenerse en ese lugar es negándose a "cualquier mensaje de esperanza, a cualquier forma de promesa" (*LPO* 169) que, por otra parte, podría precipitar a los actores a un pasaje al acto en el intento de desmentir dichas esperanzas y dichas promesas. Podría también "[d]esdoblar al interlocutor allí donde el psicótico sitúa al Otro de su delirio" (*LPO* 169), limitando el goce en su emergencia invasiva, destructiva, a la vez que se alienta o se sostiene al sujeto —en nuestro caso, los actores y el equipo artístico— en su construcción de "*los bricolages* que pone en práctica para defenderse de ese Otro gozador" (*LPO* 169). También podría el director intentar "una lenta restauración del Otro de la alienación a partir de la localización de los signos y de las huellas de que ese Otro dejó en la historia del sujeto" (*LPO* 169).

Nos podríamos delirar pensando en la forma en que ciertos teatristas trabajan hoy en sus múltiples facetas de actor, director y dramaturgo, rodeados de un grupo muy afín y con el que se han compartido muchas experiencias, lo que permitiría de alguna manera poner en funcionamiento un encuadre de ensayo del tipo que estamos intentando esbozar, con los riesgos compartidos, renunciando al lugar del sujeto supuesto saber (más típico del director tradicional), motivando al grupo y, a la vez, motivándose para confrontar al Otro gozador mediante esos bricolages delirantes que podrían limitar la invasión de ese goce destructivo y que no tienen porqué tomar dimensiones muy espectaculares, sino ínfimas estrategias parecidas a los juegos infantiles: "Una manera de destituir al Otro podría ser aquí llevarlo [al psicótico] al terreno de los juegos para chicos" (*LPO* 169). En este sentido, el director —como el analista— trabajando con su grupo en un encuadre *neopsicótico,* no se ocuparía, como ocurre en un encuadre neurótico, de descifrar el síntoma, de construir el fantasma, de resolver la transferencia y menos de interpretar; por el contrario, debería tratar de "obtener un anudamiento allí donde tiene dificultades para efectuarse, de evitar un desanudamiento allí donde el sujeto se expone a ese riesgo, o de ayudar a rehacer un nudo allí donde el precedente se desanudó" (*LPO* 176). Si Freud pedía docilidad para con la histérica, ahora hay que plantear esa misma flexibilidad con el psicótico. El director, en este encuadre, debería entregarse al trabajo de grupo, ya no como semblante del sujeto supuesto saber y mucho menos como ley, sino en una forma "suficientemente masoquista [..] para que se hagan usos de [él] que no están normalizados, ni son completamente previsibles..." (*LPO* 293). No olvidemos aquí que –como planteamos antes— escribir la escena se realiza desde el goce y lo real y, en este sentido, desde Freud sabemos que "[e]l masoquismo es lo máximo del goce que da lo real" (*Seminario 23* 76). Además, a diferencia del sadismo que es para el padre, este director masoquista se coloca desde la posición de hijo: "el masoquismo es para el hijo" (*Seminario 23* 82). Si asume que la lengua del grupo, como neopsicótico, es una lengua privada, que el Otro es una ficción de lazo social, su trabajo consistirá en conversar mucho y ofrecerse para que el grupo se sirva de él y no viceversa. El ensayo teatral, en cierto modo, debe metodológicamente concebirse como una suspensión de la lengua pública.

De alguna manera, el trabajo del analista se acerca al del teatrista en la medida en que, durante el ensayo, se trabaja no solamente sobre lo que no es cierto, sino también sobre lo que no es seguro. En ambas disciplinas, lo cierto "es muy raro" (*LPO* 203); sería muy difícil probar que algo que surge de una improvisación sea cierto. ¿Cierto con respecto a qué? ¿Qué podría haber de cierto en el teatro? Es seguro, pues, que lo que nos plantea la escena no es cierto. Y esto sería un segundo grado: lo seguro, pero no cierto.

La presentación de enfermos y su teatralidad

Los seminarios de Lacan, a medida que pasaban los años, iban convocando cada vez a mayor cantidad de público, proveniente de muchas disciplinas y con los más diversos intereses, al punto que ya para los últimos seminarios, el mismo Lacan se queja frecuentemente de la cantidad de personas a las que se debe dirigir y manifiesta públicamente su preferencia por una audiencia menos numerosa (*Seminario 23* 27) y más participativa, menos obsecuente. Lacan parece sentirse abrumado no solo por la cantidad de gente, sino por la imposibilidad de modificar el diseño espacial; en efecto, en el mismo *Seminario 23,* plantea que "esperaba que la sala estuviera aligerada, gracias a lo cual esperaba pasar a las confidencias, instalarme en medio de la sala, no sé. Si solo hubiera la mitad de la audiencia, sería mejor, podría hablar de manera más íntima" (89). Es como un actor que se quejara de las grandes salas a la italiana y anhelara el trabajo más íntimo que usualmente suele otorgar la sala tipo estudio o *black box*, como se la designa en inglés. Parece, además, que Lacan quisiera un cambio de teatralidad; de la teatralidad del teatro, que también se da en el modelo pedagógico tradicional –con los estudiantes, ese sujeto supuesto aprender, diseminados en bancos frente a un escritorio y una pizarra donde se ubica el sujeto supuesto saber— a la teatralidad del ritual, en la que, como es el caso del juglar, el actor se sitúa en medio de un círculo de personas. No podría asegurar que ese encuadre conlleve en sí mismo garantías de intimidad, pero, sin duda, le hubiera exigido

Introducción a la praxis teatral

a Lacan desplazarse, girar constantemente para mantener a toda su *pequeña* audiencia seducida, atenta y en sus manos; quizá no hubiera resultado tan interesante como él lo imaginaba.

Y luego Lacan agrega: "De todos modos, sería simpático si pudiera lograr que me respondan, que colaboren, que se interesen. Me parece difícil interesarse en lo que se vuelve una búsqueda. Quiero decir que empiezo a hacer lo que implica el término búsqueda, es decir, dar vueltas en círculos" (*Seminario 23* 89). Y es allí mismo que recuerda cómo en el pasado le gustaba citar la frase atribuida a Picasso de "yo no busco, encuentro". Sin duda, aunque no pueda desplazarse por el lugar y cambiar las relaciones con su público, no puede evitar, en otro nivel, girar en círculos, como el juglar. Pero lo que busca al final de su enseñanza se hace difícil de *encontrar*, porque no hay ya tanta posibilidad de sorpresa, porque tal vez ya no se trata de re-encontrar, o porque ahora se trata más de descubrir, de llevar el psicoanálisis más allá incluso de su enseñanza anterior. Si antes se apoyaba en el significante, ahora nos plantea que "se piensa contra el significante", lo que denomina *apensamient*o (*Seminario 23* 153). Hay, pues, como un cambio de paradigma de teatralidad, en el que Lacan manifiesta a todas voces sentir su "decepción por no haberlos encontrado menos numerosos" (*Seminario 23* 99).

Este malestar con la teatralidad en la que instala su enseñanza tardía, no se manifestaba como tal en el pasado, quizá más eufórico frente a su público.

Paralelamente a sus seminarios, Lacan mantuvo durante mucho tiempo la presentación pública de enfermos, es decir, una conversación con ciertos enfermos que le eran adjudicados —usualmente los denominados 'casos difíciles (Miller, *Los inclasificables de la clínica psicoanalítica* [*LICP*] 417)— realizada en un auditorio frente a estudiantes y profesionales de psicoanálisis, psicología, psiquiatría, etc. Sin embargo, ninguno de esos pacientes tenía la espectacularidad de un Schreber; eran sujetos "promotores de disturbios, que las comisarías expiden al asilo, y que arriesgan pasar muchos días de sus vidas entrando y saliendo del mismo, porque no fueron convenientemente capturados por lo simbólico, y porque guardan respecto del mismo un flotamiento, una inconsistencia, cuya reabsorción, con frecuencia, no puede esperarse" (Miller, *LICP* 427). No debería extrañarnos encontrar este tipo de sujetos, apenas un poquito más capturados, en nuestras escuelas de actuación. Para nosotros, lo interesante es subrayar que en estas presentaciones se instalaba indefectiblemente lo que hemos definido como la teatralidad del teatro. Estas presentaciones promovieron un debate, causaron resistencias en ciertos sectores, "que iban de la acusación de arcaísmo a la de violaciones al secreto, hasta la de atentar contra los derechos del hombre" (Léger, *LICP* 29).

En la escena de esta presentación de enfermos, vemos "dos personas charlando la mayoría de las veces tranquilamente ante un auditorio atento [como si fuera] una burbuja creada por lo general alrededor de los dos protagonistas de este coloquio tan singular" (Léger, *LICP*, 29). Como teatristas, reconocemos en esta descripción la soledad pública stanislavskiana en la que dos actores que han alcanzado un nivel óptimo de relajación mantienen un coloquio que no deja de tener cierto matiz realista. Esa burbuja es lo que Léger denomina, apelando a términos brechtianos, "el círculo de tiza de la entrevista" (*LICP*, 29). Se nos dice que casi habitualmente los pacientes comenzaban sus entrevistas con Lacan abriendo el juego, es decir, poniendo "las cartas sobre la mesa de su construcción" (Léger, *LICP*, 30), una especie de comienzo *in media res* a partir de la cual emergerá el pasado como flashback, quedando a cargo del interlocutor, esto es, Lacan (no tanto como si se tratara de otro actor, sino como director, no obstante lo que se nos dijo antes de que paciente y Lacan sean *protagonistas*) la tarea de "ordenar los meandros de estos enunciados", incitando al paciente —como usualmente hace un director en un ensayo con las improvisaciones— a 'recapitular', a que él mismo haga la ordenación del relato "en una coyuntura diferente e inesperada cada vez" (Léger, *LICP*, 30).

El trabajo entre director y actor, entre actores entre sí, lleva mucho más tiempo y, en ese sentido, se parece más al encuadre de un tratamiento psicoanalítico que a la presentación de enfermos. En estas presentaciones, además, ni para el público y casi tampoco para los pacientes, especialmente los psicóticos, se trataba de enseñar/aprender. "Enseñanza, Lacan no profesa ninguna en ese lugar", nos dice Miller (*LICP*, 417). El pacto, si se quiere, pedagógico del seminario, queda en estas presentaciones desplazado al pacto teatral en virtud de la escena y el público. Lacan, como director de escena, conversa con el paciente-actor y toma notas, pero no diserta. El ensayo teatral es, como sabemos, un espacio de descubrimiento, pero no de enseñanza. La enseñanza se ejerce en las escuelas. De ahí que "[l]o que se aprende [en las presentaciones de enfermos] se capta al vuelo, de la boca de uno o de otro, y nunca se está demasiado seguro de asir algo con la mano, o nada" (Miller, *LICP*, 417), como suele ocurrir a veces en el teatro contemporáneo. No olvidemos que Stanislavski también imponía a los actores primerizos, además de asistir a la escuela, estar presentes durante los ensayos de alguna de sus obras, ya que el ensayo no es una escuela, sino un contexto de descubrimiento. En estas presentaciones de enfermos, como en el caso citado por Léger, la entrevista no va muy lejos porque carece de la posibilidad de la confianza; un paciente muestra el tope hasta el que está dispuesto a llegar y le dice a Lacan:

> Señor, señor, una entrevista de este tipo solo puede llegar a un resultado si se tiene entera confianza en el interlocutor que está enfrente. No es su caso y no es mi caso. No es lo que ocurre aquí y ahora. No confío en usted. (Léger, 30)

Y Jacques-Alain Miller no deja de señalar: "Hay que actuarlo más. Es Molière" (*LICP*, 30). Este paciente piensa que va a ser mejor entendido cuando se lo lea, ya que escribe; otra paciente plantea dar una conferencia y algún

Introducción a la praxis teatral

otro invita a Lacan a tener otras entrevistas para que entienda lo que tiene que decirle, "porque es un poco complejo" (Léger, *LICP* 31). Todo esto no deja de parecerse a lo que ocurre en algunos ensayos teatrales, sobre todo con actores primerizos, como lo vemos en tantos ejemplos en *Preparación del actor* de Stanislavski. Lo cierto es que esta función, o mejor, este ensayo abierto ante un público que hace Lacan, por realizarse en general una única vez con cada paciente, no admite la temporalidad del ensayo teatral en la que, a veces, esa confianza se instala, para bien o para mal.

Las presentaciones se realizaban, además, como una especie de teatro dentro del teatro. Si pensamos en que estos pacientes estaban hospitazlizados, es decir, dentro de una prisión atenuada, al decir de Fourier, el marco de la entrevista promovía en ellos un "empuje a la definición" (Léger, *LICP*, 32) — como el director teatral promueve un empuje hacia el [descubrimiento del] personaje. Tanto el ensayo teatral como estas presentaciones y, obviamente, como el encuadre de la sesión psicoanalítica, requieren cierto pacto y hasta cierto aislamiento del mundo. Las presentaciones se realizaban, según dijimos, como dentro de una burbuja, es decir, como un montaje que adquiría cierta excepcionalidad por su misma extraterritorialidad, al menos temporaria, en la que el interlocutor no siendo el terapeuta a cargo del paciente –Lacan no era usualmente el profesional que atendía regularmente esos casos— era eventual y, a la vez, aunque sin duda médico, psiquiatra y psicoanalista, Lacan era éxtimo a la institución, una especie de director invitado. Volvemos a aquella idea de que, primero el mundo, que sube a escena *Seminario 10* (43) y, en dicha escena, como tercer momento, la escena dentro de la escena, que Lacan planteaba en el *Seminario 6* al referirse a *Hamlet*. El paciente viene del mundo, está ahora en la escena hospitalaria –con sus protocolos y estatutos— y luego admite la entrevista con Lacan, como una escena dentro de la escena, con la ventaja, sin duda teatral – como en *Hamlet*— de que a causa de ella se produzca ese empuje a la definición, capaz de admitir una acción (*Seminario 6*). Lacan, como el sujeto del fantasma, está dentro y fuera de la escena, está en el hospital, dentro del fantasma psiquiátrico, pero es éxtimo a dicha institución, como psicoanalista.

En esta escena dentro de la escena, realizada en soledad pública, "el enigma puede entonces revelar su estructura lógica" (Léger, *LICP* 32). Si muchos pacientes podían salir radiantes de la entrevista, se debía quizá al hecho que el público cambiaba las reglas del juego: ya no eran las del hospital, sino las del teatro. El testimonio frente a Lacan, como director y co-protagonista, y frente al público, como materialización del Otro, promovía justamente la sorpresa del paciente más allá de la perplejidad –si se trataba de un psicótico— por cuanto se veía motivado a ponerla en discurso para comunicarla. Beneficiosa o no para el paciente, lo cierto es que en esta presentación el enfermo sentía que el interlocutor le permitía el acceso a la palabra (*LICP*, 420). Casi lo mismo se observa con esos actores tímidos, retraídos que, frente al público, en posición de captar todas sus miradas, pero sin realmente verlas, son capaces de alcanzar niveles de comunicación, de elocuencia, de transmisión de energía, impensables en otras circunstancias. Es que el enfermo, un ciudadano más, sufriente, recluido en un hospital, está ahora fuera de la típica consulta con su terapeuta y porta una máscara de actor, es el enfermo-actor, frente a un Otro que hay que seducir, casi histéricamente. No es, pues, de extrañarse si el marco de la presentación de enfermos, de la entrevista pública, es aceptado gustosamente y hasta solicitado por el paciente (Léger, *LICP*, 33), si la presentación de enfermos es "un dispositivo adecuado para el sujeto psicótico" (Léger, *LICP*, 34), por cuanto el paciente puede empujar a su definición, encontrar "allí sin saberlo el rostro de su destino" (Miller, *LICP, 417)* frente a un sujeto que toma nota, que transcribe, que tiene todo el semblante de no saber.

La dinámica de la presentación no está lejos de aquello que usualmente se hace en los ensayos teatrales, particularmente los más tradicionales, aquellos del teatro comercial profesional. En efecto, aunque el tiempo del ensayo teatral –como dijimos antes— supera en mucho las dos horas de este ensayo lacaniano con un enfermo frente al público, ambos comparten el hecho de que el enfermo/actor "será escuchado, preguntado, sondeado, manejado, finalmente calibrado" (Miller, *LICP*, 417) por el director. Miller agrega que las pocas palabras que salían de la boca de Lacan pesaban mucho. Lo interesante aquí es que, por los relatos de Léger y Miller, pareciera que Lacan estaba más interesado en sorprender a su público que en atender a su paciente. Durante la entrevista, el público no dejaba de tener una empatía con el enfermo, de alguna manera, se movilizaban identificaciones con la escena que Lacan, al final, astillaba. Como si de pronto instalara un distanciamiento brechtiano abrupto, la audiencia quedaba sorprendida y, en cierto modo, expulsada de la sala para promover afuera su propio orden delirante. Miller testimonia de haberse sentido engañado por Lacan y por la enferma, como si esa empatía por el maestro y por el paciente hubiera sido una trampa y como si su posición de espectador –espectador tonto, voyeur, escuchador, típico del teatro comercial— y encima de aprendiz, donde no quedaba muy claro lo que se debía aprender, lo enfureciera (*LICP*, 418).

Miller detalla los efectos tradicionales de esta teatralidad del teatro en las presentaciones. Por un lado, tenemos esa supuesta complicidad que el público esperaba de Lacan, por el hecho de establecerse como resultado de la relación maestro y alumnos (Miller no dice "discípulos" [*LICP*, 418]), en la que éstos deberían sentirse alentados por el trabajo de aquél y también protegidos "del riesgo del ejercicio" por él. Esta complicidad de pronto se veía defraudada por Lacan, como si se tratara de un director que, seduciendo a su audiencia, al final la sorprendiera con un juego inesperado que dejara en suspenso el pacto por el sentido, como si asistiendo a un espectáculo comercial de pronto la audiencia se viera arrojada a otra experiencia, más de vanguardia, en la que allí donde debiera sentirse halagada por el cierre del sentido, por S_2, fuera engañada con algo incomprensible, en la que no habría más que un S_1 implacable. Mientras el paciente, como el actor, se retira colmado de entusiasmo y júbilo del escenario, la audiencia rumia decepcionada su sorpresa y el director, que ha mantenido su actitud de no comprender, se retira "con una patada [ya] que le gusta el efecto zen" (Miller, *LICP* 418), es decir, se desinteresa de lo decorativo, porque el zen es un arte escénica que intenta sugerir, que deja para el público adivinar por sí mismo el final.

Cuarta pared y cámara de Gesell

Por otro lado, Miller señala la función de la cuarta pared en las presentaciones, algo que a nadie se le ocurre suponer en un encuadre pedagógico como el del seminario. Eso no quiere decir que no la haya en los seminarios, simplemente es que su carácter de invisibilidad se hace más sofisticado. Dice Miller, retomando ese sentido de burbuja que ya habíamos mencionado antes: "Ninguna barrera física existe en la sala, y sin embargo, podríamos igualmente estar detrás de un espejo sin azogue, o más bien es como si una cápsula transparente aislara a Lacan y su enfermo, envuelto, sostenido por una tensión invariable, perceptible en la inmovilidad casi completa de quien pregunta" (*LICP* 418).

Lacan nos es presentado aquí como un Tadeuz Kantor presente, pero inmóvil. En esto ya nos salimos del encuadre tradicional de la puesta en escena en la que el director es el gran ausente, pero presente en cada detalle de la misma. La asociación milleriana con el "espejo sin azogue" remite indirectamente a la cámara de Gesell, y vale la pena detenerse en esto: como sabemos, dicha cámara —tan abusada en las películas hollywoodenses y las series televisivas— permite observar a alguien sin ser visto, para mantener el anonimato de testigos. Asimismo, impide que se modifique la conducta de los niños –para cuya investigación fue creada— o también de los delincuentes por los detectives cuando se trata de un interrogatorio policial o de los locos por los psiquiatras a nivel hospitalario. La cámara Gesell no es visible como tal en la teatralidad del teatro, pero no obstante allí está. Y tal vez por eso dicha teatralidad del teatro, conformada a partir del Renacimiento y con su perfeccionamiento arquitectónico a fines del XVII, no deja de tener su complicidad con las instituciones hospitalarias, educativas y policiales, a pesar de que el teatro se le haya escapado a Michael Foucault como "prisión atenuada". El hecho de que en el teatro tradicional de sala se apague la luz, dejando al público en la oscuridad como voyeur, como testigo anónimo, apenas resguardando una ciudadanía sin nombre (sin nombre propio) por el marco discursivo del teatro mismo, permite a los actores desenvolverse en escena en esa soledad pública stanislavskiana a la vez que hace de la cuarta pared un espejo sin azogue.

La presentación de enfermos lacaniana y la estrategia del mismo Lacan, como fácilmente puede comprobarse, se instauraron en contra de esta cámara. No dice nada Miller sobre la iluminación de la sala, pero estimo que no se la oscurecía durante las presentaciones. Esta audiencia de aprendices quedaba expuesta, pero igualmente atrapada y engañada, con lo cual Lacan no podía más que sacarla de ese sopor empático por medio de una conclusión sorpresiva y disolvente, que apuntara a la prisa del momento de concluir e incluso a reinsertar el enigma. ¿Qué clase de aprendices pueden ser aquellos que se dejan llevar por la comprensión y se identifican con el paciente? Lo mismo puede decirse para el público teatral: ¿Qué sentido tiene ir al teatro para comprender? ¿Habrá que ir a entretenerse? La Real Academia Española define *entretener* –palabra que los teatristas no saben bien cómo enfrentar— como un "distraer a alguien impidiéndole hacer algo", lo cual muestra claramente la función del entretenimiento en la sociedad capitalista, desde el Renacimiento –sin importar el grado de democracia con el que se presente o los "buenos" valores que predique o con los que se embandere— sobre todo por la devastación y el sufrimiento que ese sistema de producción genera, y que el diccionario nuevamente detalla a la perfección, cuando agrega que entretener es "hacer menos molesto y más llevadero algo", de ahí la obligada función del teatro dada por el tercer sentido de entretener, a saber el de "divertir, recrear el ánimo de alguien", para sobrellevar y mantener la continuidad de la explotación afirmada por el cuarto y quinto sentidos de entretener: "dar largas, con pretextos, al despacho de un negocio" (impidiendo el cambio, revolucionario o no) y "mantener", es decir, dejar las cosas como están. Lacan hubiera disfrutado de esta constelación semántica del castellano.

La doxa y la comprensión: el teatro como aparato ideológico

Otra asociación milleriana que interesa comentar aquí es la siguiente: "La asistencia está ahí silenciosa, pero se adivina que, si hablase, hablaría como un coro antiguo. Cuando somos esta asistencia, nosotros representamos la doxa, la opinión media, la opinión pública, la civilización moderna, y la connivencia se establece más bien entre el enfermo y nosotros" (*LICP*, 418). Frente a esta confabulación entre enfermo y aprendices, entre actor y público, se yergue la insistencia lacaniana de no comprender. El coro antiguo era el encargado de confrontar el *pathos* trágico con el logos o doxa, encausando las aristas más filosas de la circunstancia trágica por los derroteros del bien común, que no son nunca los del héroe. A Lacan no le interesaba, evidentemente, contar como aprendices a esos "pichones de la civilización", como los llama en alguna parte, uurgidos por comprender. Frente al enfermo, Lacan parece que viene de otro mundo y lo interroga en cosas que todo el mundo conoce, como el ejemplo de "fórmula uno", que el público se sorprende que Lacan desconozca como relativo a los coches de competición. Pero es que Lacan no está interesado en la referencia dóxica del significante, sino en aquello que ese significante importa para el discurso del sujeto que tiene enfrente.

En los ensayos teatrales, y sobre todo cuando se trata de la creación colectiva, esta dimensión es amén de falaz completamente terrible. Un actor improvisa, los otros lo observan y comprenden. ¿Qué comprenden? ¿Para qué

Introducción a la praxis teatral

comprenden? Lo que pueda emerger como irrisorio o necio, sin un sentido inmediatamente capturable por la doxa —tenga la dimensión discursiva que se quiera— es inmediatamente desechado o, lo que es peor, pasa sin ser notado. ¿Debe el artista negociar su trabajo con este aparato de la doxa? Sin duda hay que diferenciar un teatro de arte de un teatro que funciona como aparato ideológico del estado —sea o no subsidiado por él— y cuya función es, obviamente, entretener, sostener la doxa, divertir el sufrimiento del público. Los aprendices que asistían a las presentaciones de enfermos de Lacan funcionaban como ese público que va calculando, frente a la escena, el desenlace del espectáculo. De alguna manera, esperaban que Lacan cerrara la entrevista con un diagnóstico que pusiera en entredicho el ya emitido por el servicio hospitalario, que orientara o re-orientara el tratamiento, que confirmara o no esos cálculos de su audiencia, poniendo etiquetas aprendidas y comprendidas. Pero Lacan no da nombre al destino de su paciente y eso decepciona a su audiencia, como lo haría un director que no diera pistas sobre el desenlace, porque de lo que se trata es de que "algo del sentido qued[e] en suspenso" (*LICP*, 419). El desciframiento mismo de Lacan del enigma del paciente es a la vez enigmático, sobre todo porque Lacan sostenía —y por muchas razones contra los disparates que puedan leerse, incluso en las mentes supuestamente más iluminadas que hablan del teatro como comunicación— que no hay metalenguaje, de modo que no hay un discurso que podría descifrar el enigma con significantes pretendidamente 'más claros". No debe sorprendernos que Miller nos diga que el supuesto diagnóstico de Lacan afecte el sentido tan pronto como éste parece querer congelarse: "Pero curiosamente, en el momento en que ese sentido va a aparecer, va a congelarse, se encuentra suspendido, deviene una pregunta, se vuelve sobre la referencia que lo inspira, la cuestiona, la suspende. No puedo dejar de pensar, cuando veo cómo se hace esto, en lo que Roland Barthes escribía hace poco de Brecht: que sabía afirmar y suspender un sentido con el mismo movimiento, ofrecerlo y decepcionar. Todas sus obras, decía, terminaban implícitamente con *busquen el desenlace* dirigido a los espectadores (*LICP* 419).

El problema con Brecht es que, aún implícito, el desenlace que nos ofrece es evidente, puesto que es un teatro político, de crítica, pero política y entonces su función no puede estar desembarazada de la doxa; la obra brechtiana "está hecha para convencer" (*LICP*, 420). Lacan, en cambio —como debería ocurrirle a un artista radical— no está interesado en convencer a su audiencia de su diagnóstico, porque para él hay una dimensión trágica de la clínica, en la medida en que, como el héroe trágico, dicha clínica "es lo real como lo imposible de soportar" ((*LICP*, 420). En el enfermo, como en el héroe trágico, el desenlace ya está dado desde el comienzo, "ya lo encontró, es su enfermedad" (*LICP*, 420), solo es desenlace para un aprendiz.

La praxis teatral y lo público: una reflexión sobre lo político en el teatro actual

> quizá resulte más necesario preguntarse de dónde parto o incluso de dónde quiero hacerlos partir, lo cual tiene dos sentidos. Quizá signifique partir para ir a algún lado conmigo y, además, también puede querer decir que se larguen de donde están.
>
> J. Lacan, *Seminario 18. De un discurso que no fuera del semblante* 23

> Ser visto y oído por otros deriva su significado del hecho de que todos ven y oyen desde una posición diferente. Éste es el significado de la vida pública...
>
> H. Arendt. *La condición humana* 66

Hannah Arendt, en las primeras páginas de su libro *La condición humana*, observa dos sentidos de la palabra "público"; obviamente, como no está pensando en el teatro sino en la "esfera pública" como opuesta a lo privado, se le escapa uno de los sentidos que a nosotros, los teatristas, más nos importa. De modo que, a los efectos de glosar su texto, vamos a agregar un tercer sentido más, propio de nuestra praxis teatral: nuestro querido y anhelado público, aquél para el cual trabajamos, causa de nuestros desvelos y del que siempre esperamos el aplauso, el cual, como sabemos, a veces no llega. Ese público teatral, como lo vimos en otros capítulos de este libro, a veces un tanto impredecible, no se confunde con el espectador como máscara espectatorial inherente al proyecto de puesta en escena, pero es justamente esa máscara en la que deberíamos ejercer nuestro poder artístico. Intentemos seguir el pensamiento de Arendt, que incluso ella misma relaciona a la "trasposición artística de las experiencias individuales" (59), a la vez que llevamos a nuestro molino algunas de sus ideas para hacerlas producir en el campo de la praxis teatral.

Los dos sentidos de 'público', nos dice Arendt, están estrechamente ligados y hasta se confunden entre sí al punto de ser casi idénticos. En primer lugar, 'público' es "todo lo que aparece en público [y] que puede verlo y oírlo todo el mundo" (59); las palabras ver y oír ya nos abren a un espectro de cuestiones; la autora piensa aquí lo público en el sentido de aquello que tiene la más amplia publicidad posible. Tendríamos aquí una experiencia de teatro, si se quiere ya saltar sobre nuestra presa, abierta a todo el mundo capaz de ver y oír (o al menos, como en el teatro para ciegos, de oír y reemplazar la vista con los otros sentidos del olfato y el tacto, tal vez también del gusto). 'Público' se nos presenta así como un objeto a merced de la visión y la audición, que son —digamos— los más públicos de los sentidos, quedando los restantes, tal como Freud especuló sobre el deterioro del olfato a partir de la posición erguida del animal humano, más afincados en la esfera privada. Para Freud, el privilegio casi monopólico de lo audiovisual subyagaba lo que él denominaba "los sentidos relegados". Casi adelantándose al concepto lacaniano de *semblante* (Lacan 2009), Arendt afirma que ese objeto en el que convergen las miradas es una *apariencia* compartida por todos, la cual a su vez constituye la realidad, esa realidad que, para seguir con la terminología lacaniana, hace semblante de lo Real, pero no se confunde con él.

Para Arendt esta apariencia que es la realidad está, además, desindividualizada (59), en la medida en que todo lo íntimo ("las pasiones del corazón, los pensamientos de la mente, las delicias de los sentidos" [59]), a fin de poder pasar a la esfera pública, debe perder toda singularidad y, tal vez, toda subjetividad. De alguna manera, algunos teatristas siempre se enfrentan, especialmente en las clases de actuación o durante los ensayos, con una frase que haría gritar de furor a las feministas de hoy: 'lo personal no es político',[126] en el sentido de que la singularidad de cierta percepción del actor no puede pasar sin más a la escena; algunos directores les dicen a sus actores durante los ensayos algo rotundo: "lo que a ti te pasa, lo que tú sientes no me interesa; solo me importa lo que le pasa al personaje en esa situación". Nos encontramos, así, con cierta paradoja: el personaje es una apariencia desindividualizada: el dramaturgo que lo creó no se reconoce allí o, si lo hace, poco importa; de alguna manera ha tenido que filtrar su intimidad para cifrarla en un personaje que tiene la suficiente generalidad de captar la mirada de todos, no solamente la mirada narcisista del autor (con la que, muchas veces, es difícil ponerse de acuerdo cuando éste asiste a los ensayos de su obra). El personaje y la obra teatral hablan para todos, de lo contrario, no tiene sentido invertir tanto esfuerzo y dinero en una empresa completamente privada o narcisista (aunque sin duda se pueda abultar la lista de este tipo de emprendimientos teatrales). Hacer de lo personal algo político significa, en esta perspectiva de Arendt, pasarlo a la esfera pública, hacerlo interesante para todos y darle la mayor publicidad de convocatoria, a expensas, como veremos, de perder la intensidad de lo íntimo y de lo más propio.

Desde esta sugerencia de Arendt, el trabajo del actor se nos presenta como una paradoja, entre tantas en las que se debate; es que debe partir –si nos atenemos al Sistema de Stanislavski— de una entidad ya pública, una apariencia desindividualizada, el personaje creado por el dramaturgo; luego pasarla por su subjetividad e intimidad, por la privacidad de su cuerpo y emerger otra vez a la esfera pública cuando su singularidad se haya convertido en una apariencia, en una

---

[126] Recordemos la diferencia que hace Ricardo Bartís entre lo personal y lo biográfico; para el director argentino, lo biográfico constituye lo político sobre lo que la praxis teatral debe enfocarse, independientemente de si lo personal es o no político.

realidad compartible. Este proceso, como sabemos, es sumamente complejo, especialmente porque supone un ciframiento, más que una interpretación o una lectura. Como vimos, Arendt habla de "la transposición artística de las experiencias individuales". En efecto, no todo pasa a la apariencia; el actor debe salvaguardar de la coherencia y la obsesión por el sentido un dominio insensato del personaje y de la situación en la que éste se debate; sin esa dimensión de lo no-sabido, la representación del personaje se aplana. El director, incluso, debería realizar sus marcaciones escénicas (lo que en inglés designan como *blocking*) dejando siempre una cierta zona de no-resolución, para que el actor pueda usarla en cada función de acuerdo a la circunstancia de ese día y de esa hora, de ese cuerpo dividido entre él y el personaje cuando se halla frente a los otros que miran y oyen. Y conviene plantearnos más lo insensato y no lo oculto, que Arendt define más transcendentalmente al afirmar que "el hombre no sabe de dónde procede cuando nace ni adónde va cuando muere". Lo insensato, lo enigmático de tipo oracular o bien lo no significantizable, parece una designación más apropiada que lo oculto para nuestro propósito, en la medida en que 'oculto' todavía supone una cierta dimensión de profundidad o cierta metáfora arqueológica, como un cierto velamiento, a la manera de un disfraz o máscara que tuviera otro lado no visible, escondido, pero finalmente develable. Por lo demás, lo insensato no necesariamente es invisible o escamoteado a la visión y la audición.

Sabemos que hoy, al computarizarse al extremo el tiempo escénico, el actor queda absorbido por la tecnología y en tanto instrumento de ella y no al revés, debe someterse a los imperativos de una escena mecanizada. Para estos actores que trabajan en ese tipo de encuadre, el desafío artístico es todavía más intenso y peligroso, pues a la mirada del público se suma la mirada obscena de ese Otro que es el programa del espectáculo tal como ha sido instalado en la computadora durante los ensayos, midiendo implacable y objetivamente ritmos y energías. En estos casos, lo público de la escena se convierte en otra cosa: en mercancía y eso nos conduce a otro tipo de reflexiones, incluso a un sentido de público que Arendt solo considera indirectamente, cuando se refiere al cuerpo, pero ahora completamente atravesado por la vida social: el cuerpo público, como el de la 'mujer pública", mercantilizado e intercambiado.

Hay teatristas que, por una razón u otra, por la necesidad de sobrevivir o por las veleidades de obtener reconocimientos (mirada pública) a toda costa, ofrecen su cuerpo en el mercado que solo les exige que sepan hacer su trabajo pautado por la maquinaria escénica, sin mayores cuestionamientos. Otros actores, bien sabemos, llegan al ensayo con esa pose que nos hace recordar la frase de un viejo cómico español: "¿Dónde me pongo?" Vienen con sus líneas memorizadas y sólo requieren del director que les diga desde dónde deben escupirlas. Eso es todo lo que aspiran a saber. Para Arendt son actores anti-políticos, fuera de la acción política, que basan toda su profesión en el reconocimiento de las masas; al respecto, Arendt escribe: "[l]a futilidad de la admiración pública, que se consume diariamente en cantidades cada vez mayores, es tal que la recompensa monetaria, una de las cosas más fútiles que existen, puede llegar a ser más "objetiva" y más real" (66). Lamentablemente, en un mundo mercantilizado, ese sentimiento de futilidad se ha desvanecido y el dinero se ha convertido en la medida de todas las cosas, incluso la de confundir el talento de un artista con el dinero depositado en su cuenta bancaria o su estilo de vida.

Frente a esa postura actoral como un supuesto sujeto saber, tal como Lacan lo planteó, el actor que se precie de tal debe luchar por proteger la dimensión de lo no-sabido; ese núcleo incoherente es lo que potencia al actor en cada función; y su construcción del personaje tendrá —con o sin la aprobación de Brecht— una energía capaz de alcanzar a los otros que lo miran y oyen (y con suerte, lo escuchan) solo cuando salvaguarde el enigma que somos cada uno de los seres humanos. Mientras el actor cifra su lectura y su experiencia vital personal durante la construcción del personaje a fin de hacerla pública, de subirla a una realidad escénica que todos puedan ver y oír, el público tendrá la posibilidad de descifrar y, a su manera, construir también su propio cifrado y su propio enigma.

Sigamos a Arendt. Ella sostiene que aquello íntimo, experimentado en privado, adquiere realidad en tanto se ofrece a la presencia de otros; más allá del grado de intensidad que hayan tenido esas experiencias íntimas y privadas, el mero hecho de ponerlas a disposición del público le asegura su realidad a costa de cierta pérdida de intensidad. La realidad del mundo y la nuestra como individuos, de la que se dice muchas veces y en general erróneamente que es el objetivo de toda dramaturgia, se sostiene en la presencia de los otros. La Edad Moderna, para Arendt, se diferencia de las anteriores por la decadencia de la vida pública; para la autora, la Edad Moderna es aquella en la que vemos una vida privada alejada "de la realidad que proviene de ser visto y oído por los demás" (67). Así, la Edad Modena ha ido favoreciendo esta "privación de lo privado" (67) y ha promovido "esta carencia de relación 'objetiva' con los otros y de realidad garantizada mediante ellos [que] se ha convertido en el fenómeno de masas de la soledad donde ha adquirido su forma más extrema y antihumana" (68). Si la sociedad de masas "no solo destruye la esfera pública sino también la privada" (68) y si todo cae bajo los poderes del panóptico (Foucault), ya nada queda oculto y todo se ha hecho público. Interesa aquí el hecho un tanto paradojal, subrayado por Arendt, de que este proceso de anulación de lo privado se haya correspondido con "el descubrimiento moderno de la intimidad" (75), cuya función era recapturar la subjetividad del individuo a fin de relocalizarla, ya no en su vida privada, sino únicamente en su cuerpo, en lo que Marx denominó "fuerza de trabajo" (75). Sin duda, es el afán de control y disciplinamiento lo que hizo poner en primer lugar esa intimidad moderna y que hoy las redes despliegan sin pudor.

El teatro burgués, el teatro de la Edad Moderna —que funda la teatralidad del teatro— y el realismo que le es consustancial surgen en esa etapa de transformación del capitalismo en la que la intimidad de una vida privada plenamente desarrollada es observada y diseccionada, en la que se ha intensificado y enriquecido —son palabras de Arendt— "grandemente toda la escala de emociones subjetivas y sentimientos privados" (60) que amenazan "la seguridad en la realidad del mundo y de los hombres" (60), es decir, de la gobernabilidad de los hombres. No es sorprendente que el teatro realista o burgués se haya dedicado a explorar esta dimensión íntima y privada y la haya llevado a escena, haciéndola pública en tanto realidad. pero a expensas de promover la decadencia de la esfera pública en la que se confrontan las perspectivas y se lucha por el poder; se trata de hacer pública la intimidad mediante un dispositivo en el que se convierte al público en un perverso escondido en la oscuridad de la platea e incapacitado de intervención sobre el debate de la escena; de hacer compatible la intimidad a fuerza de manipularla para controlar la realidad dentro y fuera del recinto teatral.

Sin embargo, a pesar de los esfuerzos de ese teatro realista por captar la realidad, siempre tuvo problemas con lo Real, que escapaba a la visión, al significante, a lo simbólico y, precisamente por ello y a pesar de ello, este Real es lo que sigue convocando a un público que asiste a ver, verse, en el teatro realista. Es ese Real el que hoy, a partir de lo que Eduardo Pavlovsky denomina "teatro de la intensidad o de la multiplicidad", enfrenta lo doloroso e instransferible del sujeto y lo explora para darnos espectáculos en los que el texto no está clausurado, en que el sentido no está cerrado; por el contrario, está, si queremos admitir la última enseñanza lacaniana, deshilachado, destejido, es una trama en la que cada hebra abre a nuevos itinerarios. Es un teatro profundamente político porque su acción desestabiliza el mundo; en efecto, como lo plantea Arendt al sostener —como vimos— que la intensificación de las emociones y los sentimientos privados "se produce a expensas de la seguridad en la realidad del mundo y de los hombres" (60). A mayor intensidad afectiva, menor posibilidad de una seguridad mundana. La gobernabilidad se deteriora en la medida en que todos ya no ven y oyen lo mismo; frente a esto, el capitalismo dispone de los medios masivos que obstaculizan la dispersión. Si no hay ya identidad del objeto en la multiplicidad de las perspectivas que convergen en él, entonces se hace necesaria una agencia para evitar la anarquía social y cultural; para Arendt, que apuesta a resguardar la acción frente al *homo faber* de la Era Moderna, "[e]l fin del mundo común ha llegado cuando se ve sólo un aspecto y se le permite presentarse únicamente bajo una perspectiva" (67).

Estaríamos tentados de pensar que, más allá del teatro realista, que parte de una realidad compartida, donde el público burgués va a verse en escena, donde su mundo, el que rodea a la sala teatral, se parece mucho al representado, empieza a emerger un teatro en el que se comienza a exponer sobre el escenario una ficción que ya no es la que oficia como mecanismo de verosimilización de aquello que acostumbramos a ver en la "realidad". Así, a mediados del siglo XX, el teatro llamado del absurdo resulta solo absurdo para esa burguesía que verosimiliza a su medida la realidad compartida; pero ese teatro devela aquello que sostiene esa realidad compartida, semblante de lo real; el teatro llamado del absurdo es un paso gigante hacia una 'realidad' otra, escondida, no compartida y posiblemente difícil de compartir porque lo que se ve y oye allí, en esa escena, no se corresponde con lo que se ve y oye fuera del teatro y, a pesar de eso, resulta innegable para el sujeto. Mientras el teatro burgués precisamente quiere anular la acción, que supone la pluralidad de perspectivas, mientras ese teatro favorece un semblante teatral de la realidad social cuya función es encauzar lo Real y manipularlo para validar su proyecto ideológico, el teatro del absurdo instala cierta vacilación en nuestra percepción o certeza de la realidad. Sin duda, ese acercamiento a otra lógica tal como nos la presenta la experiencia teatral del absurdo (en realidad, muy poco absurdo) e, incluso, ese intento de atrapar lo insensato y hasta lo Real no significantizable, fue progresivamente verosimilizado y hoy podemos ver y mirar en la 'realidad' esos mecanismos de automatismo cultural a los que ya nos acostumbró el teatro del absurdo y que son con los que convivimos diariamente sin sorprendernos.

Después tendríamos, ya más cercano a la experiencia de nuestros días, un teatro que incomoda incluso más que el absurdo, en donde se exhibe una escena también insensata, pero esta vez difícil de compartir con los otros; es un teatro que intenta atrapar la singularidad de un síntoma cultural o bien atrapar el síntoma cultural desde la singularidad del teatrista que ofrece su cuerpo para hacerlo resonar. Todo es cifra y el desciframiento no puede ser público; cada individuo que mira y oye cifra su propio enigma frente a una escena en la que todo es enigma. La escena es una perspectiva y se asume como tal; no es doctrinaria ni totalizante, como el realismo (en cualquiera de sus matices, teatro de tesis, teatro político, realismo reflexivo, etc.). Este teatro de la intensidad no es público, es difícilmente publicitable, su economía de intercambio no está basada en el sentido, sino en lo que escapa al lenguaje compartido; se trata de intensidades difíciles de apalabrar. Sin embargo, su continuidad con el afuera de la sala teatral no deja de establecerse e insistir. Su *intensidad* es tal que rompe la frontera entre la ficción (como cifra pública) y la realidad (como seguridad pública fantasmática). La atrocidad insensata de las zonas más oscuras de la condición humana está ahora adentro de la escena y fuera de ella, se entra y se sale de la misma atrocidad para la cual, paradójicamente, no hay posibilidad de esfera pública. Es que, como bien lo planea Arendt, la experiencia del dolor físico agudo, con la que este teatro de intensidades se debate, es la más privada y la menos comunicable. Un teatro que se basa en este dolor que resiste la transformación en una realidad pública, "además nos quita nuestra sensación de la realidad a tal extremo que la podemos olvidar más rápida y fácilmente que cualquier otra cosa" (Arendt 60).

Ese dolor —y, agrega Arendt, la muerte— que pareciera resistir todo intento de asumir una apariencia, un semblante, y esa experiencia contemporánea en la que no parece haber puentes entre la subjetividad más radical —en la que ni el sujeto mismo se reconoce— y el mundo exterior de la realidad, constituye a pesar de todo la dimensión más política que enfrenta el teatro contemporáneo. Si para la autora alemana la acción es la base de la condición humana, es justamente lo que también sostiene la dimensión política y estética de la praxis teatral.

La realidad del dolor y de la muerte se nos presenta hoy obscenamente como 'imágenes' que todos podemos ver y oír, pero que no podemos retornar e integrar —como haría el verdadero actor— a nuestra intimidad personal, a nuestro propio dolor. Vemos y oímos diariamente muerte y dolor, en la pantalla del cine o en el televisor o bien a la vuelta de la esquina— no hay diferencia— pero que justamente por ser imágenes manufacturadas, incluso consideradas inapropiadas por la esfera pública, nos inhabilitan para la acción; más que acercarnos a ese dolor, lo sumergen "por entero en la rutina del vivir cotidiano" (Arentdt 54); se nos arrastra hacia esa "igualdad moderna, basada en el conformismo" (52) para asegurarse de que tengamos una conducta (buena o mala, pero siempre calculable y mensurable por las estadísticas), base de la gobernabilidad que, obviamente, necesita someter al rebelde.

Nuestra sensación de realidad ha cambiado, no tiene asideros en ninguna apariencia compartible y compartida, pública, "en la que las cosas [surgirían] de la oscura y cobijada existencia, incluso —agrega Arendt— el crepúsculo que ilumina nuestras vidas privadas e íntimas deriva de la luz mucho más dura de la esfera pública" (60). Ahora todo es crepúsculo y oscuridad; sin embargo, todavía permanecen "muchas cosas que no pueden soportar la implacable, brillante luz de la constante presencia de otros en la escena pública" (60).[127]

La esfera pública, vaciada de acción y repleta de la gobernabilidad en que unos mandan y otros obedecen, solo tolera lo que es apropiado. Nos apagan la luz antes de comenzar la función teatral para dejarnos a oscuras: esa convención ya inaugura el teatro de la Edad Moderna, con su sala burguesa concebida como prisión atenuada, y se opone a la luminosidad del teatro occidental y popular desde sus inicios griegos y su desarrollo popular en la Edad Media. En el teatro burgués, moderno, se mantiene a los otros callados y quietos pero, sobre todo, a oscuras: la iluminada es la escena. Pero esa escena, incluso realista, no deja de ser un intento de manipular a su conveniencia ese dolor oscuro que está en las calles, en la ciudad, en el corazón en agonía, al que todavía hay que atemperar y si es posible pacificar, para que no se rebele mediante una acción ingobernable. El objetivo del teatro burgués es alumbrar la escena para devolvernos la luz que, según el gobernante de turno, supuestamente necesitamos para alumbrar el mundo crepuscular, que gime y agoniza.

¿Cuál es el límite de dolor, de intensidad que puede exhibir un teatro? Hay dolores —no sentidos— que no resisten la luz pública, que quedan escamoteados a la presencia de los otros. Permanecen, a su manera, en el recinto privado, íntimo. Esto al menos era lo que imponía la decencia burguesa al teatro; acercarse a ese dolor, pero hasta cierto punto y a condición de darle un encausamiento determinado, según el interés social. Pero hoy ya no tenemos esa instancia regulativa y menos aún doctrinaria, salvo en momentos de alta represión durante gobiernos totalitarios extremos. El teatro de la intensidad o de la multiplicidad que

---

[127] He trabajado estos temas *in extenso* en mi ensayo "El bifurcado camino de la melancolía: La civilización del espectáculo y el futuro del teatro latinoamericano".

emerge de un mundo en el que, como plantea Lacan, el Otro no existe, es eso, puras intensidades, puro dolor, pura oscuridad que, como en la Banda de Moebius, deja ya no a los otros, sino a cada cual, arreglárselas como pueda, circulando por un adentro y un afuera subjetivo sin el amparo de ninguna realidad compartida de la que extraer cierta seguridad. El teatro de intensidades trabaja el dolor en el cuerpo, que es lo más privado, incluso cuando es abusado públicamente. ¿Tendríamos que empezar a pensar en los derechos humanos del público que concurre a nuestras salas y al que le imponemos quietud, oscuridad, silencio, completa desconexión con el mundo exterior (apagar sus celulares), no comer, no beber, etc.? ¿Es todavía este espectador perverso el que queremos mantener mientras en la escena nos proponemos como denunciadores de los males sociales? ¿Es que no podemos todavía elucubrar un teatro en el que establezcamos una relación diferente con el público?

El teatro de la intensidad o multiplicidad no es un teatro que trabaje sobre el sentido o que intente hacer sentido con el dolor o darle un sentido al dolor, como es el caso de ciertas variantes del trabajo teatral que, sin duda, son también políticas, pero que se amparan en un simbólico compartido, que no se ha despedazado, que no ha estallado. Estos teatros son todavía actos de fe que, desde la perspectiva de Arendt, parten de algo privado como el amor, que no es necesariamente algo inapropiado; son teatros basados en un lazo de amor llevado a la esfera pública, que lo torna "falso y pervertido cuando se emplea para finalidades políticas, tales como el cambio o la salvación del mundo" (61). El teatro abusó bastante de este recurso al amor para resolver los problemas del mundo, pero ya, en el estado presente del mundo y del planeta, donde cultura y naturaleza ambas se ven comprometidas, en que la sociedad de masas —que ha absorbido y cancelado la diferencia entre las esferas privada y pública (68)— nos ha devuelto a la animalización y al goce mortífero por satisfacer necesidades artificiales, el teatro enfrenta también él la dificultad (y es admirable que algunos lo sigan intentando) de sostener la ilusión y la utopía de la acción y la rebeldía, aunque queden todavía atrapados por los contenidos de la escena y no por cuestionar la consistencia del lazo social con el espectador (más que con el público). Cabe, pues, hacer aquí una diferencia entre un teatro que tiene por objeto político el dolor y un teatro de la intensidad que *es* dolor y trabaja políticamente no *con* él sino *en* él. Ambos, sin duda, utilizan sus propias estrategias escénicas, ambos son socialmente válidos pero, sin embargo, tienen búsquedas (¿debo decir lenguajes o discursos?) diferentes.

El segundo sentido de público que Hannah Arendt nos ofrece es el que más se acerca a nuestro "público teatral", sin confundirse con él. Se trata de 'público' como "el propio mundo, en cuanto es común a todos nosotros y diferenciado de nuestro lugar poseído privadamente en él" (61). Este mundo no es el que Agamben publicitará más tarde, a partir de Arendt y Foucault, como el *zoé* de los griegos; no se trata del mundo como espacio donde se desarrolla la vida natural y orgánica de los hombres. El mundo, para Arendt, no es el planeta Tierra sino el de la acción humana en su inherente pluralidad. Es un mundo que "está relacionado con los objetos fabricados por las manos del hombre, así como con los asuntos de quienes habitan juntos en el mundo hecho por el hombre" (62). Es un mundo no-natural —como la esfera pública— propiamente humano, *bíos*, biopolítico, donde todos vivimos y cuya característica, como la de una mesa, es que "está en medio, une y separa a los hombres al mismo tiempo" (Arendt 62). Es una mesa que "impide que caigamos uno sobre otro" (Arendt 62), mesa incluso invisible, que enlaza a la vez que separa. Desde nuestra perspectiva de la praxis teatral podríamos decir que esa mesa es la teatralidad.

Toda teatralidad parte del supuesto de ciertos determinantes básicos: (a) un lugar (b) iluminado, en el que haya (c) dos cuerpos enfrentados (d) pero con cierta distancia regulada, que no puede ser cero ni infinita. Es decir, la teatralidad exige axiomáticamente que haya la posibilidad de una mirada, *look* y *gaze* —para usar una diferencia que permite el inglés y que no tenemos en castellano o en francés— del otro o del Otro, respectivamente. Pero para que emerja la mirada es necesario que, en ese *lugar* (*zoé*), se construya un *espacio* (*bíos*) concebido como una distancia regulada entre el cuerpo mirado y el sujeto mirante. La construcción de ese espacio es una tarea eminentemente política, porque hay diversas maneras de regular la distancia entre cuerpo mirado y sujeto mirante, y también porque dicho espacio y dicha distancia suponen la apelación a un Otro que la sostiene, es decir, que los une y a la vez los separa, asignándoles asimismo una estrategia de dominación determinada. Es por eso que desde hace tiempo hablamos de estructuras de la teatralidad (tal vez convendría llamarlas "estrategias" de teatralidad), como instancias lógicas que dan cuenta de diversas posibilidades (que no son muchas) de constituir un lazo a partir del cual todos podamos mirar y oír, de compartir y disentir. Esa teatralidad, pensada en estos términos, nada tiene que ver con el sentido decorativo que tomó en la primitiva (fatalmente popularizada) definición barthesiana, como esa suma de sustancias inarticuladas que se oponían a la articulación más precisa de lo verbal. La teatralidad, para Barthes, era todo lo que, en el teatro, no era el texto verbal. La insuficiencia de esta definición no vale la pena ni siquiera de una discusión detallada.

La teatralidad que funda nuestra perspectiva en la praxis teatral es como la mesa de Arendt, la que habría en una sesión espiritista "donde cierto número de personas sentado alrededor de una mesa pudiera ver de repente, por medio de algún truco mágico, cómo ésta desaparece, de modo que dos personas situadas una frente a la otra ya no estuvieran separadas, aunque no relacionadas entre sí por algo tangible" (62). En efecto, nuestra teatralidad es como esa mesa: está allí, funda la mirada, pero no la vemos; une y separa, pero no la vemos. Y entre uno y otro de los comensales o participantes de la sesión espiritista, está ese Otro que los funda y que se encarga del "truco mágico" de la ilusión teatral. Esta teatralidad definida como una política de la mirada recupera la acción humana y recupera la dinámica política de la esfera pública. Los artistas y los críticos decidirán si recuperan esa acción para la rebeldía o el conformismo.

La praxis teatral y lo político:
La demanda, el teatrista, el público

Introducción

La praxis teatral, dirigida a conceptualizar el saber-hacer del teatrista durante el proceso de montaje, es la disciplina involucrada en la creatividad artística. Por ello, la cuestión de tratar lo real mediante lo simbólico a fin de inventar un imaginario capaz de significantizar ese real –sufrido como malestar en la cultura— no puede estar alejada, debido a estas coincidencias, del psicoanálisis. Y el psicoanálisis debe ser entendido aquí, tal como Lacan lo planteara en la famosa Proposición del 9 de octubre de 1967 (en adelante "P67"), como una "experiencia original" (264) que, debido al descubrimiento freudiano del inconsciente, ha replanteado –si no subvertido— todos los protocolos ligados al saber y al conocimiento, a la posición del sujeto más allá del yo cartesiano y de la conciencia; por eso, tal como lo dice en ese mismo texto, "esta experiencia es esencial para aislarlo de la terapéutica" (P67 264). De alguna manera ya venía Lacan enfatizando esta cuestión desde 1958 cuando, en "La dirección de la cura y los principios de su poder" (en adelante, "LD"), aunque todavía mantiene el término "cura", ya advertía que "[d]ecir que la doctrina freudiana es una psicología es un equívoco grosero" ("LD" 593). De modo que no hay aquí ningún planteo ligado a psicoanalizar a los teatristas y, mucho menos, curarlos, porque si hay algo que Lacan ya estableció para el psicoanálisis al final de su enseñanza, en el *Seminario 23 El sinthome*, es que se trata de un abordaje a lo incurable del sujeto, que él designó como el *sinthome*, su singularidad, su modo de gozar, con el que tiene que *saber arreglárselas / saber-hacer* responsablemente, lo cual supone un acto[128] con base en la ética.

En tanto el teatro supone *situaciones convenidas* entre actores, entre actor y director, entre escena y público, sus lazos con el psicoanálisis no parecen ser forzados. Menos aun cuando ya Freud designaba al inconsciente como "la otra escena". Y si bien, como en el caso analítico, nos encontramos aquí con "el mantenimiento de una situación convenida[129] entre *dos partenaires*" ("P67" 267), no se

---

[128] La cuestión de acto analítico, tan debatida en el psicoanálisis, me llevó a repensarlo desde la praxis teatral como acto performativo. Este desarrollo se podrá leer en mi ensayo "Pedagogía y deseo: La creatividad teatral en español en la universidad estadounidense".

[129] En el *Seminario 11* Lacan define la praxis: "¿Qué es una praxis? [...] Es el término más amplio para designar una acción concertada por el hombre, sea cual fuere, que le da la posibilidad de tratar lo real mediante lo simbólico. Que se tope con algo más o algo menos de imaginario no tiene aquí más que un valor secundario" (14). Importa enfatizar

puede descuidar ese "constituyente *ternario* que es el significante introducido en el discurso que en él se instaura, el que tiene nombre: el sujeto supuesto saber" ("P67" 267, mi énfasis). El teatrista –particularmente cuando oficia de director del proyecto– no se involucra como persona, sino que asume la *posición* de sujeto supuesto saber en dicha situación; saber supuesto, por lo demás, del que él no sabe nada ("P67" 267).

La consecuencia es relevante: el psicoanálisis es una praxis y como tal tiene un nivel teórico, pero no opera por una dialéctica entre teoría por un lado y práctica por el otro, que supondría un encuadre científico basado en la *aplicabilidad*, la demostración y la justificación a nivel metodológico. No es por aplicación de la teoría como se aborda la clínica, porque el analista, frente a un caso, debe colocarse en la posición de no-saber, lo que Lacan designaba como 'ignorancia docta'. Porque se trata de una praxis, "la tarea no consiste tanto en comparar sistemas de ideas en cuanto ideas, sino explorar sus dimensiones performativas" (Laclau 28). Precisamente porque el psicoanálisis es una praxis que explora lo performativo en muchos niveles (incluida, por supuesto, la transferencia),[130] es la más cercana a nuestros propósitos en el trabajo teatral. La praxis teatral, como el psicoanálisis, avanza y retrocede *caso por caso*, porque frente a un montaje hay que recordar "la insistencia de Freud en recomendarnos abordar cada caso nuevo como si no hubiéramos adquirido nada de sus primeros desciframientos" ("P67" 267). Y, como subraya Lacan en la misma Proposición, esto "no autoriza en modo alguno al psicoanalista a contentarse con saber que no sabe nada, porque lo que está en juego es lo que él tiene que saber", a saber, cómo opera la lógica del significante y de los discursos,[131] esto es, cómo "se articulan en cadena de letras tan rigurosas que, a condición de no faltar ninguna, lo no sabido se ordena como el marco del saber" ("P67" 268).

El proceso de montaje teatral debería llevar, como en análisis, a esa destitución subjetiva en la que, vía el trabajo analítico con la trasferencia, adviene ese resto –el espectáculo–, ese semblante del objeto *a* causa del deseo, "como un determinante de su división [que] lo hace caer de su fantasma y lo destituye como sujeto" ("P67" 270). Jacques-Alain Miller,[132] considerando el final del análisis, tal como el espectáculo es para el teatrista el final de su proceso creativo, señala que tuvo en Lacan dos momentos: el primero, ligado a la metáfora pa-

---

el uso del término "concertada"; en la P67 usa "convenida", porque el carácter contractual es fundamento del lazo que permitirá la realización de esa praxis. Para un comentario sobre este punto crucial de la praxis teatral, ver mi ensayo "Pedagogía y deseo".

[130] Ver el libro de Gabriela Abad *Escenas y escenarios en la transferencia*.

[131] Referencia a los famosos cuatro discursos (del Amo, de la Universidad, de la Histeria, del Analista), que fundan tipos de lazo social. Se agrega luego el mal denominado "discurso capitalista", aunque no es propiamente un discurso en la medida en que no funda un lazo sino, más bien, lo impide. Para una discusión de estos discursos en la praxis teatral, ver mi libro *Los discursos lacanianos y las dramaturgias*.

[132] Todas las citas atribuidas a J-A. Miller en este capítulo son de *Política lacaniana*.

terna, cuando el analizante alcanzaba la "desidentificación fálica" (46); el segúndo, más avanzada su enseñanza, se planteó con "la caída del objeto *a*" (47). Ambas van a operar en la praxis teatral aunque, como en el psicoanálisis, también la segunda tendrá prevalencia. Ambas operan con mecanismos distintos y tienen consecuencias también diferentes, particularmente respecto de la autoridad. En efecto, en la desidentificación fálica, no obstante, el sujeto instituye un Otro; en la caída del objeto *a*, en cambio, hay "una perspectiva destituyente del sujeto y además del sujeto supuesto saber" (Miller 47-48), esto es, el Otro se presenta como barrado, con una falta, no es garantía de nada, es apenas la "ilusión necesaria del sujeto supuesto saber que se desvanece al final del análisis y revela hasta qué punto no es esencial (Miller 47); precisamente, muestra a la autoridad "desvanecida bajo los aspectos del sujeto supuesto saber" (Miller 47). El teatrista, entonces, tal como ocurre para el analista, se autoriza a partir de allí por sí mismo.

Siguiendo esta perspectiva psicoanalítica, podemos decir que el teatrista, cuando está en función de la dirección del espectáculo o el proyecto de puesta en escena y precisamente porque dirige el proceso, interviene en él "menos por lo que dice y hace que por lo que es" ("LD" 561). Y lo que es, se define por su posición, la de sujeto supuesto saber que, al final, será un semblante que cae, dejando al grupo, sus actores, frente al objeto *a* de su deseo. En este sentido, su función se focaliza en el manejo de la transferencia, porque es en ella donde se produce "el desdoblamiento que sufre allí mi persona" ("LD" 562). Al hacer el muerto, su silencio resulta productivo para revertirle al actor las fantasías que éste deja emerger durante las improvisaciones. Si se puede hablar aquí de una "política" –vocablo usado por Lacan—, ésta consiste en que el director "haría mejor en situarse por su carencia de ser que por su ser" ("LD" 563).[133] Se resguarda así de imponer su idea de la realidad, si entiende que no son los actores los que resisten, sino él; en todo caso, éstos se defienden del deseo del director.

Lo mismo ocurre con el actor: si hay en él resistencia, es porque se opone a la sugestión impuesta por el director: y esa resistencia "cuando se opone a la sugestión, no es sino deseo de mantener su deseo" ("LD" 605). Por su parte, "el analista es aquel que resiste la demanda, no como suele decirse para frustrar al sujeto, sino para que reaparezcan los significantes en que su frustración está retenida" ("LD" 589). Y esa frustración tiene que ver con demandas antiguas, con insatisfacciones no de las necesidades, sino de la demanda misma, como demanda de presencia del Otro, como demanda de amor, del don. Es allí donde podemos constatar que el deseo "es lo que se manifiesta en el intervalo que cava la demanda más acá de ella misma, en la medida en que el sujeto, al articular la cadena significante, trae a la luz la carencia de ser con el llamado a recibir el complemento del Otro, si el Otro, lugar de la palabra –"el otro escenario" ["LD" 598]— es también el lugar de esa carencia" ("LD" 597). El Otro no puede colmar

---

[133] Como veremos más adelante, esta perspectiva tomará múltiples consecuencias en cuanto a los liderazgos al momento de los activismos políticos, como diferenciadas de las verticalidades partidistas y de los encuadres fascistas del pasado y de hoy.

la falta del sujeto, esto es, su deseo, porque no tiene con qué hacerlo, "puesto que a él también le falta el ser" ("LD" 597).

Vana y peligrosa resulta, entonces, la estrategia de un director que se proponga —como lamentablemente es la norma— frente a su elenco en posición de tenerlo todo, de ser completo, el saber incluido, para dárselo a sus actores. No lograría otra cosa que muñecos gesticulando por imitación su propia veleidad, réplicas de sí mismo, situación que, no hace falta insistir, va más allá de toda ética analítica, en la que el analista no puede posicionarse como sabiendo algo respecto al bien y al mal, al supuesto bien *del y para* el sujeto (sus actores, el público), las ya mencionadas buenas intenciones de la moral kantiana. Cuando esto ocurre, estamos indudablemente frente a un dispositivo autoritario, incluso cuando esta comedia se matiza con afectos paternales; en esta situación el director, por mediación del lenguaje, "sostiene en cuanto sujeto" a su semejante, sin percibir hasta qué punto está considerándose a sí mismo "como el tramoyista, o incluso como el director de escena de toda la captura imaginaria de la cual *por lo demás* él no sería más que un títere vivo" ("LD" 606, cita modificada).[134] A pesar de su buena voluntad e intenciones, no deja de ejercer ese "principio maligno" que es el poder, "el poder de hacer el bien, ningún poder tiene otro fin, y por eso el poder no tiene fin" ("LD" 609), pero al intentarlo, el director iría mal encaminado, porque, en primer lugar, nadie puede saber cuál es el bien para otro sujeto y, en segundo lugar, porque la cuestión del arte no es el poder sino la verdad, la verdad del deseo, es decir, en la dimensión del inconsciente. Ya lo había planteado Walter Benjamin cuando, en su "Truth and Truths", afirmaba que "Works of art are the proper site of truths" (278), lo cual a su vez nos manifiesta por qué, desde sus inicios, el psicoanálisis no dudó en atravesar la puerta regia del teatro (*Edipo Rey*), la literatura y el arte en general. Y este atravesamiento poco tiene que ver con ese adjetivo tan insidioso y erróneo que se le ha adjuntado al psicoanálisis, cuando se habla de un psicoanálisis "aplicado", siendo que es de esa inmersión en el arte como residencia de la verdad la que funda su conceptualización y no a la inversa.

Acto: izquierda lacaniana y política lacaniana

Ya hemos esbozado la relación del director con sus actores. Corresponde ahora interrogarnos sobre cuál es, pues, desde esta perspectiva de la praxis teatral y el psicoanálisis, la posición del teatrista respecto al público, a ese Otro para el cual trabaja. ¿Deberá mantener esta posición de esclavo que trabaja para el goce del Otro, o bien hacer trabajar al Amo? ¿Ambas? Así como Lacan planteó que

---

[134] La versión española traduce "autrement" como "en caso contrario", lo cual crea confusión sobre el párrafo: «Qu'il soutient en tant que sujet», veut dire que le langage lui permet de se considérer comme le machiniste, voire le metteur en scène de toute la capture imaginaire dont il ne serait autrement que la marionnette vivante" (29).

el analizante no resiste, que el que resiste es el analista ("no hay otra resistencia al análisis sino la del analista mismo" ["LD" 568]), nosotros podríamos llevar la cuestión a la dimensión en la que el teatro toma sentido: se monta un espectáculo, se trabaja para un público. Parafraseando a Lacan, podríamos decir entonces, negando algunas afirmaciones de la filosofía del teatro, que *el público no expecta*; el único que expecta es el teatrista. El público, en su heterogeneidad, proviene de diversos sectores sociales, con problemáticas diversas; lo que los convoca no es una celebración comunitaria de tipo convivial frente a un escenario en el que contemplarían la producción de *poíesis* realizada por los artistas; los trae al teatro una serie de demandas insatisfechas que pueden o no entrar en relaciones equivalenciales (Laclau) para promover un acto también performativo. Y para eso la mayor parte de las veces paga —como el analizante— la admisión, amén de los otros gastos que supone el acercarse al lugar de la representación.[135]

En los años recientes ha comenzado a diseñarse una extensión del psicoanálisis, para algunos indebida, hacia el campo de lo social, en la medida, fundamentalmente, en que debe responder a los nuevos síntomas que aparecen en la sociedad capitalista, globalizada y neoliberal. A esta aproximación a lo social, se la ha denominado "izquierda lacaniana" y supone un trabajo minucioso a partir de conceptos psicoanalíticos, mayormente en su versión lacaniana, para trabajar la cuestión de la emancipación del sujeto de la alienación a la que lo somete la sociedad consumista contemporánea. Pensadores de la talla de Ernesto Laclau, Slavoz Žižek, Jean Copjec, Judith Butler, Jorge Alemán, Nora Merlin, entre otros, han comenzado a pensar las formas en que ancla la alienación subjetiva en la actualidad, más allá de la ya trabajada conceptualmente por Marx en *El Capital* como relativa a la mercancía. Se trata de nuevos horizontes de pensamiento que intentan desafiar las celebraciones sobre el fin de la historia y de las ideologías, del capitalismo como culminación insuperable de la Historia; en sus diferencias, estos trabajos de izquierda lacaniana, no obstante, se esfuerzan para dar una alternativa al duelo y la melancolía en estos tiempos crepusculares,[136] una vez comprobada la caída de la función paterna, de la ley y la autoridad, y de las derrotas de la izquierda política en todas sus variantes. A pesar del matiz emancipador que tienen algunas propuestas sociales, lo que está en juego es el sujeto mismo, el sujeto del deseo, en la medida en que dichas propuestas no dejan de imponer subjetividades pre-formadas a las que el sujeto debería subsumir su ser a costa de perder su propia singularidad. Y esto lo había previsto ya Sartre cuando, en *El ser y la nada*, a propósito del mesero homosexual, expresa que el Otro "[l]e exige, pues ser lo que es para no ser más lo que es" (111). Al asumir la identidad gay, tal como la ha fijado el movimiento inicialmente emancipatorio y se la ha

---

[135] En los rituales y ceremonias se paga también, pero con la culpa sacrificial. Este aspecto 'convivial' lo dejaremos para comentar en otra oportunidad.

[136] Para un desarrollo mayor de este tema ver mi ensayo "El bifurcado camino de la melancolía: la civilización del espectáculo y el futuro del teatro latinoamericano".

apropiado luego el mercado de consumo, se elimina la singularidad de la homosexualidad del mesero, no necesariamente contemplada por la subjetividad institucionalizada. Esa singularidad constituye precisamente lo inapropiable por el capitalismo neoliberal, como veremos más adelante.

Ahora bien, una izquierda lacaniana tiene, si se quiere, como marco más general, una política lacaniana. Y ésta es también importante para la praxis teatral, porque se instala a partir del acto analítico, que para nosotros teatristas bien podría denominarse *acto performativo*. El acto analítico es el que "abre a la metonimia de la cadena significante, desestabiliza el narcisismo del *Planteo un acto*" (Miller 97); se resguarda fundamentalmente la cadena metonímica por la que se desplaza el deseo y, precisamente por ese desplazamiento, el narcisismo pierde los apoyos que le darían, como quien dice, la imaginaria solidez y prepotencia de un "hice este espectáculo". Más que de un acto, como lo dice Jacques-Alain Miller recordando a Sartre, se trata de un gesto. Lo importante respecto al acto analítico es que se abre al futuro, se mide por sus consecuencias. "Juzgar el acto por sus consecuencias, que el estatuto del acto depende de sus consecuencias, es para mí un principio de la política lacaniana" (Miller 97). En ese sentido, Miller subraya que se trata de "un principio hegeliano" y no kantiano.[137] En efecto, desde la perspectiva kantiana habría una intención recta, una buena voluntad que orientaría al acto desde antes de su realización y, como ocurre generalmente cuando se quiere legislar sobre el bien para un sujeto, se termina en catástrofes, en particular al capturarlo, vía sugestión, imitación e identificación, por los Ideales del yo, sean los de la cultura, los del analista o del teatrista.

Al plantear el acto analítico a partir de las consecuencias, se retoman las críticas hegelianas a la moral kantiana. Y como de buenas intenciones está lleno el infierno, el psicoanálisis sabe que hay una intencionalidad inconsciente que solo puede ser recuperada, si puede decirse así, *retroactivamente* según los derroteros de la metonimia de la cadena significante. Volveremos a esto cuando recordemos la frase de Picasso que a Lacan tanto le gustaba citar: "Yo no busco, encuentro". No hay, pues, una idea, una intención, una voluntad *previa* a la obra, basada en el *conocimiento* del artista; hay un encuentro con lo real desde el cual hay que actuar, actuar desde el *no-saber*, y cuyas consecuencias se verán *a posteriori*. Retomando a Benjamin, "[k]nowledge and truth are never identical; there is no true knowledge and no known truth. Nevertheless, certain pieces of knowledge are indispensable for an account of the truth" (279); lo que nos recuerda aquello de Lacan de que la verdad se instala por el significante en su mediodecir. Si hay metonimia, hay deseo, con lo cual hay Otro. El acto performativo del teatrista –como el acto analítico del analista— tiene efectos, consecuencias en ese Otro; toma "en cuenta

---

[137] Recordemos brevemente que para Kant se trata de un imperativo categórico que, aceptado por los ciudadanos, se posiciona sobre ellos de manera universal; de ese modo, las intenciones de cada sujeto anteriores a la realización del acto deberían ajustarse a ese imperativo categórico, el cual tiene como meta asegurar la pacificación social y hasta la sobrevivencia de la comunidad.

la reacción del Otro, lo que dice y lo que va a hacer" (Miller 98). Es decir, el teatrista expecta.

Teatro, público, demanda

Ernesto Laclau, en su libro *La razón populista*, va a intentar dar una definición positiva del populismo, como instancia espontánea y temporaria en la que se articulan sectores diversos de la sociedad a partir de poner en relación equivalencial sus demandas insatisfechas, incluso a costa de renunciar a ciertas particularidades. Su tesis consiste en probar que "el populismo es la vía real para comprender algo relativo a la constitución ontológica de lo político como tal" (91). El libro comienza con algo que nos importa a quienes estamos en la praxis teatral: *la diferencia entre masa y pueblo*, que viene debatiéndose en la sociología al menos desde Le Bon hasta Freud, y después. Como sabemos, la masa es concebida como un grupo de individuos que, por medio de la sugestión, la imitación y la identificación a un líder, puede alcanzar altos grados de violencia y constituirse como una amenaza a los regímenes "democráticos". Freud va a enfocarse particularmente en este tema en su *Psicología de masas y análisis del yo*, publicado en 1921, cuando ya percibía la inminencia de una amenaza totalitaria nazi-fascista que, todavía, carecía de esa designación. Laclau, por lo tanto, trata de rescatar el término 'populismo' dándole un sentido positivo, casi de la misma manera a como la teoría *queer* tomó ese vocablo peyorativo para autodesignarse, mediante un trabajo de resemantización del término.

No sería éste el lugar de puntualizar detalladamente el libro de Laclau. Baste decir que subraya la peligrosidad de abordar los movimientos radicales de protesta y demandas sociales a partir de mecanismos basados en la sugestión, la imitación y la identificación, con los que se había caracterizado al populismo. Sin duda, cada uno de esos términos tiene que ser leído en el campo político, aunque obviamente procede, en forma ya bastante elaborada, del ensayo freudiano. La cuestión política de la propuesta de Laclau, para decirlo rápidamente y a costa de cierta injusticia, apunta a la necesidad de ofrecer una conceptualización optimista a las diversas demandas sostenidas por grupos también diversos en la sociedad actual, una vez asumido el hecho de que, a pesar de Marx, la revolución y el cambio no vendrán por un desarrollo inmanente al capitalismo por medio de la lucha de clases o por acción del proletariado.[138]

Al comienzo mismo de su libro, Laclau establece las *demandas* como la unidad del grupo (9). Los grupos feministas, en toda la variedad de sus reclamos, los grupos LGBTQ, los sectores que reclaman derechos humanos diversos y justicia por los genocidios, los grupos ecologistas, los pobres, los sintierra, las

---

[138] Ver mis ensayos "Una reflexión sobre las nociones de 'liberación' y 'emancipación'. Su pertinencia en la praxis teatral" y "Volver la vista atrás: el mito de la revolución en la novela de Juan Gabriel Vásquez".

reclamaciones indígenas, etc., surgen a partir de insatisfacciones desemejantes que, de no conseguir cierto tipo de convergencia, quedan incapacitados para enfrentar al Estado u otras instituciones, esto es, a los que deberían satisfacer las demandas particulares de cada sector. Frente a esto, Laclau realiza un exhaustivo trabajo conceptual para investigar cómo esas demandas particulares, que denomina "democráticas", y que son particulares y diferenciales, en ciertos momentos admiten articularse en una cadena de relaciones equivalenciales a fin de potenciar su poder político para efectuar el reclamo.[139]

En lo que a la praxis teatral respecta, por el momento nos interesa enfatizar la cuestión de la demanda, que Laclau toma como unidad mínima conceptual para construir su proyecto.[140] En un momento determinado, múltiples demandas procedentes de grupos con insatisfacciones diversas se ponen en equivalencia, es decir, admiten la posibilidad de que "una diferencia, sin dejar de ser *particular*, asuma la representación de una totalidad inconmensurable" (Laclau 95). Es decir, una de las particularidades de ese grupo de demandas diversas asume la representación, si se quiere, la universalidad para dar lugar a una construcción de hegemonía (que funcionaría como una contra-hegemonía frene al discurso dominante),[141] esto es, la instalación de una frontera que discierne el anta-

---

[139] Las recientes marchas para reclamar la legalización del aborto en Argentina, con sus pañuelos verdes que se internacionalizaron, un ejemplo concreto de un momento populista, en la medida en que los integrantes de esas movilizaciones provienen de sectores sociales diversos (clase, edad, raza, nivel educativo, sexo), carecen de líderes nominados, renuncian a sus particularidades sectoriales y aúnan su demanda con el significante del pañuelo verde, significante vacío, que pone a dichas demandas en una relación equivalencial, dejando por el momento de lado otros reclamos ya más puntuales de cada grupo (desempleo, marginación, falta de acceso a la educación, desamparos jurídicos, salarios diferencias para las mujeres, etc.). Se trata de un momento contingente, un *acto* instituyente que no puede predecirse "científicamente", como no puede predecirse un sueño o un lapsus.

[140] Dejaré para otra oportunidad discutir más a fondo cómo Laclau entiende la demanda, a veces a partir de Lacan y otras en forma un poco más general.

[141] El término 'hegemonía' se usa habitualmente, siguiendo a Antonio Gramcsi, para designar el discurso "de un grupo social sobre la entera sociedad nacional, ejercida a través de las organizaciones que suelen considerarse privadas, como la Iglesia, los sindicatos, las escuelas, etc." (Gramcsi 204); el mismo autor italiano habla de "hegemonía política y cultural de un grupo social sobre la entera sociedad, como contenido ético del Estado" (219). Sin embargo, en otros pasajes, Gramcsi usa el vocablo en plural ("las 'posiciones' hegemónicas del grupo dominante" [221]) y, además, a pesar de atribuir la hegemonía a "el aparato de hegemonía del grupo dirigente" (216), suscribe la idea de que hay construcción o aspiración de hegemonía en los grupos subalternos, por eso se refiere no solamente a "grupos o grupitos [que buscan] hacerse con la hegemonía" (208), o "a la organización política e ideológica de pequeños grupos que luchan por la hegemonía cultural y política" (225), sino que instala la idea de una lucha de los sectores dominantes

Introducción a la praxis teatral

y los subalternos, "una lucha de 'hegemonías' políticas, de direcciones contradictorias" (284, subrayado mío). Introduzco por ello, y entre paréntesis, la idea de 'contra-hegemonía' para indicar aquellas aspiraciones a construir hegemonía de los sectores subalternos. Sin embargo, prefiero mantener la idea pluralística de Gramcsi respecto a la hegemonía en la medida en que él plantea dicha construcción como un modo de "'separarse' e independizarse" (284) de los grupos subalternos y, en ese sentido, parece acercarse al concepto de separación o desalienación tal como lo propone Lacan y que, en este libro, planteo como aspiración emancipatoria. Todo sujeto que entra en un tratamiento analítico ya tiene un deseo decidido de emanciparse del Otro que lo ha marcado sin su consentimiento desde su nacimiento con los ideales y mandatos del Otro simbólico, usualmente patriarcal y, obviamente, hegemónico en el sentido habitual. Podemos pensar que ese deseo dicidido, por más confuso que lo registre el sujeto, ya está presente cuando aspira a una praxis teatral; no obstante, sabemos de otros individuos cuyo deseo decidido no es involucrarse en una praxis teatral emancipatoria, sino en la institución-teatro, tal como la venimos describiendo en este libro, tan ligada al discurso dominante y al mercado artístico. Gramcsi enfatiza precisamente el hecho de que el malestar que registra un grupo subalterno, "que al principio es casi meramente instintivo [...] progresa hasta la posesión real y completa de una concepción del mundo coherente y unitaria" (284) que responde a la singularidad de su modo de goce y no al goce del Otro. En consecuencia, Gramcsi insiste en que "hay que subrayar que el desarrollo político del concepto de hegemonía representa un gran progreso filosófico, además de político-práctico, porque implica necesariamente y supone una unidad intelectual y una ética con la concepción de lo real que ha superado el sentido común y se ha convertido –aunque dentro de límites todavía estrechos– en concepción crítica" (284). Asimilamos esta 'concepción crítica' a la destitución subjetiva que ocurre al final de un análisis y aspiramos a que corresponda también a lo que le ocurre a cualquier individuo involucrado en una praxis teatral emancipatoria. Obviamente, una cosa es contar con un intelectual que articula el deseo decidido a lo emancipatorio y no, como ocurre en otros casos, como intelectual que media para adaptar al individuo al discurso hegemónico de los sectores dominantes como ocurre –y Lacan no ahorró sus ataques— con la *Ego Psychology*. Agreguemos que, para Gramcsi, la emancipación o 'concepción crítica' de un subalterno o de grupos subalternos –pienso en el Teatro del Oprimido de Boal— se logra siempre por intermediación de los intelectuales: nos dice "no hay organización sin intelectuales" (285), porque, sea el analista, el dirigente sindical o el coordinador teatral, el intelectual es el capacitado para llevar a cabo esa "dialéctica intelectuales-masa", esto es, sacar al sujeto de su indiferenciación en la masa (junto a la separación de ideales e identificaciones de todo tipo), para permitirle articular su propia singularidad subjetiva acorde a sus propios deseos y modos de goce. "Un nuevo tipo de Estado —nos dice Gramcsi y podemos pensar por nuestra parte en todo tipo de estado— [solo se alcanza] a partir del momento en que un grupo subalterno se hace realmente autónomo y hegemónico... nace concretamente la exigencia de construir un nuevo orden intelectual y moral, es decir, un nuevo tipo de sociedad y, por tanto, también la exigencia de elaborar los conceptos más universales, las armas ideológicas más finas y decisivas" (292). Solo agreguemos una aclaración que Gramcsi elabora en otros pasajes: que hay intelectuales orgánicos al discurso de los sectores dominantes y otros intelectuales cuya función es articular las demandas subalternas en un campo conceptual con aspiraciones emancipatorias.

gonismo entre quienes demandan y aquellos que deberían responder a esas demandas. Ahora bien, esa representación 'universal' de la particularidad de la demanda, esa "identidad hegemónica pasa a ser algo del orden del significante vacío" (Laclau 95). Es un significante vacío porque representa múltiples demandas sin conservar la relación significante/significado avalada por el diccionario o por la cultura. Ese significante, esa demanda convertida en significante, es una pura negatividad (Laclau 125); lo único que las une es ese significante vacío que 'representa' no la particularidad específica de cada demanda, sino "el hecho de que todas ellas [las demandas] permanecen insatisfechas" (125).[142] Cuando hay fronteras equivalenciales alternativas, es decir, proyectos hegemónicos rivales,[143] cada uno con su significante, entonces Laclau lo califica de 'significante flotante':

> Como podemos ver, las categorías de significantes "vacíos" y "flotantes" son estructuralmente diferentes. La primera tiene que ver con la construcción de una identidad popular una vez que la presencia de una frontera estable se da por sentado; la segunda intenta aprehender conceptualmente la lógica de los desplazamientos de esa frontera. En la práctica, sin embargo, la distancia entre ambas no es tan grande. (167)

Resulta importante –y lo será para nuestra praxis teatral—retener la importancia de la *heterogeneidad* de las demandas como instancia indispensable para el populismo; Laclau asimila esta heterogeneidad a lo real lacaniano (139), es decir, aquello doloroso, ese exceso de goce que no tiene significante que lo represente y que, como veremos, también lo remite a ese horizonte en que la demanda apuntaría a una satisfacción mítica, plena y total.

Estamos, como puede verse, en un momento de la lucha por los reclamos en la que, espontáneamente –si podemos decirlo así— los diversos sectores insatisfechos se organizan a partir de un significante vacío que los representa a todos, aunque se trate de *una* de las particularidades, quedando las demás momentáneamente subsumidas en ese significante. Laclau propone denominar 'pueblo' y 'populismo" a este momento en que emerge "una articulación equivalencial de demandas" (99). No es una movilización programada por un líder y dinamizada por la sugestión y la identificación, sino que es un momento –contingente, imprevisible, inapropiable— en que los sectores insatisfechos asumen un rol de sujeto, de agente en la construcción de hegemonía para luchar por sus

---

[142] En un momento este significante puede ser el nombre de una individualidad, el nombre de un líder (Laclau 130), pero no es él quien precede a la relación equivalencial.

[143] Un ejemplo de proyectos hegemónicos rivales también procede de Argentina, pero se ha dado igualmente en Brasil y Ecuador, respecto a las investigaciones y demanda de juicios por corrupción a los gobiernos de Cristina Fernández de Kirchner, Lula da Silva y Rafael Correa.

Introducción a la praxis teatral

reclamos. Obviamente, esta cuestión se complica cuando pasamos a trabajar a partir de un ejemplo concreto de contexto. Aunque "la equivalencia *no intenta eliminar las diferencias*" (Laclau 105), aunque este significante vacío se instala operativamente como "totalización populista" (Laclau 107), lo común es que, una vez pasado ese momento *instituyente* (como lo denomina Jorge Alemán), adviene lo *instituido* en el que las particularidades no tenidas en cuenta antes exigen su representación, reiniciando el proceso: "la emancipación siempre recomienza" (Alemán 138), para lo cual hay que apresurarse a *desidentificarse*, no intentar repetir, retomar lo realizado desde una nueva perspectiva. Lo mismo ocurre para el teatrista: cada montaje –incluso con el mismo elenco— es un recomenzar para el que no ayuda demasiado la repetición de lo ya realizado, salvo si se lo considera desde una nueva perspectiva.

Ahora bien, la positividad de ese significante vacío se aprecia en cuanto permite articular una subjetividad popular frente al enemigo, construido y definido en *cada caso histórico particular* –diferencia clave con el proletariado de Marx. Si al institucionalizarse la demanda se disuelve la frontera *política* establecida en el antagonismo,[144] "si esta última desaparece, el 'pueblo' como actor histórico se desintegra" (Laclau 117). Veamos cómo el mismo Laclau sintetiza su propuesta:

> Todo nuestro enfoque sobre el populismo, como hemos visto, gira en torno a las siguientes tesis: (1) el surgimiento del pueblo requiere del pasaje –vía equivalencias— de demandas aisladas, heterogéneas, a una demanda 'global' que implica la formación de fronteras políticas y la construcción discursiva del poder como fuerza antagónica; (2) sin embargo, como este paisaje no se sigue de un mero análisis de las demandas heterogéneas como tales –no hay una transición lógica, dialéctica o semiótica de un nivel a otro— debe intervenir *algo cualitativamente nuevo*. [...] Este

---

[144] Toda nuestra praxis teatral se construye sobre la dimensión agonística, desde nuestro concepto de teatralidad, hasta nuestra conceptualización de la "frontera". Ver mi libro *Dramaturgia de frontera/ dramaturgias del crimen* y mi ensayo "De la frontera al litoral: Procedimientos de violencia dramatúrgica en tres obras de Virginia Hernández". Para usar aquí las palabras de Laclau, más que una definición geopolítica de frontera, resulta mejor conceptualizarla desde el psicoanálisis como esa instancia narcisista en que "el otro excluido es la condición de mi propia identidad, la persistencia de esta última requiere también la presencia de un otro antagónico" (Laclau 176-177). Para un desarrollo más extenso, ver nuestro libro ya mencionado, en el que, como Laclau, nos alejamos de una definición esencialista de la identidad, incluso favoreciendo en nuestro análisis la cuestión de las identificaciones, porque ponen en juego las categorías lacanianas de alienación y separación respecto de los mandatos sociales, del Ideal del yo, algo que Laclau solo trabaja lateralmente en *La razón populista*. En el ensayo sobre Virginia Hernández intentamos avanzar un poco más en esta conceptualización al incorporar el concepto lacaniano de litoral, ubicándolo como espacio divisorio en las fórmulas lacanianas de la sexuación, lo cual adiciona a todos estos planteos fronterizos una productividad mayor.

momento cualitativamente diferenciado es lo que hemos denominado "investidura radical". (142, mi énfasis)

Podemos trasladar esta cita al campo de la praxis teatral: un grupo de teatristas se reúne para montar un espectáculo. Tienen necesidades no satisfechas: laborales, artísticas, políticas. Vienen de sectores diversos, con formaciones y experiencias teatrales variadas. Cada uno tiene expectativas diferentes respecto a lo que se quiere hacer. Alguien tiene que asumir la dirección de proceso en algún momento y eso requiere consenso, salvo que ya se haya resuelto de antemano desde la producción o bien desde el prestigio de alguno de esos teatristas. Hay, pues, una heterogeneidad de demandas aisladas que es necesario poner en relación equivalencial para que el proyecto pueda ponerse a funcionar y llevarse a cabo. Sin embargo, esa demanda que asume la equivalencia instala antagonismos, la formación de una frontera entre quien dirige y quien produce, entre quien dirige y los actores, entre quien dirige o el grupo y los técnicos, etc. La riqueza del proceso emerge justamente de estos antagonismos y la forma en que van construyendo hegemonía. El director, los actores, el productor o alguna agencia externa de pronto logran dirimir el significante vacío que permite un acto performativo instituyente y permite o fertiliza la dinámica artístico-política del proyecto. No obstante, como plantea Laclau, aparece un elemento "cualitativamente nuevo".

Ese aspecto cualitativamente nuevo es el afecto, "es decir, el goce" (Laclau 148). Vamos a volver a esta cuestión de la "investidura radical", de raigambre freudiana. Por ahora, baste decir que ese significante vacío representa la cadena equivalencial en la medida en que está investido (sobreinvestido) de afecto. Observemos de paso cómo Laclau trae a la teoría política esta cuestión del afecto/goce, que había quedado de lado en las aproximaciones racionalistas; cómo incorpora el goce como una *contingencia* y no derivado de una lógica —dialéctica o no— según postulan los marxistas. La cuestión del afecto en tanto goce[145] ha sido siempre un punto de malestar en el campo teatral. El valor de esa

---

[145] Hay que hacer aquí una aclaración para trabajar en el futuro: para Lacan, la angustia es un afecto; la angustia no engaña porque no es sin objeto (*Seminario 10*). Digamos que hay allí un objeto que angustia al sujeto y promueve sus inhibiciones, resistencias y defensas. Muchas técnicas actorales han enfrentado este problema. En cuanto al goce, aunque Laclau lo plantea como un afecto, hay que tratarlo más extensivamente, porque está ligado a lo real, a la pulsión de muerte, a la repetición, a diferencia de sentimientos o emociones diversas. Hay un núcleo de goce en el síntoma, que muchas veces es la zona de confort, la zona conocida del sujeto a pesar de su queja y el malestar que le provoca, razón por la cual no quiere renunciar a dicho goce para enfrentar lo desconocido. Hay también un sentido gozado del fantasma que habría que atravesar, enfrentando vicisitudes diversas. Hay, finalmente, un sinthome, un modo de goce incurable del sujeto con el que tiene que saber-arreglárselas. Si el síntoma puede 'levantarse' por medio de la interpretación para abrir la cadena metonímica del deseo bloqueada por él, el sinthome

contingencia, su conceptualización, ha sido un punto crucial en los debates psicoanalíticos actuales: Lacan trabaja esta categoría de la contingencia en varios sentidos. Podemos retener para nuestra praxis teatral, la necesidad de salirse de los determinantes de la coherencia[146] y de la determinación simbólica (Laclau también discutirá por ello la validez actual de la categoría marxista de "determinación en última instancia de la economía"). Se positiviza, en cambio, la cuestión del azar, el encuentro azaroso, impredecible con lo real, con el goce, esto es, a nivel del cuerpo, que, ya en el *Seminario 24* –después de su trabajo con James Joyce en el *Seminario 23*– Lacan llega a revalorizar el carácter *imaginario* de ese significante que hay que *inventarle* a lo real, y que ya no se instala como 'verbal', sino precisamente como imagen; indudablemente, se trata de un imaginario muy diferente al del temprano estadio del espejo. Las consecuencias de esta invención no se hacen esperar en relación a la creatividad que podría propiciar la praxis teatral.

A partir de los trabajos de Jean Copjec, Laclau no puede dejar de lado la cuestión pulsional que involucra el cuerpo y la aspiración mítica (en el sentido de que habría ocurrido en la relación madre/hijo y que, en términos políticos, Laclau asimila a esa demanda mítica de "la sociedad completamente reconciliada" [152]) de las demandas en su aspiración a una satisfacción plena y completa, original, que obviamente resulta siempre insatisfecha. Define así lo que entiende por 'investidura radical': "el hacer de un objeto la encarnación de una plenitud mítica" (148). Habría un objeto parcial, objeto de deseo, objeto *a* en la perspectiva lacaniana que, a pesar de su parcialidad, "asume la representación de una totalidad mítica" (Laclau 149). Por eso Laclau califica de 'idénticas' la lógica del objeto *a* y la lógica hegemónica (148-149).

Estudios teatrales vs. praxis teatral: masa vs. pueblo, convivio vs. lucha

Resulta indispensable establecer aquí una diferenciación en las perspectivas de la filosofía del teatro, tal como la ha planteado Jorge Dubatti, y la de la praxis teatral. La filosofía del teatro o los estudios teatrales se orientan por el camino de la ciencia y la producción del conocimiento, lo cual es válido porque el intento apunta a dar una base conceptual a los estudios teatrales, tal como se

---

no es removible. Todas estas cuestiones aparecen durante cualquier ensayo teatral y nos queda la tarea de revisar los aportes de maestros como Stanislavski, Grotowski, Barba, etc. desde estas cuestiones psicoanalíticas.

[146] Podemos leer esto desde las imposiciones aristotélicas a la dramaturgia, por ejemplo, o la 'naturalización' de la política de la mirada en la teatralidad del teatro, con o sin el edificio de la sala a la italiana. Para un desarrollo más detallado ver mi ensayo "Una posible genealogía de lo político teatral: El régimen de verdad de la escena teatral".

ejercen en la academia. Mucho más difícil, desde el punto de vista de la academia, es alojar a la praxis teatral.[147] Dubatti nos plantea que

> en la teatrología argentina y mundial hoy están en plena vigencia, con mayor o menor desarrollo, las construcciones científicas de la semiótica (teatral y/o literaria), la lingüística, la poética, la antropología teatral, la sociología teatral, la etnoescenología, el psicoanálisis *aplicado* al teatro, la hermenéutica, la filosofía del teatro, los estudios económicos *aplicados* al teatro, entre otras.
> Cada una de estas disciplinas realiza construcciones científicas diversas del teatro. (27, mi énfasis)

Ya hemos hecho mención a la improcedencia de hablar de un psicoanálisis *aplicado*. También es debatible que el psicoanálisis, al menos hoy, pueda sostenerse desde una perspectiva científica. Sin duda, constituyó el anhelo de Freud y del primer Lacan; sin embargo, a lo largo de su enseñanza, Lacan fue cuestionando la ciencia y el sujeto de la ciencia hasta el punto de arribar a la conclusión de que el psicoanálisis ni era ciencia ni religión; en todo caso, debería estar alineado con el arte; el psicoanálisis, después de todo, como el arte mismo –como nos recordaba Benjamin—, es una praxis, donde lo que prima es la cuestión de la verdad y el deseo, del saber-hacer con sus avatares técnicos y conceptuales. Al enfocarse en la singularidad del sujeto, al trabajar en el caso por caso, la batería conceptual del psicoanálisis, aun en su abstracción, no habilita ningún tipo de generalización ni universalización típica del *conocimiento*; al orientarse hacia el *saber* inconsciente, está siempre confrontada a cada caso, se va transformando (Freud hizo cambios a su teoría varias veces a partir del fracaso de varios de sus casos). El psicoanálisis es una disciplina que, como el arte, opera solo en lo que Gastón Bachelard —quien, esperanzado en un "psicoanálisis del conocimiento objetivo"— denominaba "contexto de descubrimiento" y, a diferencia de la psicología, que sí es ciencia y trabaja sobre el sujeto cartesiano, carece de un contexto de demostración y justificación. Bachelard captó, a su manera, las travesuras del inconsciente en su famoso concepto de "obstáculo epistemológico". Lo cierto resulta en que es imposible hacer encuestas, por ejemplo, desde la perspectiva psicoanalítica. Lacan gustaba citar la famosa frase atribuida a Picasso: "Yo no busco, encuentro". De modo que el psicoanálisis ni siquiera opera por formulación de hipótesis; solo se atiene al encuentro con lo real, siempre inesperado,

---

[147] Abordamos en tema de la enseñanza de la praxis teatral, tan problemática como la enseñanza del psicoanálisis y su turbulenta historia respecto de la Escuela y las instituciones, en "Pedagogía y deseo: la creatividad teatral en español en la universidad estadounidense". También se puede leer mi libro *Praxis teatral. Saberes y enseñanza. Reflexiones a partir del teatro argentino reciente*.

sorpresivo; al hallazgo, siempre fallido, del objeto del deseo. Otra razón para descalificar el adjetivo 'aplicado' atribuido al psicoanálisis.

La praxis teatral, por el contrario, al instalarse a nivel de la creatividad y trabajar a partir del acto no se lleva bien con los estudios teatrales. En la medida en que el acto performativo –como el analítico— se juzga por sus consecuencias, como se desconoce retroactivamente que haya sido realmente un acto, hace cortocircuito con las demandas pedagógicas institucionales, académicas. Un acto no es planificable en su origen, no está del lado de las intenciones conscientes; ajeno al yo [*moi*], surge de una contingencia y puede resultar fallido, circunstancia que la mayoría de las veces lo torna logrado justamente por ser fallido; por eso se lo juzga por la ética de las consecuencias. "Es necesario —escribe Miller en *Política lacanina*— esperar para saber si lo fue" (96). Parte de un no-saber, del sinsentido de lo real, suspende todo conocimiento y apunta al deseo: "La política lacaniana es una cierta política de la insistencia, la insistencia de hacer salir el deseo oculto tras las buenas razones y la buena intención" (Miller 104), razón por la cual a veces hay que confrontar lo políticamente incorrecto. Solo si al final del proceso de trabajo se abre la cadena metonímica del deseo, podemos considerarlo un acto: "juzgar el acto por sus consecuencias es abrirlo al futuro" (Miller 96).

Apuntando al deseo (que "es siempre asunto de horizonte" [Miller 106]), la praxis teatral solo puede orientarse por la praxis psicoanalítica, no interesada en el conocimiento como un universal generalizable, sino en la contingencia y el saber relativo a la singularidad de un sujeto, esto es, lo no universalizable ni generalizable, y esto es lo que hace inmanejable, indisciplinable, incontrolable la praxis teatral para la academia. El acto es siempre un recomienzo desde cero, no tiene rutina, no tiene memoria (Miller 72). La academia tiene demandas a las que la praxis teatral no (siempre) puede responder. Esta cuestión no es ajena a los avatares de la institucionalización del psicoanálisis. Miller hace referencia a "nuestra imposibilidad del acto en la Escuela" (79) y entonces muestra los dos lados de la incompatibilidad: "*Hay Escuela y hay psicoanálisis*" (74, énfasis de Miller). Hasta cierto modo, la escuela o la academia, orientada a brindar y garantizar ciertos protocolos de profesionalización, hacen olvidar el acto, no le ofrece un lugar institucional; a cambio, deja espacio para la experiencia, marcada por la rutina, por la corrección en el uso de las técnicas en el oficio, opuestas a lo vivo del acto. "El acto analítico, –plantea Miller— lo que tiene de decisivo, de vivo, se olvida en la rutina de la experiencia" (71). Así, mientras la academia inviste con certificaciones de grado o post-grado al estudiante de teatro, no puede sin embargo extender esa certificación a la praxis teatral basada en el acto, difícil de evaluar artísticamente. El diploma autoriza profesionalmente al estudiante; en cambio la praxis teatral basada en el acto performativo, si se quiere el riesgo del acto, su contingencia, solo puede llevar al teatrista a autorizarse a sí mismo. El teatrista deviene un solitario, que no cede en su deseo y cuya praxis no tiene garantías en ningún un Otro institucional porque la institución está, precisamente por ser institución, incapacitada de alojar lo instituyente propio del acto performativo. Como vemos, Lacan y los analistas tuvieron y tienen que enfrentar muchos problemas en relación a la enseñanza y la validación del analista, al punto que el mismo Lacan terminó cerrando su propia Escuela.

¿Cómo regular y a partir de qué parámetros la consistencia artística de un acto performativo? La academia impone validarlo a través del *conocimiento*, pero la praxis teatral opera sobre lo inconsciente y el *saber* inconsciente, sobre el deseo, para el cual, como vimos, no hay ciencia posible debido a su singularidad radical. Los estudiantes de teatro se ven, entonces, en la encrucijada de tener que dar cuenta de un proceso por medio de bibliografías diversas, pero prestigiadas por el discurso de la Universidad que, en la mayoría de los casos, ni estuvieron desde el inicio del acto performativo ni pueden dar cuenta de él. Hay un "sentimiento de fracaso [que] se capta cada vez que se percibe que el respeto de las formas triunfa sobre el real en juego" (Miller 36).

Se establece así un doble conflicto entre praxis teatral y academia, ya que se genera una brecha entre la praxis y su fundamentación teórica, conceptual que, al no provenir de ella, obliga a *aplicar* a veces maquinal y forzadamente estudios de otras disciplinas para dar cuenta de un acto performativo con la justificación de que toda profesionalización debe estar acorde a los parámetros de la institución. Surgen así trabajos valiosos, a veces, para los estudios del teatro, pero poco redituables para el teatrista cuando enfrenta un proceso creativo. Es por ello que, desde la praxis teatral, involucrada en la política lacaniana, la noción de convivio, por ejemplo y tal como veremos más adelante, más bien obstruye el trabajo del teatrista que lo potencia, en el sentido de que pondría al teatrista en cierta dirección de satisfacer una demanda del público o una demanda del contexto académico y cultural.

La praxis teatral, con su base en la teatralidad concebida en una dimensión agonística, esto es, como política de la mirada, se inscribe a partir del conflicto (que usualmente compete al saber inconsciente y al poder), no de las convergencias y afinidades conviviales. Se enfoca en los antagonismos, no en las conciliaciones; se trata, como puede verse, de una diferencia política relevante. Si nos vemos obligados a cuestionar el convivio desde la praxis teatral, es precisamente para marcar la diferencia respecto a las "epistemologías" teatrales y la filosofía del teatro[148] y el objetivo del teatrista en su trabajo. Como el teatro no

---

[148] El título *Filosofía de teatro*, ya cuestionable de por sí, en tanto existen diversas filosofías, se complica todavía más cuando, en un segundo momento, se lo transformó a *Filosofía de la praxis teatral*, enorme disparate que solo puede crear una enorme confusión epistemológica, lo cual denuncia la debilidad conceptual de sus planteos. La praxis teatral, tal como yo la entiendo, abreva en la filosofía no analítica, post-nietzscheana (Heidegger, Benjamin, Foucault, Lacan, Deleuze, etc.), pero no se presenta como una filosofía, precisamente porque, como sostenemos en este libro, la praxis teatral es una praxis. El psicoanálisis no es tampoco una filosofía, lo cual no quiere decir que no haya abrevado desde su fundación freudiana en discursos filosóficos.

es sin el público, la cuestión se nos plantea, en principio y en relación a la demanda, a que el convivio se inclina hacia una dimensión de homogeneidad, mientras que la praxis teatral se interesa en la heterogeneidad, tal como Laclau la correlaciona con lo real lacaniano. Para decirlo sucintamente, el convivio tiende a conceptualizar el público como *masa*, mientras que la praxis teatral apunta a la formación de '*pueblo*' en el sentido de Laclau, como disparador de construcción de hegemonías a partir de demandas singulares insatisfechas puestas en relación equivalencial por medio de un significante vacío o flotante.

En efecto, el convivio, tal como lo ha elaborado Jorge Dubatti, nos parece tomar sus credenciales genealógicas en la noción de *masa* tal como es descripta desde el libro de Gustave Le Bon (1841-1931), The Crowd, publicado en 1895, que llega hasta Freud y más tarde hasta los debates actuales como la aproximación de Ernesto Laclau. No es éste el lugar para cotejar exhaustivamente convivio y masa. Basta anotar un par de citas para proceder en el futuro a un trabajo más pormenorizado. Solo pretendemos aquí anotar algunas cuestiones de la noción de convivio desde la perspectiva de las disciplinas científicas en contraste con la praxis teatral, en la medida en que nos parecen relevantes al tema específico de este ensayo. Por ejemplo, Le Bon subraya *la influencia y el poder* que ejercen las palabras que, al desatarse el significante del significado, promueven imágenes que evocan un sentido independiente de su significado habitual (Le Bon 60). Esas imágenes son vagas, grandiosas, oscuras y misteriosas (Le Bon 60), porque, de alguna manera, satisfacen mítica y globalmente demandas diversas. Este poder de las palabras y las imágenes –"magical power" como lo denomina Le Bon (60), cercano al de *poíesis* dubattiana— se define como capaz de formar una multitud por medio de la sugestión, la imitación y la identificación. Ya vimos que éste era precisamente el aspecto rechazado por Laclau. Cuando calificamos de "celebratoria" a esta operación de sugestión, es para indicar que ese poder mágico pareciera contener la solución de todos los problemas, promoviendo una satisfacción masiva y plena de dichas multitudes. Las palabras e imágenes sintentizan "the most diverse *unconscious* aspirations and the hope of their realization" (60, énfasis mío). Le Bon, además, subraya el hecho de que "The masses have never thirsted after truth" (64); por el contrario, deifican la ilusión y, por ende, el error (64). Por otra parte, esas ilusiones se expanden a la manera de una infección que las afecta corporalmente: "Ideas, sentiments, emotions, and beliefs possess in crowds a contagious power as intense as that of microbes" (Le Bon 73).

Los componentes de supremacía racial y el de superioridad de género, y hasta el de animalización, no dejan de filtrarse en esta sociología, desde Le Bon en adelante: la masa responde y se somete celebratoriamente al líder, un ser superior, desde una dimensión animal marcada por el instinto: "Crowds instinctively recognise in men of energy and conviction the masters they are always in need of" (Le Bon 112). Al ser capturado por las palabras y las imágenes, el hombre se masifica al descender varios escalones en su nivel de civilización, comportándose como un bárbaro cuya violencia amenaza el orden social. Citemos este párrafo de Le Bon, ya famoso:

> Moreover, by the mere fact that he forms part of an organised crowd, a man descends several rungs in the ladder of civilisation. Isolated, he may be a cultivated individual; in a crowd, he is a barbarian — that is, a creature acting by instinct. He possesses the spontaneity, the violence, the ferocity, and also the enthusiasm and heroism of primitive beings, whom he further tends to resemble by the facility with which he allows himself to be impressed by words and images — which would be entirely without action on each of the isolated individuals composing the crowd — and to be induced to commit acts contrary to his most obvious interests and his best-known habits. An individual in a crowd is a grain of sand amid other grains of sand, which the wind stirs up at will. (19)[149]

La masa, según puede apreciarse, resulta ser la suspensión del imperativo categórico kantiano. Hay un pasaje siempre al acecho del individuo "cultivado" a un nivel inferior instintivo, animal, salvaje. Instinto, autoridad, sugestión, imitación, identificación comienzan a ser las nociones al uso de la sociología desde Taine, Tarde, McDougall hasta Freud. Todas ellas están al servicio de una construcción de subjetividad de tipo homogéneo e indiferenciado necesario para la formación de la masa. La cuestión pulsional como afectación del cuerpo no se hace esperar. Hay, pues, una presencia corporal física de esos integrantes de la multitud quienes, al hacerse masa, constituyen un peligro para la sociedad, el cual requiere de un estudio científico para apuntalar el control disciplinario del Estado. Como vemos, algunas de estas nociones (sugestión, imitación, identificación) no están lejanas de nuestro vocabulario teatral corriente, incorporadas asistemáticamente a técnicas actorales y metodologías teatrales diversas. Gabriel Tarde ya discierne el contraste entre las multitudes y los públicos y eso está pen-

---

[149] "Además, por el mero hecho de que forma parte de una multitud organizada, un hombre desciende varios peldaños en la escala de la civilización. Aislado, él puede ser un individuo cultivado; en una multitud, él es un bárbaro, es decir, una criatura que actúa por instinto. Él posee la espontaneidad, la violencia, la ferocidad y también el entusiasmo y el heroísmo de los seres primitivos, a quienes además tiende a parecerse por la facilidad con la que se deja impresionar por palabras e imágenes —las que carecerían completamente de acción en cada uno de los individuos aislados que componen la multitud— y ser inducido a cometer actos contrarios a sus intereses más obvios y sus hábitos más conocidos. Un individuo en una multitud es un grano de arena entre otros granos de arena, que el viento agita a voluntad" (mi traducción).

diente de una revisión en nuestra praxis teatral porque, como el convivio, multitudes y públicos se orientan hacia una "lógica de la homogenización" (Laclau 68).

Acto y sujeto versus subjetividad y experiencia

Pues bien, acerquemos ahora a este breve cotejo, algunas afirmaciones de Dubatti en su libro *Introducción a los estudios teatrales*:

> Al menos dos tipos de definición expresan la especificidad del teatro: una definición lógico-genética, como acontecimiento triádico, y una definición pragmática, como zona de experiencia y construcción de subjetividad. Según la redefinición lógico-genética, el teatro es la expectación de *poíesis* corporal en convivio; según la definición pragmática, el teatro es la fundación de una peculiar zona de experiencia y subjetividad en la que intervienen convivio-*poíesis*-expectación. (34)

Retengamos de esta cita, en principio, tres cuestiones: la zona de *experiencia*, la construcción de subjetividad y la presencia de lo corporal: el teatro como acontecimiento y experiencia que afecta los cuerpos construye subjetividades. Ya hemos hecho mención a la experiencia, como base de la profesionalización y como opuesta al acto performativo. Una experiencia es, como dice el diccionario de la RAE, una memoria de haber sentido, conocido o presenciado algo, una "práctica prolongada que proporciona conocimiento o habilidad para hacer algo". Está, pues, del lado de la rutina y del oficio, exactamente como opuesta al acto, siempre nuevo, incierto y desafiante del conocimiento, porque se origina en el no-saber y solo se juzga por sus consecuencias.

Nos dice Dubatti:

> Llamamos convivio o acontecimiento convivial a la reunión, de cuerpo presente, sin intermediación tecnológica, de artistas, técnicos y espectadores en una encrucijada territorial cronotópica (unidad de tiempo y espacio) cotidiana (una sala, la calle, un bar, una casa, etcétera, en el tiempo presente). (35)

No se plantea el saber sobre el deseo de un sujeto particular, sino que se pluraliza en la medida en que el teatro fabrica subjetividades que intervienen en la vida cotidiana. Notamos también un proceso de transformación –de tipo ontológico, ya no de descenso en la escala civilizatoria— que pasa del individuo común al de miembro del público, al entrar en contacto presencial con la *poíesis*, las palabras y las imágenes.

No somos los mismos en reunión puesto que establecemos vínculos y afectaciones conviviales, incluso no percibidos o conscientizados. En el teatro se vive con los otros: se establecen vínculos compartidos y vínculos vicarios que multiplican la afectación grupal. (35)

Lo que la praxis teatral, como disciplina en constante formación, podría objetar aquí es la cuestión de la construcción de subjetividades. Jorge Alemán, precisamente en su libro *Horizontes neoliberales en la subjetividad*, investiga cómo la sociedad capitalista neoliberal ofrece repertorios de subjetividades que excluyen, borran al sujeto del inconsciente. Ya mencionamos el ejemplo sartriano. Es importante remarcar este aspecto, porque hace al núcleo mismo de la diferencia entre estudios teatrales y praxis teatral con fundamentos psicoanalíticos. Tenemos que detenernos un momento siquiera en ello porque constituye el punto de convergencia problemático en el psicoanálisis, en la praxis teatral y en la academia.

Jorge Alemán plantea la necesidad de "diferenciar al sujeto de la subjetividad", porque se trata de "una diferencia política clave" (109). Es una diferencia, según Alemán, que divide aguas: por el lado del inconsciente, es decir, del psicoanálisis, tenemos el sujeto (dividido); por el lado de la filosofía, tenemos plenitud de consciencia yoica o cartesiana (incluso con matices fenomenológicos) que remiten a las subjetividades y, por esa vía, a la negación del sujeto. Según este autor, tendríamos al menos tres izquierdas: una izquierda clásica, de corte marxista, para la que habría un sujeto histórico capaz de llevar a cabo la revolución y superar el capitalismo. Se trata de una "versión teleológica de la historia" (Alemán 110) que las derrotas de la izquierda desde mediados del siglo XX ya demostraron con su ineficacia, precisamente por sus encuadres verticalistas y sus vanguardias lúcidas ancladas en el discurso del Amo. Luego, apareció una izquierda postmoderna, "que pensó las relaciones de poder como aquellas relaciones históricas construidas por distintas formas de poder" (Alemán 109). Aparecen así las subjetividades (feminista, gay, queer, terrorista, inmigrante, narcotraficante, etc.), como "efecto de las relaciones de poder construidas [esto es] históricamente, generada[s] por dispositivos, producida[s] por tecnologías" (Alemán 109-110). Finalmente, tendríamos la izquierda lacaniana cuyo punto de partida es el sujeto del inconsciente, la subversión del sujeto cartesiano o el *parlêtre*. En ella no se trata de describir subjetividades y menos aún de proponerlas para que los sujetos se reconozcan en ellas, se sometan a ellas, se identifiquen *en y con* ellas, sino de promover la emancipación del sujeto de su alienación al goce del Otro (incluso el encapsulado en esas subjetividades institucionalizadas surgidas de movimientos reivindicatorios de las diferencias). La izquierda lacaniana apunta a la singularidad del sujeto, a aquello que Alemán denomina "lo inapropiable" (Alemán 115) para el Neoliberalismo y que, por su carácter inconsciente, configuraría una brecha, una ruptura capaz de obstaculizar el poder circular y

Introducción a la praxis teatral

continuo de la reproducción capitalista neoliberal. Para Alemán se trata de la tarea política fundamental que hoy habría que explorar: en efecto, para construir hegemonía –una vez más, en el sentido de contra-hegemonía— frente a ese Otro enemigo que no satisface las demandas populares, hay que investigar el lugar del sujeto, definirlo, pues "el hecho político contemporáneo pasa por definir qué es el sujeto, que ya no se puede hacer política solo definiendo leyes objetivas de lo social, o comportamientos de las distintas clases" (Alemán 124).

La producción de subjetividad, más allá de las iniciales intenciones de la izquierda postmoderna, fue capturada por el discurso capitalista, particularmente en su versión neoliberal; su propósito es "fabricar subjetividades" (Alemán 111), darlas como '*ready made*', hacerlas sostener por el discurso de la Universidad, darles curso de circulación social como Ideales con la consecuencia ineludible de promover progresivamente la destrucción del sujeto y, por ende, deteriorar el lazo social, destruyendo los semblantes que lo sostienen. ¿Qué significa esto? Significa que el sujeto dividido, dividido por el lenguaje como fundamento del contrato social y como operador de la falta que es el deseo, queda a merced del goce obsceno del superyó-mercado, condenado a producir ya no solamente mercancías sino "plus de goce", y atravesado por la pulsión de muerte. Ya no se trata, para Alemán, del empleado que produce plusvalía, sino del "in empleado" que produce plus de goce, un excedente de goce originado en su situación de precariedad y de exclusión del sistema, que ya "no tiene lugar ni tendrá lugar en el Otro" (Alemán 112), con la consecuencia de verse necesitado, a causa de la "acumulación de desposesión" (Alemán 130), de aceptar cualquier tipo de reclutamiento letal por el narcotráfico, el terrorismo, la burocracia. El egoísmo del individualismo capitalista se torna ahora, en la etapa neoliberal, contra el individuo mismo: interesado a tal punto en "el mal de los otros", ejerciendo el odio sin pudor, llega al extremo del goce mortífero cuando "es capaz de hacerse un daño que lo extinga con tal de que los otros se perjudiquen para siempre" (Alemán 113). Como vemos, el lazo social queda arrasado por estas subjetividades sin sujeto dividido, sin deseo; sin freno de ley alguna, estas subjetividades comienzan a moverse maquinalmente y quedan capturadas por el superyó que impone gozar, que deja al sujeto desamparado frente a lo pulsional con base en lo corporal. Al no haber, entonces, un exterior al discurso capitalista, se van deshaciendo las oposiciones civilización-barbarie, democracia-terrorismo (Alemán 115). Por eso mismo, si el psicoanálisis y la praxis teatral tienen todavía un campo de intervención, es justamente porque apuntan al sujeto, al inconsciente, como instancia de lo inapropiable por el sistema.

A su manera, Dubatti aborda esta cuestión de plusvalía capitalista:

> Dentro del convivio y a partir de una necesaria división del trabajo, se producen los otros dos subacontecimientos, correlativamente: un sector de los asistentes al convivio comienza a producir *poíesis* con su cuerpo a través de acciones físicas y

físico-verbales, en interacción con luces, sonidos, objetos, etcétera; mientras, otro sector comienza a expectar esa producción de *poíesis*. Se trata respectivamente del acontecimiento *poiético* y del acontecimiento de expectación. (37)

Esta división del trabajo, sin embargo, de acuerdo a este banquete convivial, no oculta tres aspectos ya señalados por Le Bon para la masa: el "poder mágico", su carácter contagioso y la afectación corporal. "Llamamos *poíesis* —escribe Dubatti— al nuevo ente que se produce, y es, en el acontecimiento a partir de la acción corporal" (38). Si por un lado pareciera enfatizar el aspecto pulsional desde la acción corporal —que ya insinúa un plus de goce— por el otro aplasta la cuestión del sujeto y del inconsciente cuando afirma que "[e]l acontecimiento de expectación implica *la consciencia*, al menos relativa o intuitiva, de la naturaleza otra del ente poético" (39, mi énfasis). Para evitar el efecto directo de construcción de masa, se recurre al yo, a la conciencia, capaz de discernir entre ficción y "realidad" mediante la instalación de una distancia ontológica que, por otra parte, no se sabría de dónde o bajo qué circunstancias estructurales podría ocurrir ese 'salto': "No hay expectación sin distancia ontológica, sin consciencia del salto ontológico o entidad otra de la *poíesis*" (39). Y agrega: "la función primaria de la expectación —observar la *poíesis* con distancia ontológica, con consciencia de separación entre el arte y la vida— para que el trabajo del espectador se realice" (41).

La praxis teatral pregunta: ¿desde qué punto el público podría *separarse*, esto es, desalienarse?[150] ¿Qué agencia podría asistirlo para esa operación? ¿Cómo se las arreglaría el público para distinguir arte y vida, ficción y realidad, si convenimos en que la construcción de realidad es imaginaria, a nivel social y también individual, lo que –como se ve— complejiza el planteo en la medida en que habría múltiples versiones sectoriales y particulares de esa 'realidad' ilusoria? El carácter de sugestión, identificatorio, contagioso, no se hace esperar: "La expectación no se limita a la contemplación de la *poíesis*, sino que además la multiplica y contribuye a construirla" (42). Y, en consecuencia, la homogeneidad buscada se celebra en ese convivio entre artistas y público, sin diferenciación y sin mayor perspectiva de construcción de hegemonía en el sentido de Laclau, en la medida en que disuelve los antagonismos: "El teatro es un lugar para vivir —de acuerdo al concepto de convivio y cultura viviente—, la *poíesis* no sólo se mira u observa sino que se vive. Expectación, por lo tanto, debe ser considerada como sinónimo de vivir-con, percibir y dejarse afectar en todas las esferas de las capacidades humanas por el ente poético en convivio con los otros (artistas, técnicos, espectadores)" (42). El convivio, como puede apreciarse, opera por el aplastamiento de las diferencias de los deseos y modos de goce singulares, lo cual es contrario a la

---

[150] Para un desarrollo más detallado de los conceptos lacanianos de alienación-separación, ver mi *Dramaturgia de frontera/ dramaturgias del crimen*.

Introducción a la praxis teatral

propuesta de la praxis teatral. ¿Qué o quién asegura que el otro contiguo, contemporáneo, no es mi enemigo político?

En esta ilusión convivial, sin embargo, de pronto, como entre bambalinas, se percibe la presencia de un Otro, sin el cual la relación diádica entre escena y público caería, por decir lo menos, en el embotamiento narcótico típico de la masa: "La distancia ontológica respecto del ente poético es un saber adquirido históricamente: el espectador va tomando consciencia de la naturaleza del ente poético a partir de su frecuentación y su contacto con el teatro. Por su naturaleza dialógica y de encuentro con el otro, el teatro exige compañía, amigabilidad, disponibilidad" (42). No se sabe aquí porqué caminos deductivos Dubatti llega a la conclusión de que "el teatro exige compañía, amigabilidad, disponibilidad" a partir de las premisas que él mismo ha puesto a su silogismo. Tomar conciencia del ente poético (incluso si eso se produce) no implica celebración conciliatoria convivial; podría haber una contingencia de violencia y desacuerdos, antagonismos impredecibles. Vemos, pues, que la apelación al registro simbólico de las convenciones es a lo que Dubatti recurre para resguardar su convivio de las consecuencias poco conviviales causadas por ese poder contaminante y ese plus de goce incitados por las palabras e imágenes de la *poíesis*.

Frente a este panorama, resulta evidente la dirección opuesta que toma la praxis teatral: en primer lugar, porque apunta al sujeto, al inconsciente, para explorar esa dimensión de lo inapropiable, la cual, obviamente, nada tiene que ver con representar la realidad sino inventarle significantes a eso Real que constituye el malestar en la cultura; en segundo lugar, porque apunta al deseo, en tanto *singular*, para desactivar la captura del sujeto del goce letal promovido por el capitalismo neoliberal, por ese Otro hegemónico, y la captura del sujeto por las subjetividades fabricadas. La praxis teatral, basada en la concepción lacaniana de que toda comunicación es un malentendido, se preocupa no por la homogeneidad del público en convivio, sino por la heterogeneidad de demandas particulares de cada miembro de ese público para invitarlo, a través de espectáculos enigmáticos (pero no crípticos ni con mensajes empaquetados) a interpretar y hacer sentido, abriendo la posibilidad de establecer relaciones equivalenciales capaces de construir, más allá del teatro, hegemonía promotora de actos instituyentes en el contexto social. La praxis teatral pone a trabajar al Amo, al público. No alienta comunión, sino debate, polémica, en el sentido etimológico de la palabra como 'arte de la guerra' del cual, como aprendimos en Clausewitz, la política es su versión en tiempos pacíficos.

El arte tiene la función ineludible de experimentar con invenciones para lo real que puedan, a la postre, contribuir a demarcar fronteras para que jueguen los antagonismos. Una sociedad homogeneizada, sin debate, deja de ser democrática, porque ha cancelado las diferencias, lo cual usualmente ocurre bajo represión en regímenes totalitarios o en regímenes donde los medios de comunicación se han monopolizado y producen 'subjetividades' que los favorecen. Se trata, pues, de pluralizar, más que de converger o coincidir. No es trabajo político de la praxis teatral propender a consolidar mensajes doctrinarios, porque al partir del no-saber, parte de la misma dimensión en la que el público debate sus insatisfacciones; porque al carecer de una verdad, evita toda dimensión autoritaria, incluso bajo las mejores intenciones y los velos de lo sugestivo. Enfrenta, pues, las subjetividades circulantes para abordar la forma en que destruyen el sujeto y lo hace a riesgo de una inmersión en aquellas zonas de lo políticamente incorrecto: como lo plantea Miller, "[l]a política lacaniana es una cierta política de la insistencia, la insistencia en hacer salir al deseo oculto tras las buenas razones y la buena intención" (104). Y ello es así porque, interesada en el saber inconsciente, "que no es desconocimiento ni ignorancia, es un saber en reserva que en cualquier momento puede aparecer en cualquiera y dar paso a una verdad política" (Alemán 139), dicha política lacaniana no se apoya en los conocimientos ya adquiridos, salvo temporariamente para desafiarlos, cuestionarlos y, a veces, desestabilizarlos.

El saber-hacer del teatrista

Con este instrumental conceptual podemos aproximarnos a cuestiones que competen al trabajo del teatrista. Todo espectáculo se organiza a partir de demandas, sean las de los teatristas, sean las del público. Los múltiples factores que subyacen a la demanda no dejan de afectar la 'verdad' de la escena. Y esto equivale a decir que responden a insatisfacciones diversas cuyo origen hay que plantear desde la perspectiva mítica y desde la perspectiva de la heterogeneidad, ambas íntimamente conectadas a ese malestar en la cultura, a ese real y goce que carece de palabras y que, por ser inconsciente, escapa a nuestra dimensión yoica, nuestra conciencia. No se trata, como vemos, de trabajar sobre *ideas* que circulan en el campo social (feminismo, reclamos por derechos humanos, por la legalidad del aborto, por la esclavitud contemporánea, por la destrucción del medio ambiente, por los horrores de las diásporas migratorias en el capitalismo neoliberal, etc.) y que el teatro debería *ilustrar* para permitir una toma de conciencia cuyo resultado más optimista sería la construcción de hegemonía de esos sectores insatisfechos. Para un teatrista interesado en lo artístico, la tarea, como es de suponer, es mucho más compleja, porque él o ella nada saben de ese real; solo conoce la información circulante, experimenta los mismos horrores que su comunidad en su propio cuerpo o responde a demandas institucionales progresistas. Un teatro de arte no es un teatro promocional de una agenda política o cultural; entendemos aquí al teatro de arte como el que no se interesa en ilustrar/decorar ideas sobre la escena, sino en abordar, desde el cuerpo mismo del teatrista, lo real de ese goce que también lo marca y del que nada sabe. Es decir, en primer lugar, trabajar la consistencia de su propia demanda.[151]

---

[151] En *Dramaturgia de frontera/dramaturgias del crimen* relato el proceso de trabajo en *Las mujeres de Juárez del mundo*. Allí los estudiantes/actores vinieron con una demanda precisa, trabajar sobre este tema tan siniestro y que tanto los afectaba. Desde mi posición

Introducción a la praxis teatral

Aunque podamos tener un conocimiento más o menos detallado de las tendencias teatrales más favorecidas por el público, nunca podemos precisar puntualmente cuál es el real que finalmente ancla en la demanda de *cada uno* de los miembros de ese público. No olvidemos, además, que la demanda hace puente con el deseo –de los teatristas, del público—del que, por ser inconsciente, nada sabemos. ¿Cómo abordar el trabajo del teatrista, desde su inicial impulso de creatividad, de selección de materiales, de trabajo con el grupo, de su propuesta de teatralidad, etc.?

Si las categorías que hemos considerado pueden ayudar aquí, al menos sabemos que múltiples factores van a converger desde los inicios mismos del trabajo. Vamos a atenernos en este ensayo a la cuestión de la demanda y el rol 'político' del teatro (no de *la* política y menos de la política del/en el teatro). Por lo pronto, aspiramos a un espectáculo capaz de aportar, desde el no sentido, desde lo ambiguo o el equívoco, desde la contingencia, la posibilidad de que, por un lado, el grupo teatral y, por otro, el público, conformen cadenas equivalenciales alrededor de significantes vacíos o significantes flotantes capaces de poner esas demandas democráticas, diferenciales, en una relación de equivalencia. Así, aunque apuntemos a brindar un significante vacío o flotante que dispare la construcción de contra-hegemonía, nuestro espectáculo debe circunscribirse a ser ese acontecimiento instituyente y no pretender convertirse inmediatamente en lo instituido.[152] Al instituirse, se produce inevitablemente el pasaje a la posibilidad de una acción hegemónica, que debería ser el límite, la frontera frente a los que el teatro de arte (no todo el teatro) debe detenerse. Esa posibilidad de movilización instaurada como antagonismo frente a un otro ubicado del otro lado de la frontera (Estado, instituciones diversas, líderes, escena) es algo que puede resultar como efecto de un espectáculo, pero el acto instituyente teatral no debería como tal cancelar su potencial creativo convirtiéndose en apéndice o representante de los procesos de reclamo a los que, obviamente, puede acompañar. En todo caso, esa tarea queda para otras agencias comunitarias en su lucha por la hegemonía y la satisfacción de sus necesidades.

El público asiste a causa de una demanda y hasta paga para ser satisfecho. ¿Deberíamos satisfacer esa demanda? ¿Podemos satisfacerla realmente? El teatro comercial sabe cómo satisfacer esas demandas, aunque a veces pueda fallar. Muchas veces el teatro comercial, como ligado al consumo, genera artificialmente una demanda que, luego, satisface y el público, por lo tanto, alcanza la plenitud mítica de su felicidad, como cuando un analista no lacaniano declara

---

analítica, me negué a satisfacer esa demanda de trabajar sobre ese "tema". Les propuse una dinámica diferente en la que, paulatinamente durante los ensayos, ese 'siniestro' era parte de sus propios cuerpos y por eso trabajamos a partir de ese real.

[152] Los grupos teatrales que, a veces convocados alrededor de la figura de un maestro, se han instalado como lo instituido, corren el peligro de limitar su potencial creativo y crítico al convertir su dinámica artística en algo ortodoxo o dogmático incapaz de deconstruirse y avanzar hacia nuevos desafíos artísticos.

"curado" a su paciente porque ahora se ha adaptado correctamente a los mandatos sociales, al goce del Otro o a la imagen de su analista. ¿Procederá el teatro de arte de la misma manera? Dejemos de lado las veleidades narcisistas, que nunca faltan, a veces bajo la forma de pretensiones rupturistas o vanguardistas, de exhibicionismo puro, para las cuales el grado de incomprensión del público satisface la demanda de identidad del teatrista construida sobre la mera transgresión. El teatro comercial y el teatro rupturista ofician como dos polos contrapuestos respecto a la forma en que se posicionan respecto de la demanda del público. De maneras diversas, cada uno trabaja desde la sugestión y propone identificaciones.

Ahora bien, como cada miembro de ese público tiene una demanda singular, el efecto político del teatro debería residir precisamente en poder articular ese significante vacío o flotante que las pone en equivalencia para iniciar un proceso de lucha. El teatro de arte no debería proponerse, con o sin Brecht, adoctrinar ocupando el discurso del Amo o el discurso de la Universidad, a la manera de quien tiene *la* verdad y la propone (o impone) para generar identificaciones, conciliaciones, adhesiones o sometimientos; ese tipo de subjetividades producto de identificaciones a Ideales del yo propuestos por un teatro en posición de Amo, generan masa (convivio) y no pueblo, en el sentido que le da Laclau en *La razón populista*. En todo caso, el teatro de arte debería mantenerse en un trabajo con lo real para hacer emerger un significante tal que pueda permitir poner en una misma línea de equivalencia las demandas singulares temporariamente. Cada miembro del público resignará algo de su demanda en beneficio de una relación equivalencial que permita, ya fuera del espectáculo, la movilización y el reclamo. Y esto no es un convivio, una celebración; es una estrategia política precisa, con antagonismos específicos sin los cuales no hay pueblo.

Como vimos, desde esta perspectiva, el teatro no puede convertirse en una excusa para ilustrar ideas; tiene que mantenerse en la posición histérica de un constante dudar y cuestionar al Otro (del poder) o bien mantenerse éticamente en la posición del analista que suspende su saber y no legisla sobre el bien del otro. Obviamente, el teatro comercial y el llamado teatro político (como ocurrió con la creación colectiva de los 70s), proponen significantes que operan como Ideales del yo y hablan desde el lugar de una verdad que no necesariamente es la del público; genera debate, incluso distanciamiento crítico, en todo caso, pero no genera un espacio para que se constituyan contingentemente cadenas equivalenciales; por el contrario, si estas cadenas se instalan, lo hacen por sugestión e identificación, esto es, por coerción autoritaria desde el escenario. De modo que la consistencia del espectáculo, tal como lo entiende la praxis teatral, no puede ser coherente, con mensaje transparente, sino por el contrario ambiguo, impreciso respecto a la relación significante/significado, equívoco, para que la comunidad *interprete* —o, mejor, *descifre* la escritura, la letra cifrada en la escena— por sí misma cómo proceder a partir de ellos, cómo organizar una demanda popular a partir de un significante vacío o flotante que le resulte específico para sus reclamos.

No es al teatro al que se le hacen reclamos por el aborto, por la violencia doméstica, por la pobreza, por el abuso a los derechos humanos, es al Otro, sea el Estado o los representantes democráticos que supuestamente deberían ocuparse de esas agendas. Pero el teatro, no obstante, puede afrontar esas demandas proveyendo al público la posibilidad de articular ese significante vacío o flotante necesario para la movilización política, para la construcción de hegemonía... fuera del teatro y a partir de aquello real, de aquel goce que constituye lo inapropiable.

A manera de conclusión temporaria

El concepto psicoanalítico de "sobreinvestimiento" nos resulta aquí útil en la medida en que nos permite distinguir al menos dos tipos de trabajo en el campo de la praxis teatral. Es innegable que el público, frente a un espectáculo enigmático –diferente a un espectáculo críptico, que obtura toda posibilidad de interpretación – se ve necesitado de interpretarlo, de trabajar su propio discurso frente a lo dado-a-ver. Es un espectáculo que lo saca de la zona de confort típica del ofrecimiento del teatro comercial, o de la zona de goce absoluto del teatro vanguardísticamente radical, ambos culturalmente necesarios. De dicho espectáculo, como vimos, puede resultar un significante vacío o flotante que pone en cadena equivalencial una serie de demandas insatisfechas, sin promover identificaciones a un significante preciso, sobreinvestido por el teatrista, tal como ocurre con el llamado teatro político. Lo político de esta nueva perspectiva teatral, sea el teatro de la intensidad o de la multiplicidad o cualquier otra manifestación que se elabore a partir del no saber, del sinsentido, de lo Real, reside en su capacidad de dinamizar al público, hacerlo trabajar y no meramente darle servido una supuesta solución social a sus problemas. Por eso mismo, es poco probable que este tipo de propuesta pueda apelar a los recursos "aristotélicos", ya que la trayectoria edípica que la funda (secuencia comienzo-nudo-desenlace, catástrofe, justicia poética, piedad y temor, etc.) resulta difícil (aunque no imposible) para disparar instancias de interpretación más emancipadas. Recordemos aquí que el trabajo con la demanda supone dos cosas: por una parte, un trabajo con la resistencia del propio teatrista a las demandas del público que se defiende de ser capturado por el deseo del teatrista cuando éste quiere imponerle ciertos significantes; por la otra, un trabajo con la demanda de amor del público y las defensas con las que quiere seguir taponando la angustia y permanecer en su zona de confort sin interrogarse sobre su deseo y su goce.

Conocemos el fracaso de este tipo de experiencias teatrales coercitivas en el siglo XX. Un teatro comercial o político parte de ideas, las ilustra con una fábula y pretende la aceptación consensual, convivial del público convertido en masa y que contemplativamente *expecta*, por identificación al escenario y a la propuesta que le ha sido presentada. Es una forma celebratoria que, como se vio en los estudios sobre la formación de masa desde Le Bon hasta Freud, procede por identificación al líder (la escena o el maestro) y la identificación de los yoes de cada cual entre sí en la masa. Justamente el efecto que se produce es la dependencia y la obediencia a esa idea, pero no la promoción de un significante vacío o flotante capaz de construcción de hegemonía. El líder, se supone, es capaz de iluminar cuál es el bien para la comunidad e instaura, ineludiblemente, un aparato de disciplina y control (que, históricamente, como sabemos, no ha ahorrado violencias de todo tipo) para asegurarse de ser capaz de satisfacer las demandas a nivel total y global, algo obviamente imposible. Sin duda, hay un momento de celebración cuando esto ocurre, en la medida en que pareciera fundarse un instante de reconciliación de las diferencias comunitarias, encarnada en la figura del líder y la plenitud de la satisfacción mítica; es un instante de pacificación y plenitud que solo puede mantenerse por el recurso a la violencia (represión, control, censura, persecución, etc.). No abre un espacio de debate comunitario para que la comunidad se posicione, errada o no, como *agente* de su propio destino.[153]

Así, si el teatrista parte de sobreinvestir con una catexis suplementaria un significante específico (feminista, postcolonial, subalterno, queer, etc.) ya catectizado en lo social, consolidando su relación significante/significando, no puede evitar ocupar la posición de Amo (o el deseo de serlo), legislando lo que es lo mejor para el público y pretendiendo adhesiones críticas o espontáneas que, a su vez, lo confirmen en su poder. Al proceder de esta manera, no abre el camino a las interpretaciones o el debate, sino que espera conciliación y acatamiento. La frontera de los antagonismos que, según Laclau, es indispensable para la emergencia del 'pueblo', no surge en estos casos del trabajo del público en relación a la propuesta enigmática de la escena, sino que es ya impuesta por la posición misma del teatrista y su espectáculo. Si el teatrista, en cambio, desamarra el significante del significando, lo vacía, lo torna flotante, se abstiene de proponer, para sí mismo y para el público, un espectáculo dado-a-consumir, *con* un mensaje, *como* un mensaje, tal como ocurre en el teatro 'tradicional'; abre el debate sin legislar, dejando al público confrontar sus diferencias y discernir la posibilidad de un punto de equivalencia en algún significante que proceda de su propia deliberación y que le permita, fuera del teatro, construir hegemonía mediante la demarcación de una frontera no impuesta por otro, sino por su propia polémica.

Cuando planteamos que el teatrista se abstenga de proponer, para sí mismo y para el público (salvo cuando ya sea 'su' público, como algo institucionalizado, para el que solo vale reafirmar posiciones más que desestabilizarlas), no queremos insinuar que deba ponerse en un afuera de los social. Lo que planteamos es la posibilidad de que el teatrista se ponga fuera de la conciencia, de la

---

[153] En mi libro *Dramaturgia de frontera/ dramaturgias del crimen*, hago mención a los levantamientos iniciados por las mujeres en la meseta Purépecha del Estado de Michoacán de Ocampo, en que el grupo indígena predominante, desde el 15 de abril de 2011, establece el Autogobierno del Municipio de Cherán (55-56); ejemplo alentador de cómo se evitó la formación de masa y se construyó hegemonía.

Introducción a la praxis teatral

suya, fuera del mercado, y permita un trabajo con lo inconsciente, para precisamente aportar una significantización a lo Real, aquello del malestar en la cultura que no tiene aún verbalización y que, obviamente, no la tendrá *nunca* completamente. Estamos así no en el campo del discurso del Amo con su pretensión de verdad única, universal, ilusoriamente completa, total o totalitaria, sino en el del semblante de la verdad, en el mediodecir de la verdad sobre el dese, el goce y lo real. El teatrista, por lo tanto, tiene como tarea sobreinvestir no aquello que sabe, no aquello que está en el domino del yo y de la conciencia, sino confrontarse con el enigma, el sinsentido porque éste, sin dudas, es el que está operando a nivel inconsciente. Y si el inconsciente, tal como Lacan lo planteara, no es colectivo sino transindividual, si el inconsciente es el discurso del Amo con el que tenemos que vérnosla (Miller 98), si "el acto es trans-individual" (Miller 98), si es particular para una comunidad, histórico, no universal, no atemporal, entonces es factible que, en algunos casos, el espectáculo producto de ese trabajo *pueda* hacer puente con aquello que también afecta a la comunidad donde dicho trabajo se efectúa y para la cual se efectúa.

Partir de una idea, por más políticamente correcta que se la quiera, es en general la partida de defunción anticipada para un teatro de arte (no, obviamente, para un teatro en posición de Amo). Supone legislar anticipadamente sobre el deseo de los demás; vender, incluso, un producto porque se supone que responde a una demanda. Lacan nos advirtió que el analista no debe responder a la demanda. Toda demanda es demanda de amor, es decir, que una vez satisfecha una necesidad, puede quedar activa la demanda (incluso por el reconocimiento). Aquello que queda como residuo es el deseo, indestructible por lo demás, del que nada se puede saber y menos por anticipado. Responder a la demanda significa que el teatrista está en posición de dar lo que al otro le falta. Pero como la falta del otro se registra a nivel de su deseo, y nadie tiene ese objeto perdido y singular para ese sujeto, resulta que, si el teatrista lo intenta, incluso bajo la forma de proponerse como Ideal del yo a imitar por el público, lo único que produce es una réplica de sí mismo, basada además en supuestos valores asumidos como benéficos para el otro. Otra vez masa, otra vez convivio, falta de antagonismo, celebración, sumisión. Queda, en esta operación, completamente aplastada la singularidad del sujeto.

Lo mismo podríamos plantearnos a partir de la praxis teatral respecto al espectáculo y, por una vía indirecta, a la aproximación crítica y académica. En efecto, el llamado teatro político, con o sin distanciamiento crítico, lleva la crítica solo al campo de las adhesiones, proponiéndose como capaz de iluminar al público en aquello en que éste estaría completamente engañado o confundido. Es decir, responde a la demanda. En el caso de la academia, además, se responde a demandas institucionales que garantizarían la estabilidad laboral y obviamente la circulación de un conocimiento consolidado por múltiples factores de poder y reconocimientos. Un círculo vicioso similar ocurre con el teatro: sabemos cómo asiste a este tipo de espectáculos gente que se identifica con una propuesta y el teatrista entonces no puede más que satisfacerlo, como en cualquier otro teatro comercial. Elabora un producto para esa demanda sobre valores que supuestamente son los idóneos para ese público y que, por espectáculos anteriores, ese público acató por identificación. Se instala un circuito que cancela la creatividad o la subsume en meras variaciones formales, sin apuntar a cuestionar la consistencia de esos valores que supuestamente 'valen'. No produce separación de los Ideales, sino alienación a los mismos. Recordemos que la emancipación nunca termina. Ese teatro no brinda la posibilidad del debate para promover la construcción de hegemonía, sino que masifica, ofreciendo un repertorio de recetas, estereotipos, repertorio de subjetividades ya *ready made*, bibliografías prestigiadas, sean estas basadas incluso en las mejores intenciones o las mejores lecturas del feminismo, de los estudios subalternos o postcoloniales, de la teoría queer, etc. Por esto mismo, es importante moverse al campo del deseo sin pretender satisfacer la demanda, ya que, al hacerlo, al menos nos queda la certeza de estar trabajando a nivel de un inconsciente que, siendo transindividual, nos involucra con el público, con las incertidumbres y malestares de la comunidad. Y para trabajar a partir del deseo, hay que hacerlo a partir de aquello que está fuera del sentido, de lo simbólico, de ese famoso "coágulo" del que hablaba Eduardo Pavlovsky.

BIBLIOGRAFIA

Abad, Gabriela. *Escena y escenarios en la transferencia*. Buenos Aires/Los Ángeles: Argus-*a* Artes y Humanidades/Arts & Humanities, 2015.
Adame, Domingo (coord.) y Antonio Prieto Stambaugh (ed.). *Jerzy Grotowski. Miradas desde* Latinoamérica. Universidad Veracruzana, Dirección General Editorial, 2011.
Agamben, Giorgio. *Homo sacer. El poder soberano y la nuda vida*. Valencia: Pre-Textos, 2006.
Alemán, Jorge. *Horizontes neoliberales en la subjetividad*. Buenos Aires: Grama Ediciones, 2016.
Arendt, Hannah. *La condición humana*. Buenos Aires: Paidós, 1996.
Bachelard, Gastón. *La formación del espíritu científico*. Buenos Aires: Siglo XXI Editores, 2000.
—. *The New Scientific Spirit*. Boston: Beacon Press, 1984.
Barletta, Leónidas. *Manual del Actor*. Buenos Aires: Teatro del Pueblo, 1961.
Barthes, Roland. *La aventura semiológica*. Barcelona: Editorial Paidós Ibérica, 1993.
Bartís, Ricardo. *Cancha con niebla. Teatro perdido: fragmentos*. Buenos Aires: Atuel, 2003.
Benjamin, Walter. Benjamin, Walter. "Truth and Thruths / Knowledge and Elements of Knowledges". En *Selected Writings*. Vol. 1 1913-1926. Cambridge, MA & London: The Belknap Press of Hardvard UP, 1996. 278-279.
—. *Illuminations*. New York: Schoken Book, 1968.
Buenaventura, Enrique. "La elaboración de los Sueños y la Improvisación Teatral", en Buenaventura E. y Jacqueline Vidal. *Esquema General del Método de Trabajo Colectivo del Teatro Experimental de Cali y otros ensayos*. Maracaibo: Universidad de Zulia, 2005. 55-65.
Campanella, María Graciela. "De una comprensión al rigor de una lógica de la estructura". En J.-A. Miller, y otros. *El saber delirante*. Buenos Aires, Paidós, 2009; p. 41-48.
Carnicke, Sharon Marie. *Stanislavski in Focus. An Acting Master for the Twenty-first Century*. Segunda Edición. London/New York: Routledge, 2009.
Dubatti, Jorge. *Introducción a los estudios teatrales*. México: Libros de Godot, 2011. https://formaciondanzacontemporanea.files.wordpress.com/2013/05/dubatti-introduccic3b3n-a-los-estudios-teatrales-1.pdf
—. *El teatro sabe. La relación escena/conocimiento en once ensayos de Teatro Comparado*. Buenos Aires: Atuel, 2005.
Foucault, Michel. *Castigar y vigilar*. Buenos Aires: Siglo XXI Editores, 1976.
Freed, Donald. *Freud and Stanislavski. New Directions in the Performing Arts*. New York: Vantage Press, 1964.
Freud, Sigmund. *Standard Edition*. London: Hogarth Press, 1953.

Frydlewsky, Luis, Hernán Kesselman y Eduardo Pavlovsky. *Las escenas temidas del coordinador de grupo*. Madrid: Editorial Fundamentos, 1979.
García, Santiago. "El futuro está a nuestras espaldas". *Conjunto* 122 (2001): 5.
Geirola, Gustavo. *Los discursos lacanianos y las dramaturgias*. Buenos Aires/Los Angeles: Argus-*a* Artes y Humanidades/Arts & Humanities, 2022.
—. "Interpretando el adjetivo 'áfona' en relación a la voz como objeto a en Lacan". Buenos Aires/Los Angeles: Argus-*a* Artes y Humanidades/Arts & Humanities Vol. XI, 45 (2022) https://www.argus-a.com/publicacion/1656-interpretando-el-adjetivo-afono-en-relacion-a-la-voz-como-objeto-a-en-lacan.html
—. "Volver la vista atrás: el mito de la revolución en la novela de Juan Gabriel Vásquez". Buenos Aires/Los Ángeles: Argus-*a* Artes y Humanidades/Arts & Humanities Vol. XI No. 43 (2022). https://www.argus-a.com/publicacion/1622-volver-la-vista-atras-el-mito-de-la-revolucion-en-la-novela-de-juan-gabriel-vasquez.html
—. "De la frontera al litoral: Procedimientos de violencia dramatúrgica en tres obras de Virginia Hernández". Argus-a Artes y Humanidades/Arts & Humanities, Vol. XI Edición N° 41 (2021). https://www.argus-a.com/publicacion/1595-de-la-frontera-al-litoral-procedimientos-de-violencia-dramaturgica-en-tres-obras-de-virginia-hernandez.html
—. "Una reflexión sobre las nociones de 'liberación' y 'emancipación'. Su pertinencia en la praxis teatral". Stephan Arnulf Baumgartel Luiz Gustavo Bieberbach Engro, José Ricardo Goulart [ORGS.]. Ensaiando o olhar latino-americano: insistência de uma cena situada. Rio de Janeiro: Mórula, 2021.
—. Teatralidad y experiencia política en América Latina (1957-1977). *1ra. Ed. Irvine, California: Gestos, 2000. 2da. Ed. Buenos Aires/Los Angeles: Argus-a Artes y Humanidades/Arts & Humanities, 2018.*
—. *Dramaturgia de frontera/Dramaturgias del crimen. Buenos Aires-Los Angeles: Argus-a, 2918.*
—. *Arte y oficio del director teatral en América Latina. 6 volúmenes. Buenos Aires/Los Angeles: Argus-a Artes y Humanidades/Arts & Humanities, varias fechas.*
—. *Grotowski soy yo. Una lectura para la praxis teatral en tiempos de catástrofe. Buenos Aires/Los Ángeles: Argus-a Artes y Humanidades/Arts & Humanities, 2021.*
—. "Patriarcado, crimen y sociedad postedípica en dos obras de Hugo Salcedo: Hacia un teatro de emancipación". Argus-*a* Artes y Humanidades/Arts & Humanities IX.36 (June 2020). https://www.argus-a.com/publicacion/1477-patriarcado-crimen-y-sociedad-postedipica-en-dos-obras-de-hugo-salcedo-hacia-un-teatro-de-emancipacion.html
—. "Pedagogía y deseo: Praxis teatral y creatividad en español en Estados Unidos" En Mauro, Karina, *Artes y producción de conocimiento. Experiencias de*

integración de las artes en la universidad. Buenos Aires: Argus-*a* Artes y Humanidades/Arts & Humanities, 2019. 75-110.

—. *Sueño. Improvisación. Teatro. Ensayos sobre la praxis teatral.* Buenos Aires/Los Ángeles: Argus-*a* Artes y Humanidades/Arts & Humanities, 2019.

—. "Justicia, neoliberalismo y extimidad: A propósito de *Hambre*, de Merly Macías". Argus-*a* Artes y Humanidades/Arts & Humanities VIII. 30 (Dec 2018). http://www.argus-a.com.ar/archivos-dinamicas/1382-1.pdf

—. *Praxis teatral. Saberes y enseñanza. Reflexiones a partir del teatro argentino reciente.* Buenos Aires/Los Ángeles: Argus-*a* Artes y Humanidades/Arts & Humanities, 2017.

—. "El bifurcado camino de la melancolía: La civilización del espectáculo y el futuro del teatro latinoamericano". In Encinas, Percy. *Puesta en Escena y otros problemas de teatro.* Lima, Perú: AIBAL, 2017. 73-111.

—. "Una posible genealogía de lo político teatral: El régimen de verdad de la escena teatral". *Revista Artescena* (Chile) 3 (Mayo 2017): 13-41. http://www.artescena.cl/una-posible-genealogia-de-lo-politico-teatral-el-regimen-de-verdad-de-la-escena-teatral/

—. "Una posible genealogía de lo político teatral: El régimen de verdad de la escena teatral". En *Praxis teatral. Saberes y enseñanza. Reflexiones a partir del teatro argentino reciente.* Buenos Aires/Los Ángeles: Argus-*a* Artes y Humanidades/Arts & Humanities, 2016.

—. "Encajar/desencajar: procedimientos de lo político en obras teatrales argentinas recientes". *Revista telondefondo* 24 (2016). http://revistascientificas.filo.uba.ar/index.php/telondefondo/article/view/3141/2780

—. *Ensayo teatral, actuación y puesta en escena. Notas introductorias sobre psicoanálisis y praxis teatral en Stanislavski.* Buenos Aires/Los Angeles: Argus-*a* Artes y Humanidades, 2013. http://www.argus-a.com/ebook/360:ensayo-teatral-actuacion-y-puesta-en-escena.html

—. Co-ed. con Lola Proaño. *Antología del teatro latinoamericano (1950-2007).* Buenos Aires: Instituto Nacional de Teatro, 2010.

—. "Aproximación lacaniana a la teatralidad del teatro: desde la fase del espejo al modelo óptico. Notas para interrogar nuestras ideas cotidianas sobre el teatro y el realismo." Pellettieri, Osvaldo, ed. *En torno a la convención y la novedad.* Buenos Aires: Galerna/Fundación Roberto Arlt, 2009. 33-52.

—. "Aproximación lacaniana a Stanislavski: La novela familiar del Sistema". *Telondefondo* Revista de teoría y crítica teatral 10 (2009). http://www.telondefondo.org/home.php

—. "Argentina en Cádiz: El psicoanálisis, la nueva dramaturgia y las poéticas actorales", Beatriz Risk y Luis Ramos-García (eds.). *Panorama de las artes escénicas ibérico y latinoamericanas: Homenaje al Festival Iberoamericano de Cádiz.* Minneapolis-Cádiz: University of Minnesota and Patronato del FIT de Cádiz, 2007; p. 55-82.

Geréz-Ambertín, Marta. *Las voces del superyó en la clínica psicoanalítica y en el malestar en la cultura.* Buenos Aires: Manantial, 1993.

—. "Superyó, suicidio y sacrificio". Imperativos del superyó. Testimonios clínicos. Buenos Aires: Lugar Editorial, 2003. 191-204.

Glass, James M. "Civil Society: The Unanswered Question of Where Power Resides." *The Good Society* 12.1, 2003; p. 17-24.

Gramcsi, Antonio. *Antología.* Selección, trad. y notas de Manuel Sacristán. Editor digital, 2013.

Grüner, Eduardo. *El fin de las pequeñas historias. De los estudios culturales al retorno (imposible) de lo trágico.* Buenos Aires: Paidós, 2002.

Hyppolite, Jean. "Comentario hablado sobre la *Verneinung* de Freud". Lacan, Jacques. *Escritos.* Buenos Aires: Editorial Siglo XXI, 2002. Tomo II: 837-846.

Jones, Ernest. *The Life and Work of Sigmund Freud.* New York: Anchor Books, 1963.

Lacan, Jacques. *Seminario 1. Los Escritos Técnicos de Freud.* Buenos Aire: Paidós, 1981.

—. *Seminario 3 Las psicosis.* Buenos Aires, Paidós, 1995.

—. *Seminario 6. El deseo* (mimeografiado), Escuela Freudiana de Buenos Aires, sin fecha.

—. *Seminario 7. La ética del psicoanálisis.* Buenos Aires: Paidós,

—. *Seminario 8. La Transferencia* (mimeografiado).

—. *Seminario 10 La Angustia.* Buenos Aires, Paidós, 2006.

—. *Seminario 11. Los cuatro conceptos fundamentales del psicoanálisis.* Buenos Aires: Paidós, 1987.

—. *Seminario 17 El reverso del psicoanálisis.* Buenos Aires: Paidós, 2088.

—. *Seminario 18. De un discurso que no fuera del semblante.* Buenos Aires: Paidós, 2009.

—. *Seminario 20: Aun,* Barcelona, Paidós, 1985.

—. *Seminario 23. El sinthome.* Buenos Aires, Paidós, 2006.

—. *Seminario 24 L'insú* que Sait de L'Une-Bévue S'Aile à Mourre (1976-1977), inédito. Clase del 16/11/76.

—. *Ècrits. The First Complete Edition in English.* Trad. Bruce Fink. New York & London: W. W. Norton & Company, 2005.

—. "La instancia de la letra en el inconsciente o la razón desde Freud". *Escritos.* Buenos Aires: Siglo XXI Editores, 2002. Tomo I: 461-495.

—. "Kant con Sade". *Escritos.* Tomo 2. Buenos Aires, Siglo XXI, 2002; p. 727-751.

—. "Proposición del 9 de octubre de 1967 sobre el analista de la Escuela". En *Otros escritos.* Buenos Aires: Paidós, 2012. 261-277.

—. "La dirección de la cura y los principios de su poder". En *Escritos* 2. Buenos Aires: Siglo XXI Editores, 2002. 559-615. Versión francesa en http://ecole-lacanienne.net/wp-content/uploads/2016/04/1958-07-10.pdf—. "El tiempo lógico y el aserto de certidumbre anticipada. Un nuevo sofisma". *Escritos I*. México: Siglo XXI, 1971. 21-36.

Laclau, Ernesto. La razón populista. Buenos Aires: Fondo de Cultura Económica, 2014.

Le Bon, Gustave. The Crowd. A Study of the Popular Mind. Kitchener: Batoche Books, 2001. https://socialsciences.mcmaster.ca/econ/ugcm/3ll3/lebon/Crowds.pdf

Mannoni, Octave. La otra escena. Claves de lo imaginario. Buenos Aires: Amorrortu, 1979.

Martínez Bouquet, Carlos, Fidel Moccio y Eduardo Pavlovsky. Psicodramaa psicoanalítico en grupos. Buenos Aires: Editorial Kargieman, 1970.

Merlin, Nora. "La salud mental y los medios de comunicación". *Página 12*, 3 septiembre 2022, https://www.pagina12.com.ar/478951-la-salud-mental-y-los-medios-de-comunicacion

Meyerhold, V.E. *Textos teóricos*. Hormigón, Juan Antonio, ed. Madrid: Asociación de Directores de Escena de España, 1998.

Miller, Jacques-Alain. *Política lacaniana*. Buenos Aires: Colección Diva, 2017.

—. *Extimidad*, Buenos Aires, Paidós, 2010.

—. *El partenaire–síntoma*, Buenos Aires, Paidós, 2008.

—. *Introducción al método psicoanalítico*. Buenos Aires: Paidós, 2005.

—. *Los usos del lapso*. Buenos Aires: Paidós, 2004.

—. "Estructura y psicosis". En *Matemas I*. Buenos Aires: Manantial, 1987.

—. y otros. *El saber delirante*. Buenos Aires, Paidós, 2009.

—. *La psicosis ordinaria*. Buenos Aires: Paidós, 2011.

Milner, Jean-Claude. El amor por la lengua. México: Editorial Nueva Imagen, 1980.

Pavlovsky, Eduardo. *La ética del cuerpo. Nuevas conversaciones*. Buenos Aires: Atuel, 2001.

Pichon-Rivière, Enrique. *Teoría del vínculo*. Buenos Aires: Nueva Visión, 1985.

Plotkin, Mariano Ben. *Freud in the Pampas. The Emergence and Development of a Psychoanalytic Culture in Argentina*. Stanford, CA: Stanford UP, 2001.

Rabinovich, Diana. "Violencia y pudor". Perspectivas VI (2007): 73-81.

Roach, Joseph. R. *The Player's Passion: Studies in the Science of Acting*. Newark/London: University of Delaware Press/Associated Universities Presses, 1985.

Salamone, Luis Darío. "Comentario de un fragmento de 'Puntualizaciones psicoanalíticas sobre un caso de paranoia (*Dementia paranoides*) descrito autobiográficamente'". En Miller, Jacques-Alain y otros. *El saber delirante*. Buenos Aires: Paidós, 2009; 25-31.

Sartre, Jean Paul. *El ser y la nada*. Buenos Aires: Losada, 1966.

Schreber, Daniel Paul. *Memorias de un enfermo nervioso.* Buenos Aires, Libros Perfil, 1999.
Serrano, Raúl. *Nuevas tesis sobre Stanislavski. Fundamentos para una teoría pedagógica.* Buenos Aires: Atuel, 2004.
Spackman, Helen. "Minding the Matter of Representation: Staging the Body (Politic)". Campbell, Patrick, ed. *The Body in Performance.* London/New York: Routledge Falmer, 2000. 5-22
Stanislavski, K. *An Actor's Work.* Trad. y ed. Jean Benedetti. London & New York: Routledge, 2008.
—. *Preparación del actor.* Buenos Aires, Editorial Quetzal, 2007.
—. *Ética y disciplina. Método de las acciones físicas.* México: Escenología, 1994.
Valenzuela, José Luis. *La risa de las piedras. Grupo y creación en el teatro de Paco Giménez,* Buenos Aires, Instituto Nacional de Teatro, 2009.
Žižek, Slavoj. *The Ticklish Subject: The Absent Centre of Political Ontology.* London & New York, Verso, 2008.
—. *El títere y el enano. El núcleo perverso del cristianismo.* Buenos Aires: Paidós, 2005.

Otras publicaciones de Argus-*a*:

Gustavo Geirola
Los discursos lacanianos y las dramaturgias

Eduardo R. Scarano (compilador)
Racionalidad política de las ciencias y de la tecnología.
Ensayos en homenaje a Ricardo J. Gómez

Virgen Gutiérrez
Con voz de mujer. Entrevistas

Alicia Montes y María Cristina Ares, compiladoras
Régimen escópico y experiencia.
Figuraciones de la mirada y el cuerpo
en la literatura y las artes

Adriana Libonatti y Alicia Serna
De la calle al mundo
Recorridos, imágenes y sentidos en Fuerza Bruta

Laura López Fernández y Luis Mora-Ballesteros (Coords.)
Transgresiones en las letras iberoamericanas:
visiones del lenguaje poético

María Natacha Koss
Mitos y territorios teatrales

Mary Anne Junqueira
A toda vela
El viaje científico de los Estados Unidos:
U.S. Exploring Expedition (1838-1842)

Lyu Xiaoxiao
La fraseología de la alimentación y gastronomía en español.
Léxico y contenido metafórico

Gustavo Geirola
Grotowski soy yo.
Una lectura para la praxis teatral en tiempos de catástrofe

Alicia Montes y María Cristina Ares, comps.
Cuerpo y violencia. De la inermidad a la heterotopía

Gustavo Geirola, comp.
Elocuencia del cuerpo.
Ensayos en homenaje a Isabel Sarli

Lola Proaño Gómez
Poética, Política y Ruptura.
La Revolución Argentina (1966-73): experimento frustrado
De imposición liberal y "normalización" de la economía

Marcelo Donato
El telón de Picasso

Víctor Díaz Esteves y Rodolfo Hlousek Astudillo
Semblanzas y discursos de agrupaciones culturales
con bases territoriales en La Araucanía

Sandra Gasparini
Las horas nocturnas.
Diez lecturas sobre terror, fantástico y ciencia

Mario A. Rojas, editor
Joaquín Murrieta de Brígido Caro.
Un drama inédito del legendario bandido

Alicia Poderti
Casiopea. Vivir en las redes. Ingeniería lingüística y ciber-espacio

Gustavo Geirola
Sueño Improvisación. Teatro.
Ensayos sobre la praxis teatral

Jorge Rosas Godoy y Edith Cerda Osses
Condición posthistórica o Manifestación poliexpresiva.
Una perturbación sensible

Alicia Montes y María Cristina Ares
*Política y estética de los cuerpos.
Distribución de lo sensible en la literatura y las artes visuales*

Karina Mauro (Compiladora)
*Artes y producción de conocimiento.
Experiencias de integración de las artes en la universidad*

Jorge Poveda
*La parergonalidad en el teatro.
Deconstrucción del arte de la escena
como coeficiente de sus múltiples encuadramientos*

Gustavo Geirola
El espacio regional del mundo de Hugo Foguet

Domingo Adame y Nicolás Núñez
Transteatro: Entre, a través y más allá del Teatro

Yaima Redonet Sánchez
Un día en el solar, expresión de la cubanidad de Alberto Alonso

Gustavo Geirola
*Dramaturgia de frontera/Dramaturgias del crimen.
A propósito de los teatristas del norte de México*

Virgen Gutiérrez
Mujeres de entre mares. Entrevistas

Ileana Baeza Lope
Sara García: ícono cinematográfico nacional mexicano, abuela y lesbiana

Gustavo Geirola
Teatralidad y experiencia política en América Latina (1957-1977)

Domingo Adame
Más allá de la gesticulación. Ensayos sobre teatro y cultura en México

Alicia Montes y María Cristina Ares (compiladoras)
Cuerpos presentes. Figuraciones de la muerte, la enfermedad, la anomalía y el sacrificio.

Lola Proaño Gómez y Lorena Verzero / Compiladoras y editoras
Perspectivas políticas de la escena latinoamericana. Diálogos en tiempo presente

Gustavo Geirola
Praxis teatral. Saberes y enseñanza. Reflexiones a partir del teatro argentino reciente

Alicia Montes
De los cuerpos travestis a los cuerpos zombis. La carne como figura de la historia

Lola Proaño - Gustavo Geirola
¡Todo a Pulmón! Entrevistas a diez teatristas argentinos

Germán Pitta Bonilla
La nación y sus narrativas corporales. Fluctuaciones del cuerpo femenino en la novela sentimental uruguaya del siglo XIX (1880-1907)

Robert Simon
To A Nação, with Love: The Politics of Language through Angolan Poetry

Jorge Rosas Godoy
Poliexpresión o la des-integración de las formas en/desde La nueva novela *de Juan Luis Martínez*

María Elena Elmiger
DUELO: Íntimo. Privado. Público

María Fernández-Lamarque
Espacios posmodernos en la literatura latinoamericana contemporánea: Distopías y heterotopíaa

Gabriela Abad
Escena y escenarios en la transferencia

Carlos María Alsina
De Stanislavski a Brecht: las acciones físicas. Teoría y práctica de procedimientos actorales de construcción teatral

Áqis Núcleo de Pesquisas Sobre Processos de Criação Artística
Florianópolis
Falas sobre o coletivo. Entrevistas sobre teatro de grupo

Áqis Núcleo de Pesquisas Sobre Processos de Criação Artística
Florianópolis
Teatro e experiências do real (Quatro Estudos)

Gustavo Geirola
El oriente deseado. Aproximación lacaniana a Rubén Darío.

Gustavo Geirola
Arte y oficio del director teatral en América Latina. Tomo I México - Perú

Gustavo Geirola
Arte y oficio del director teatral en América Latina. Tomo II. Argentina Chile – Paragua – Uruguay

Gustavo Geirola
Arte y oficio del director teatral en América Latina. Tomo III Colombia y Venezuela

Gustavo Geirola
Arte y oficio del director teatral en América Latina. Tomo IV Bolivia - Brasil - Ecuador

Gustavo Geirola
Arte y oficio del director teatral en América Latina. Tomo V. Centroamérica – Estados Unidos

Gustavo Geirola
Arte y oficio del director teatral en América Latina. Tomo VI Cuba- Puerto Rico - República Dominicana

Gustavo Geirola
Ensayo teatral, actuación y puesta en escena. Notas introductorias sobre psicoanálisis y praxis teatral en Stanislavski

Argus-*a*
Artes y Humanidades / Arts and Humanities
Los Ángeles – Buenos Aires
2022

www.ingramcontent.com/pod-product-compliance
Lightning Source LLC
Chambersburg PA
CBHW020750160426
43192CB00006B/292